中世東密教学形成論

田戸大智
Taichi TADO

法藏館

中世東密教学形成論＊目次

資料編

凡例

一、本書で使用したテキストや論文は、以下のような略称を用いた。

大正	大正新脩大蔵経
続蔵	大日本続蔵経
仏全	大日本仏教全書（覆刻版）
新版日蔵	増補改訂日本大蔵経
定弘全	定本弘法大師全集
弘全	弘法大師全集
興全	興教大師全集
真全	真言宗全書
続真全	続真言宗全書
天全	天台宗全書
続天全	続天台宗全書
印仏研	印度学仏教学研究

二、文献名は基本的に大正新修大蔵経や大日本続蔵経等の表記に従い略称も併記するようにしたが、以下のような頻出する文献については、はじめから略称や別称を用いた。

『大日経』	『大毘盧遮那成仏神変加持経』
『大日経疏』	『大毘盧遮那成仏経疏』
『大日経義釈』	『毘盧遮那成仏神変加持経義釈』

『菩提心論』　　　『金剛頂瑜伽中発阿耨多羅三藐三菩提心論』

『十八会指帰』　　『金剛頂経瑜伽十八会指帰』

『十住心論』　　　『秘密曼荼羅十住心論』

『教時問答』　　　『真言宗教時義』

『菩提心義抄』　　『胎蔵金剛菩提心義略問答抄』

三、引用文の表記は全て新漢字とした。返り点や句読点は原則的に引用元に従ったが、一部改めたところもある。また、引用文に文字囲・番号・傍線等を私に付した箇所がある。

四、人物の生没年は可能な限り表記した。生没年が不明であった場合でも、確実に活動していた下限年を以下の例のように示した。

例：秀恵（一一四〇～一二二七～）

中世東密教学形成論

序章

一　課題と目的

本書は、日本密教思想史という大局的見地から、特に院政期から鎌倉期にわたる中世東密教学の形成や展開について、主に仏教学に立脚して歴史学的視点等も可能な限り併用しながら解明を試みたものである。

そもそも、密教は既に奈良時代に大乗仏教の一部として理解されていたとされるが[1]、それが大きな影響力を保持するようになったのは、空海（七七四〜八三五）が中国密教を本格的に請来したことが端緒となっていることに何ら異論はなかろう。空海以降、その流れを汲む真言宗〔東密〕では、東寺や定額寺・御願寺系寺院にて基礎的な教相研究は進められていた[2]。とはいえ、貴族社会の隆盛にともなう修法に対する需要の高まりから、事相面に関心が集まったのに対し、教相面ではそれほど刮目すべき成果は見当たらない。教学拡充の機運は、済暹（一〇二五〜一一一五）や信証（?〜一一四二）、覚鑁（一〇九五〜一一四三）、重誉（?〜一一四三）、実範（?〜一一四四）等の登場を俟つことになる。

一方で、空海以降に躍進したのが天台宗の密教〔台密〕である。そこでは、円仁（七九四〜八六四）や円珍（八一四〜八九一）等の入唐によって、最新の中国密教がもたらされ、それを基盤としつつ、既存の天台学との融合、すなわち円密一致が積極的に推し進められた。そうした立場から教学を組織化し、大成させた学僧が、安然（八四一～八八九～、一説九一五没）である。このような思想的展開が起こったのは、最澄（七六六、一説七六七～八二二）が請来した密教が空海のそれよりも不十分だったことから、早急にその充足を図る必要があったことが一因であったと推考される。就中、安然は空海から大きな影響を享受しつつも、批判的意見を述べる場面もあり、それが後世の東密において常に論難の対象となったことは重視すべきである。

院政期に至ると、諸宗間の積極的な交流が進められるようになり、東密でも院権力とのつながりや南都教学研究の影響を受けて、教相面の拡充に力が注がれるようになる。そこでの重要な営為は、空海教学の宣揚であり、その秀逸性を再評価することに重点が置かれたのは当然の趨勢であろう。但し、そのためには、台密の教説や空海批判を含味し合理的な反証を試みることが何よりも取り組むべき課題だったのであり、その先鞭をつけたのが右に挙げた初期東密を代表する諸学僧であった。

実は、空海の教説には様々な問題を派生させる要素が内在するのであり、そのことは台密批判を通して表面化したと言っても過言ではない(3)。つまり、それが発端になって教理に関する議論を自ら深化させていった結果、東密ならではの教学が構築されるに至ったと捉えることも可能なのである。

東密では、時代が下るにつれ、台密色が次第に払拭されていくが、それは台密教学を超克しようとした研鑽の軌跡に他ならない。このような事情から、特に初期東密の全体像を把握するうえで、台密教学との比較検討を常に念頭に置いておかなければ、その本質に迫ることはできないと思われる。要するに、東台両密の比較検討を行う方法が極めて有効な手段であると考えられるのである。ところが従来、台密教学の重要性は指摘されてきたものの、実際の研究に反映されることは少なかった。

更に、上記のような東台両密の連動性に着眼した方法論を基軸に据えつつ、中世の東密では禅や南都教学をも包摂するような特色があることにも留意する必要がある。東台両密だけでなくこうした諸学派との思想的交渉もまた、教学の多角化に少なからず寄与したことは想像に難くない。

本書の主な内容は、大別すれば①初期東密の学僧である済暹や重誉等が、台密教学を大成した安然の教説からどのような影響を受けて自らの主張を構築したかについての考察、②新出資料・温泉寺蔵『菩提心論開見抄』二巻の解読とそこから浮かび上がった東密と禅の関連性についての考察、③新出資料・身延文庫蔵「大乗義章抄」十三帖をはじめとする論義古写本の新発見・解読から明らかとなった、東密と南都、特に三論教学との兼学化を背景とした浄影寺慧遠（五二三〜五九二）撰『大乗義章』の修学実態についての考察、という三点にまとめることができる。

この三点に集約できる本書の目的とは、日本密教研究が従来、日本密教思想史という包括的観点ではなく、宗学的見地に依拠して東密と台密を別個の枠組みとして解釈してきたことを全面的に見直し、実際は東密と台密の思想的連係が安然を中心に極めて緊密であったことを具体的に論証するだけでなく、更に俯瞰的視野から、密教と禅の同一化や南都教学、特に三論教学と密教の兼学化等、未だ研究が行き届いていない領域に焦点を当てたところにあると位置づけることができる。

二　先行研究の概要

本書は、右に触れたように①東台両密の思想的交渉をめぐる問題、②東密と禅の関連性をめぐる問題、③東密と南都教学の兼学をめぐる問題、という三点について探究することを目標としている。そこで、各項に分けて主要な先行研究を概説することにしたい。

①東台両密の思想的交渉をめぐる問題

これまでの日本密教研究史を概観すれば、圧倒的に多いのが東密系の学者による研究業績であり、台密教学はあくまでも東密教学にとって付随的、或いは周縁的なものという認識に止まっていたように思われる。このような態度は、密教専一を旨とする東密に価値基準を置くことで、台密を密教以外の諸要素が夾雑した教えであるかのような固定観念で捉えてきたことに由来すると推知される。したがって、台密までも範疇に入れた総合的研究はそれほど多いとは言えない。

台密の概要については、古くは松永有見氏(4)、栂尾祥雲氏(5)、金山穆韶氏(6)等をはじめとする東密系の学者も論及している。中でも、松永氏は、頼瑜(一二二六~一三〇四)によって建立された新義派の加持身説が台密の教主論に示唆を得た可能性があることを指摘し、鎌倉期以降の東密教学復興のうえで台密が甚大なる影響を与えたという達見を披瀝している。

そして、こうした姿勢を継承しつつ、東台両密の比較検証を本格的に試みた人物として指を屈するべきなのが、大山公淳氏(7)である。大山氏は、その洽博な学識に基づいて、東台両密における密教諸経論の扱いの相違や台密と『異本即身成仏義』との相関性、血脈譜の基本事項等について貴重な見解を示されている。その研究成果は、今日でも十分参照に値するものであり、先ず目を通しておくべきであろう。また、勝又俊教氏(8)の論考では、空海と最澄との相互対比を主軸として、中国密教が東台両密にどのように享受されたのか思想史的な立場から考究がなされている。

さて、台密全般の基礎知識を修得するための基本書として重視されるのが、福田堯頴氏の[9]『天台学概論』「天台密教概説」であることは言を俟たないであろう。そこでは、台密の成立から相承、教判、教理、伝通史に至るまで要点がまとめられている。しかしながら、天台系でもこれまで獅子王円信氏[10]に代表される個別的研究が幾つか存するものの、包括的な台密研究は少なかった。

その中で、比較的早い段階からまとまった研究を行ったのが、島地大等氏[11]と清水谷恭順氏[12]である。特に、清水谷氏は最澄から安然に至る教学の変遷を跡づけるだけでなく、江戸期に至るまでの法脈についても解説されているが、先の松永氏と同様、安然の教主論と頼瑜の加持身説との近似性を指摘していることには留意すべきである。なお、同様に初期日本天台の思想形成や人的交流の様相を論じたものとして、浅井円道氏[13]、仲尾俊博氏[14]、木内堯央氏[15]の諸研究がある。

ところで、台密の特徴を表出するものとして、胎蔵・金剛界・蘇悉地の三部相承が重要である。蘇悉地については従来、根本印信や伝承等を含め不明瞭な点が多かったが、三﨑良周氏[16]がこの問題に取り組んだことによって、その大要が認知されるようになった。三﨑氏は、中国密教との連関を基軸に台密教学の実態を追究すると共に、東密における蘇悉地伝承にまで配意している。また、大久保良峻氏[17]は、平安期において東密は勿論のこと、台密でも重要教義とされる法身説法と即身成仏の両思想を中国天台にまで遡求することで、その思想的展開を体系的に分析された。一方、水上文義氏[18]は、偽疑書の文献学的考証を基礎としつつ、歴史学や美術研究、神道研究等の成果も駆使して、これまで手薄であった中世台密の思想解明を行っている。

なお、本書の内容との関連で注意したいのが安然の存在である。安然については、新旧の論文を網羅した『安然和尚の研究』[19]があり、近年でも安然を中心に平安初期仏教の思潮を詳述した末木文美士氏[20]や大久保良峻氏等の諸論考によって、その思想構造が明らかとなった。

更に、上記の安然との関係性を顧慮し、本書では初期東密教学を牽引した先駆的学僧である済暹の思想研究に取り組んだが、既に堀内規之氏[21]により専著がまとめられている。堀内氏は、従来行方が不明であった済暹著作類の発掘に尽力し、幾つかの新出資料を翻刻すると共に、主に歴史学的な視点から院政期における真言密教の情勢について論究された。また苫米地誠一氏[22]も、広汎な視座の下、台密にも配意しつつ、初期から平安期にわたる真言密教の教理形成を歴史的・社会的背景の中で究明しようと試みている。

本書では、主に教主論、五相成身観、成仏論を研究対象としたが、個別の先行研究については、各章の註記に譲りたい。

②東密と禅の関連性をめぐる問題

東密と禅の交渉をめぐっては、頼瑜や杲宝（一三〇六～一三六二）等の禅宗批判が注目され、千葉正氏[23]、末木文美士氏[24]、中村賢識氏[25]等により研究が提示されている。更に、末木氏には台密僧という側面を持つ栄西（一一四一～一二一五）の兼修的志向に迫った論考もある。[26]この他、円爾（一二〇二～一二八〇）をはじめとする栄西門流と密教の関係については、竹田鐵仙氏[27]、萩原龍夫氏[28]、高柳さつき氏[29]、水上文義氏[30]の諸研究が重要である。

加えて、本書でも言及した『真禅融心義』二巻については、栄西撰の真偽が問題視され、古くは大屋徳城氏[31]が東密側の撰述としたが、古田紹欽氏[32]、獅子王円信氏[33]、中尾良信氏[34]が栄西真撰を示唆された。しかしながら、現在では高柳さつき氏[35]の考察により、この書が高野山金剛三昧院周辺の東密系の学僧によって著述されたことがほぼ確定されたと言える。

従来、この分野は資料的な制約があり不明な点も多く、先行研究は限定されている。そうした中、近年注視すべき動向として『中世禅籍叢刊』が刊行され、栄西の密教関連資料や真福寺に伝わる癡兀大慧（一二二九～一三一二）を祖とする安養寺流の聖教類等が継続的に公開されている。中でも、安養寺流の密教聖教には禅との融合を説くものも存在し、今後の進展が大いに期待されるところである[36]。

③東密と南都教学の兼学をめぐる問題

中世南都をめぐる状況は、歴史学や中世文学の諸領域において寺院史や寺社縁起・説話等を対象とした重厚な研究が蓄積され、その大要は主に南都寺院文化圏における神仏世界を「宗教儀礼」という観点から縦横に読み解いた舩田淳一氏[37]により総括的にまとめられている。但し、舩田氏も指摘するように、仏教学では南都寺院における論義の教学的研究が部分的に進捗しつつある一方で、現在でも南都と密教の関係をめぐる研究は殆んど進展していないのが実情である。

中世南都では、密教をはじめとする諸宗兼学化が推し進められた点が大きな特色であると言えようが、その実態に関する議論は多様化している。永村眞氏[38]によれば、南都諸寺の「六宗」は修学すべき「教」の体系であるのに対し、「真言教門」は覚悟に至るための「行」として重視されたと捉える。また、上島享氏[39]は、中世顕密仏教の特色として、顕密の交流が活発化して諸宗教学が共有化され、それを基底にして各宗が独自性を主張したと述べる。一方で、苫米地誠一氏[40]は、空海の十住心教判が諸宗を包容する世界観であることに着眼し、真言宗僧の僧綱昇進との関連にも言及しながら、真言宗僧こそが顕教兼学化を主導したと提唱している。

本書では、こうした兼学化をめぐる諸見解を参照しつつ、三論と密教の兼学を基盤として修学された『大乗義章』の論義古写本を研究対象とした。地論宗南道派に属する慧遠が撰述したとされる同書が、日本でどのように学習されたかについては、永村眞氏[42]が先駆的に論及されたほか、柴﨑照和氏[43]が随心院所蔵の秀恵集『大乗義章三蔵義問答抄』を紹介し、詳細な解題を付されたことから概要は窺知されるようになった。しかしながら、それ以上の研究は進んでいない。

法会における論義の実態をめぐっては、諸宗（興福寺・天台・真言）や南都（東大寺・興福寺・薬師寺）の論義が各々一冊にまとめられているが[44]、特に興福寺維摩会に関しては髙山有紀氏[45]の専著も存在する。更に、諸寺院が蔵する論義資料の読解を試みるだけでなく、中国にまで遡及される法会の歴史的変遷までも扱った蓑輪顕量氏[46]の成果は全体を俯瞰するうえで裨益するところが大きい。この他、日本の唯識思想を醸成させた論義（短尺）を詳細に分析した龍谷大学の研究[47]やそれを先導する楠淳證氏[48]、『法勝寺御八講』の共同研究[49]等が、参照すべき重要な業績であると言えよう。

本書では、上記の主要な先行研究に導かれながら、重要性が認識されつつも研究が立ち遅れていた東台両密における思想的交渉の具体的事象や、東密と禅及び南都との関係性について論述していく。その他の参考文献については、各章の註記を参照されたい。

三　本書の構成

本書は、全体で五部十二章より構成され、更に付論と二本の翻刻が付加されている。本書が内容的に大別して三区分されることは既に記した。そこで先ず、この三区分が各部とどのように対応するのか総説することにしたい。

①については、日本密教研究が従来、空海の流れを汲む真言宗〔東密〕と天台宗の密教〔台密〕という二大潮流を個別に研究する場合が多かったことを反省し、空海以降、初期東密の学僧が空海の教説を再構成するうえで、台密教学、特に安然の教説を積極的に受容している点に着目した。このような観点のもとで、日本密教の重要教義である教主論や五相成身観、成仏論を中心に済暹や重誉等の見解をまとめたのが、本書の第一部、第二部、第三部に該当する。

②については、更に包括的視野に依拠し、新出資料である伝実範撰『菩提心論開見抄』二巻の内容分析や伝栄西撰『真禅融心義』二巻との比較検証により、従来殆ど注目されたことがない東密教学における密禅一致の実態を明らかにした。その内容が、本書の第四部に該当する。

③については、東密教学の包容性に着眼し、身延文庫蔵「大乗義章抄」をはじめとする『大乗義章』の論義古写本を新たに発掘することにより、空海の孫弟子である聖宝（八三二～九〇九）が創建した東大寺東南院を拠点に、東密の系譜を引く覚樹（一〇七九～一一三九）や寛信（一〇八四～一一五三）、珍海（一〇九二、一説一〇九一～一一五二）等が三論研究の一環として『大乗義章』を学習していたことにはじめて具体的に論及した。その内容が、本書の第五部に該当する。

それでは、以上の総論を踏まえ、各部・各章の概要を略述することにする。

第一部「教主論をめぐる問題」は、日本密教で一大論争を引き起こした教主論、すなわち、密教の教主である大日如来が如何なる尊格を有するのかという議論をめぐる事象について、安然の教説を中心に考究したものである。

第一章では済暹、第二章では五種法身説を主題に取り上げた。

第二部「五相成身観の考察」は、『金剛頂経』系の代表的観法である五相成身観（①通達菩提心、②修菩提心、③成金剛心、④証金剛身、⑤仏身円満）を題材に、東台両密における解釈の変遷について安然を基点に考究したものである。第三章では五相成身観と密教の五智（法界体性智・大円鏡智・平等性智・妙観察智・成所作智）との配釈をめぐる議論、第四章では般若（七三四～？）訳経典、第五章では円珍の録外請来である『悝多僧蘗哩五部心観』を主題に扱った。

第三部「成仏論の形成」は、主に行位説に焦点を絞り、済暹と重誉の成仏論が安然の教説をどのように摂取して形成されたのか考究したものである。第六章では済暹、第七章では重誉の解釈について各々検討を加えた。

第四部「東密と禅」は、伝実範撰『菩提心論開見抄』二巻の内容分析から、東密において禅がどのように把握されていたのか考究したものである。第八章では同書の真偽問題、第九章では同書が成立した歴史的・教学的背景について考察した。

第五部「東密と南都教学」は、従来殆ど関心が払われたことがない『大乗義章』の論義古写本の解読を通して、中世における『大乗義章』の修学実態を考究したものである。第十章では論義古写本の現存・書誌情報を踏まえた比較検証を行い、第十一章では『大乗義章』を修学した学僧が共有していた教学的背景を探り、第十二章では珍海の成仏論を検証した。

そして、付論では、第七章で触れた重誉が事相的課題をとりまとめた『秘宗深密鈔』三巻の概要に触れた。更に資料編として、第四部と付論で扱った温泉寺蔵『菩提心論開見抄』二巻と智積院蔵『秘宗深密鈔』三巻の翻刻を収載した。

本書の大まかな構成は、上記のとおりである。各章で用いた方法論は、複眼的な立場から日本密教の多面性を究明することに主眼を置いた。なお、本書では、おおよそ院政期から鎌倉期までの東密及び周縁教学を射程としている。但し、思想の連係性を考慮し、鎌倉期以降まで考察対象を広げるように努めたことも付言しておきたい。

以上の如く、本書は、従来の研究とは異なる視点、或いは新出資料を用いて研究が十全ではない諸領域に光を当て、中世東密教学の実態について考証を加えたものである。

註

（1）阿部龍一「奈良期の密教の再検討——九世紀の展開をふまえて——」（根本誠二・サムエルC．モース編『奈良仏教と在地社会』所収。岩田書院、二〇〇四）参照。阿部氏は、八世紀までの奈良時代を顕密未分の時代、九世紀以降を顕密並立の時代と区分している。

（2）上島享「真言密教の日本的変遷」（『洛北史学』一、一九九九）参照。上島氏は、平安初期以降、二〇〇年以上の間は、真言宗だけでなく南都でも教学研究が衰退した時期であり、諸宗間の交流や論争が活発化した院政期に至って、ようやく仏教界全体が思想的発展を遂げたと述べている。

（3）大久保良峻「日本天台における法身説法思想」（同『台密教学の研究』第六章所収。法藏館、二〇〇四）、同「台東両密における行位論の交渉」（同上第八章所収）等、参照。

（4）松永有見『日本密教史』第五章、第四節（仏教美術社、一九二九／『真言宗選書』第八巻所収。同朋舎出版、一九八六）、同「台密の教義及び歴史」（『密教研究』一二、一九二四）。

（5）栂尾祥雲『秘密仏教史』第三部、第八章（高野山大学出版部、一九三三／『栂尾全集』第一巻所収。密教文化研究所、一九五九）。

（6）金山穆韶『真言密教の教学』第十章、第二節（高野山大学出版部、一九四四／『金山穆韶著作集』第二巻所収。金山穆韶著作刊行会、一九九七）。

(7) 大山公淳『密教史概説と教理』（大山教授法印昇進記念出版会、一九六一／『大山公淳著作集』第一巻所収。ピタカ、一九七八）、同「東密と台密（一）～（七）」（『密教研究』一四・一五・一七～二一、一九二四～一九二六／『大山公淳著作集』第八巻所収。ピタカ、一九七九）、同「東台両密の問題」（『密教文化』四八・四九・五〇合併、一九六〇／『大山公淳著作集』第二巻所収。ピタカ、一九七八）等、参照。

(8) 勝又俊教『密教の日本的展開』（春秋社、一九七〇）。

(9) 福田堯頴『天台学概論』（文一出版、一九五四）。

(10) 獅子王円信氏には、「台密廬山寺流の伝灯」（『密教研究』三三、一九二九）、「台密西山流雑考」（『叡山学報』七、一九三三）、「三摩耶戒に関する研究」（『叡山学報』一七、一九三九）、「台東両密の教判史上に於ける論諍」（叡山学会編『獅子王教授喜寿記念叡山仏教研究』所収。喜寿記念刊行会、一九七四）等の諸論考がある。

(11) 島地大等『天台教学史』第四編、第六章～第十章（明治書院、一九二九）。

(12) 清水谷恭順『天台の密教台密概要』（山喜房、一九二九）、同『天台密教の成立に関する研究』（文一出版、一九七二）。

(13) 浅井円道『上古日本天台本門思想史』（平楽寺書店、一九七三）。

(14) 仲尾俊博『日本初期天台の研究』（永田文昌堂、一九七三）、同『日本密教の交流と展開――続日本初期天台の研究――』（永田文昌堂、一九九三）。

(15) 木内堯央『天台密教の形成――日本天台思想史研究――』（渓水社、一九八四）。

(16) 三﨑良周『台密の研究』（創文社、一九八八）、同『密教と神祇思想』（創文社、一九九二）、同『台密の理論と実践』（創文社、一九九四）。

(17) 註(3)大久保前掲書、同『天台教学と本覚思想』（法藏館、一九九八）、同『最澄の思想と天台密教』（法藏館、二〇一五）。

(18) 水上文義『台密思想形成の研究』（春秋社、二〇〇八）。

(19) 叡山学会編『安然和尚の研究』（同朋舎、一九七九）。

(20) 末木文美士『平安初期仏教思想の研究――安然の思想形成を中心として――』（春秋社、一九九五）。

(21) 堀内規之『済暹教学の研究――院政期真言密教の諸問題――』（ノンブル、二〇〇九）。

(22) 苫米地誠一『平安期真言密教の研究』第一部・初期真言密教教学の形成、第二部・平安期の真言教学と密教浄土教(ノンブル、二〇〇八)。

(23) 千葉正「古義派真言宗における禅宗批判——『開心抄』考——」(『駒澤大学仏教学研究会年報』二六、一九九三)、同「杲宝の禅宗批判再考」(『駒澤大学仏教学研究会年報』三〇、一九九七)、同「中世真言密教の禅宗観——道元禅における密教研究の必要性——」(『宗学研究』四四、二〇〇二)、同「頼瑜の禅宗理解——頼瑜撰『釈摩訶衍論開解抄』考——」(『印仏研』五六—二、二〇〇八)。

(24) 末木文美士「密教から見た諸宗——頼瑜の諸宗観——」(同『鎌倉仏教展開論』第七章所収。トランスビュー、二〇〇八)。

(25) 中村賢識「『真俗雑記問答鈔』に見られる禅宗理解」(『豊山教学大会紀要』四〇、二〇一二)。

(26) 末木文美士「栄西における密と禅」(同『鎌倉仏教展開論』第五章所収)。

(27) 竹田鐵仙「鎌倉期初頭に観る禅密の交流と瑩山禅師」(『禅研究所紀要』四・五、一九七五)。

(28) 萩原龍夫「中世における禅密一致と伊勢神宮」(同『神々と村落——歴史学と民俗学の接点——』所収。弘文堂、一九七八)。

(29) 高柳さつき「日本中世禅の見直し——聖一派を中心に——」(『思想』九六〇、二〇〇四)。

(30) 水上文義「栄西の密教」(同『日本天台教学論——台密・神祇・古活字——』所収。春秋社、二〇一七)、同「円爾弁円の密教説と台密」(同所収)、同「円爾弁円の瑜祇経解釈——一智法身を中心に——」(同所収)。

(31) 大屋徳城「鎌倉時代の禅家諸宗と密教」(同『日本仏教史の研究』第三巻所収。東方文献刊行会、一九二八)。

(32) 古田紹欽「栄西の思想に見る真禅融心義への傾向」(『密教文化』六九・七〇、一九六四)。

(33) 獅子王円信「台密葉上流祖栄西の禅密観——真禅融心義を中心として——」(『日本仏教学会年報』四〇、一九七五)。

(34) 中尾良信『日本禅宗の伝説と歴史』(吉川弘文館、二〇〇五)、同「『真禅融心義』に説かれる栄西の密禅併修」(『宗学研究』二〇、一九七八)、同「『真禅融心義』に於ける禅宗の位置」(『宗学研究』二一、一九七九)、同「栄西に於ける宋朝禅の受容」(『駒澤大学仏教学部論集』一一、一九八〇)、同「日本中世禅宗における人的交流と密

禅併修」(『駒澤大学大学院仏教研究会年報』四五、二〇一二)。

(35) 高柳さつき「伝栄西著『真禅融心義』の真偽問題とその思想」(『禅文化研究所紀要』二七、二〇〇四)、同「鎌倉臨済禅における禅密関係の思想的系譜―円爾―頼瑜――『真禅融心義』を辿りながら――」(『禅学研究』八八、二〇一〇)、同「『真禅融心義』解題」(『中世禅籍叢刊』第七巻『禅教交渉論』所収。臨川書店、二〇一六)。

(36) 『中世禅籍叢刊』(全十二巻)の概要については、末木文美士「真福寺大須文庫資料に見る日本禅の形成」(『印仏研』六五―二、二〇一七)に要領よくまとめられている。

(37) 舩田淳一『神仏と儀礼の中世』序章(法藏館、二〇一一)。

(38) 永村眞「「真言宗」と東大寺――鎌倉後期の本末相論を通して――」(中世寺院史研究会編『中世寺院史の研究』下所収。法藏館、一九八八)、同「「南都仏教」再考」(ザ・グレイトブッダ・シンポジウム論集第五号『鎌倉期の東大寺復興――重源上人とその周辺――』所収。東大寺、二〇〇七)、同「平安時代の東大寺――寺家組織と教学活動の特質――」(ザ・グレイトブッダ・シンポジウム論集第十一号『平安時代の東大寺――密教興隆と末法到来のなかで――』所収。東大寺、二〇一四)。

(39) 上島享「中世国家と仏教」(同『日本中世社会の形成と王権』第二部、第二章所収。名古屋大学出版会、二〇一〇)、同「院政期仏教の歴史的位置――〈日本仏教〉の形成――」(『仏教史学研究』四三―二、二〇〇一)、同「真言密教の日本的変遷」(『洛北史学』一、一九九九)。

(40) 苫米地誠一「平安期興福寺における真言宗」(註(22)苫米地前掲書第二部、第三篇、第一章所収)、同「貞慶と興福寺真言宗」(同書第二部、第三篇、第二章所収)、同「諸宗の制度的兼学と重層的(包摂的)兼学」(『智山学報』六五、二〇一六)。

(41) 近年、最新の知見に基づく慧遠教学の研究成果が、金剛大学仏教文化研究所編『地論宗の研究』(国書刊行会、二〇一七)にまとめられた。

(42) 永村眞「論義と聖教――「恵日古光鈔」を素材として――」(同『中世寺院史料論』第Ⅱ部、第三章所収。吉川弘文館、二〇〇〇)。

(43) 柴﨑照和「秀恵集『大乗義章三蔵義問答抄』――翻刻と解題――」(荒木浩編『小野随心院所蔵の文献・図像調

査を基盤とする相関的・総合的研究とその展開』三所収、二〇〇八)。

(44) 智山勧学会編『論義の研究』(青史出版、二〇〇〇)、奈良女子大学古代学学術センター設立準備室編『儀礼にみる日本の仏教——東大寺・興福寺・薬師寺——』(法藏館、二〇〇一)。

(45) 髙山有紀『中世興福寺維摩会の研究』(勉誠社、一九九七)。法会研究については、佐藤道子編『中世寺院と法会』(法藏館、一九九四)、同著『悔過会と芸能』(法藏館、二〇〇二)等も重要な成果である。

(46) 蓑輪顕量『日本仏教の教理形成——法会における唱導と論義の研究——』(大蔵出版、二〇〇九)、同「『法勝寺御八講問答記』にみる論義再考」(『印仏研』六〇—二、二〇一二)。

(47) 北畠典生編著『日本中世の唯識思想』(龍谷大学仏教文化研究所、一九九七)、共同研究「『成唯識論同学鈔』の研究」(一)~(三)(『龍谷大学仏教文化研究所紀要』三六・三七・三九、一九九七・一九九八・二〇〇〇)、共同研究「日本唯識の転換点——蔵俊・貞慶の法相論義——」(『南都仏教』九五、二〇一〇)。

(48) 楠淳證「日本仏教の展開——法相唯識について——」(『仏教学研究』五〇、一九九四)、同「南都の法会と法相論義」(マルティン・レップ/井上善幸編『問答と論争の仏教——宗教的コミュニケーションの射程——』所収。法藏館、二〇一二)。

(49) 「『法勝寺御八講問答記』特集号」(『南都仏教』七七、一九九九)。

第一部　教主論をめぐる問題

第一章　済暹の教主義

――安然説の受容――

一　はじめに

済暹（一〇二五～一一一五）は仁和寺慈尊院の学僧であり、その業績の検証は初期東密教学の内実を解明するうえで不可欠であると思われる。著作数については、『釈教諸師製作目録』に七十三部、『諸宗章疏録』に六十八部、『伝灯広録』に六十六部九十五巻とあり(1)、空海（七七四～八三五）以降、優れた著書を多数残した先駆的存在として極めて重要である。しかしながら、その多くは現在散逸して伝わらず、その実態は不明瞭なままであった。

済暹の功績として人口に膾炙されるのは、承暦三年（一〇七九）に『続遍照発揮性霊集補闕鈔』三巻を編纂して、当時一部散逸していた『性霊集』の補遺に携わったことである。また、空海撰述書に対する註釈書や『大日経疏』（『大日経義釈』）（以下『疏』〔『義釈』〕）や『大楽金剛不空真実三麼耶経』（『理趣経』）等の典籍類に対する註釈書を著すだけでなく、浄土思想に関する著作もあったことが目録類から確認され、覚鑁（一〇九五～一一四三）の往生信仰との思想的連係が既に指摘されている(2)。

済暹の教学は、空海を規矩とした真言教学の発揚が中心であったと推考される。但し、ここで注目したいのは、その著作類に台密の学僧、すなわち、円仁（七九四～八六四）や安然（八四一～八八九～、一説九一五没）等の撰述書からの引用が顕著であるということである。就中、安然については、『金剛頂発菩提心論私抄』巻一の冒頭で「聊依二随分見聞一、以抄二此記一矣。就レ中准二的於安公之菩提心義意一。[3]」と記すように、安然の『菩提心義抄』を積極的に依用している。このことから、安然の影響が極めて大きかったことが窺知されるのである。

従来、済暹の伝記・教学についての一部が明らかにされ、また近年では新出資料に基づく研究が進められているが、[4]済暹と台密との関連性についてはは十分な関心が払われていない。

そこで本章では、済暹の教主義に着眼することで、安然との関係の一端を探究することにしたい。先ず、教主義が如何なる問題であるか大要を示した後、安然の教主義に触れることにする。そして次に、済暹が安然の説をどのように受容して教主義を構築しているのか考察を進めていきたい。

二　諸説発生の因由

教主義とは、『大日経』の教主・大日如来が如何なる尊格を有する仏であるかをめぐる議論である。この問題は、『疏』（『義釈』）に説かれる本地身と加持身をどのように把捉するかという根源的要因に加え、これら二身と空海が依拠した『金剛頂経』系の四身（自性身・受用身・変化身・等流身）を如何に対応・融会させるか考究する過程で生起したと言える。

『大日経』の教主をめぐっては、空海の段階では未だ具体的な論及は見られない。その後、東台両密にわたり三十余種の異解が生まれ、古義では杲宝（一三〇六～一三六二）・宥快（一三四五～一四一六）等によって本地身説、新義では頼瑜（一二二六～一三〇四）・聖憲（一三〇七～一三九二）等によって加持身説と決定することになる。このように、教主義は東密内において学派を分かっての論争になったが、それがまた教学研究の発展に大きく寄与した側面もあることを看過すべきではない。

ところで、教主義をめぐり諸説が発生した因由については、林田光禅氏によって、①疏に両方の文言があること、②四身説の影響、③一法界・多法界説の影響、④両部不二説の影響、⑤台密及び華厳よりの影響、の五つが提示されている。[5] そこで今、この五項目の中、押さえておくべき要点を明確化するために、①と②の二点について少しばかり言及してみたい。

先ず①についてであるが、『疏』（『義釈』）には本地身説・加持身説の双方ともに根拠を見出すことができる。そもそも、『大日経』巻一の冒頭には「如レ是我聞、一時、薄伽梵住二如来加持広大金剛法界宮一、一切持金剛者皆悉集会。……」[6] と記され、この「薄伽梵」を如何に理解するかが大きな課題となった。例えば、遼・覚苑（生没年未詳）は、『大日経義釈演密鈔』巻二で次のように註釈している。

経如是我聞等者、如来説経有二五種成就一。一信成就、二時成就、三教主成就、四処成就、五衆成就。言二如是我聞一者、信成就也。一時者、時成就也。薄伽梵者、教主成就也。住如来加持法界宮乃至大宝王楼閣等、処成就也。次云二其金剛名曰虚空無垢等一、衆成就也。[7]

ここでは、『大日経』の文を五成就によって弁別し、「薄伽梵」が「教主成就」であることが論じられている。この「薄伽梵」について、『疏』（『義釈』）巻一では次のように述べている。

経曰、薄伽梵住如来加持者、薄伽梵即此毘盧遮那本地法身。次云二如来一是仏加持身。其所住処名二仏受用身一。即以二此身一為二仏加持住処一。如来心王、諸仏住而住二其中一。既従二遍一切処加持力一生。即与二無相法身一無二無別。而以二自在神力一令下一切衆生見二身密之色一、聞二語密之声一、悟中意密之法上。随二其性分一種種不レ同。即此所住名二加

持処㆒也。(8)

すなわち、「教主成就」に配当される「薄伽梵」は「本地法身」であると説くのである。この記述に従えば、教主は必然的に本地身と定義されることになる。但し、ここで留意したいのは、続けて加持身について触れているという点である。文脈から推断すれば、一切衆生を教化するのは加持処に住した仏身（加持身）と捉えることも可能である。つまり、この文は加持身説の根拠にもなり得るのである。

それでは次に、加持身説の根拠について概説すれば、以下に示す『疏』（『義釈』）巻一の記述がそれに該当する。

然此自証三菩提出㆓過一切心地㆒、現覚㆓諸法本初不生㆒。是処言語究竟、心行亦寂。若離㆓如来威神之力㆒、則雖㆓十地菩薩㆒尚非㆓其境界㆒。況余生死中人。爾時、世尊往昔大悲願力故、而作㆓是念㆒。若我但住㆓如㆑是境界㆒、則諸有情不㆑能㆓以㆑是蒙㆑益。是故、住㆓自在神力加持三昧㆒、普為㆓一切衆生㆒示㆓種種諸趣門所喜見身㆒、説㆓種種性欲所宣聞法㆒、随㆓種種心行㆒開㆓観照門㆒。(9)

この文は、『大日経』の正式な経題である『大毘盧遮那成仏神変加持経』の「神変加持」の句を註釈した箇所の一部である。ここでは、自証の境界が言語や思慮からも隔絶し、十地の菩薩でさえも聴聞できるものではないため、大日如来は加持三昧に住して一切衆生を利益することが述べられている。つまり、加持三昧に住した時、はじめて対他的な説法が有効となるので、加持身が教主となるのである。『疏』（『義釈』）では、この他にも唯仏与仏の自証極位を加持力によって衆生に顕説することが度々強調されている。ともあれ、本地身説、或いは加持身説、どちらに比重を置くかによって対照的な意見が喧伝されるに至ったのである。

さて、林田氏が②で指摘した四身説の影響については、主に空海の言説に準拠している。空海の仏身観は、『金剛頂経』系の四身説を基調としているが、問題となるのは『大日経』の仏身をどのように解釈していたかということである。このことについては、『弁顕密二教論』巻下で『大日経』巻一の文を援用して、次のように註記している箇所が参考となるであろう。

①大毘盧遮那経云、一時、薄伽梵住㆓如来加持広大金剛法界宮㆒、一切持金剛者皆悉集会。……所謂越㆓三時㆒如来之日加持故、身語意平等句法門。此明㆓自性身説法㆒。
②時彼菩薩普賢為㆓上首㆒、……奮㆔迅示㆓現身無尽荘厳蔵㆒。此明㆓受用身説法㆒。
③非㆘従㆓毘盧遮那仏身或語或意㆒生㆖。……於㆓有情界㆒宣㆓説真言道句法㆒。此明㆓変化身説法㆒。
④又現㆓執金剛・普賢・蓮華手菩薩等像貌㆒、普於㆓十方㆒宣㆓説真言道清浄句法㆒。此明㆓等流身説法㆒。言㆑等者、挙㆓金剛蓮華手㆒、兼等㆓外金剛部諸尊㆒。此教四種法身亦具㆓竪横二義㆒。文勢可㆑知。(10)文

『大日経』の思想を考証するうえで、『疏』（『義釈』）という註釈書が最も有益であることは贅言を要しないが、ここではそれを活用することなく、四身を達意的に充当させている。特に注目すべきは、先に少しく触れた五成就の文に該当する①が自性身説法を明かす証憑とされている点である。というのも、この見解が後に本地身説の論拠となる場合があるからである。一方、加持身説に立脚すれば、自らの主張と齟齬しないよう会通せざるを得ない。それでは、これまで検証してきた『疏』（『義釈』）の内容と空海の仏身観を後世の学僧は如何に対照させているのであろうか。そこで以下、杲宝と頼瑜の各説を俎上に載せて概説することにしたい。

杲宝は、『𑖀𑖮𑖳𑖽鈔』巻二一末で先の『弁顕密二教論』の文を援引した後、「私云、此釈意、以㆓当経五成就㆒注㆓自性身説法㆒、出《イ於》㆓現瑞文㆒弁㆓三身説法㆒。此経教主、本地身義、解釈明鏡者也。(11)」と述べている。つまり、空海が『大日経』五成就の文を自性身説法と看做しているので、『疏』（『義釈』）の二身との対比を勘考すれば、本地身が自性身、加持身が受用身以下の三身（瑞相三身）に相当することになるのである。このように、古義では、主に空海の言説

を基底として『疏』（『義釈』）を会通している事例が多く見られるが、逆に『疏』（『義釈』）によって空海の言説を咀嚼しているのが新義の立場であると言える。(12)

次に、加持身説を代表する頼瑜の説を引証すれば、『大日経疏指心鈔』巻二に次のような記述が見られる。

本地自証位無二言語一故、現二加持身一説二今経一。故云二字門道具足一也。……又為レ顕三此加持身即自性身、永異二受用身以下加持身一故、云二具身加持一也。然古徳、未レ知三自性身中有二加持身一。或云二本地自性之境イ説一、而害二経疏自証無言之文一。或云二他受・変化身之説一、而同二顕教三乗・一乗之仏一。恐隠二疏家之深旨一、失二宗家之本意一歟。当レ知、以二中台尊一故、不レ壊二大師自性身説法之義一。又以二加持身一故、不レ違二疏家神力加持三昧之説一。(13)

頼瑜は、『疏』（『義釈』）の記述に基づき本地自証の極位に言語がなく、説法する主体は加持身であることを明記している。但し、その加持身は受用身以下の仏身ではなく、あくまでも自性身上の加持身なのである。要するに、頼瑜の説では『疏』（『義釈』）と空海説を折衷させることで、自性身上に自利・利他の二義を認め、その利他の発動こそが加持身説法であると主張しているのである。

以上、教主義の概要をまとめてみた。それでは、ここまでの解説を踏まえて安然と済暹の各説を漸次検討していくことにしたい。

三　安然の教主義

安然の教主義をめぐっては、後の東台両密の学僧によって様々な所見が示されている。そのことは、信証(14)（?～一一四二）が『大毘盧遮那経住心鈔』巻二で「慈覚・安然等、以二自受用身一為二教主一、兼二余三身説一。(15)」と述べるように、自受用身を教主とする場合と、杲宝が『大日経疏鈔』第一本・巻五で「是安然始終所立義故、正指二教主一者、是他受用身也[16]。」と述べるように、他受用身を教主とする場合があることからも了承されるであろう。また、台密でも、仁空（一三〇九～一三八八）が『義釈捜決抄』で安然の諸説を会通するのに苦慮している様子が窺われる[17]。

そもそも、安然は仏身を三身・四身と一応分別しつつも、それらが倶体倶用であり、また法身・大日如来と一体であることを強調している。したがって、大日如来が如何なる尊格をもって説法するにしろ、それは三身、或いは四身一体を前提とした仏身であると位置づけられる。この議論については、既に法身説法という視座から論究がなされているが[18]、ここでは『疏』（『義釈』）に関わる安然の説だけに限定して考証していきたい。

台密では、当然のことながら空海の言説に拘泥することなく、『疏』（『義釈』）と四身との関連性が究明されている。このことにいち早く着目したのは円珍（八一四～八九一）であるが[19]、更に具体的な論証を試みたのが安然である。一例を示せば、『教時問答』巻一に次のような記述が見られる。

然大日経云二仏住如来加持一。義釈云、能加持身住二所加持身一。其能加持身、是理法身。所加持身、是自受用身・他受用身・変化身[20]。

ここでは先ず、『大日経』巻一の文を略抄して取り上げ、対応する『疏』（『義釈』）の註釈を援引する形態をとっている。これによれば、能加持身が所加持身に住するのであり、能加持身に理法身、所加持身に自受用身・他受用身・変化身の三身が配当されている。このことに関連して、同じく『教時問答』巻一には「義釈云、無相法身受用能加持身、住二所加持自受用身一、在二摩醯首羅天王宮一云云[21]。」とあり、能加持身が所加持身である自受用身に住することが明示されている。但し、この文から、無相法身が能加持身であることは推測できるが、その間に「受用」という語を差し込んだ真意はよく分からない。また、法身と自受用身の関係をめぐっては、『菩提心義抄』巻三の

「以三仏法身住二自受用加持身処一、自受法楽。」という記述も参考となる。ともかく、安然は『疏』（『義釈』）の文を咀嚼し、仏身を能加持・所加持に峻別して四身との対応を論じているのである。特に、理法身が自受用身に住して自受法楽するだけでなく、他受用身や変化身にも住するという点は重視すべきであろう。[22]

ところで、上来検討してきたことについては、『教時問答』巻二・一処義の項で更に詳論されているので、続けて言及することにしたい。先ず、安然は『大日経』における仏の住処について、仏身と仏土の二義があることを明記している。[23]ここで取り上げるべきは、仏身を仏の住処と捉える一義であり、安然は次のように問答している。

問。先以二仏身一為二仏住処一意、何。

答。大日経云、薄伽梵住如来加持。義釈云、薄伽梵即毘盧遮那本地法身。次云二如来一是仏加持身。其所住処名二仏受用身一。即以二此身一為二仏加持住処一。如来心王而住二其中一。既従二遍一切処加持力一生。即与二無相法身一無二無別。而以二自在神力一令下一切衆生見二身密之色一、聞二語密之声一、悟中意密之法上。随二其性分一種種不レ同。即此所住名二加持処一云云。諸阿闍梨云、本地法身如来心王、是理法身、即能加持身也。其所住処名二受用身一、是智法身、自受用身。即所加持身也。以二自在神力一令五一切衆生見三聞三悟四三密一、是他受用身、変化身也。亦是所加持身也。今宗意云、無相法身皆住二自受・他受・変化身中一無二無別。故瑜祇経云[24]二四種法身[25]一。

ここでは先ず、『大日経』と『疏』（『義釈』）の文が援用され、「諸阿闍梨云」以下、四身との対比が論述されている。すなわち、能加持身＝本地法身＝理法身、所加持身＝智法身・自受用身＝他受用身・変化身という対応関係にあることが認められる。これは先に検討した内容とほぼ同一である。とはいえ、所加持身に同じく包摂されてはいるが、智法身・自受用身と他の仏身が一応区別されている点は注目に値する。これは、『疏』（『義釈』）の「薄伽梵……無二無別」という文から、内証の境界において能加持（理法身）・所加持（智法身・自受用身）を分別し、更に「而以自在神力……」以下の文により、外用の境界にも能加持（他受用身・変化身）・所加持（一切衆生）を設定しているることが含意されているのである。つまり、内証・外用という二つの境界において、能・所が立論されているのである。但し、他受用身や変化身については、対他的に説法する際は能加持身であるが、理法身と対照すれば、所加持身となることには注意する必要がある。ともあれ、あらゆる仏身は能加持身（理法身）の所住処となるため、「今宗意云」以下にあるように、法身と一体であるという見解に帰結することになるのである。

このように、安然は『疏』（『義釈』）の仏身を一応分別しているが、それらが法身と一体であることが肝要なのである。なお、同様のことは、『教時問答』巻一における、次の記述からも例証される。

大日経中、能加持清浄法身住二所加持自受用身一。一切内証法身眷属、示三現自受用身一集会遍二十方界一、示三現無尽海会二荘一厳仏蔵一、与二此会一同。又於二十方界一現二普賢等諸菩薩身一説二真言道一。而此法界宮中唯有二仏身一都無二生死中人一。如レ此一切海会諸仏皆是因地心心所法。九識心王成二法性身一之時、一切心所等法皆入二果界一転成二法門眷属一、是法身也。今住二加持一集二法界宮一共受二法楽一、是自受用身。遍現二十方一、是他受用身。現二諸菩薩一、是変化身。具如二疏釈一。然此大日三身常一体。故衆生随レ機即レ一聞レ三。教門分張、亦復不レ同。(26)

要するに、安然は『大日経』や『疏』（『義釈』）の意を酌んで、大日如来と三身が同体であることを強調しているのである。また、衆生の視点から尋究すれば、たとえ機縁に応じて仏身を示現するとしても、諸仏が一体であるなら衆生は一身に即して他身の説法も聴聞することが可能となる。となれば、一身のみを取り上げて教主を論じること自体が無意味となるのであり、仁空が『義釈第一私鈔』本で「凡ッ円密ノ意ハ三身一体ニノ倶体倶用也。独リ取テ一身ヲ非ズ可キニ為ス教主ト。(27)」「故能加持・所加持皆此経ノ教主ト釈シ玉フ也。(28)」と述べるように、あらゆる仏身を教主と捉えることもできるのである。

四　済暹の教主義

東密において教主義が諍論されるようになったのは、恐らく信証や実範（？～一一四四）等が活躍した院政期頃からであると推知される。彼らにとっては、空海の教学を顕揚することが喫緊の課題であったが、そのためには円仁・円珍・安然等によって構築された台密の教学を克服する必要があった。結局のところ、教主義という問題は、台密の諸説への反論を契機として盛んに探究されるようになった蓋然性が高い。

済暹は、彼らとほぼ同時代の人物であるが、台密、特に安然の説を柔軟に受容しているところが見られる。その顕著な例として注目すべきは、『大日経住心品疏私記』巻二（以下『私記』）の教主を論説する箇所である。そこでは、先に触れた『教時問答』の諸文がしばしば参酌されているのであり、その影響の大きさが窺われる。先ず、『疏』（『義釈』）の「本地法身」に対する済暹の註釈を引証すれば、次のとおりである。

疏薄伽梵経《至カ》二本地法身一者、此挙二所具徳一而顕下能具二此徳一人上。是即中胎大日如来也。本地法身者、是自性法身也。……本地者、是自他受用及変化等流身之所二依止一義也。自他受用等功徳是末也。法性身尚是本也。謂自性法身者、是約二本有常住不変義一也。自受用身者、是約二修因覚満一而今受下所三顕二得本有常住楽徳一義上、即立二自受用号一也。地者、所依義也。法身者、是万徳之所依性義。是有為無為之功徳之所依之本体也。法是所依止義。又法身者、是功徳聚集義也。是積二集諸功徳一故也。……[29]

すなわち、本地法身とはあらゆる功徳を法爾具足した体であり、その徳を具有する人こそが中胎大日如来であると説くのである。また、本地法身は自性法身と看做されているが、この自性法身はあくまでも本有常住の功徳を包有する理体として理解すべきであろう。したがって、それは大日如来が持つ徳性を顕揚することが主眼となっていると思われる。大日如来については、更に続けて次のような解説がなされている。

疏次云如来是仏加持身者、此明二自性自受用身一也。是此五仏中大日尊、是即能加持者也。即是自性法身仏也。約二一切功徳所依自性法爾常住義辺一名二自性法身一、兼即約二自受法楽義辺一名二自受用身一。依二此義意一故、高野大師二教論及付法伝等云、(30)自性自受用身。又云、自受用法身也(31)。

この記述は、済暹の教主義を考究するうえで極めて重要なものである。先ず、済暹は『疏』（『義釈』）の「次云如来是仏加持身」の文が自性自受用身を表していると捉え、更にこの仏身が大日如来・能加持身・自性法身仏であるとも記している。つまり、大日如来は自性法身の功徳を具足するのは勿論のこと、自受用身の働きも兼ね、しかも能加持の功能も有すると説くのである。なお、自性法身仏と自性自受用身が同列に論じられているが、両者がなぜ等価で扱われるのか十分な説明がなされていない。このことについては、同じく『私記』巻二の「此智体者如来実相智身者、釈乙成下理法身与二智法身一無二無別上義甲。謂智者、如如智、是智法身也。是自性自受用仏也。体者、如如理、是自性法身也。此理即智也。此智即理也。又是以レ智為レ身、以レ理立也。寂而離二生滅一義辺、又名二理法身一也。照而離二妄執一義辺、又名二自性自受用智法身一也。寂照無二無別義、名二如来実相智身一也。(32)」という記述が参照されよう。これより、自性法身が理法身、自性自受用身が智法身ということになり、両者が不二一体であったことが推測されるのである。また、上記のことは、次に引用する『私記』巻二の文からも傍証される。

疏如来心王諸仏住而住其中者、此釈二能住義一也。心王大日尊、如二三世諸仏所住法一、今仏亦既止住。自他受用・変化・等流身、即是所加持処云也。故安然教時義第一云、大日経中能加持清浄法身住二所加持自受用身一。……然此大日三身常一体故。衆生随レ機即レ一開レ三。教《ママ》分張、亦復不レ同云云。

私云、此釈最契二此処経疏文意一也。此義意云、約二此教時義一、文中初能加持乃至是法身也者、此意云、約三所加持身中有二四種法身一中、自受用身是勝故、先初雖レ挙二自受用身一、而終摂二他受用・変化・等流身一也。又是他受用・変化・等流身亦有二自受用義一故、総亦名二自受用身一也。能加持清浄法身者、是示二出纏位離垢清浄理智即一法身一。是即為二安楽解脱果徳一也。所加持身者、是示二自在変化所現権実二身一也。(33)

ここでは、『疏』（『義釈』）の「如来心王諸仏住而住其中」の文を註釈するうえで、『教時問答』の文が最も適当であることが明言されている。そして、援用した安然の説を済暹自ら評釈するのであるが、特に重視すべきは「能加持清浄法身」に対して「出纏位離垢清浄理智即一法身」と註釈している点である。安然が言う「能加持清浄法身」とは、済暹によれば理智一体の法身なのである。したがって、理（自性法身）と智（自性自受用身）の区別があまり明瞭でないことも了解されよう。

ところで、済暹が能加持身について論及していることは既に上記したとおりであるが、実はこれが安然の説をもとに構築されていることを看過してはならない。そのことは、『私記』巻二で『疏』（『義釈』）の「其所住処……加持住処」の文を註釈しているところから例証される。

疏其所住処経二加持住処一者、此所加持身、是自他受用身、又変化・等流身是也。此自他受用身等功能、是自性自受用仏之所二加持一故。自性自受用身名二能加持一也。如二教時義云一。大日経云二仏住如来加持一。義釈云、能加持身住二所加持身一。其能加持身、是理法身、所加持身、是自受用身・他受用身・変化身云云。此文出二教時義第一一也。又般若僧正大日経疏略抄云、加持身者、是曼荼羅中胎尊。此名二仏加持身一当二報身一也。亦名二字門是イ道具足仏一也。亦名二具身加持一也。其住所者、即通二受用変化身一也。有二四種法身一也。文……

又問。上所レ引教時義文意、何。

答。教時義意云、自他受用已下名二所加持身一也。是処、即是能加持自性自受用仏之所之《ママ》処云也。……此疏意、是以二経所レ言住如来加持之句所一、表二大日如来之能加持義一、而翻影顕下此句下必可レ有二所加持四種法身一義上也。先徳、於二此処文句一多雖レ致二劬労一、未レ尽二此正意一也。[34]

右の記述によれば、済暹は能加持身に自他受用身・変化身・等流身の三身を充当させている。ここで注視すべきは、観賢（八五三～九二五）の『大日経疏抄』巻一の文[35]と併せて、先に触れた『教時問答』の文が引用されていることである。上述の如く、安然は『疏』（『義釈』）の仏身を能加持身・所加持身の二身によって解釈しているが、済暹はこの説をそのまま受容しているのである。すなわち、自性法身、或いは自性自受用身を能加持身、その所住処を自受用身以下の仏身と位置づける憑拠として、安然の説を積極的に活用しているのである。

以上のことから済暹の教主義を忖度すれば、それは能加持身であり、四身との対比で言えば、自性法身、または自性自受用身ということになるであろう。特に、大日如来を能加持身と定置させたのは安然の説に依拠するところが大きい。

なお、右の文の掉尾には、「此疏意……」として『疏』（『義釈』）の内容が包括的に論じられている。これは本来の註釈というよりも、済暹の所見と理解したほうが適切である。済暹によれば、『疏』（『義釈』）では『大日経』の「住如来加持」の句を能加持の義は勿論のこと、所加持の義も包摂するものとして註釈していると言うのである。同様のことは、『私記』巻二にも「此疏主御意、是以二此住如来加持句一、方令レ通二能住・所住一、而乃明二能加持・所加持義也《ママ》之差別相一也。然於二能加持処一、唯開二中台大日如来一。是即能住自性法身如来也。所加持処、即開二八葉四仏四菩薩乃至第四重釈迦世天等一。是即自他受用・変化・等流身也[36]。」とあり、やはり「疏主御意」として「住如来加持」の句が能加持・所加持の二義に通ずるとされている。[37]

ところが、安然は、「薄伽梵住如来加持」の句において能加持身・所加持身の義を立論している。つまり、安然によれば、「薄伽梵」が能加持身、「住如来加持」の句が所加持身に充当するのであり、「住如来加持」の句にまとめて能加持・所加持の両義を立てた済暹の説とは認識の乖離が生じているのである。実は、このことは後の東密の学僧においても問題視されている。すなわち、道範[38]（一一七八？～一二五二）の『大日経疏除暗鈔』巻四には、次のような問答が見出される。

問。次云如来是仏加持身。文 所レ言加持身者、能加持・所加持分別、如何。

答。能所加持、其義重重。其中今可レ云二所加持一也。

難云、対二下其所住処名仏受用身一云二加持身一。以知、是能加持自性身也。依レ之暹僧都云、次云如来是仏加持身者、此明二自性受用身一也。是五仏中大日尊、是即能加持者也。〇其所住処等者、此所加持身、是自他受用身、又変化・等流身也。教時義引二義釈一云、能加持身、是理法身、所加持身、是自受用身・他受用身・変化身云云。

……先達既成二能加持義一。今何云二所加持一耶。

答。今既云二薄伽梵即毘盧遮那本地法身一、云二次云如来是仏加持身一、無レ諍。上本地身之上加持故、是所加持也。安然意、又以二自性理身一為二能住一、以二自受用一為二所住一。而以二此自受用身一為二教主一。是自性能住能加持、自受所住所加持見。……然暹僧都、以二此等文一為レ成二能加持自性法身義一。未レ得二其意一、不レ足二信用一。就中、為《以カ》二此加持身一為二能住自性身一者、経文可レ云二如来加持〔住〕広大金剛法界宮一。既乖二諸経住字下之例一耳。[39]

この問答では、道範が済暹の説を取り上げて批判している。先ず、難方は済暹・安然等の説を証拠として、『疏』（『義釈』）の「次云如来是仏加持身」の文が能加持身を表していると論じる。これに対して、道範は「薄伽梵即毘盧遮那本地法身」の文こそが能加持であり、「次云如来……」以下は所加持に当たると反駁している。ここで特に道範が力説しているのは、もし済暹の説に依拠すれば、『大日経』の「住如来加持」の句が「如来加持住……」の意味に変質してしまうということである。加えて、「住」字の位置が諸経の例に反することも主張している。このように、道範は済暹の説を明確に否定するのであるが、安然に対しては会通を加えるのみで批判的な態度を示していない(40)。

以上の如く、済暹は、『大日経』の「住如来加持」の句において、『疏』（『義釈』）の註釈を根基としつつも、安然の説を導入して能加持と所加持の二身を立てている。そして、能加持身である自性法身、或いは自性自受用身を『大日経』の教主と位置づけるのである。こうした見解が形成されたのは、済暹が理智一体の法身を念頭に置いていたからであると推認できる。しかしながら、済暹の説は自らが参酌した安然の説と少しばかり径庭があるばかりか、後世、東密内においても所破の対象となるのである。

五　おわりに

本章では、教主義という問題に焦点を絞って済暹と安然の関係を考察し、済暹が理智一体の法身を念頭に置きながら、自性法身、或いは自性自受用身を『大日経』の教主に定置するために、安然の説を受容した実態について解明してみた。加えて、その教説が実は安然の見識と乖離があり、後の道範によって論難されたことも指摘した。

空海が真言教学の綱格を確立して以降、済暹の精力的な活動は教学面における新たな展開をもたらしたという意味で特筆すべきものである。済暹の教学が空海の説を基軸として構成されていることは言うまでもないが、一方で台密からも大きな影響を享受していることは、その著作類を見れば容易に首肯される。実のところ、それ以前において、参考すべき東密の学僧が観賢ぐらいしか見当たらないことも、台密との関連性を深めた一因であると推量できる。とはいえ、安然の説を導入しつつも、批判的見解を述べる事例が多々あることにも配意すべきであろう。

註

(1)『釈教諸師製作目録』巻二（仏全二・三六七頁上～三六八頁下）、『諸宗章疏録』巻三（仏全一・一六六頁上～一六七頁下）、『伝灯広録』巻六（続真全三三・一九二頁上）。
(2) 櫛田良洪「覚鑁教学と済暹教学」（同『覚鑁の研究』第二章所収。吉川弘文館、一九七五）参照。
(3) 大正七〇・五頁上。
(4) 金山穆韶「大日経の教主に就て（三）」（『密教研究』四八、一九三三／『金山穆韶著作集』第五巻所収。金山穆韶著作刊行会、一九九七）、広小路亨「済暹の研究」（『仏教研究』四―六、一九四二）、大山公淳「仁和寺済暹僧都の教学――高野山教学展開の一として――」（『印仏研』一五―一、一九六六／『密教学』五、一九六八／二本共『大山公淳著作集』第七巻所収。ピタカ、一九七九）、註(2)櫛田前掲書、堀内規之『済暹教学の研究――院政期真言密教の諸問題――』（ノンブル、二〇〇九）等、参照。
(5)『教主義合纂』附録・教主義雑筆（国訳密教刊行会、一九二二）参照。
(6) 大正一八・一頁上。
(7) 続蔵一―三七・一六丁右下。
(8) 大正三九・五八〇頁上。続天全、密教1・五頁上下。
(9) 大正三九・五七九頁上中。続天全、密教1・三頁上。
(10) 定弘全三・一〇六頁～一〇七頁。番号は私に付した。
(11) 真全二一・二〇三頁下。なお、印融（一四三五～一五一九）の『杣保隠遁鈔』巻四（真全二〇・二三八頁上～二三九頁上）にも同様の記述が見出される。

(12)　米田弘仁「東密における『大日経疏』研究概観――弘法大師の『大日経』解釈をめぐって――」（『密教文化』二〇六、二〇〇一）参照。米田氏によれば、空海は『大日経疏』を活用する場合、自説を主張するために手を加えたり、或いは全く無視することがあり、註(10)で触れた『弁顕密二教論』巻下の文も、対応する『大日経疏』の註釈が自らの法身説法説と契合しなかったために故意に無視したのではないかと推測している。

(13)　大正五九・五九四頁中下。なお、頼瑜の教主義を論じたものに、榊義孝「加持身説の成立過程について」（『豊山教学大会紀要』五、一九七七）、小林靖典「頼瑜の加持身説に対する一考察」（『密教学研究』二四、一九九二）、同「中性院頼瑜の加持身説について――禅林寺相承の教主義との関係をめぐって――」（『現代密教』一〇、一九九八）等がある。この他、近年の研究については、別所弘淳「頼瑜と台密――教主義を中心として――」（『仏教文化学会紀要』二三、二〇一四）で一覧化されている。

(14)　信証の生年については、諸説が存在する。別所弘淳「信証の教主義」（『川崎大師教学研究所紀要』一、二〇一六）参照。

(15)　仏全四二・一七三頁上。

(16)　続真全六・九二頁下。

(17)　『義釈捜決抄』巻一之三、天全一〇・一四三頁下～一四五頁下。

(18)　大久保良峻「日本天台における法身説法思想」（同『台密教学の研究』第六章所収。法藏館、二〇〇四）参照。

(19)　『大日経疏抄』（仏全二六・六七七頁上）では、「薄伽梵即毘盧遮那法身者、自性身也。受用身者、自受用身也。」と説かれている。因みに、『此二此二疑文』巻下（仏全二七・一〇六一頁上下）には、「住心釈云、薄伽梵是毘盧遮那本地法身也。次云二如来一是仏加持身也。今以二此文一准二上品意一、此中胎仏非二本地法身一。此似二加持身一。若爾、首陀会天成覚之仏、恐加持身歟。若爾、合レ通二自他受用及地前之身一。或云、仏有二真応及仮応一。若准レ彼、為二応仏一否。」とあり、大日如来が加持身である可能性も示唆している。同様の内容は、『疑問』巻下（仏全二七・一〇二三頁下）にも見出せる。

(20)　大正七五・三八九頁上。

(21) 大正七五・三八八頁中。

(22) 大正七五・五〇八頁中。

(23) 『杲宝私抄』巻一一（真全二〇・一五七頁上）には、「問。見㆓経文次第㆒、薄伽梵句雖㆑挙㆓本地身㆒、如来加持句示㆓加持受用身㆒。故本地身更住㆓加持身㆒説法見。他門覚苑・安然、幷東寺学者、多成㆓此意㆒。……答。教主・住処、其体各別也。以㆓住処㆒為㆓教主㆒之義、太違㆓諸経例㆒。誰可㆔信㆓用之㆒耶。」とあり、住処を仏身と捉え、更にそれを教主と位置づける安然の説を五成就の面から批判している。同様のことは、『〓〓鈔』巻二一末（真全二一・一九二頁下～一九四頁上）にも詳説されている。

(24) 『金剛峰楼閣一切瑜伽瑜祇経』巻上、大正一八・二五四頁上。

(25) 大正七五・四〇九頁下。

(26) 大正七五・三八二頁中下。後述するように、済暹はこの文を尊重するのであり、『大日経住心品疏私記』巻二（大正五八・六九四頁中下）や『金剛頂発菩提心論私抄』巻四（大正七〇・二七頁上中）にも援用されている。更に、『弁顕密二教論懸鏡抄』巻四（大正七七・四五七頁上）や『四種法身義』（大正七七・五〇四頁下）では、何ら断りなく孫引きしているところも看取される。

(27) 天全七・二六六頁下。

(28) 天全七・二六八頁下。

(29) 大正五八・六八五頁上。

(30) 『弁顕密二教論』巻上、定弘全三・七五頁。同巻下、同・一〇一頁。『秘密漫荼羅教付法伝』巻一、定弘全一・六六頁～六七頁。

(31) 大正五八・六八五頁上中。

(32) 大正五八・六九三頁中。

(33) 大正五八・六八五頁中下。

(34) 大正五八・六八五頁中。

(35) 仏全四二・二頁上。この文は先に検証した頼瑜の加持身説の有力な論拠の一つである。

(36)　大正五八・六九〇頁中。『弁顕密二教論懸鏡抄』巻六（大正七七・四六九頁下）にも、「経住如来加持者、是総表二能加持・所加持二種義一也。謂能加持身者、是中胎蔵大日如来也。所加持身者、八葉中仏四菩薩乃至三重曼荼羅諸仏大菩薩及人天鬼神等是也。此中能加持大日尊者、即自性法身也。所加持四仏四菩薩者、自受用身也。自余三重曼荼羅聖衆者、通二他受用身・変化身・等流身一也。……具義如二大疏私記委釈一也。」という記述が見出される。

(37)　このことについて、信証の『大毘盧遮那経住心鈔』巻一（仏全四二・一五六頁下）では、「彼僧都思、如来加持者兼二能加持・所加持二義一。謂云二能加持功能一、即顕二所加持生徳一也。薄伽梵時、能加持単自性身。住如来加持時、能加持自性自受用法身也。彼法身即云レ住二所加持受用・変化・等流一也。」と記されている。

(38)　道範の生没年は、未だ確定的ではない。このことについては、山口史恭「道範著『秘密念仏鈔』の批判対象について」（『豊山学報』四五、二〇〇二）、佐藤もな「道範に関する基礎的研究序説――伝記史料を中心として――」（『仏教文化研究論集』七、二〇〇三）等、参照。

(39)　続真全五・五〇頁上下。「住」の字は、私に補った。続真言宗全書には、「加持ノ下恐ラクハ住ノ字ヲ脱ス」という編者の註記がある。なお、〇は原文の中略表記をそのまま示したものである。

(40)　但し、道範は『大日経疏除暗鈔』巻三（続真全五・四五頁上下）の中で、安然の教主義について、「次安然之釈者、既他家也。何足レ為レ難。況思二其所立一者、只是顕家談也。何者、夫自性身者能住、自受用者所住。其自受用身起レ言説レ法。但云二実義一者、自性之理・自受用之智住二他受用人一説法断疑。而言二自受用説法一者、是推功帰本之謂也。所立之義、已異二自宗一。何強会二加持之名字一耶。……次教時義者、於二自性身一不レ許二色形一。又無二別国土一。是故、以二天冠大日一為二他受用身一。是只顕之談也。故実上人云、安然未レ出二顕網一云云。」と論じて批判している。なお、「実上人云」とは、実範撰『序文義』（新版日蔵、密教部章疏三・九三頁下）からの引用である。

第二章　五種法身説の検討

一　はじめに

日本密教の展開を俯瞰すれば、そこで最も大きな論争を引き起こしたのが教主義の議論であることに何ら異存はないであろう。教主義とは、『大日経』の教主である大日如来の尊格をめぐる議論であり、東台両密は勿論、東密内でも近世に至るまで問題視され、林田光禅氏によれば全体で三十余種の異解が生じたとされる[1]。

この議論が生起した最大の要因は、教主の尊格を解釈するうえで、註釈書である『大日経疏』（『大日経義釈』）（以下『疏』（『義釈』））に本地身、或いは加持身どちらにも把捉できるような一見矛盾する文言が見出されることにあり、更に、東密では、この二身と空海（七七四～八三五）が重用した『金剛頂経』系の四身説（自性身・受用身・変化身・等流身）との連関も大きな懸案となったのである[2]。

さて、本章では、院政期以降、日本密教に多大な影響を及ぼした遼・覚苑（生没年未詳）撰『大日経義釈演密鈔』十巻（以下『演密鈔』）に着目し、特に教主義を会釈するうえで依用された五種法身説に焦点を当てて論述していくことにしたい。

『演密鈔』は、遼号大康三年（一〇七七）に著され、寿昌元年（一〇九五）に高麗続蔵経の一として刊行された。

この続蔵経とは、高麗の義天（一〇五五～一一〇一）が雕造刊行した経論註釈の集成であり、その刊行目録とも言える『新編諸宗教蔵総録』（『義天録』、宣宗七年〈一〇九〇〉成立）にも、「演密十巻　已上覚苑述」[3]の如く、書名が明記されている。日本へは、刊行後直ちに伝来したようであるが、特に同書の請来者として重視されるのが覚行（一〇七五～一一〇五）や覚樹（一〇七九～一一三九）の存在であり、その人脈や法流の関係により中川成身院や光明山寺が続蔵経研究の一大拠点であったことが解明されている。[4]そうした状況は、成身院を開創した実範（？～一一四四）や光明山寺を中心に活動した重誉（？～一一四三）等が精力的に『演密鈔』を活用していることからも例証されるであろう。[5]

五種法身説については、日本密教における教主義の展開の中で諸学僧によって言及されている例が多く見出される。そこで、この五種法身説をめぐる諸問題について、東台両密の教主義との関連性も視野に入れつつ、若干の考察を試みることにしたい。

二　覚苑説の受容と批判

『演密鈔』は、遼代密教の一書と看做され、華厳教学、特に清涼国師澄観（七三八～八三九）からの影響が濃厚であり、密教と華厳の融会を強調しつつも、華厳の立場から『大日経』の教説を咀嚼し、特にその実践面に重きを置く傾向にあったことが指摘されている。[6]日本密教の教主義をめぐる論争で取り上げられる五種法身説も、実はそうした澄観からの摂受の一形態であることを看過してはならない。

そもそも、五種法身説に関心が払われるようになったのは、『疏』（『義釈』）巻一の「経曰、薄伽梵住如来加持者、薄伽梵即此毘盧遮那本地法身。次云二如来一是仏加持身。其所住処名二仏受用身一。即以二此身一為二仏加持住処一。如来心王、諸仏住而住二其中一。既従二遍一切処加持力一生。即与二無相法身一無二無別。而以二自在神力一令下一切衆生見二身密之色一、聞二語密之声一、悟中意密之法上。随二其性分一種種不レ同。即此所住名二加持処一也。[7]」という、教主義を論じるうえで最も基本となる資料に対して、『演密鈔』が註釈を施したことが発端となっている。それは、巻二に次のように説かれている。

本地法身者、即実相法身也。一真実相為二万化之本一。猶如三於地為二万物之依一故、曰二本地一。言二法身一者、謂此実相能軌二持万化一。即此軌持仮名為レ身。法即身故、本地即法身。並持業釈。又法身有レ五。清涼云、一法性生身。言二其生一則本之法性故。二功徳法身。推二其因一則功徳所成故。三変化法身。就二其応一則無二感不レ形故。四実相法身。語二其妙一則無相無為故。五虚空法身。称二其大一則弥二綸虚空一故。於二此五中一、今当二第四実相法身一。以レ別揀レ通、即本地之法身。言二次云如来是仏加持身一者、即応身・他受用也。次疏釈二成其所住処名仏受用身一言二如来心王等一者、如来是所住、心王為二能住一。如二一切諸仏説法儀式一、皆住二於応身一。即本地身為二教主一也。約レ別就レ勝、唯是真身。経云、応化非二真仏一、亦非二説法者一。推レ功帰レ本、言二法身説一。[8]

覚苑は、「清涼云」として澄観撰『大方広仏華厳経随疏演義鈔』巻四（以下『演義鈔』）から五種法身（法性生身・功徳法身・変化法身・実相法身・虚空法身）を引証し、第四の実相法身を『疏』（『義釈』）所説の「本地法身」に充当させている。更に、本地身が教主であることを明言しつつも、それは「推レ功帰レ本」という観点からはじめて容認できると主張し、その根拠を『金剛般若経論』の「応化非二真仏一、亦非二説法者一。[9]」の文に求めている。要するに、覚苑の解釈は、大日如来が応身・他受用身に住して説法することを含意していると推考できるのである。

したがって、覚苑の説が、法身説法を基軸とする東密の学僧から問題視されるようになるのも至極当然であろう。

そこで以下、参考までに諸学僧の意見を列挙し、理解の資助としたい。

◇信証（?〜一一四二）撰『大毘盧遮那経住心鈔』巻一

此師意、本地法身者、清涼所レ立五種法身中実相法身云云。次仏加持身者、般若論所レ説真応二仏中他受・変化・応仏是也。文(10)

◇信証撰『大毘盧遮那経住心鈔』巻二

大師御意、以二随自意四種中自性身一為二教主一、兼レ伴二通四身一。慈覚・安然等、以二自受用身一為二教主一、兼二余三身説一。覚超云二他受用身一。覚苑云レ通二他受・変化一。(11)

◇重誉撰『秘宗教相鈔』巻九

演密抄第二釈二此文一云、……已上文意云、如来内証法界宮中有二凝然不変四種法身一。所謂自性・受用・変化・等流是也。此中自性身即体、自受用即相、他受用及変化等流是用也。……然自性法身如来具二他受用身等之用一者、是神力加持門之談也。……故此経、自性身如来加二被他受用身一、即令レ説二自内所証法一也。(12)

◇実範撰『序文義』

而苑《ママ》尚保二法仏無形説一。故不レ知二本地身説法一。故強令下住二他受用身一説中此経上。然於二薄伽梵本地身説一、依二華厳一作二一釈一。就二三乗教一云二推功帰本一、復馳二胸臆一而会レ文。拠二一乗教一云二真応無礙一、則復駆二自宗一而取レ義也。(13)

◇杲宝（一三〇六〜一三六二）撰『𑖀𑖪鈔』巻二一末

凡此師意、又不レ知二法身説法義一、住二加持身一説二此経一云云。匪三啻迷二文首尾一。将又違二秘教深旨一也。(14)

◇宥快（一三四五〜一四一六）撰『大日経疏鈔』第一本・巻五

若依二覚苑意一者、教主他受用仏、或約二推功帰本之義一、或以二真応無礙意一、釈二毘盧遮那本地法身一、可レ得レ意也。(15)

◇曇寂（一六七四～一七四二）撰『大日経教主義』

応㆑知、此師加持身即他受用。此為㆓教主㆒也。[16]

ここから、東密では、覚苑の教主義がおおよそ他受用身として理解されていたことが了承されよう。中でも、実範の見解は、覚苑批判の論拠として道範[17]（一一七八？～一二五二）や頼瑜[18]（一二二六～一三〇四）等にも借用されてきた。また、台密にまで視野を広げれば、仁空（一三〇九～一三八八）が『義釈捜決抄』巻一之三[19]や『義釈第一私鈔』本[20]等で覚苑説を取り上げて、東密と同様、他受用身を教主とする意であると評釈している点にも留意する必要がある。このように、『大日経』の教主を如何に定置させるかという作業の中で、覚苑の説は諸学僧から論難されるようになり、それと相俟って五種法身説も注目されるようになったのである。

三　澄観所引の五種法身説

それでは次に、覚苑が実際に援用した澄観の『演義鈔』そのものを検証しなければならない。ここで問題となるのは、五種法身説が実は澄観の考案に拠るものではないという事実である。そのことは、以下に示す巻四の該当部分から窺知することができる。

或説㆓五身㆒。如㆓大通経説㆒。然叡公維摩疏釈云、所謂一法性生身。二亦言㆓功徳法身㆒。三変化法身。四虚空法身。五実相法身。詳而弁㆑之、即一法身也。何者、言㆓其生㆒則本之法性故曰㆓法性生身㆒。二推㆓其因㆒則是功徳所成故、是功徳法身。三就㆓其応㆒則無㆓感不㆒㆑形。是則変化法身。四称㆓其大㆒則弥㆓綸虚空㆒。所謂虚空法身。五語㆓其妙㆒則無相無為故曰㆓実相法身㆒。五所㆘以能妙極無相、四大包㆓虚空㆒、三遍応㆓万化㆒無㆗感不㆖形者、就㆑機而明。何者三有之形、随レ業而化故有二精麁大小万殊之差一。一如来法身、是妙功徳果。功徳無辺、果亦無辺。功徳無相、果亦無相。功徳方便、果亦方便。無辺故量斉二虚空一、無相故妙同二実相一、方便故無二感不一レ形。是為二如来真妙法身一。陰界不レ摂非レ有非レ無。一以レ有二此身一為二万化之本一。故得三於レ中無二感不一レ応。如二冥室曦光随レ孔而照一。光雖二万殊一之《ママ》本レ之者一。所謂真法身也。若直指二功徳実相一名為二法身一。此乃以二法深理一仮名為レ身。非二色像之謂一也。[21]

この記述は、同じく澄観が撰述した『大方広仏華厳経疏』巻一の「一身多身経論異説」[22]という一文に対する再註釈の一部である。ここの主旨とは、一身や二身、三身等の多様な仏身説を講釈することにあり、就中、五身については『大通経』と「叡公」の『維摩疏』に全面的に依拠してその内容を解説している。特に『維摩疏』の見解は、先に触れた覚苑の『演密鈔』にほぼそのまま継承されているのであり、結局のところ、五種法身説の淵源を遡及すれば、この『維摩疏』と『大通経』の二書に辿り着くことになるのである。

そこで先ず、澄観が活用した「叡公」の『維摩疏』について些か概説すれば、この書は既に散逸して伝わらない、鳩摩羅什（三五〇～四〇九、一説三四四～四一三）門下四傑の一人である僧叡（三五三～四三六）が撰述した『維摩経義疏』（以下『義疏』）に比定することができる。[23] この『義疏』については、僧叡自身による序文が僧祐（四四五～五一八）の『出三蔵記集』巻八に収載され、[24]『演義鈔』にもその他の逸文が検出されることから、実在したことは確実である。このように、澄観がその内容を熟知していたことは注目すべき事例であろう。

また、『演義鈔』では、五身を説明するために『大通経』なる経典が取り上げられていたが、これは『大通方広懺悔滅罪荘厳成仏経』（以下『大通方広経』）三巻という偽経に相当する。主題である五種法身説は、その中巻にほぼ同様の形で説示されている。すなわち、次のとおりである。

諸仏如来真実常存、応二身三界一現二五種法身一。何等為レ五。一者実相法身。二者功徳法身。三者法性法身。四者応化法身。五者虚空法身。所三以名為二実相法身一、（真実妙果、衆相永尽、体性常住。是故名為二実相法身一。）所三以名為二功徳法身一、為レ度二衆生一施レ功積レ行万善備足。是故名為二功徳法身一。法性法身者、達二悟一切法相一理無レ不レ周。従レ竟《イ境》生二於空解一、空解満足。従レ竟《イ境》得レ名、称為二法性法身一。何故名為二応化法身一。如来出世備応二五道一。善悪悉現、物無レ不レ済。従レ化レ物得レ名。是故名為二応化法身一。所三以復名二虚空法身一、虚空無辺、法身無辺。虚空不レ可二度量一、法身亦不レ可二度量一。如来之身、猶如二大虚一。為レ度二衆生一応身五分。故知、如来無レ生無レ滅。諸法亦爾。為レ度二衆生一仏現法興[25]。

ここでは、世尊に対する虚空蔵菩薩の発言という文脈の中で、諸仏如来は常住しているとはいえ、衆生を済度するために敢えて五種法身を示現する必要性が説かれている。そこで今、『義疏』の五種法身説と対照させてみれば、法身の順序に異同があり、また、「法性生身」「変化法身」が本経では「法性法身」「応化法身」と記されている等、部分的な相違点も存在するが、基本的概念はほぼ等しいと言えるであろう。但し、五種法身の説明には、それぞれ独自性を発揮しているところが垣間見られる。

本経は仏名経の一種であり、偽経でありながらもチベットや日本でも広汎に流布したようである。その成立時期をめぐっては、既に『法経録』巻二（開皇十四年〈五九四〉成立）の「衆経疑惑五」に「大通方広経三巻[26]」として記名され、道宣（五九六～六六七）の『広弘明集』巻二八にも陳・文帝（在位：五五九～五六六）の「大通方広懺文[27]」が収録されていることから、六世紀中頃の成立が従来の定説であった[28]。一方で近年、経典写本の識語を精査した結果、六世紀前半に北朝で成立したという説も提唱されている[29]。ともあれ、上記のように、五種法身が一具に見出せることを斟酌すれば、本経と僧叡の『義疏』との関連性も想定することができるが、両者の関係は明らかではない。

四　吉蔵と安然

上来、五種法身説の根源を探究し、それが僧叡の『義疏』と『大通方広経』に求められることを解明した。要約すれば、澄観が『演義鈔』でこの仏身説を活用し、更にそれを覚苑が『演密鈔』に孫引きしたことにより、日本密教の教主義に関する議論の中で注目されるようになったのである。

しかしながら、既に澄観以前にも、この五種法身説に着眼していた人物が存在する。その人物とは、三論宗を大成させた嘉祥大師吉蔵（五四九～六二三）である。吉蔵は、自身による『維摩経』の註釈書である『維摩経義疏』巻二で「吉蔵曾見二僧叡義疏一。[30]」と述べるように、実は僧叡の『義疏』を閲覧していた。したがって、五種法身説もまた、僧叡の『義疏』からの援用であることはほぼ間違いない。それは、『法華玄論』巻九で次のように記されている。

問。経有二種種説一。或言二虚空法身一。或言二実相法身一。或言二感応法身一。或言二法性生身一。或言二功徳法身一。有二何等異一耶。

答。言二其大網一則弥二綸太虚一故、言二虚空法身一。語二其妙一則無相無為故、云二実相法身一。弁二其能応一則無二感不レ形故、云二感応法身一。説二其生一則本之法性故、云二法性生身一。明二其体一則衆徳所成故、云二功徳法身一。約二其義異一故、有二衆名不同一。考而論レ之、一法身也。[31]

僧叡の『義疏』に対する直接的な言明はないが、澄観所引とほぼ同文であることを勘案すれば、僧叡の五種法身説が基盤となっていることは確定的であろう。このように、僧叡説が澄観だけでなく、吉蔵にも摂取されていたことは、五種法身説の展開を繙くうえで重要な問題を提起してくれる。

というのも、台密の安然（八四一～八八九～、一説九一五没）が三論宗の仏身論を解説するために、『法華玄論』の内容に触れているからである。そのことは、『教時問答』巻一における、次の問答に見出される。

問。三論宗亦云、経有二種種説一。或言二虚空法身一。或言二実相法身一。或言二感応法身一。或言二法性生身一。或言二功徳法身一。約レ名有二不同一。論云二一法身一云云。是明二天台円教虚空為座之仏・真言内証尽虚空遍法界之仏一。何言二三論不レ説二天台円仏・真言内証之仏一。

答。天台通・別・円中随分各有二虚空法身之義一。三論唯得二別教虚空法身之義一。未レ知二円教虚空法身之義一。故云レ爾也[32]。

吉蔵は、僧叡説をそのまま踏襲して五種法身が一法身に集約されることを論じている。この解釈について、安然は円密一致の観点から、それが別教の一仏義に過ぎないと位置づけるのである。

上記のように、日本密教において、覚苑の『演密鈔』が流伝する遥か以前に、吉蔵の『法華玄論』を参酌して安然が五種法身説を取り上げていることは、これまで指摘されたことはなかった。つまり、僧叡―澄観―覚苑という系譜とは別に、僧叡―吉蔵―安然という流れで五種法身説は既に日本へ受容されていたのである。

なお、元興寺智光（七〇九～七五二～）には、『法華玄論』唯一の註釈書である『法華玄論略述』五巻があったとされ、その逸文が智光自身の『浄名玄論略述』だけでなく、安澄（七六三～八一四）や珍海（一〇九二、一説一〇九一～一一五二）等の著作類から蒐集されているが[33]、残念ながら、そこから五種法身に関する言説を検出することはできない。

五　おわりに

本章では、五種法身説が日本に受容された実態について考察を加えてみた。そもそも、五種法身説は、澄観所引の僧叡説が覚苑の『演密鈔』に借用され、それを起点として、日本密教では、教義上の一大問題である教主義の中で院政期から江戸期に至るまで盛んに論評されるようになる。法身説法という綱格を揺るがせない東密の諸学僧から見れば、その教説は大日如来を他受用身として把握しているかのように映り、容易に受け入れられるものではなかった。その様相は、彼等の所見から明白に読み取ることができる。

ところが、こうした教主義の論争とは全く異なり、『演密鈔』が流伝した院政期以前に、台密の安然が実は澄観と同じく僧叡説を継承した吉蔵の五種法身説に準拠して三論宗の仏身論を批判していたのである。当然ながら、安然は五種法身説が僧叡に源流があることを認識していなかったが、吉蔵を通して着眼したところに大きな意義が見出されるのである。

安然の博覧強記ぶりには刮目に値するものがあり、日本密教で後世一般化された教理が実は安然を端緒としている事例も見受けられ[34]、その学識の深さが認められる。したがって、その思想解明には、東台両密を含む幅広い視野に立脚した研究が要求されるのである。五種法身説も、まさにそうした実例の一つとして把捉すべきものであると言えよう。

註

（1）『教主義合纂』附録・教主義雑筆（国訳密教刊行会、一九二一）参照。金山穆韶「大日経の教主に就て（一）〜（二）」（『密教研究』四四・四七〜五〇・五七〜五九・六一・六二・六四、一九三二〜一九三七／『金山穆韶著作集』第五巻所収。金山穆韶著作刊行会、一九九七）では、空海を含め三十五人の諸説が列挙されている。
（2）その大要については、本書第一章参照。
（3）仏全一・八頁下。
（4）高麗続蔵経の伝来や受容については、横内裕人「高麗続蔵経と中世日本――院政期の東アジア世界観――」（同『日本中世の仏教と東アジア』第十章所収。塙書房、二〇〇八）、宇都宮啓吾「光明山における諸宗交流の一側面――景雅の訓点本を手懸りとして――」（頼富本宏博士還暦記念論文集『マンダラの諸相と文化』上巻所収。法藏館、二〇〇五）等、参照。
（5）重誉と『演密鈔』の関係については、本書第七章参照。
（6）鎌田茂雄「遼代密教と澄観の華厳」（同『中国華厳思想史の研究』第二部、第七章、第三節所収。東京大学出版会、一九六五）、木村清孝「覚苑における法界縁起思想の受容」（平川彰博士古稀記念論集『仏教思想の諸問題』所収。春秋社、一九八五）、三﨑良周「成尋阿闍梨と北宋の密教」（同『密教と神祇思想』所収。創文社、一九九二）、同「中国仏教史における密教の位置」（同上所収）、遠藤純一郎「覚苑撰『大日経義釈演密鈔』に於ける華厳と密教の関係性について」（『蓮花寺仏教研究所紀要』一、二〇〇八）等、参照。
（7）大正三九・五八〇頁上。続天全、密教1・五頁上下。
（8）続蔵一―三七・一七丁右下〜左上。
（9）大正二五・七八四頁中。この偈文は、法身説法を論じるうえで諸師に注目されている。大久保良峻「日本天台における法身説法思想」（同『台密教学の研究』第六章所収。法藏館、二〇〇四）参照。
（10）仏全四二・一五五頁下。
（11）仏全四二・一七三頁上。傍線は私に付した。以下の引用も同じである。
（12）大正七七・六三五頁下〜六三六頁上。「秘密乗教能説教主料簡第四十」での議論の一部である。

(13) 新版日蔵、密教部章疏三・九三頁上。
(14) 真全二一・一九五頁上。
(15) 大正六〇・二五頁下。
(16) 大正七七・八五二頁下。
(17) 『大日経疏除暗鈔』巻三、続真全五・四五頁下。『大毘盧遮那成仏経疏遍明鈔』巻三、同・一三六頁下～一三七頁上。
(18) 『大日経疏指心鈔』巻二、大正五九・五九三頁中。
(19) 天全一〇・一四六頁上下。
(20) 天全七・二六八頁上。
(21) 大正三六・二七頁下～二八頁上。『演義鈔』の玄談部分を抄出した『華厳経疏鈔玄談』巻三（続蔵一―八・二〇七丁右上）にも同文が見出される。因みに、永明延寿（九〇四～九七六）が撰述した『宗鏡録』巻九一（大正四八・九一〇頁下）には、「叡公維摩疏釈云」として五種法身説が孫引きされている。
(22) 大正三五・五〇五頁下。
(23) 鎌田茂雄「澄観の思想におよぼした羅什系仏教の影響」（註(6)鎌田前掲書第二部、第二章、附節第一所収）、木村宣彰「僧叡の五種法身説」（同『中国仏教思想研究』第Ⅱ部所収。法藏館、二〇〇九）、同「僧叡の法身説」（『印仏研』三七―一、一九八八）等、参照。なお、僧叡に関しては、横超慧日「僧叡と慧叡は同人なり」（同『中国仏教の研究』二所収。法藏館、一九七一）、古田和弘「僧叡の研究（上・下）」（『仏教学セミナー』一〇・一一、一九六九・一九七〇）等、参照。
(24) 大正五五・五八頁下～五九頁上。
(25) 大正八五・一三四八頁下。大正蔵所収の中巻（開皇十年〈五九〇〉記）は、野上俊静編『大谷大学所蔵・敦煌古写経』続（大谷大学東洋学研究室、一九七二）に影印が存する。また、牧田諦亮監・落合俊典編『七寺古逸経典研究叢書』第二巻『中国撰述経典』其之二（大東出版社、一九九六）にも、名古屋七寺蔵中巻の影印と翻刻が掲載されている。〔　〕の部分は、大正蔵で欠落している箇所を七寺本によって補ったことを示している。

(26) 大正五五・一二六頁中。
(27) 大正五二・三三三頁下。
(28) 矢吹慶輝「疑偽仏典及び敦煌出土疑偽古仏典について」(同『鳴沙余韻』解説篇、第二部所収。臨川書店、一九八〇)、牧田諦亮「疑経撰述の意義」(同『疑経研究』第一章、第五節所収。京都大学人文科学研究所、一九七六)、同「大通方広経管見」(同上第八章所収)、上山大峻「敦煌出土『大通方広経』とそのチベット訳」(『龍谷大学論集』四五五、一九九五)、木村清孝「『大通方広経』解題――七寺本・偽経『大通方広経』巻中を中心に――」(註(25)『七寺古逸経典研究叢書』第二巻『中国撰述経典』其之二所収)等、参照。
(29) 新川登亀男「日本古代の「方広経」受容前史」(平井俊榮博士古稀記念論集『三論教学と仏教諸思想』所収。春秋社、二〇〇〇)参照。
(30) 大正三八・九二五頁下。
(31) 大正三四・四三九頁中。
(32) 大正七五・三九三頁上。
(33) 平井俊榮「元興寺智光と法華玄論略述」(同『法華玄論の註釈的研究』第一篇、第三章、第一節所収。春秋社、一九八七)、伊藤隆寿「安澄の引用せる諸注釈書の研究」(『駒澤大学仏教学部論集』八、一九七七)、末木文美士「元興寺智光の生涯と著作」(『仏教学』一四、一九八二)等、参照。
(34) 例えば、頼瑜が頻繁に用いる四重秘釈(浅略釈・深秘釈・秘中深秘釈・秘秘中深秘釈)も、その淵源を遡及すれば、安然の『菩提心義抄』巻一(大正七五・四五八頁下)に基づくものである。頼瑜の四重秘釈については、藤田隆乗「頼瑜の「四重秘釈」について」(『智山学報』五〇、二〇〇一)があるが、安然への論及は見られない。

第二部　五相成身観の考察

第三章　五相成身観の日本的展開
——安然と済暹を中心に——

一　はじめに

日本密教の潮流は、奈良朝以来、その胎動が認められるとはいえ、やはり空海（七七四～八三五）による中国密教の本格的導入を契機として、大きな発展を遂げることになったと言えよう。空海以後、真言宗の系譜〔東密〕は当初、教学面の深化においてやや停滞していた感があるが、その一方で、活況を呈したのは天台宗の密教〔台密〕、すなわち、円仁（七九四～八六四）や円珍（八一四～八九一）、安然（八四一～八八九～、一説九一五没）等の系統であった。そうした状況下、東密では、院政期の頃から、済暹（一〇二五～一一一五）や覚鑁（一〇九五～一一四三）等の活躍によって、ようやく教学研究が本格化するに至るのである[1]。

本章では、初期東密を代表する学僧の一人である済暹が台密の安然を強く意識していた様相の一端について、『金剛頂経』系の代表的観法である五相成身観をめぐる理解を手掛かりに、若干の考察を加えることにしたい。済暹は、東密教学の拡充に尽力した先駆的存在として重要であるが、その言説からは未だ教学が画一化される以前の素朴さと併せて、台密教学に対する寛容性も看取することができる。特に注目すべきは安然からの思想的影響であり[2]、ここで取り上げる五相成身観をめぐる対応においても実は同様のことが言えるのである。

それでは先ず、五相成身観と五智をめぐる問題について概説し、次いで主題である安然と済暹の解釈に触れてから、それが結果的に後の東密にどのように受容されていったのかを検証していくことにしたい。

二　五相成身観と五智

五相成身観とは、自己の菩提心を開発して最終的に成道へ導く『金剛頂経』系の五段階の瑜伽観法のことである。その内容は、既に坂野栄範氏の研究によって明らかにされ、五相成身観の観法・真言・印契が諸経軌間で異同があり、未整備の状態であったことが指摘されている。(3) そこで今、『金剛頂一切如来真実摂大乗現証大教王経』三巻（以下『三巻本教王経』）から最も根幹となる各真言のみを抽出すれば、次のようになる。

①唵質多鉢囉二合底丁以反微騰迦嚕弭
②唵菩提質多畆怛波娜夜弭
③唵底瑟姹二合嚩日囉二合
④唵嚩日囉二合怛麼二合句唅
⑤唵也他薩婆怛他誐多薩怛二合他唅(4)

これらの名称については、一々の名が明記されない、或いは判然としない諸経軌が実に多い。そこで、『十八会指帰』の「五相者、所謂通達本心、修菩提心、成金剛心、証金剛身、仏身円満。此則五智通達。(5)」という註記や、『菩提心論』の「次明二五相成身一者、一是通達心、二是菩提心、三是金剛心、四是金剛身、五是証二無上菩提一獲二金剛堅固身一也。然此五相具備方成二本尊身一也。(6)」という記述に依拠しつつ、①通達菩提心、(7) ②修菩提心、③成金剛心、

④証金剛身、⑤仏身円満と呼称するのが最も一般的である。

さて、ここで論ずべき中心的課題は、五相成身観と密教の五智（法界体性智・大円鏡智・平等性智・妙観察智・成所作智）を如何に対応させるかということである。そもそも、『金剛頂経』系の諸経軌では、五種の範疇、すなわち五部・五仏・五智・五相・五色等に分類することが特質であり、それらが有機的に結合するのはむしろ必然的であると言えよう。五相成身観と五智の契合についても、先の『十八会指帰』の「此則五智通達」という文からも予想できる。[8] しかしながら、それらの相配に関して、十分な説明がなされてきたとは言い難い。[9]

この観法をめぐっては、既に空海がしばしば言及しているのであるが、その殆どが単なる引用という形態を取っているのであり、踏み込んで論述しているところは見られない。但し、五相成身観と五智との関係を検証するうえで、『秘蔵宝鑰』巻下・第十秘密荘厳心の冒頭にある、次の偈文は重要な意味を持っている。

真言密教法身説　秘密金剛最勝真　五相五智法界体　四曼四印此心陳[10]

なぜなら、五相と五智を並記する一句が、後に五相成身観と五智を対比させるための一大根拠として尊重されるようになるからである。問題となるのは、この一句が実質的にどのような原意を有していたのかということであるが、恐らく五相や五智等を単に並存させているに過ぎないと推測される。[11] いずれにせよ、空海の段階では、両者の具体的な対応関係に関心が払われていた様子は見出せないのである。

三　安然の解釈

それでは、日本密教において、このことにいち早く着目したのは一体誰であろうか。すなわち、その人物こそが台密の安然なのであり、済暹を筆頭とする後の東密の諸学僧に多大な影響を与えることになるのである。ともあれ、その所見は、以下に示す『菩提心義抄』巻四の問答に端的に説かれている。

問。次五相成身誠文、云何。

答。金剛頂十八会指帰云、初会名二一切如来真実摂教王一。有二四大品一。一名二金剛界一。有二六曼荼羅一。一金剛界大曼荼羅毘盧遮那仏受用身、以二五相一現二等正覚一。五相、所謂通達本心、修菩提心、成金剛心、証金剛身、仏身円満。此則五智通達云云。私云、通達本心即是通二達法界体性智一。余四如レ次以達二四智一云云。若尊勝大瑜伽五智品中亦以二五相一為二五相《ママ》智真言一。如レ云二一切如来具足三昧耶真言一通達心真言。観菩提心真言。亦名二大円鏡智一。初発心時便成二正覚一、即法身義。次平等性智真言。金剛心真言。是応身義。次成所作智真言。仏身円満真言。真実経名二法身真言一。次妙観察智真言。浄三業真言。真実経名二報身真言一。是応身義。亦是後得智法身義。次方便究竟智真言。真実経名二化身真言一。此名二方便究竟智一。化身之義。或進修門中以二方便一為二究竟一。即後得智法身義。此五智後乃用二大日如来法界印一、已身為二毘盧遮那如来之身一。頭上五智仏宝冠云云。菩提心論云、……次明二五相成身一者、一是通達心、二是菩提心、三是金剛心、四是金剛身、五是証二無上菩提一獲二金剛堅固身一也。然此五相具備方成二本尊身一也。其円明則普賢身也。亦是普賢心。与二十方諸仏一同レ之。亦乃三世修行証有二前後一、及二達悟一已無二去来今一云云。(12)

ここでの主張の骨子は、「私云、通達本心即是通二達法界体性智一。余四如レ次以達二四智一。」の如く、五相成身観に五智を配当することにある。この文から、安然が①通達菩提心を法界体性智、②修菩提心以降を順に大円鏡智・平等性智・妙観察智・成所作智に当て嵌めようとしていたことが了承されよう。そして、このことを『十八会指帰』・『菩提心論』等の諸経論によって論証するのであるが、特に安然が重視しているのは、伝善無畏（六三七～七三五）訳『尊勝仏頂修瑜伽法軌儀』巻上・五智品（以下『尊勝軌儀』）であり、併せて般若（七三四～?）訳『諸仏境界摂真実経』巻中（以下『摂真実経』）の文も註記という形で活用している。

そこで以下、安然が立脚したこれら資料の当該部分をやや長文であるが援引して、その概要を通覧することにしたい。なお、五相成身観をめぐる諸資料間の相関性がやや複雑であるため、参考までに、『三巻本教王経』を基準として『尊勝軌儀』・『摂真実経』・『菩提心義抄』の計四本に見られる五相成身観の真言対照表を添付しておいた。

◇『尊勝仏頂修瑜伽法軌儀』巻上

尊勝仏頂真言修瑜伽奉献 香華品第四

次献二香・華・飲食・灯火等一、以二本真言一誦持而用奉献。……真言曰、

①唵一質多二鉢囉二合底三吠能四迦路弭五

誦二此真言一令レ住二一切如来具足三昧耶一。能弁二一切諸仏事業一、速得二成就一。

尊勝真言修瑜伽 五智品第五

復次修二瑜伽瑜祇一者、自住二妙菩提心一故、速入二観菩提心智一。観菩提心真言曰、

②唵一菩地質多二牟怛簸二合那夜弭三

此名二発菩提心真言一、亦名二大円鏡智一。速令レ発二菩提心一、初発心時便成二正覚一。即是法身之義。次説二平等性智真言一曰、

③唵一底瑟姹二合二縛折囉二合三

誦二此真言一、速令二心住一不レ令二散乱一。即是応身之義。

次説二成所作智真言一曰、

⑤唵一拽他二薩囉嚩二合怛他糵多三娑多二合他痕四

次説二妙観察智真言一曰、

⑥唵一娑嚩二合婆嚩二戌入度痕三

此名二妙観察智一。是応身之義。亦是後得智法身之義。

次説二方便究竟智真言一曰、

⑦唵一薩囉嚩二合二三謨痕三

此名二方便究竟智一。化身之義。或進修門中以二方便一為二究竟一。……己身為二毘盧遮那如来之身一。頭上五智仏宝冠。

即是五頂輪王。具二五智義一。……(13)

◇『諸仏境界摂真実経』巻中

復次瑜伽行者、作二如レ是想一。……恒沙諸仏異口同音、説二法身求心真言一曰、

①唵一室多二鉢羅二合底丁以反三駄儞二合四迦嚕五弭六　……

作二是語一已、無量諸仏異口同音、説二大菩提心真言一曰、

②唵一謨尼上二室多三牟膩婆二合駄四野弭五　……

善男子、復有二堅固菩提心真言一曰、

③唵一膩瑟陀二合二嚩日囉二合三　……

善男子、復有二如金剛真言一曰、

④唵一嚩去日嚕二合二陀摩二合虞三吽去大声四　……

善男子、有下同二三世諸仏一真言上曰、

⑤唵上野他引二薩嚕嚩二合去三怛他引蘖多四娑怛二合他五吽去大声六　……

善男子、有二報身真言一曰、
⑥唵一娑嚩二合引二婆去嚩去三戍度四憾去五……
善男子、有二化身真言一曰、
⑦唵一薩嚕嚩去二合二娑謨引三吽四……(14)

『三巻本教王経』	『尊勝軌儀』巻上・五智品		『摂真実経』巻中	安然『菩提心義抄』巻四
①通達菩提心	香華品	（一切如来具足三昧耶）	法身求心真言	通達心真言
②修菩提心	五智品	観菩提心真言（大円鏡智・法身）	大菩提心真言	（観菩提心真言）
③成金剛心	五智品	平等性智真言（応身）	堅固菩提心真言	金剛心真言
④証金剛身	五智品		如金剛真言	
⑤仏身円満	五智品	成所作智真言	同三世諸仏真言・法身	仏身円満真言・法身真言（摂真実経）
⑥	五智品	妙観察智真言（応身）	報身真言	浄三業真言・報身真言（摂真実経）
⑦	五智品	方便究竟智真言（化身）	化身真言	化身真言（摂真実経）

先ず『尊勝軌儀』について概観すれば、①通達菩提心、②修菩提心、③成金剛心、⑤仏身円満、更には⑥⑦の各真言が付加され、それぞれに五智及び三身（法身・応身・化身）の一部が配当されている。但し、五智品と言いながらも法界体性智の名が見えなかったり、妙観察智と成所作智の順序が逆になっていたり、或いは①通達菩提心の真言が五智品ではなく直前の香華品に含まれていたり、加えて④証金剛身の真言が欠落している等、様々な疑問が

残る。[15] 一方、『摂真実経』巻中では、①から⑦の真言が全て列記されているのであり、特に⑥⑦の各真言を「報身真言」「化身真言」と解説し、それがそのまま安然の註記に受容されているのが知られる。なお、この両真言は『三巻本教王経』からは検出できず、五相成身観とどのような関連性を有しているのか不明である。[16]

以上のことから、安然が尊重した『尊勝軌儀』五智品は、確かに五相成身観の真言と五智を部分的に結合させているとはいえ、内容の面から言えば極めて問題が多い資料であると言わざるを得ない。したがって、この資料に基づいて、五相成身観と五智の対応関係を立論した安然の姿勢は、やや牽強付会である感がある。しかしながら、そこから導出された安然の見識、特に「私云、通本心即是通二達法界体性智一。余四如レ次以達二四智一。」という文は、後世の東密において柔軟に援用されることになるのであり、その起点となるのが次節で触れる済暹なのである。

四　済暹の解釈

済暹の著作類には、空海撰述書や密教諸経論に対する註釈書だけでなく、浄土関連のものも含まれ、その探究心が多様であったことが推察される。五相成身観をめぐっては、既に台密の覚超（九六〇～一〇三四）によって『五相成身私記』が著されていたが、済暹もまた『五相成身義問答抄』という一書で独自の観点から決着を試みると共に、他書でもしばしばこの観法に論及している。[17]

そうした中、済暹の見解が簡潔に包括されているという点で、『金剛頂蓮華部心念誦儀軌』を註釈した『金剛界大儀軌肝心秘決抄』巻中における次の問答は大きな示唆を与えてくれる。

問。凡於二五相成身一有二幾義一耶。

答。略有㆓二途義㆒也。

問。其二義有様、如何。

答。一者、五相成身、是皆乍㆓五相㆒在㆓仏果位㆒也。故十八会指帰云、五相、所謂通達本心、修菩提心、成金剛心、証金剛身、仏身円満。此則五智通達。文（安公云、私云、通達本心即是通㆓達法界体性智㆒。余四如㆑次以通《ママ》㆓四智㆒。文 今云、是従本垂迹義。）又宝鑰云、五相五智法界体也云云。（已上五相皆在㆓仏果㆒義也。）二者、五相成身、是行因至果義也。謂五相之中、前四相是在㆓因位㆒。後一相是唯在㆓果位㆒也。是菩提心論及大儀軌、并弘法大師、慈覚大師等諸師説也。故金剛頂経疏云、五相中初四相是因、後一相是果云云。而安然師説意、是五相之中初三相是在㆓因位中㆒、後二相是在㆓果位㆒云云。此意云、第二行菩提心者、是三賢行及十地位也。第三成金剛心、是等覚位。第四証金剛身、是当㆓妙覚金剛無間道位㆒云也。第五証本尊身者、出㆑従㆓自証《性カ》法身㆒、更示㆘出㆓現於本所行門㆒、而利㆗益諸衆生界㆖。故随㆓所被機㆒名㆓本尊㆒云也。是当㆓応化等流身㆒也。(18)

ここにおいて注目すべきは、済暹が五相成身観に二種の解釈があると明言していることである。すなわち、第一義とは五相成身観が全て仏果の位にある、第二義とはこの観法に行因至果の義がある、というものである。その中、本章と関わりを持つのは第一義のほうである。これは、従来検討してきたことと同様、五相成身観を五智と対照させる義であり、五智と同列に位置づけられるからこそ、五相成身観は段階的に悟りに向かう手段というよりもむしろ仏果の功徳を五種に分類したものであると主張していることに他ならない。そして、このことを裏づけるため、先に触れた『十八会指帰』・『秘蔵宝鑰』、更には、「安公云」として安然の「私云、通達本心即是通㆓達法界体性智㆒。余四如㆑次以通《ママ》㆓四智㆒。」という文を註記で引証するのである。ここから、済暹の意図するところが、安然の説に大きく依拠するものであることが了解できよう。なお、第二義について些か付言すれば、これは五相成身観を段階的な行位（五十二位）に配釈する義であり、そこでは、他にはない独特な議論が展開されているのであるが、その主要部分は、やはり第一義と同じく、安然や円仁の言説に論拠を求めている。(19)

ところで、先の第一義についていては、『五相成身義問答抄』でも更に詳述しているところがあるので、以下に引拠することにしたい。それは、次のとおりである。

又有下此五相成身唯在二妙覚果位一義上也。如二十八会指帰云一。五相、所謂通達心、修菩提心、成金剛心、証金剛身、仏身円満。此則五智通達。文 今私案云、此義如二宝鑰云一。五相智《ママ》法界体、有レ同二此意一也。又私案云、此指帰文意、但是不レ可下必以二五相一如レ次配中五智品上也。但総以二五相一相三通五智品一云也。又五相能通達也。亦五智能通達也。又依二安公義一、以二五智一配二五相一者、此義意者、五相成身唯在二仏果位一也。故与二五智一相配云也。此五相在二仏果位一義。当レ如三因・行・証・入・方便究竟五種阿字如レ次配二五仏一義也。今私案云、若以三無畏三蔵尊勝儀軌五智品明二五智次第義一、而方可四会三釈此十八会指帰略三説五相成身義一也。此五相、是即於二五智一相通義也。但且置二第一発菩提心之大円鏡智一也。故文云、……(20)

ここでも、済暹は『十八会指帰』・『秘蔵宝鑰』等の資料を駆使して、五相成身観が仏果（妙覚）の位にあることを論証しつつ、五相成身観に五智を相配する義が安然に準ずることを力説している。そして以下、安然が用いた『尊勝軌儀』五智品を俎上に載せ、『十八会指帰』との会釈を試みるのである。そこでは先ず、「文云」として『尊勝軌儀』五智品冒頭の②修菩提心（観菩提心真言）以下の各真言が列記され、それぞれに「私云」という形で済暹による註釈が付加されていくのであるが、先に検討した如く、『尊勝軌儀』の内容に問題が多いこともあってか、済暹も対処に暫し苦慮している。一例を示せば、⑦方便究竟智真言について、次のように註記している。

私云、此智、是約二性得本覚門一即相三当五相中第一通達心相一也。故安然云、通達本心即是通三達法界体性智一。

余四如レ次以通《ママ》二四智一。文 今又私案云、約二法界体性智一者、以下成所依境界而所レ応二通達一之性得義辺上、而五相成身中名為二第一通達心一也。而以二法界体性智之能通達用究竟果因極義辺一、而是名為二第五方便究竟智一故也。指帰与二尊勝儀軌一会釈如レ是也。甚次妙也。[21]

すなわち、この智は、性得という観点から把捉すれば『十八会指帰』の①通達菩提心に相当するとされ、これまで頻出してきた安然の文が証拠として引用されている。これは、済暹が①通達菩提心の真言が『尊勝軌儀』五智品ではなく香華品に記載されていることを見落としたため、苦肉の策として⑦方便究竟智真言を①通達菩提心の代替としたことが推測される。更に、『尊勝軌儀』本体に見出せない法界体性智について、性得の面から言えば①通達菩提心、因極果満の面から言えば⑦方便究竟智であるとも説いている。しかしながら、⑦方便究竟智真言が本来五相成身観に含まれないものであることを勘案すれば、①通達菩提心や法界体性智と同一視しようとする済暹の態度はかなり恣意的であり、十分咀嚼し切れていない感が拭えないのである。なお、ここから、後の東密内でしばしば議論となる、五相成身観と五智の相配をめぐる二種の見方（中因説・東因説）の萌芽が僅かながら窺えるのであるが、その詳細は後述することにしたい。

　以上の如く、済暹が安然の説を踏襲しつつ、五智との対比から五相成身観が仏果の位にあると論じた意義は大きい。そのことは、海恵（一一七二〜一二〇七）が正治二年（一二〇〇）に編纂した『密宗要決鈔』巻二八[22]で、「五相配二五智一事　五相成身問答鈔云　済暹僧都」という項目の下、先の『五相成身義問答抄』を全文引用していることからも容易に首肯されるであろう。要するに、済暹の説はその当時の東密を代表する見解だったと言えるのであり、それだからこそ海恵も自著に編入したのである。ともあれ、済暹にとって、安然という存在は空海に比肩する程の先達として意識されていたことは確かであろう。

五　済暹以降の展開

それでは、上来検証してきた五相成身観と五智の対応関係をめぐる問題が、済暹以降の東密においてどのように把握されてきたのか、少しばかり勘考していきたい。というのも、そのことによって、安然や済暹の後世への影響力が甚大であったことが明確化されるからである。先ず取り上げるべきは、覚鑁記『金剛頂経蓮華部心念誦次第沙汰』（『金剛界沙汰』）における、以下の記述である。

又云、初通達菩提心、自証成道極、後四相成身、利他成道義。菩提心論若人求仏慧等文、思二合之一。一義此従レ深浅出義也云云。二者、従レ浅至レ深義。至二第五一、自証三菩提満足義云云。三者、此浅・深二次第、初通達菩提心処、横並具義云云。現世証得歓喜地、後十六生成正覚文、准レ之。三義可レ得レ心レ之。初地者、初本初、地心地。依二此義一初地不レ浅云云。[23]

同書は、覚鑁が奥州東大寺君[24]より伝授された寛平法皇（八六七〜九三一）撰『金剛界次第』の口決をまとめたものである。ここでは、五相成身観について三種の見解が開示されているが、特に留意すべきは、第一・第二の両義である。すなわち、第一義では、『菩提心論』の「若人求二仏慧一、通二達菩提心一、父母所生身、速証二大覚位一。」という偈文を踏まえつつ、自証の極位を①通達菩提心とするのに対し、第二義では、それを⑤仏身円満に措定することで段階的な修行の必要性を含意している。更に、第一義について限局すれば、覚鑁の口説を筆録した『打聞集』（『十住心論打聞集』）にも、「又云、五相成身中初通達菩提心、是法界体性智也。次四四智也。是一相成仏之義也。初一相観成仏。故菩提心論終頌、但説二一相一。五相成身、是法身成仏。[25]」とあり、『菩提心論』のみならず安然の説も参酌して、①通達菩提心における一相成仏が強調されている。つまり、①通達菩提心＝法界体性智であるから、必然的に最初の段階で自証が円満し、成道が確定することになるのである[26]。

これまでの考察によって、第一・第二の両義における思考構造が、実は済暹における二種の解釈と類似していることは容易に想像できよう。但し、厳密に言えば、段階的な概念を内包している第二義が、済暹の如く、行位（五十二位）を念頭に置いたものであるかは必ずしも明瞭ではない。或いは、済暹の「五相成身観が全て仏果の位にある」という見方を背景としつつ、どちらも五智との対応関係を踏まえたものである可能性も十分考えられる。となれば、結局のところ、後に触れる中因説・東因説と同義となるのである。そして、これら両義を止揚した説が第三義であり、『金剛頂経瑜伽修習毘盧遮那三摩地法』の「若有二衆生一遇二此教一、昼夜四時精進修、現世証二得歓喜地一、後十六生成二正覚一。[27]」の文に立脚することで、①通達菩提心を聖位である初地に充当させると共に、「後十六生」に段階的な要素を寓意させている。

さて、覚鑁以降、こうした議論は更なる変遷を遂げながら、次第に体系化されるようになる。その大要を把握するうえで、以下に示す、道範（一一七八？～一二五二）の『菩提心論談義記』巻下、及び本円（一三〇一～一三七七～）が応安四年（一三七一）に著した『菩提心論密談鈔』巻五の各記述は極めて有益である。

◇『菩提心論談義記』巻下

五相配二五智一有二二伝一。一云、以二初通達心一為二法界体性智一。是中因義。本有菩提心為二中台一名二初発一。此位即自証也。次四四智也。一云、以二第五一為二法界智一。是東因義也[28]。

◇『菩提心論密談鈔』巻五

一、以二五相一配二五智一事

此配釈約㆓中因・東因㆒可㆑有㆓二義㆒。一云、以㆓通達菩提心㆒配㆑中。是中因義也。此時、修菩提心東、成金剛心南、証金剛身西、仏身円満北也。従本垂迹故、以㆓衆生㆒為㆓本源㆒。故深秘義也。一言、以㆓仏身円満㆒配㆓法界智㆒。是東因義也。此時、通達菩提心東、修菩提心南、成金剛心西、証金剛身北也。従因至果義、則始覚上転故、以㆓仏果㆒為㆓本源㆒。故浅略義也。是則以㆓両部五字真言㆒為㆓五仏種字㆒之義、与㆓今配釈㆒、其意同也。金剛界五字𑖪𑖽 𑖮𑖳𑖽 𑖝𑖿𑖨𑖯𑖾 𑖮𑖿𑖨𑖱𑖾 𑖀𑖾、如㆑次中・東・南・西・北次第。従㆑中出㆑辺故、叶㆓初配釈㆒。胎蔵五字𑖀 𑖁 𑖀𑖽 𑖀𑖾 𑖁𑖽𑖾、如㆑次東・南・西・北・中。自㆑辺至㆑中故、同㆓後配釈㆒也。可㆑思㆑之。[29]

これらの諸書から、その主眼が中因説と東因説にあることが了知されよう。[30] 既に済暹や覚鑁の段階において、これら二種の方法によって五相成身観を規定しようとする兆候が窺えたが、それが顕在化したのは、道範の頃からのようである。特に『菩提心論密談鈔』では、密教の五仏（金剛界―大日・阿閦・宝生・弥陀・不空、胎蔵〈界〉―大日・宝幢・天鼓雷音・無量寿・開敷華王）の活動を踏まえながら、従本垂迹と従因至果という二面から中因説と東因説を立論している。すなわち、中因説とは、従来検討した①通達菩提心＝法界体性智（中）、②修菩提心以下＝順に大円鏡智（東）・平等性智（南）・妙観察智（西）・成所作智（北）と同工であり、一方、東因説とは、①通達菩提心＝大円鏡智（東）、②修菩提心以下＝順に平等性智（南）・妙観察智（西）・成所作智（北）・法界体性智（中）というものである。要するに、前者は大日如来から諸仏が流出すること、本有菩提心が自証から化他の境界に転出することであり、後者は階梯を踏んで最終的に大日と合一することを意味しているのである。この中、覚鑁の一相成仏は中因説（向下門）と同義であるが、更に東因説（向上門）が具体的に論じられるようになったことには注意しなければならない。いずれにせよ、両説とも五智と対応していることを勘案すれば、どちらも仏果の位に五相成身観を定置させていることに変わりなく、済暹の説を更に発展させた解釈であると言える。なお、本円は中因説に金剛界、東因説に胎蔵（界）の各五仏を充当させているが、従本垂迹と従因至果という概念は本来、『大日経疏』（『大日経義釈』）[31]に準拠するものであることにも留意する必要がある。

この二説が東密教学の主流になったことは、以下に示す宥快（一三四五～一四一六）の『金剛頂経開題鈔』巻九の記述からも例証される。

但以二五相成身初一相一為二自証一、後四種為二化他一義、最初通達本心位直可二自証極果一。故五相悉不二具足一可レ有二成仏義一也。又以二五相一配二釈五智一時、以二最初一或取二大円鏡智一、或取二法界体性智一、両辺有レ之。……一義云、至二第五仏身円満位一、達二即身成仏源底一時、五智開二一身一、三密得二凡身一道理故。此則五智通達有二御釈一取レ義。一義云、五相配二釈五智一義也。如二以前料簡一、五相如レ次法界体性智・大円・平等・妙観・成事五智得レ意。或如レ次大円・平等・妙観・成事・法界体性智取両辺見。……又経軌中、五相・五智配釈粗見故。此則五智通達、即五相配二釈五智一可二意得一也[32]。

宥快が、五相と五智の相配に関して、中因と東因の両説を繰り返し論評していることが知られよう。ともあれ、安然の「私云、通達本心即是通二達法界体性智一。余四如レ次以達二四智一。」という一文が発端となって、それを済暹が五相成身観を仏果の位に定立させる形に敷衍させたことが、後の東密内における理解の源流となったのであり、中因説・東因説にもこれら先学の見方が強く反映されていることが確認できるのである。

六　おわりに

本章では、五相成身観と五智をめぐる問題を手掛かりに、初期東密の重要人物である済暹が台密の安然を積極的に参酌していることを明らかにした。それと併せて、済暹以降、東密における解釈の変遷も概観し、それが安然や済暹の教説を母体として展開していたことが認められた。

そもそも、空海が五相成身観と五智の対応関係について特化して言及しているところは見出せない。このことにはじめて着目したのは安然であり、『尊勝軌儀』五智品を基盤として、①通達菩提心＝法界体性智、②修菩提心以下＝順に大円鏡智・平等性智・妙観察智・成所作智という配釈を行っている。しかしながら、基となった『尊勝軌儀』の内容がかなり乱脱していることもあり、安然の説もやや強引である感が否めない。

次に、済暹の解釈については、Ⓐ五相成身観が全て仏果の位にある、Ⓑこの観法に行因至果の義がある、という二義が提示されているが、ここで注目すべきは第一義である。そこでは、五相成身観を仏果の位に規定するうえで、安然の説をそのまま踏襲しているのであり、更なる進展が看取される。また、『五相成身義問答抄』の内容から、後の主流となる中因説・東因説の淵源を済暹にまで遡及させることも可能であるように思われるが、その註釈態度には若干不明な点が存在することもあり、確定的ではない。

済暹以降の東密で主張されるようになるのは、中因と東因の両説である。この所見は、曼荼羅における五仏の配置とも密接に関わってくるのであり、中因説が①通達菩提心＝法界体性智（中）、②修菩提心以下＝順に大円鏡智（東）・平等性智（南）・妙観察智（西）・成所作智（北）、東因説が①通達菩提心＝大円鏡智（東）、②修菩提心以下＝順に平等性智（南）・妙観察智（西）・成所作智（北）・法界体性智（中）という配釈となる。この中で、中因説は従本垂迹を意味し安然の説と全同であるが、東因説は従因至果、すなわち、段階的に覚悟することを表している。但し、内容に差異があるとはいえ、基本的にはどちらも仏果の位で五相成身観の配当を論じているに過ぎないと言えよう。

以上のように、後の東密における五相成身観の展開に安然や済暹の説が大きく寄与していたことは明らかであり、東密教学の内実を吟味するうえで、特に安然が重要な鍵を握っていることが了解されるであろう。

註

（1）上島享「真言密教の日本的変遷」（『洛北史学』一、一九九九）では、院政期という時代の中で、王権による仏教興隆が展開され、御願寺の建立や法会の整備等が進んだことにより、南都教学を含む諸宗間の交流が活発化したことが、済暹や覚鑁による教学復興の背景にあると指摘している。

（2）済暹の先行研究として、大山公淳「仁和寺済暹僧都の教学――高野山教学展開の一として――」（『印仏研』一五―一、一九六六／『密教学』五、一九六八／二本共『大山公淳著作集』第七巻所収。ピタカ、一九七九）や櫛田良洪「覚鑁教学と済暹教学」（同『覚鑁の研究』第二章所収。吉川弘文館、一九七五）、堀内規之『済暹教学の研究――院政期真言密教の諸問題――』（ノンブル、二〇〇九）等が挙げられるが、台密への論及は少ない。その思想的連関については、本書第一章、第六章、大谷欣裕「安然教学における仏身観――三輪身との関連について――」（『印仏研』五五―二、二〇〇七）等、参照。

（3）坂野栄範「五相成身観の体系的研究――特に経軌の上に於けるその成立的一考察――」（同『金剛頂経に関する研究』第四章、第一節所収。国書刊行会、一九七六）参照。

（4）大正一八・二〇七頁下～二〇八頁上。番号は私に付した。

（5）大正一八・二八四頁下。この文は、五相成身観と五智の結合が推量できるので、古来尊重されてきた。註（4）坂野前掲書では、この註記について、空海請来『三十帖策子』所収の『十八会指帰』二本（二十帖・二十七帖）の中、二十七帖本で欠字となっていることから、註記自体は原本になく、不空、或いはそれ以降に加筆された可能性があるとしている。『三十帖策子』所収の『十八会指帰』については、『弘法大師真蹟集成』縮印版（弘法大師真蹟集成刊行会、一九七五）、真保龍敞「三十帖策子にみられる金剛頂瑜伽経十八会指帰について」（『智山学報』二一、一九七三）等、参照。

（6）大正三二・五七四頁中。

（7）『十八会指帰』の註記に則れば通達本心であるが、通達菩提心と呼称するのが通例である。これは、『菩提心論』（大正三二・五七四頁下）の「若人求仏慧、通達菩提心、父母所生身、速証大覚位。」という記述における通達菩提心を通達本心と同一視した結果であると考えられる。例えば、道範の『即身成仏義聞書』巻上（続真全一七・一〇頁上）には、「問。所云通達菩提心者、五相成身中第六《ママ》一通達心歟。答。爾也。所謂五相成身之中、初通達心得自証成仏、後四相果後之化他也。何《仍カ》於此通達之位、以父母所生身、忽証文覚之位也。已上」と問答されている。但し、頼瑜（一二二六～一三〇四）の『即身成仏義顕得鈔』巻上（真全一三・一三頁上）では、「通達菩提心者、有人云、五相中通達心也。謂此心得自証成仏、後四相果後方便化他門也。或又云、五相中二相也。謂通達心与菩提心。以心字而貫二読之。今謂不爾。通達三種菩提心修行両部曼荼羅、不捨一生身頓証万徳位之義也。又可正三摩地菩提心。兼通二種也。故秘密釈中、於三摩地菩提心立大菩提心称耳。」と記され、「通達菩提心」が『菩提心論』の三種菩提心（勝義・行願・三摩地）の全体、及び三摩地菩提心のみに適応されるという観点から、道範の説が斥けられている。因みに、「或又云」以下、道範と併せて批判されている説は、済暹の『金剛頂発菩提心論私抄』巻四（大正七〇・二八頁上）の取意であると推測される。このことについては、本章註(26)も参照。

（8）『金剛頂蓮華部心念誦儀軌』（大正一八・三〇五頁上）では、羯磨印を解説する中で、五如来の真言に五相成身観の各真言を充当させている。

（9）それぞれの相配については、金山穆韶「密教の正意」（同『真言密教の教学』第四章所収。高野山大学出版部、一九四四／『金山穆韶著作集』第一巻所収。金山穆韶著作刊行会、一九九六）で図式化がなされている程度である。なお、チベットにおいても、八世紀のアーナンダガルバ（慶喜蔵）が『初会金剛頂経』を註釈した『一切如来の真実の集成である大乗の現観と名づけるタントラの註・真実の灯明』（*Sarvatathāgata-tattvasamgraha-mahāyānābhi-samaya nāma tantratattvālokakarī nāma vyākhyāna*）の中で、五相成身観に五智、更には五仏を配釈することが述べられている。また、ゲルグ派の祖とされるツォンカパ（一三五七～一四一九）の弟子であるケートゥプジェ（一三八五～一四三八）も、『タントラ類総論』で同様の見解を提示している。以上のことは、堀内寛仁「四智・四仏について」（『密教文化』一四四、一九八三／堀内寛仁論集上『金剛頂経の研究』所収。法藏館、一九九六）、越智淳仁「密教の五相成身観」（『法身思想の展開と密教儀礼』第十三章所収。法藏館、二〇〇九）、Lessing & Wayman : *Mkhas Grub Rje's Fundamentals of the Buddhist Tantras*, 1968, The Hague 等、参照。

（10）定弘全三・一六七頁。

（11）『弘法大師空海全集』第二巻（筑摩書房、一九八三）では、「五相成身観と五仏の五智と法界体性智と……」の如く並べて訳され、また、栂尾祥雲『現代語の十巻章と解説』（高野山出版社、一九七五）でも、ほぼ同様に解釈されている。因みに、宥快の『秘蔵宝鑰鈔』巻下九下半（続真全一九・四七三頁下～四七四頁下）には、「五相五智法界体」の一句をめぐる十種の解釈が列記され、諸学僧により様々な見解があったことが知られる。

（12）大正七五・五二八頁上中。

（13）大正一九・三七〇頁下～三七二頁上。文字囲・番号は私に付した。以下の引用も同じである。なお、この文献が善無畏訳出とは考えられない。その詳細については、本書第五章参照。

（14）大正一八・二七三頁中～二七五頁上。各真言には梵字も併記されているが、ここでは割愛した。この『摂真実経』三巻を含む般若訳経典における五相成身観の諸問題については、本書第四章参照。

（15）円珍撰『疑問』巻上（仏全二七・一〇一五頁上下）には、「香花等品有㆓通達心真言㆒。未㆑見㆓用処㆒。又其印如何。修瑜伽五智品。次於㆓平等性智後㆒、説㆓成所作智㆒、次説㆓妙観察智㆒。其次似㆑乱。何以如㆑此。又以㆓大円鏡智㆒属㆓法身㆒。以㆓後三智㆒属㆓応身㆒。以㆓第五方便究竟智㆒属㆓化身㆒。其由如何。又成所作智与㆓方便究竟智㆒、同異如何。何故不㆑見㆓法界性智之名㆒。又通達智、何以不㆑属㆓此中㆒。」の如く、『尊勝軌儀』に対する疑義が記載されている。同様の指摘は、『呰呰疑文』巻上（仏全二七・一〇四六頁下）にも見出される。

（16）『尊勝軌儀』・『摂真実経』以外で、五相成身観と併せて⑥⑦の真言を記載している資料として、円珍が録外で請来した『悝多僧蘗哩五部心観』がある。その詳細については、本書第五章参照。

（17）済暹の『金剛界大儀軌肝心秘訣抄』巻中（真全二四・三〇頁下）には、『五相成身私記』（大正七五・七八九頁上）の取意文が引用されている。このことから、済暹が覚超の著作を閲読していたことが知られるが、『五相成身義問答抄』への影響は殆ど見られない。

（18）真全二四・三五頁下～三六頁上。同様の内容は、『両部曼荼羅対弁抄』巻上（大正図像一・二二九頁下～二三〇頁上）にも見出される。また、『金剛頂発菩提心論私抄』巻四（大正七〇・二二頁中下）でも、「今私案云、此五相有㆓二義㆒。一者、唯有㆓仏果義㆒。如㆓安公所引指帰及秘蔵宝鑰説㆒。二者、通㆓因果二位㆒明㆓五相成身㆒。如㆓此論及教王経・金剛界大儀軌等㆒。然今就㆓第二義㆒作㆓此釈㆒。謂彼指帰及宝鑰、是約㆓横義㆒明㆓五相成身㆒也。此論及教王経、約㆓竪義㆒明㆓五相成身㆒也。」の如く、二義について解説がなされている。

（19）円仁撰『金剛頂大教王経疏』巻一（大正六一・一二頁上）では、「是故、此経正説文初演㆓説五相真言㆒。初四是因位也。後一即果位也。以後説文広説㆓果位智用無礙自在之相㆒。故此経正因果為㆑宗。」と説かれ、前四相が因位、⑤仏身円満が果位ということから、段階的な五相成身観を想定している。また、安然についても、『菩提心義抄』巻一・巻四等の五相成身観に関わる記述が参照されている。このことについては、本書第六章参照。

（20）大正七八・一〇七頁下。

（21）大正七八・一〇八頁上。

（22）真全一八・二一四頁下～二一五頁下。

（23）興全上・七一六頁。

（24）同書は、覚鑁が奥州東大寺君より伝授されたものとして理解されてきたが、近年、逆に覚鑁が奥州東大寺君に伝授したものである可能性が示唆されている。また、奥州東大寺君については、その実態が不明ながらも、従来の指摘どおり東大寺円勝に比定することも不可能ではないとされる。以上のことについては、苫米地誠一「覚鑁の往生観」（同『平安期真言密教の研究』第二部、第一篇、第四章所収。ノンブル、二〇〇八）参照。

（25）興全上・五一四頁。保延五年（一一三九）の年記がある。

（26）同様のことは、頼宝（一二七九～一三三〇？）の口説をまとめた『即身義東聞記』巻二（続真全一七・七三頁下～七四頁上）でも、「若人求仏慧等者、正挙㆓其得益㆒。通達菩提心者、此有㆓二義㆒。一、五相中第一通達本心位也。此教発心則到為㆑宗故、通達心位満㆓自証㆒也。一義云、第十一地所見円極名㆓通達菩提心㆒。……二義中、初義順㆓論意㆒歟。此論、五相中第一通達菩提心位開㆓示万徳㆒故。普賢金剛薩埵喩㆓合宿際㆒之意、専示㆓発心則到之旨㆒。尊勝破地獄儀軌中、五相配㆓五智㆒時、第一為㆓法界智㆒、余為㆓四智㆒。乃今通達心位成㆓大覚㆒者、当㆓此義㆒也。」と述べられ

ている。ここでは、通達菩提心に二義あることを明示しつつ、特に第一義において、通達菩提心が自証の極位、すなわち、発心即到する位であることを「尊勝破地獄儀軌」に準拠して論じている。この「尊勝破地獄儀軌」とは、安然所引『尊勝軌儀』の誤記であることは言うまでもない。

(27) 大正一八・三三一頁中。

(28) 新版日蔵、真言密教論章疏四・三四三頁下。同様のことは、快全（?～一四二四）の『菩提心論三摩地段抄』（真全八・三八六頁下）にも見出せる。また、この解釈は、本書第四部で取り上げる『菩提心論開見抄』巻下（四五丁ウ～四六丁オ）にも援用され、その成立問題を解明するうえで大きな鍵を握っていると推測される。

(29) 真全八・八八頁上。

(30) この二説の詳細については、註(9)金山前掲書、『密教大辞典』（法藏館、一九八三）「五転」等、参照。

(31) 巻三、大正三九・六一〇頁中。続天全、密教1・八三頁上。

(32) 新版日蔵、密教部章疏五・二八八頁下～二八九頁下。

第四章　般若訳経典における五相成身観

——安然説を中心に——

一　はじめに

般若（七三四～？）[1]は、北インド迦畢試国出身にして、渡唐後、精力的に経典の翻訳活動に従事した学僧であり、不空（七〇五～七七四）以降の中国密教の動向を探尋するうえで重要な人物の一人である。そして、何と言っても、空海（七七四～八三五）が中国にて梵語等の教えを稟受した先師であったことにより夙に有名である。両者が緊密な関係にあったことは、空海が般若による翻訳経典を日本にはじめて請来したことや、般若の四恩（父母・衆生・国王・三宝）を中心とする護国思想が空海に少なからず影響を及ぼしていると推測されることからも、その一端が垣間見られるのである[2]。

般若の生涯や思想の実態については、頼富本宏氏による詳細且つ体系的な研究が示され[3]、その成果が大きな基準となっている。こうした研究を踏まえつつ、特に般若の在唐初期における種々の活動が不空の護国仏教を継承したものであったことが岩崎日出男氏により指摘され[4]、また、般若と空海の関係をめぐり、従来の断片的研究とは一線を画した包括的な論考が高木訷元氏により提出されている[5]。

般若研究において最も問題となるのは、その翻訳経典の一部が純然たる翻訳ではない可能性が高いということである。本章で取り上げる『諸仏境界摂真実経』三巻（以下『摂真実経』）・『大乗本生心地観経』八巻（以下『心地観経』）・『守護国界主陀羅尼経』十巻（以下『守護経』）の三書もまた、各々に密教的要素が含まれるのみならず、互いに関連しているところも見出され、翻訳と捉えるにはあまりにも疑問点が多いことから、般若自身による創作説も主張されている。(6)一方、頼富氏は従来の研究に依拠しつつ、先行経典との比較検証を行い、これらが各々底本に基づく改変付加経典ではないかという説を提唱されている。(7)

そこで、本章では、先に触れた三種の般若訳経典が多くの留意点を有することを視野に入れながら、そこに説かれる五相成身観の真言が各経典により不均一であることに先ず注目したい。というのも、日本密教において、五相成身観を全て具備するか否かという議論が、台密の安然（八四一～八八九～、一説九一五没）や覚超（九六〇～一〇三四）を起点として、後に大きく展開することになるのであり、その発端となるのが、実はこの三種の般若訳経典に見られる五相成身観の真言数が不統一であることによるからである。

それでは先ず、般若訳経典の五相成身観を概観して基本的事項を確認し、この問題が安然や覚超等によってどのように解釈され、更には、後の東台両密でどのように論判されるに至ったのか考究していくことにしたい。

二　般若訳経典をめぐる諸問題

五相成身観とは、『金剛頂経』系の五段階の瑜伽観法のことであり、一般的に①通達菩提心、②修菩提心、③成金剛心、④証金剛身、⑤仏身円満と呼称される。その詳細については、既に検討を加えたので繰り返し述べない。(8)

ここでは、『金剛頂一切如来真実摂大乗現証大教王経』三巻（以下『三巻本教王経』）から五相成身観の各真言のみを再掲しておくことにする。

①唵質多鉢囉二合底丁以反微騰迦嚕弭
②唵菩提質多畆怛波娜夜弭
③唵底瑟姹二合嚩日囉二合
④唵嚩日囉二合怛麼二合句唅
⑤唵也他薩婆怛他誐多薩怛二合他唅(9)

問題とすべきは、この根幹となる五相成身観が般若訳経典においてどのように説示されているかということである。般若の翻訳経典は、疑問視されているものも含め、九部七十五巻が現存しているが、五相成身観と関連がある経典は、『摂真実経』三巻・『心地観経』八巻・『守護経』十巻の三書である。この三書について、安然の『諸阿闍梨真言密教部類総録』（以下『八家秘録』）巻上では、「金剛部」の項目にて、空海が顕密対弁の際に重用した『大乗理趣六波羅蜜経』（以下『六波羅蜜経』）と共に、次の如く一具に列記されている。

諸仏境界摂真実経三巻　般若　仁　行　運叡
守護国界主陀羅尼呪経十巻　貞元録外　澄　空　珍　叡
大乗理趣六波羅蜜経十巻　般若　貞元新入目録　海　円覚
大乗心地観経八巻　叡(10)

これらの経典の訳出年代をめぐっては、『六波羅蜜経』が貞元四年（七八八）、『守護経』が貞元二十年（八〇四）、『摂真実経』が不明ながらも、空海帰国以降『心地観経』訳出前（八〇六〜八一〇）、『心地観経』が元和五年（八一〇）〔進上―元和六年〕と看做されている。(11)周知の如く、先の二書は空海によって請来され、『真言宗所学経律論目録』（『三学録』）に「雑部真言経」として着録されている。[12] 一方、後の二書は空海帰国以降の翻訳であり、『八家秘録』によれば、『摂真実経』が円仁（七九四～八六四）、円行（七九九～八五二）、恵運（七九八～八六九）、宗叡（八〇九～八八四）の四名、『心地観経』が宗叡の請来とされている。実のところ、円仁は、『摂真実経』は勿論のこと、『心地観経』も盛んに活用しているので、[13] 両経の伝来は円仁以前であることは確実であり、特に『心地観経』については、空海の四恩説との関わりから、天長二年（八二五）頃、既に本国にもたらされていた可能性が指摘されている。[14]

それでは以下、議論の都合上、『摂真実経』・『心地観経』・『守護経』の順で、各々五相成身観に関連する箇所を取り上げ、併せて安然の文言も参酌しながら概観していくことにする。なお、各経典の成立状況については、その考察が主たる目的ではないので、先行研究に基づいて最低限の解説に止めることにしたい。

①『摂真実経』

本経は、他の般若訳経典が密教教理を部分的にしか説いていないのに対して、純然たる密教経典である。但し、その内容には翻訳上の様々の問題があることから、頼富氏は般若が所持していた何らかの『金剛頂経』系の原本を基盤としていたことは否定できないものの、『金剛頂瑜伽中略出念誦経』四巻（以下『略出念誦経』）や『三巻本教王経』の諸要素を折衷させて、そこに独自の思想を加味した経典であることを示唆している。[15]

さて、本経の五相成身観は、「金剛界大道場品第三」に全て記載されている。それでは、その該当部分を一部省略を交えつつ引拠すると共に、この箇所に対して安然がどのような理解を示していたのか検証するため、『菩提心義抄』巻四の問答も参照することにしたい。

◇『摂真実経』巻中・金剛界大道場品第三

復次瑜伽行者、作二如レ是想一。諸仏菩薩、今当三降臨示二現威徳大神通力一。作二此想一已、復応三観二察釈迦如来成道之法一。如二釈迦菩薩一、近二菩提樹一一由旬内修二諸苦行一、満二足六年一願レ成二仏道一、趣二菩提樹一坐二金剛座一入二金剛定一。爾時、毘盧遮那如来、観二見是一已、至二菩提樹金剛道場一、示二現無数化仏一、遍二満虚空一、猶如二微塵一、各共同声告二菩薩一言、善男子、云何不レ求二成仏之法一。菩薩聞已、虔恭合掌、白レ仏言、我今未レ知二成仏之法一。唯願慈悲示二菩提路一。時諸化仏告二菩薩一言、善男子、心是菩提。当求二自心一。恒沙諸仏異口同音、説二法身求心真言一曰、

①唵一室多二鉢羅二合底丁以反三駄儞二合四迦嚕五弭六……

作二是語一已、無量諸仏異口同音、説二大菩提心真言一。曰、

②唵一謨尼上二室多三牟膩婆二合駄四野弭五……

善男子、復有二堅固菩提心真言一。曰、

③唵一膩瑟陀二合二嚩日囉二合三……

善男子、復有二如金剛真言一。曰、

④唵一嚩去日嚕二合二陀摩二合虞三吽去大声四……

善男子、有下同二三世諸仏一真言上。曰、

⑤唵一野他引二薩嚕嚩二合去三怛他引蘖多四娑怛二合他五吽去大声六……

善男子、有二報身真言一。曰、

⑥唵一娑嚩二合引二婆去嚩去三戌度四憾去五……

善男子、有二化身真言一。曰、

⑦唵一薩嚕嚩去二合二娑謨引三吽四　……

復次瑜伽行者、結金剛縛印当作此想。譬如十方世界虚空無尽。我観三身及三真実、堅固常住亦復如是。為利益安楽一切衆生故、日夜常作如是妙観。作是観已、持真言曰、

⑧唵一薩嚕嚩去二合二怛他引誐多引三毘薩儞二合満怛盧二合陀四嚩日囉二合五底瑟吒二合六

復次瑜伽行者、結円満印。仰掌以右手大拇指押小指上、余之三指竪立。以掌盛水、加持七遍。先以一分洒於頂上、次以一分飲之、後以一分散於四方。散已当作是想。我身堅固猶如金剛。一切衆生亦獲長寿。若以此印真言、加持水灑一切供養等物、悉得吉祥最勝清浄。毘那夜迦諸悪鬼神不能汚穢、亦不得便。其真言曰、

⑨唵一嚩去日嚕二合引二駄重声迦吒反舌呼三　……

復次瑜伽行者、入毘盧遮那三昧。端身正坐勿令動揺。舌拄上齶、繋心鼻端、自想頂有五宝天冠。天冠之中有五化仏結跏趺坐。作此観已、即結堅牢金剛拳印。……是名菩提引導第一智印。亦名能滅無明黒闇印。縁此印加持、諸仏与行者、授無上菩提最勝決定之記。即是毘盧遮那如来大妙智印。瑜伽行者結此印已、運心作想。一切衆生同結此印、十方世界無三悪道八難苦果、悉皆受用第一義楽。持真言曰、

⑩唵一吽二惹大声三翳上四佐五

次瑜伽行者、持此真言、一一観察五字色相。

第一結菩提印、入毘盧遮那如来三昧、当観唵字色、及我身・十方世界悉皆白色。……第二結破魔印。……入東方不動如来三昧、当観吽字色、及我身・尽東方界、及以九方無量世界諸仏菩薩、一切衆生・山川草木咸皆青色。……第三結施諸願印。……入南方宝生如来三昧、当観惹字色、及我身・尽南方世界、

及以九方無量世界諸仏菩薩、一切衆生・卉木山川皆黄金色一。……第四結二除散乱心印一。……入二西方無量寿如来三昧一、当レ観下𑖊翳字色、及我身・尽西方界、并与二九方無量世界諸仏菩薩一、一切衆生山川草木悉作中紅蓮華色上。……第五結二無怖畏印一。……入二北方不空成就如来三昧一、当レ観下𑖭佐字色、及我身・尽北方界、并与二九方無量世界諸仏菩薩一、一切衆生・山河大地・草木叢林悉皆五色上。……(16)

◇『菩提心義抄』巻四

問。摂真実経五相成身、云何。

答。如レ経、先浄三業、金剛合掌、及縛幷金剛起、駆逐、召請、次観二釈迦如来成道之法一。如二釈迦菩薩一、苦行六年坐二菩提樹一入二金剛定一。爾時、毘盧遮那如来、観二見是一已、至二菩提樹金剛道場一、示二現無量化仏一、遍二満虚空一、同声告言、云何不レ求二成仏之法一。即説二法身求心真言印一一　心・心所法本来空寂。心・心所法和合之時、自覚二苦楽一名二自悟心一。唯自能覚他所レ不レ悟。依二止此心一立二菩提心一。大菩提心真言印二　堅固菩提心真言印三　如金剛真言印四　同三世諸仏法身真言印五　報身真言六　化身真言印七　堅固常住真言八　洒頂真言印九　次入二毘盧遮那三昧一、結二菩提引導第一智印一、説二五字真言一十　次入二五仏三昧一結二五印一、誦二五字一観二五字色一。次四波羅蜜、次十六菩薩、次十二外供養、次須弥頂善法堂中、五仏・五相・十方天位真言。又云、五方仏・四波羅蜜名為二真印一、金剛喜等名二影相印一、金剛焼香等名二親近印一、金剛鉤等名為二智印一云云。(17)

先に安然の見識について概説すれば、傍線部の如く、本経の五相成身観を十種の真言（①法身求心真言、②大菩提心真言、③堅固菩提心真言、④如金剛真言、⑤同三世諸仏法身真言、⑥報身真言、⑦化身真言、⑧堅固常住真言、⑨洒頂真言、⑩五字真言）に敷衍して理解していることが看取される。この理解の下地となったのが、前掲の『摂真実経』における十種の真言であり、(18)各々の傍線部が安然の記述に対応している。この中、前半の①から⑤の各真言が五相成身観の真言に相当する。安然は、この前半の五相成身観の真言を「初五相」と捉え、それ以降の真言を「後五相」と分類し、両者を矛盾なく咀嚼しようと試みるのであるが、その詳細は次節で後述することにしたい。

なお、本経で最も留意すべきは、⑩五字真言であり、傍線部の如く、それぞれが金剛界五仏に対応している[19]。実は、これと同様の内容が『守護経』にも見出されるのであり、そこでは五相成身観を考究するうえで重要な意味が付与されている。このことについては、『守護経』の解説において再論することにしたい。

②『心地観経』

本経もまた、様々な先行経典を素地として成立していることが窺われる。頼富氏は、本経の原初形態を『大宝積経郁伽長者会』に求め、更に当時の時代思潮に適応させるために、四恩説や密教的要素等を部分的に付加した複合的経典であると結論づけている[20]。

本経については、空海との関わりから四恩説ばかりに耳目が集まるが、大乗戒や密教教理を説く経典であることも見落としてはならない。就中、密教的部分は掉尾の巻八のみに限定され、そこでは前掲の『摂真実経』との共通性が多分に認められる。そして、五相成身観の一部が明示されているのも、やはりこの末巻なのである。今、その当該箇所とそれに対応する安然の記述を併記すれば、次のとおりである。

◇『心地観経』巻八

観心品第十

爾時、文殊師利菩薩摩訶薩、即従レ座起整二衣服一、偏袒二右肩一右膝著レ地、曲レ躬合掌白レ仏言、世尊、如二仏所説一告二妙徳等五百長者一。我為二汝等一敷二演心地微妙法門一。……爾時、如来於二諸衆生一起二大悲心一。猶如三父母愛二

念一子㆒。為㆑滅㆓世間大力邪見㆒、利㆓益安㆓楽一切有情㆒。宣㆓説観心陀羅尼㆒曰、

①唵一室佗二波羅二合底丁以反三吠憚四迦盧弭五……

大乗本生心地観経　発菩提心品第十一

爾時、薄伽梵、已能善獲㆓一切如来灌頂宝冠㆒超㆓過三界㆒。已得㆓円満陀羅尼自在㆒、已善円㆓証三摩地自在㆒、妙善成㆓就一切智智㆒。一切種智能作㆓有情種種差別㆒。……爾時、文殊師利菩薩白㆑仏言、世尊、心無㆓形相㆒亦無㆓住処㆒。凡夫行者最初発心、依㆓何等処㆒観㆓何等相㆒。仏言、善男子、凡夫所観菩提心相、猶如㆓清浄円満月輪㆒。……月即是心、心即是月。塵翳無㆑染妄想不㆑生、能令㆓衆生身心清浄㆒、大菩提心堅固不㆑退。結㆓此手印㆒、持㆓念観㆓察大菩提心微妙章句㆒。一切菩薩最初発心清浄真言。

②唵一菩地二室多三牟致波四二合陀邪五弭六……

大乗本生心地観経　成仏品第十二

爾時、薄伽梵、能善安㆓住清浄法界㆒。……是薄伽梵、告㆓文殊師利菩薩摩訶薩㆒言、瑜伽行者、観㆓月輪㆒已、応㆑観㆓三種大秘密法㆒。云何為㆑三。一者心秘密、二者語秘密、三者身秘密。云何名為㆓心秘密法㆒。瑜伽行者、観㆓満月中出㆓生金色五鈷金剛㆒。光明煥然、猶如㆓鎔金㆒、放㆓於無数大白光明㆒。以㆓是観察㆒名㆓心秘密㆒。云何名為㆓語言秘密㆒。

③唵一地室多二二合婆爾羅三二合

此陀羅尼具㆓大威力㆒、一切菩薩成㆓仏真跡《イ言》㆒。是故名為㆓語言秘密㆒。云何名為㆓身秘密法㆒。於㆓道場中㆒端身正念、手結㆓引導無上菩提最第一印㆒、安㆓置胸臆心月輪中㆒。……是名㆓引導無上菩提第一智印㆒。亦名㆓能滅無明黒闇大光明印㆒。……[21]

◇『菩提心義抄』巻四

心地観三相如レ経。初説二観心陀羅尼印一、次観二一切心法本性皆空一、幷説二四種自覚悟心一。次説二一切菩薩最初発心清浄真言印一。次観二三種大秘密法一。満月中生二五股金剛一。語言秘密。引導無上菩提第一智印。天冠五仏三十二相・八十種好名二入毘盧遮那如来最勝三昧一云云。(22)

安然は、本経が五相ではなく三相（①観心陀羅尼印、②一切菩薩最初発心清浄真言、③語言秘密）しか記載していないことを指摘している。確かに、本経では、「観心品第十」「発菩提心品第十一」「成仏品第十二」の三品中に、五相成身観の①から③の真言が別個に示されるのみで、④と⑤の真言が欠けているのである。このように、五相成身観の真言が一部しか記されなかった因由は不明であるが、このことより、本経が三相説であると認知されるようになったのであり、それを如何に正義と会通させるかが喫緊の課題となった。

③『守護経』

本経が空海によって本国に請来され、空海は勿論、最澄（七六六、一説七六七～八二二）にも着目されたことは夙に知られるところである。その内容については、やはり先の二書と同様、複雑な様相を呈しているのであり、頼富氏によれば、『大方等大集経陀羅尼自在王菩薩品』を底本として、前出の『摂真実経』や『大日経』等から密教的部分を導入し、更には護国思想を加補したのが本経であると位置づけている。(23)

さて、本経にて密教教理が説かれているのは、主に「陀羅尼品第二」「陀羅尼功徳軌儀品第九」の二品である。但し、ここで注意したいのが、この両品から五相成身観の各真言を全く検出できないということである。しかしながら、安然は本経に五相成身観の性状があることを主張するのであり、その代替として注目されたのが、先の『摂真実経』でも少しく触れた⑩五字真言なのである。それでは以下、「陀羅尼品第二」中の該当箇所と安然の見解を併せて引拠することにしたい。

◇『守護経』巻二・陀羅尼品第二之二

爾時、世尊如㆓象王迴㆒普観㆓大衆㆒、復告㆓一切法自在王菩薩摩訶薩㆒言、善男子、此会之中有㆓二種人㆒。一者成就、二未成就。我今重為㆓未成就者㆒、以㆓善方便㆒随㆓順世諦㆒、譬喩言詞説㆓一乗法㆒。如㆔世有㆑法名㆓迦楼羅㆒。……善男子、菩薩摩訶薩亦復如㆑是。若欲㆓入観㆒、先当㆔黙㆓念此前廻向陀羅尼門㆒。然後当㆑入㆓毘盧遮那如来三昧㆒。謂観㆓此身体㆒成㆓金剛㆒。堅不㆑可㆑壊。当㆔以㆑身作㆓金剛結跏㆒。謂以㆓右脚㆒圧㆓左髀上㆒、端身正坐舌根微動、脣歯相合作㆓金剛語㆒。金剛語者、謂無㆓言声㆒、但心黙念、以㆓堅牢智㆒諦観㆓自心㆒以為㆓月輪㆒、当㆘於㆓鼻端㆒不㆑令㆓馳散㆖。清浄円満、色如㆓凝雪・牛乳・水精㆒。而此月輪為㆓菩提心㆒。此菩提心本無㆓色相㆒、為㆓未成就諸衆生㆒故、説㆑如㆓月輪㆒。応㆘以㆓右手㆒作㆓金剛拳㆒、当㆑心握㆗於左手頭指㆖。此名㆓能与無上菩提最尊勝印㆒。即是本師毘盧遮那如来之印。

爾時、世尊即説㆓陀羅尼㆒曰、

⑩唵吽惹護平娑

云何観㆓察此陀羅尼㆒。当以㆓唵字㆒安㆓前所観月輪之中㆒、置㆓於頂上㆒。観㆓此唵字㆒、色如㆓珂雪㆒。此想成已、即見㆓自身坐㆓月輪中㆒、便得㆓成㆓就毘盧遮那㆒。……次亦黙㆓誦如上所説毘盧遮那如来真言㆒、応㆘以㆓吽字㆒処㆓月輪中㆒、置㆗於頂上㆖。観㆓此吽字㆒以為㆓青色㆒。観想成已、次観㆓遍身㆒皆作㆓青色㆒。此身即成㆓阿閦如来㆒。……次亦誦㆓前毘盧遮那如来真言㆒、作㆓惹字観㆒。当㆘以㆓此字㆒処㆓月輪中㆒、置㆗於頂上㆖。如㆓融金色㆒。観想成已、漸観㆓遍身㆒皆融金色。此身即成㆓宝生如来㆒。……亦誦㆓如上毘盧遮那如来真言㆒、作㆓護平声字観㆒。当㆘以㆓此字㆒処㆓月輪中㆒、置㆗於頂上㆖。如㆓紅蓮華色㆒。観想成已、漸観㆓遍身㆒皆紅蓮華色。此身即成㆓阿弥陀如来㆒。……次亦誦㆓上毘盧遮那如来真言㆒、作二娑上字観一。当下以二此字一処二月輪中一、置中於頂上上。具二於五色一。観想成已、漸観二遍身一皆作二五色一、成二於不空成就如来一。……[24]

◇『菩提心義抄』巻四

守護経一相如レ経。先念二廻向陀羅尼門一、然後当レ入二毘盧遮那如来三昧一。観二此身体一以成二金剛身一。作二金剛結跏一作二金剛語一。諦観二自心一以為二月輪一、当二於鼻端一。色如二凝雪・牛乳・水精一。而此月輪為二菩提心一。応レ作二能与無上菩提最勝尊印一。本師毘盧遮那如来之印。即説二五字陀羅尼一、次以二五字一各安二月輪一、置二於頂上一各観二五色身一。以二月輪一成二五仏身一、各得二三種真実一。頂放二五光一、下従二阿鼻一上至二尼吒一。其中衆生各得二五益一。乃至儀軌行法中亦云、有二毘盧遮那・四波羅蜜・四方四仏・各四菩薩一。次十二外供養・外院十天、或安二種子一各有二真言一云云。[25]

安然によれば、本経は五相成身観の真言を明示していないとはいえ、そうした要素が垣間見られるのであり、それを一相に収斂させている。その一相とは、原文と照合させて勘案すれば、⑩五字真言（五字陀羅尼）を意味しているように推測される。要するに、この⑩五字真言を一字ずつ観想すれば、やはり先の『摂真実経』と同様、金剛界五仏を自身に成満できるのであり、安然もそこに五相成身観の意義を見出したと考えられるのである。

ところで、本経をめぐっては残された大きな課題がある。それは、本経にて最も肝要な観法である唵字観を五相成身観とどのように関連づけるかということである。そもそも、この観法は、「陀羅尼功徳軌儀品第九」中に二度も再説され、空海もこれらを活用することで十住心の第九極無自性心が唵字観による成道であることを論証しようとしている。[26]そこで今、この観法の実態についても、少しばかり検討しておく必要があろう。その一節は、巻九に次のように記されている。

仏言、秘密主、我於二無量無数劫中一、修二習如レ是波羅蜜多一、至二最後身一六年苦行、不下得二阿耨多羅三藐三菩提一成中毘盧遮那上。坐二道場一時、無量化仏、猶如二油麻一遍二満虚空一、諸仏同声而告レ我言、善男子、云何而求二成等正覚一。我白レ仏言、我是凡夫未レ知二求処一。唯願慈悲為レ我解説。是時、諸仏同告レ我言、善男子、諦聴諦聴。当二為レ汝説一。汝今宜下応当於二鼻端一想二浄月輪一、於二月輪中一作中唵字観上。作二是観一已、於二夜後分一、得レ成二阿耨多羅三藐三菩提一。善男子、十方世界如二恒河沙一三世諸仏、不下於二月輪一作中唵字観上得二成仏一者、無レ有二是処一。何以故。唵字即是一切法門。亦是八万四千法門宝炬関鑰。唵字即是毘盧遮那仏之真身。唵字即是一切陀羅尼母。従レ此能生二一切如来一。従二如来一生二一切菩薩一。従二菩薩一生二一切衆生乃至少分所有善根一。(27)

すなわち、釈尊は六年もの間苦行するも毘盧遮那身を獲得できなかったが、諸仏の教導により鼻端の月輪中に唵字観を観想することで終に成道するに至ったと言うのである。更には、この唵字こそが毘盧遮那仏の真身であり、一切を生起させる陀羅尼母に他ならないとも説いている。また、同じく巻九には、「仏告二秘密主一言、善男子、毘盧遮那世尊、色究竟天為二天帝釈及諸天衆一已広宣説。我今於二此菩提樹下金剛道場一、為二諸国王及与汝等一、略二説於此陀羅尼門一。汝当二諦聴一。善男子、陀羅尼母所謂𑖌𑖼唵字。所以者何。三字和合為二唵字一故。謂𑖀婀𑖄烏𑖦莽。一婀字者、……又法身義。二烏字者、即報身義。三莽字者、是化身義。以レ合二三字一共為二唵字一。摂レ義無レ辺故為二一切陀羅尼首一。与二諸字義一而作二先導一。即一切法所生之処。三世諸仏皆観二此字一而得二菩提一。故為二一切陀羅尼母一。一切菩薩従レ此而生。一切諸仏従レ此出現。即是諸仏一切菩薩諸陀羅尼集会之処。(28)」とあり、唵字が婀《ア》・烏《ウ》・莽《マ》三字、法身・報身・化身の和合であり、仏菩薩を含む一切の根源であることが説かれている。

ここで留意すべきは、先の場面設定が、実は『摂真実経』冒頭における、五相成身観を釈迦菩薩に教示する内容と極めて近似しているという点である。このことはつまり、五相成身観の役割を唵字観に全て包含させようという意図があったことを推知させる。[29] したがって、安然もまた、『教時問答』巻二で「守護経説二菩提心無相一同二大日経一、説二五相成仏一同二金剛頂一。為レ証二其五相成仏一、仏引下六年苦行不レ得二菩提一始観二月輪唵字一而得中菩提上。此亦真言果仏自証化他法門。而海和上以二彼経文一入二極無自性心一為二華厳宗一。[30]」と述べ、唵字観による成仏が五相成身観の場合と同等であることを容認するのである。しかしながら、こうした姿勢は、本経の一相を⑩五字真言と規定した『菩提心義抄』の主張と若干相違するのであり、安然においても、著作によって認識の相違が見られるのである。とはいえ、既に⑩五字真言に毘盧遮那如来を感得する唵字観が内包されていることを踏まえれば、安然はやはり⑩五字真言をやや高く評価していたように推察されるのである。

このように、本経の観法を尋究すれば、⑩五字真言、或いは唵字観の二説のどちらかに五相成身観の功能が求められるのであり、次節で述べるように、覚超が『五相成身私記』で本経に二説があると言明するのも、上記の内容から当然の措置であると言えよう。

以上の如く、般若訳経典の五相成身観は、各経典の重層的且つ相互補完的な成立状況を反映しているためか、それぞれに共通項がある一方で、真言数が相違するという根本的難題も存在するのであり、一様に定義できない複雑さが見られる。

そこで改めて、これまでの議論を安然の所見によって総括すれば、「摂真実経＝五相（十相）」「心地観経＝三相」「守護経＝一相」と結論づけることができる。こうした多様性が問題視されたのは、安然独自の視点に依拠するところが大きいが、それを端緒として様々な意見が提唱されるに至ったことは重視すべきであろう。

三　安然と覚超の見解

安然が上記の般若訳経典を『金剛頂経』系の密教経典と把握していたことは、『八家秘録』にてこの三書を「金剛部」に分類していたことからも容易に首肯されよう。それはまた、般若の密教観が『大日経』よりもむしろ、『金剛頂経』からの影響のほうが圧倒的に強いことに由来していると言える(31)。特に、安然が関心を払ったのは、『大日経』系の思想も一部継承している『守護経』であり、『金剛頂経』系の思想との混在が大きな課題となったようであるが、最終的に『菩提心義抄』巻四で「此経正是金剛界(32)。」と明言するのである。これに対して、他の二書については、目立った論評もなく、『金剛頂経』系の経典であることが自明であるかのような立場を取っている。

ところで、安然は、これら般若訳経典を含む『金剛頂経』系経典を四重秘釈（浅略釈・深秘釈・秘中深秘釈・秘秘中深秘釈）という解釈法によって弁別しようとしている。ここから、般若訳経典に対する安然の姿勢が読み取れるのであり、先ず最初に押さえておくべき要点であると言えよう。すなわち、『菩提心義抄』巻四の次の問答がそれに相当する。

問。金剛頂宗大日如来三摩地菩提心行相、云何。

答。例亦四種。一者、金剛頂義訣云、此地、梵網経両巻従二此経中浅略之行相一也。其中広相、根未レ有レ堪云云。故知、此梵網経結二成華厳一。華厳所レ説華蔵世界、毘盧遮那性海、果分不可説。普賢行願、因分可説。海印三昧行相、皆是金剛頂宗大日如来三摩地浅略之行相也云云。二者、摂真実経所レ説釈迦菩薩坐二菩提場一五相成身成道之法、及以心地観所レ説三相成仏之法、守護経所レ説一相成仏之法、並是大日尊深秘之行相也云云。三者、金

剛頂大教王経・略出念誦経・十八会指帰等所レ説五相成身・四種曼荼羅法。是秘中深秘之行相也云云。四者、
金剛頂四種念誦布字法。是秘秘中深秘之行相也云云。[33]

第一に『梵網経』が浅略行相として最も低く評価されているが、これは『金剛頂経大瑜伽秘密心地法門義訣』巻上の記述[34]に基づくものである。そして、次の深秘行相に配釈されるのが、『摂真実経』（五相）・『心地観経』（三相）・『守護経』（一相）の般若訳経典なのである。そこでは、五相成身観による成道が重視されているのであり、各経典により真言数が多様であるにもかかわらず、一括に評価されている。とはいえ、秘中深秘行相である『三巻本教王経』・『略出念誦経』・『十八会指帰』等の経典や、四種念誦布字法[35]のような秘秘中深秘行相と比較すれば、未だ浅略義であると看做されたようである。なお、このことに関連して、安然はこの三経の様相がなぜ秘中深秘ではなく深秘であるのか、その理由についても問答しているので、併せて取り上げることにしたい。

問。何故、此三経行相為二深秘一、不レ名二秘中深秘一。
答。大日如来、初在二尼吒一現成二菩提一。説二金剛頂十八会一時、已説二金剛界中五相成身・四曼荼羅一為二秘中深秘一。次降二須弥頂三十三天一、説二真実経五相成身・三十七尊羯磨会法一為二深秘一也。闕二余三一故、非二秘中深秘一。次在二菩提樹一、説二守護経二《ママ》相・羯磨会三十七尊一。後在二王舎城耆闍崛山一、説二心地観三相成仏一、不レ説二三十七尊一。雖レ略非レ浅故、此二経同二摂真実経深秘法一云云。故守護経云、毘盧遮那世尊、色究竟天為二天帝釈及諸天衆一已広宣説。我今於二此菩提樹下金剛道場一、為二諸国王及与汝等一、略二説於此陀羅尼門一。[36]

ここで重要なのは、経典によって説相や説法会場が異なる点に着眼して、経典間の優劣を決定する尺度としたことである。先ず『摂真実経』を深秘行相に配釈するのは、本経が色究竟天の阿迦尼吒天ではなく須弥山頂三十三天で説かれた経典であり、その説相においても四種曼荼羅（大・三・法・羯磨）の羯磨曼荼羅しか示されていないと

いうことが根拠となっている。更に、同様の観点から、『守護経』が菩提樹下で一相・羯磨会三十七尊を説き、『心地観経』が王舎城耆闍崛山にて三相を説くも三十七尊を明示していない等、それぞれの経典内容を略説しつつ、最終的には『摂真実経』と同じく深秘行相であることが主張されている。[37] そして、このような経典評定が妥当であることを前掲の『守護経』の文によって論証するのである。但し、同じく深秘行相の範疇に包摂されてはいるものの、安然はこれらの経典にも優劣があることを認めているようであり、それは配列順（『摂真実経』―『守護経』―『心地観経』）にも反映されていると推量される。[38] その優劣の主因となったのが、五相成身観の差異と三十七尊の有無であることは贅言を要しないであろう。この他にも、深秘行相に関して様々な議論が見出されるが、[39] 上記のことから、その大要は把捉されると思われる。

さて、それでは次に、五相成身観の真言数が不均一であることを安然がどのように整理・統合しようとしていたのか、勘考することにしたい。そもそも、五相成身観の呼称は、『十八会指帰』や『菩提心論』の解説によるところが大きいが、般若訳経典の五相成身観を整理するうえで安然が判定基準としたのは、『菩提心論』〔次明二五相成身一者、一是通達心、二是菩提心、三是金剛心、四是金剛身、五是証二無上菩提一獲二金剛堅固身一也。然此五相具備方成二本尊身也一〕[40] であった。そのことについて、『菩提心義抄』巻四では、次のように述べている。

問。此三経中五・三・一相、及菩提心論五相・三門行相開合、云何。

答。真実経初五相即論五相、後五相即論第五相中開二出之一。心地経初三《ママ》相即論初二相、第三相即論第五相。守護経一相、即論第二相及第五相合為二一相一。真実経・心地経第二相、初心心所空即論勝義行相。真実経六年苦行、心地経三十二甲、及菩薩万行、守護経大悲胎蔵発生品、大悲為レ根、方便波羅蜜為二究竟一、及以陀羅尼三十二業、即論行願行相。三経五・三・一相、即論三摩地行相云云。[41]

ここの問答の骨子とは、『菩提心論』の五相と三種菩提心（勝義・行願・三摩地）を規矩として、般若訳経典の五相成身観がそれらとどのように開合するのか解決することにある。ここでは、煩を避けるため、『菩提心論』の五相との関係にのみ焦点を絞って考察してみたい。今、それを図示すれば、次のようになるであろう。

般若訳経典		菩提心論　※通名を優先した
摂真実経〔初五相　①〜⑤〕	＝	〔①通達菩提心（通達心）〜⑤仏身円満（金剛堅固身）〕
〔後五相　⑥〜⑩〕	＝	〔⑤仏身円満（金剛堅固身）を開出す〕
心地観経〔三相　①〜③〕	＝	〔①通達菩提心（通達心）②修菩提心（菩提心）⑤仏身円満（金剛堅固身）〕
守　護　経〔一相⑩五字真言〕	＝	〔②修菩提心（菩提心）＋⑤仏身円満（金剛堅固身）〕

安然が『摂真実経』の五相成身観を十種の真言にまで拡大解釈し、その前半を「初五相」、後半を「後五相」と分別していることは既に触れた。ここで特徴的なのは、「後五相」が⑤仏身円満の功能を細分化したものであると理解している点である。また、『心地観経』については、③語言秘密を⑤仏身円満に充当させているが、これは明らかに③成金剛心との混同であり、安然が敢えて⑤仏身円満に位置づけた可能性が推考される。そして最後に、最も不明瞭な『守護経』の一相（⑩五字真言）をめぐっては、②修菩提心と⑤仏身円満を合したものと認識している。『守護経』では、⑩五字真言を観想して金剛界五仏を自身に感得する前段階として月輪観〔諦観自心以為月輪……而此月輪為菩提心〕を修することが要求されるが、②修菩提心も月輪観〔汝観浄月輪、得証菩提心〕[42]を伴うのであり、こうした共通性に着目して『守護経』の一相に⑤仏身円満だけでなく、②修菩提心の要素も含意したのであろう。ともあれ、こうした整理・統合が果たしてどこまで有効性を持つものか疑問に思う面もあり、やや牽強付会である感は拭えない。また一方で、その言説が東台両密において注視され、批判の対象になったことにも視野

を向けるべきであろう。

そうした見地に立脚して、安然以降における議論の進展を通覧する時、先ず取り上げるべき人物として想起されるのが覚超である。覚超には、『五相成身私記』一巻という、五相成身観について一部問答形式で特論した著作があり、そこでは、密教諸経論が説く様々な五相成身観が収集され、多角的な視座からこの観法の内実を解明しようとする姿勢が見て取れる[43]。となれば、般若訳経典や安然の所見が俎上に載せられているのも至極当然であると言えよう。これらの事案について、覚超は次のように述べている。

初示二異説一者、此成身観、古来相伝多云二五相成身一。有云二五法成身一。此名出二菩提心論等一。而彼論等不レ説二其相一。今検二諸文一、異説極多。具如二私文集一。今略示二大途一、守護経有二二説一。一云、当下於二鼻端一観中心月輪上。月中観二五字一、即得レ成二五仏一。二云、鼻端観二月輪一。月中観二唵字一、得二阿耨菩提一。心地観経有二三陀羅尼一。即五相中之初三也。然彼経意、其次三観即説二成仏一故無二四・五一。教王経有二六事一。初五即五相也。第六加持現証。略出経有二三十二事一。今軌成本尊在二彼第三十一。加持灌頂等在二其前後一。今軌従二通達一至二拍掌一有二二十一事一云云。

問。諸経・諸軌随二所説一事、可レ言二一・二相乃至三十余相成身一不。

答。設爾何失。

問。二倶有レ過。若言二一・二乃至三十余相一者、未レ聞二此説一。若言レ不レ爾、其理未レ明。

答。有人出二諸如来加持印一了云、已上八箇印、是大日如来八相成道也。私云、八印不レ明。若推二彼意一、五相・舒・斂・加持歟。若爾、不レ可三必定云二五相一歟。又五相之外、可三必論二是相・非相一也。言可レ思。

問。諸経所説浅深、云何。

答。安公云、梵網・華厳仏因仏果。今金剛頂宗浅略之相也。真実経五相・心地経三相・守護経一相、此深秘相也。教王経・略出経・十八会指帰等、五相・四種曼荼羅、秘中深秘也。金剛頂四種念誦布字法、秘秘中深秘也。
問。如レ此相対、其意云何。
答。梵網・華厳帯二権教一為二浅略義一。又大日如来初在二尼吒一現成二菩提一説二金剛頂十八会時一也。……雖レ略非レ浅故。此三経同二秘深一云云。此義未レ詳。委細思レ之。[44]

ここでは、幾つかの異説が提示される中で、『守護経』と『心地観経』の五相成身観に対する見解も記されている。前節で触れたように、覚超は先ず、『守護経』で⑩五字真言と唵字観の二説が並存している問題点に触れ、『心地観経』についても、④成金剛身と⑤仏身円満の各真言が欠落していることを的確に指摘している。この他、『三巻本教王経』が六事、『略出念誦経』が三十二事、今軌、すなわち『金剛頂蓮華部心念誦儀軌』が二十一事あることを主張しているが、これらは概ね経典内容に準拠した説である。

更に、このように多様な説を五相という範疇で厳密に規定すべきかどうか、設問が立てられている。この問いに対して、覚超は疑義を呈しつつも五相に舒観・斂観・如来加持を加えた八箇印を大日如来八相成道に充当させる意見[45]等を証憑として、特に五相に固執しない旨を標榜するのである。なお、『五相成身私記』では、続けて経典間の優劣についても問答され、先に引用した安然の類別法がほぼそのまま借用されているが、掉尾で「此義未レ詳。委細思レ之。」と記すように、覚超自身も安然説を十分咀嚼しきれていなかったことが窺知される。

これまでの検討から、日本密教において五相成身観が細論されるようになるうえで、その濫觴となり基盤となったのが安然説であったことは十分了解されるであろう。そして、その契機となった要因こそが、般若訳経典における五相成身観の不均一性に他ならないのである。覚超もまた、同様の立場から五相成身観について詳述しているが、基本的に安然説を逸脱するものではない。いずれにせよ、これらの所論が相俟って、成仏論と結合しつつ更なる展開を遂げていくのである。

四　成仏論との関係

安然や覚超が着眼した五相成身観をめぐる諸問題は、東密においても解決すべき事項として認知されたようである。例えば、海恵（一一七二～一二〇七）が編纂した『密宗要決鈔』巻二八では、「五相成身諸経異説、或加或減事」[46]という項目名で覚超の『五相成身私記』が援用されている。また、本円（一三〇一～一三七七～）の『菩提心論密談鈔』巻五にも「五相数多少事」[47]での立項が見出され、そこでは、前出した『菩提心義抄』の諸文を引証しつつ、「会レ之可レ有二二義一。一五相深秘故。金剛頂・摂真実経具説レ之、心地観経・守護経略説レ之。是浅深義也。一云、各具二五智一故。為レ顕二含蔵之義一、有二一相・二相一也云云。」の如く、五相の数が経典間で相違する矛盾を二種の側面から会通しようと試みている。

ところで、本来、五相成身観を全て修することが成仏に至るうえでの大前提となるはずであるが、三相や一相のみで同様の成仏を獲得することは果たして可能なのであろうか。このような議論は、安然や覚超の段階では未だ生起していない。そのことを検証するために、一例を示せば、覚鑁（一〇九五～一一四三）の口説を筆録した『打聞集』（『十住心論打聞集』）の次の記述が参照されよう。

又云、五相成身、頓機、初通達菩提心一相観可二成仏一。即是一印会義也。菩提心論之終、若人求二仏慧一、通二達菩提心一、父母所生身、速証二大覚位一云義是也。五相共具成仏、漸機也。又五智円満義也。一相・二相・三相等倶可二成仏一。必不レ可二悉尽観一云云。[48]

ここから、覚鑁が一相・二相・三相等での成仏を認めていたことが了知されよう。特に注目すべきは、五相を全て具足することが必要な機根を漸機と看做す一方で、一相＝①通達菩提心のみで成仏できる機根を頓機として評価している点である。こうした思考は、『菩提心論』偈文中の[49]「通達菩提心」を①通達菩提心と同一視する見方に由来するのであり、それによって一相のみでの成仏が是認されるのであるが、頼瑜（一二二六～一三〇四）はこの見方を一部否定するのであり、その定義は一様ではない[50]。

そこで次に、頼瑜の見解を検証することにしたい。先ず取り上げるべきは、『菩提心論愚草』巻四の次の問答である。

問。今付レ之、衆生根性万差、成仏軌則非レ一。況今教中既許二頓・漸・超三類一。若爾、超機豈於二五相一無二超証義一乎。若爾、何云二五相具備一乎。是以、安然釈云、心地観経所説、三相成仏之法、守護経所説、二《ママ》相成仏之法云云。爾者如何。

答。任二論釈一、所以当下須具修二三密行一、証中悟五相成身義上也。文 然大師釈二三密一云、若三中一闕、都無二所到一。文 准知、五相又可レ爾也。故云二具備一也。但至レ難者、衆生根性不レ同故、一教殊レ轍。雖レ然、依二金剛頂部一、機必可レ具二五相一也。頓・漸・超三類出二胎蔵部一。彼経軌中不レ説二五相修行一。故金剛頂部五相・十六、是修行也。……若爾、頓証人五相雖二同時証一、全無レ闕二其相一矣。次於二安然釈一者、用不レ任レ意矣。況彼釈中存二開合義一。或又心地観経中、雖レ説二菩提心有相・無相義一、未二必五相義一。……又守護経明二観菩提心成仏之義一、何云二五相法門一乎。若依レ此説者、一切発心成仏、可レ無レ非二五相一如何。仍非レ難矣[51]。

結論的に言えば、頼瑜は頓機でさえも必ず五相を具備しなければ成仏できないことを強調するのであり[52]、三相・一相等による成仏は一切認めていない。その根拠として援引されるのが、伝空海撰『雑問答』三密釈の一文であり、三密成仏と同様、五相成仏が正義であると説いている。したがって、『大日経疏』巻六（『大日経義釈』巻五）[53]に説かれる三機（頓入者・漸入者・超昇者）の概念を金剛頂部の修行に属する五相成身観にそのまま当て嵌めて、五相を超昇する機根がいるかのように思考することも誤りとなるのである。また、上記のことから、『心地観経』の三相や『守護経』の一相が五相成身観の功能を有するという捉え方も否定されるのは必然であろう。そのことは、安然の教説に対して「用不㆑任㆑意矣。」の如く、やや突き放した態度を示しているところに全てが集約されているように思われる。更に、頼瑜は続けて次のように問答している。

重難云、守護経「諦観自心以為月輪」等文、非㆓修菩提心意㆒乎。又心地観経中、初観心品説㆓通達菩提心真言㆒、次発菩提心品説㆓修菩提心真言㆒、成仏品中説㆓成金剛心真言㆒。非㆓三相証文分明㆒乎。若爾者、何云㆓別義㆒乎。又安然釈、雖㆑云㆓開合㆒、心地・守護二経非㆓五相具備㆒也。彼釈云、心地観経初二相即論初二相、第二《ママ》相即論第五相。守護経一相、即論第二相及第五相合為㆓一相㆒云云。若爾、何以㆓開合㆒成㆓具備義㆒乎。……

答。凡五相是金剛頂宗成仏軌則也。……況守護経一相成仏、無㆓本有菩提心㆒而直起㆓修生菩提心㆒乎。理不㆑可㆑然也。又彼経中、明㆓驚覚㆒之処、依㆓唵字之観㆒成仏見。全非㆓五相成身次第㆒也。又心地観経三相、不㆑観㆓三摩耶形㆒、直成㆓羯磨身㆒乎。違㆓本経儀軌等種字・三形・尊形次第㆒。故実雖㆑出㆓五相中三応言㆒、観門既異㆑彼。観心品中、直観㆓心無相㆒不㆑観㆓形相㆒、異㆔儀軌五相中通達心云㆓観心如月輪㆒矣。成仏品中雖㆑出㆓成金剛心言㆒、非㆓五相廃立㆒。只明㆓三密相応成㆑覚義㆒。又安然釈㆓成仏品㆒云㆓第五相㆒事、違㆓経文㆒故不㆑可㆓依用㆒者。……況復不空指帰中、上挙㆓五相㆒畢云、此即五智通達。文 五相即五智也。許㆓一相・二相成仏義㆒、闕㆓五智㆒成㆓仏果㆒矣。[54]

ここでは先ず、『守護経』の一相（⑩五字真言）に至るうえで前提となる月輪観を②修菩提心と対応させることが本有菩提心を欠いているという点で妥当ではなく、また唵字観と五相成身観が全く異質なものとして把捉されている。そして、これと同様の視座から、『心地観経』についても、確かに①から③の真言が説示されているのは事実であるが、その観想法に三摩耶形を観ずる部分が無い等を理由として、五相成身観とは意味内容が全く異なると主張するのである。加えて、安然が開合義にて『心地観経』の③語言秘密を③成金剛心ではなく⑤仏身円満に配当した誤謬を明確に指摘している点にも注意したい。なお、最後に頼瑜は一相・二相による成仏を認めれば、五相＝五智（法界体性智・大円鏡智・平等性智・妙観察智・成所作智）円満という本来の成仏形態が成立し得ないことを危惧しているが、これは『十八会指帰』の文[55]によるものである。

以上の如く、覚鑁がかなり柔軟な姿勢で一相・二相等の成仏を容認するのとは対照的に、頼瑜は頑なに五相を具備する必要性を力説している。とはいえ、続けて「重難云、発心即到人、通達心位可二成仏一。故論云、通二達菩提心一、速証二大覚位一。文　此非二一相成仏一乎。……答。凡発心即到、是頓証人也。雖二頓証一非レ闕二五相一。例如二十六同時証文一。通達心位具備二五相一也。……或亦通達菩提心者、通二達菩提心一非二通達心一也。仍無レ失[56]。」と問答するように、頓機は①通達菩提心で五相を全て具備すれば、発心即到できると説くのであり、一相＝①通達菩提心に他相を収斂させているという意味では、覚鑁と同様、一相に重点を置いていることに変わりはない。つまり、①通達菩提心の段階で五相を具備するか否かが、覚鑁と頼瑜における差異の要諦となっているのである。

このように、東密では五相成身観をめぐって多様な意見が生起したが、一方台密でも、同様の議論がなされていた。例えば、『台密問要集』巻三に収載される「五相・一相・二相成仏事」の項目も、併せて参看しておく必要があろう。その一部を示せば、次のとおりである。

問。講讃経文、付レ説二五相成身相一、且五相具足為二成仏一。将以二一相・二相一成仏可レ云耶。

答。

両方。若以㆓一相・二相㆒成仏云者、菩提心論中五相具備方成本尊身。文 必五相具足見。若依㆑之爾者、衆生根性不㆑同、入修行相各別也。何無㆓一相・二相成仏之機根㆒耶。是以、無畏三蔵分㆓頓・漸・超三機㆒、心地観経三相成仏旨説。何一㆓准一㆔定五相成仏之義㆒耶。

答。自㆑元所㆓答申㆒、任㆓経論説㆒。凡五相者、発心・修行等五転之行位、大円・平等等五智成仏也。若不㆓具修㆒者、五転・五智之功徳可㆓闕減㆒歟。是以、今経一切義成就菩薩現証菩提之相明、具㆓五相真言㆒説。菩提心論、又如㆓一偏被出㆒。但至㆓一辺難㆒者、設雖㆓頓機㆒、何不㆑備㆓五相於一念㆒耶。次心地観経、未㆔説㆓尽秘密事㆒歟。以㆓彼経㆒不㆑可㆑為㆓尽理説㆒歟。仍無㆑失。(57)

ここでもやはり、五相を具備するのか、それとも一相・二相の成仏を肯定するかが主題となっているのであり、五智の欠減等を根拠に頓機であっても五相を一念に具足することが重視されている(58)。また、『心地観経』の三相についても、密教義が十分言い尽くされていないことを示唆しているが、それはまた、「第四・五相、彼経不㆑説意、仏意難㆑測。或存略有㆑之、或不㆑尽㆑理有。即第三成身用㆓智印㆒事、常現行異歟(59)。」という後の記述からも傍証されよう。しかしながら、こうした問答は、既に頼瑜の教説でも論及されていたのであり、その範疇を超えるものではない。

上来、安然や覚超以降の五相成身観の展開を概略ながらも追ってきた。そして、当初は般若訳経典における五相成身観の矛盾を会通し整理することが主な営為であった状況から、次第にそれが成仏論と結合して論じられるような形態に変化していったことが明らかとなった。そこでは、五相を全て修することが絶対条件であるにもかかわらず、一相や三相等による成仏を容認する余地が生まれたのであり、それを受容するか否かをめぐり、覚鑁や頼瑜等により対照的な説が提示されるに至ったのである。それは、まさに安然や覚超からの思想的発展に他ならないと言えるであろう。

五　おわりに

本章の目的は、般若訳経典の五相成身観に対する安然の解釈を基軸に据え、それが東台両密にどのような影響を与えたのか解明することにあった。

そのために先ず、基礎的作業として、『摂真実経』・『心地観経』・『守護経』の般若訳経典類における五相成身観の実態に迫り、それらが「摂真実経＝五相（十相）」「心地観経＝三相」「守護経＝一相」の如く、経典により真言数が相違するものとして認知されていたことを指摘した。こうした定義は、各経典に原拠があるのは当然であるが、安然独自の見方に依拠するところが大きい。そして、この数の不均一さこそが、全ての議論の端緒となったのであり、相互の矛盾を整理・統合することが大きな課題となったのである。

このことは、安然が『金剛頂経』系経典類を四重秘釈（浅略釈・深秘釈・秘中深秘釈・秘秘中深秘釈）という解釈法によって類別し、般若訳経典を深秘行相に全て一括したことにも反映されている。このように定置された背景には、やはり五相成身観の不均一性が少なからず影響を与えていることは確実である。また、『菩提心論』に準拠して五相成身観における経典間の齟齬を会通しようという試みも、そうした矛盾解消の一環であったと捉えることができよう。しかしながら、その方法論にはやや強引な部分があることは否定できない。

さて、安然の教説は覚超に引き継がれることになり、それまで不明瞭だった『守護経』の一相について⑩五字真言と唵字観の二説があることを提唱する等、新たな進展も見られるが、基本的には安然を超克するものではない。

結局のところ、安然や覚超までは、未だ整理・統合の段階にあったと考えられるのである。

　こうした状況が大きく変化するのは、成仏論と併せて考究されるようになってからである。そこでは、五相ではなく三相や一相のみでも成仏できるか否かが論じられ、同じ東密でも、覚鑁はそれを認め、一方で頼瑜はそれを否定するという、全く相反する態度が取られている。但し、頼瑜は、五相全てを修することを強調するものの、頓機であれば一相＝①通達菩提心に他相を具備すれば発心即到できるとも説くのであり、一相に他相を収斂した成仏は否定していない。なお、同様のことは、『台密問要集』にも見出されるが、その結論は頼瑜とほぼ一致する。

　このように、般若訳経典を核とした五相成身観をめぐる談論は、安然によって提起され、それが後に成仏論と契合することで新たな思想的展開を遂げたのである。

註

（1）生年については、二説がある。すなわち、般若と親密な関係にあった円照（生没年未詳）が編纂した『大唐貞元続開元釈教録』巻上（大正五五・七五七頁中）の貞元六年（七九〇）条に「時般若三蔵法師、行年五十七矣。」とあることにより、数え年か満年齢かで開元二十二年（七三四）と開元二十一年（七三三）の二説が提唱されている。ここでは数え年に準拠した。没年は不明であるが、空海と邂逅した貞元二十一年（八〇五）頃、七十歳を超えていたことが推測され、また、『心地観経』の翻訳が元和五年（八一〇）であることから、それ以降であることは確実である。

（2）但し、松長有慶氏は「四恩説の再検討」（『密教文化』一八九、一九九五／『松長有慶著作集』第三巻所収。法藏館、一九九八）で、空海の四恩説が般若以外からも複合的な影響を受けていると指摘している。

（3）頼富本宏『中国密教の研究――般若と賛寧の密教理解を中心として――』（大東出版社、一九七九）参照。

（4）岩崎日出男「般若三蔵の在唐初期における活動の実際について――『大乗理趣六波羅蜜経』翻訳と北天竺・迦湿

蜜国派遣の考察を中心として――」(『高野山大学密教文化研究所紀要』一五、二〇〇二)参照。

(5)　高木訷元「般若三蔵と弘法大師空海」(『高野山大学密教文化研究所紀要』一四、二〇〇一)、同「守護国界主陀羅尼経・解題」(『新国訳大蔵経』密教部三、大蔵出版、二〇〇〇)等、参照。

(6)　月輪賢隆「般若三蔵の翻経に対する批議」(同『仏典の批判的研究』所収。百華苑、一九七一)参照。

(7)　頼富本宏「各経典の概略」(註(3)頼富前掲書第一篇、第二章、第二節所収)参照。

(8)　本書第三章、第六章、坂野栄範「五相成身観の体系的研究――特に経軌の上に於けるその成立的一考察――」(同『金剛頂経に関する研究』第四章、第一節所収。国書刊行会、一九七六)等、参照。

(9)　大正一八・二〇七頁下~二〇八頁上。番号は私に付した。

(10)　大正五五・一一一六頁上。

(11)　頼富本宏「翻訳状況と訳出年代」(註(3)頼富前掲書第一篇、第二章、第一節所収)、註(5)高木解題等、参照。

(12)　定弘全一・五〇頁。弘仁十四年(八二三)進上。

(13)　『摂真実経』は、仁寿元年(八五一)作『金剛頂大教王経疏』巻二(大正六一・三六頁上/三七頁上/三七頁中)に三回の引用が認められ、『心地観経』も同書巻五(同・八一頁上~下)に援引されている。『心地観経』については、斉衡二年(八五五)作『蘇悉地羯羅経略疏』巻二(大正六一・四〇五頁下~四〇六頁上)に引用され、更には、貞観二年(八六〇)作『顕揚大戒論』八巻でも、全体にわたって八回の引用(巻二、大正七四・六七八頁中下/巻四、同七〇五頁中~七〇六頁上/巻五、同七一二頁中~七一三頁上/巻五、七一三頁上~七一四頁中/巻六、同七三五頁中下/巻七、同七四三頁下~七四四頁上/巻七、七四四頁上中/巻八、同七四九頁上~七五二頁上)が見出される。

(14)　註(2)松長論文参照。なお、円行が承和六年(八三九)に上表した『霊厳寺和尚請来法門道具等目録』(大正五五・一〇七一頁下)序には、「亦秘密経言、一善男子建㆓立道場㆒修㆓念三密㆒。其国界内無㆓七難災㆒、国王・大臣、日日増長福寿。」と記されているが、この「秘密経」は『摂真実経』巻下(大正一八・二八〇頁上)の取意文に該当すると考えられ、『摂真実経』の最も早い活用例として注目される。

(15)　頼富本宏「諸仏境界摂真実経」(註(3)頼富前掲書第一篇、第三章、第四節所収)参照。この他、長部和雄「唐

代密教思想史の上から見た般若訳『摂真実経』について」（同『唐宋密教史論考』所収。神戸女子大学東西文化研究所、一九八二）、中條賢海「『諸仏境界摂真実経』について」（『豊山教学大会紀要』一一、一九八三）、水上文義「般若訳密教経典の評価（一）――『諸仏境界摂真実経』について――」（同『台密思想形成の研究』第一篇、第四章、第三節所収。春秋社、二〇〇八）等でも論及されている。

(16) 大正一八・二七三頁中〜二七六頁中。番号・傍線は私に付した。以下の引用も同じである。なお、各真言には梵字も併記されているが、ここでは割愛した。

(17) 大正七五・五一三頁中下。

(18) 本経の五相成身観をめぐっては、『尊勝仏頂修瑜伽法軌儀』巻上・五智品と密接な関係にあることが推知され、併せて『五部心観』冒頭に示される金剛界五仏の諸真言との類似性も認められる。その詳細については、本書第三章、第五章参照。

(19) この真言は、『初会金剛頂経』の釈タントラである『金剛頂大秘密瑜伽タントラ』（*Vajra-śekhara-mahāguhyayoga-tantra*）に見出され、この他にも共通部分が存在することから、その関連性が指摘されている。この問題については、註(15)中條論文、酒井真典「金剛頂経の第三会に就いて」（『密教研究』七一、一九三九／『酒井真典著作集』第三巻所収。法藏館、一九八五）等、参照。

(20) 頼富本宏「大乗本生心地観経」（註(3)頼富前掲書第一篇、第三章、第三節所収）参照。この他、常盤大定「大乗本生心地観経・解題」（『仏書解説大辞典』所収。大東出版社、一九九七）、大野法道「諸系統を受くる梵網経、大乗本生心地観経」（同『大乗戒経の研究』第十章所収。理想社、一九五四）、勝又俊教「四恩思想の諸形態」（同『弘法大師の思想とその源流』第七章所収。山喜房佛書林、一九八一）、松長有慶「護国思想の起源」（『印仏研』一五―一、一九六六／『松長有慶著作集』第二巻所収。法藏館、一九九八）、註(2)松長論文等でも論及されている。

(21) 大正三・三二六頁下〜三二九頁下。文字囲は私に付した。

(22) 大正七五・五一三頁下。

(23) 頼富本宏「守護国界主陀羅尼経」（註(3)頼富前掲書第一篇、第三章、第二節所収）参照。この他、高田仁覚「密教と如来蔵教学との関係――守護国界主陀羅尼経における――（上・下）」（『密教文化』五六、一九六一／同六

二、一九六三)、小野塚幾澄「守護経と大日経との関係――その思想的連関について――」(同『空海教学における背景思想の研究』第二篇、第一章、第七節所収。山喜房佛書林、二〇〇〇)、同「守護国界主陀羅尼経について」(『印仏研』九―一、一九六一)、水上文義「般若訳密教経典の評価(二)――『守護国界主陀羅尼経』について――」(註(15)水上前掲書第一篇、第四章、第四節所収)等でも論及されている。

(24) 大正一九・五三〇頁上~五三一頁上。

(25) 大正七五・五一三頁下~五一四頁上。

(26) 『十住心論』巻九、定弘全二・三〇〇頁~三〇二頁。『秘蔵宝鑰』巻下、同三・一六五頁~一六六頁。この他、『弁顕密二教論』巻下(同三・一〇七頁)等にも言及がある。

(27) 大正一九・五七〇頁下。

(28) 大正一九・五六五頁下~五六六頁上。

(29) 高田仁覚氏は、註(23)前掲論文(下)にて唵字観を『摂真実経』における五相成身観の観想を全てまとめたものと解釈している。なお、重誉(?~一一四三)も『秘宗教相鈔』巻七「顕教至極真言蔵為二入道初門一料簡第三十」(大正七七・六二二頁下~六二三頁上)で『摂真実経』の五相成身観と『守護経』の唵字観を同等に扱い、どちらも仏果に至る前の第十地にて修すべき観法であると述べている。

(30) 大正七五・四〇三頁中。同様の内容は、『教時問答』巻三(大正七五・四一六頁上)の「問。若爾、何故守護経云下六年苦行坐二道場一時於二鼻端一観中月輪唵字上、不レ云二印相真言一。答。金剛頂説二彼成道時五相成身三密観行一。及心地観亦明二五相成身三密観行一。彼守護経亦説二此等五相成身一。並具如二彼文一。」という問答からも窺われる。

(31) 頼富本宏「印度での般若」(註(3)頼富前掲書第一篇、第一章、第三節所収)参照。

(32) 大正七五・五一七頁上。因みに、『守護経』を『金剛頂経』系経典として扱った先蹤に空海がいる。すなわち、承和二年(八三五)正月二十二日発布の太政官符(『類聚三代格』巻二、『新訂増補国史大系』二五・七九頁~八〇頁)では、金剛頂業・胎蔵業・声明業という年分度者三人の中、金剛頂業にて『守護経』の履修が定められている。

(33) 大正七五・五一三頁上中。

(34) 大正三九・八〇八頁上。続天全、密教2・一二〇頁下。

(35) 四種念誦には様々な種類があるが、代表的な例は『略出念誦経』巻四（大正一八・二四八頁上中、六巻本―続天全、密教2・一一六頁上）に説かれる音声念誦・金剛念誦・三摩地念誦・真実念誦の説である。安然は、『金剛界対受記』巻八（大正七五・一九四頁上～一九六頁中）で『略出念誦経』を含む諸説を整理しつつ、「金剛界四種念誦法〔一名二金剛界布字法一〕」として声念誦法・蓮華念誦法・金剛語念誦法・三摩地念誦法による字輪観を詳論している。

(36) 大正七五・五一四頁上。

(37) 同様のことは、『菩提心義抄』巻四（大正七五・五二二頁上）の「而前三経（＝『摂真実経』・『守護経』・『心地観経』）、唯説二五相成身総含之相一、未レ説二四種曼荼羅委細之相一。」という記述からも窺われる。

(38) この配列順は、『八家秘録』の順序と一致する。このことについては、註(15)水上前掲書にも指摘がある。

(39) 例えば、『菩提心義抄』巻四（大正七五・五一六頁下～五一七頁下）では、「問。今検二守護経文一、五仏・三十七尊同二金剛頂一。此経及真実経五仏真言、云二唵・吽・惹・護・娑レ異二金剛頂一。金剛頂中成身会五仏真言、吽・吽・怛羅・紇哩・悪。羯磨会五仏真言、鑁・吽・怛羅・紇哩・悪。三昧耶会五仏真言、悪・吽・怛羅・紇哩・悪。何今異レ彼。……此是深秘行法故、非二秘中深秘一。秘中深秘即是金剛頂法。五仏真言亦異。……」と記され、『摂真実経』や『守護経』に説かれる⑩五字真言（五仏真言）が『略出念誦経』巻一（大正一八・二二七頁上、六巻本―続天全、密教2・六七頁上）で説かれる五字明「鑁・吽・多囉二合・奚哩二合・悪重呼之」等と相違していることが問題視されている。

(40) 大正三二・五七四頁中。

(41) 大正七五・五一四頁上。

(42) 『金剛頂蓮華部心念誦儀軌』、大正一八・三〇二頁中。

(43) 『五相成身私記』と一具に扱うべき著作として「私文集」がある。そのことは、巻首細註に「有二私文集一、相対見レ之。……」（大正七五・七八三頁中）とあることからも例証され、『成身文集』二巻（叡山文庫蔵）がそれに相当することは間違いなかろう。この『成身文集』は、同書に付属する資料編と言ってもよい。また、この他にも、同書の「第四私述懐」と密接な関連性がある『成身略記』（未見）が存在する。この『成身略記』は、五相成身観の簡略な作法次第であったようである。以上の点を含め、覚超の詳細については、田島徳音「五相成身私記・解題」（『仏書解説大辞典』所収）、岩田教円「成身略記・解題」（同上所収）、花野充道「都率覚超について」（『和党』三六、一九七六）、池辺義教「都率先徳、覚超の行実――源信と覚超――」（『大谷女子短期大学』三八・三九、一九九四・一九九五）、小山昌純「覚超浄土教の再検討――青蓮院所蔵『私念仏作法』を中心として――」（『仏教学研究』五七、二〇〇二）、水上文義「覚超の密教――『五相成身私記』の通達菩提心を中心に――」（『天台学報』五三、二〇一〇）等、参照。

(44) 大正七五・七八四頁下～七八五頁上。

(45) 円珍（八一四～八九一）は、『疑問』巻上（仏全二七・一〇〇七頁下）で「若言レ同者、胎金両教同用二五相成身観・八相成身観一不。」と述べている。ここからはあまり判然としないが、例えば、頼瑜が『菩提心論初心鈔』巻下（新版日蔵、真言密教論疏五・二一九頁上）で「智証疑問、亦第三成金剛心開二広・斂観一第五仏身円満開二諸仏印入一。雖レ為二八相一、実是五相也。仍無レ失。」と述べていることを参酌すれば、円珍の意見であることが推量される。なお、「八箇印」については、『金剛三密抄』巻二（大正七五・六六九頁中）にも言及がある。

(46) 真全一八・二一六頁下～二一七頁上。

(47) 真全八・八八頁上～八九頁上。

(48) 興全上・四九八頁。

(49) 大正三二・五七四頁下。

(50) 例えば、道範（一一七八？～一二五二）や覚鑁はこの見方を採択するが、頼瑜は用いない。その詳細については、本書第三章にて論及した。

(51) 続真全一一・一五三頁下～一五四頁上。

(52) 弘全四・一六八頁。

(53) 大正三九・六四四頁中。続天全、密教1・一六七頁下。

(54) 続真全一一・一五四頁上下。「　」は私に付した。

(55) 大正一八・二八四頁下。

(56) 続真全一一・一五四頁下～一五五頁上。ここから、頼瑜が『菩提心論』偈文中の「通達菩提心」を五相成身観の①通達菩提心（通達心）と同一視していないことが知られる。

(57) 天全七・四四頁下～四五頁上。

(58) 頓機も五相の階位を踏む必要があったことについては、同書巻三（天全七・四六頁下）にも「云二頓入一云二頓機一、不レ経二五相階位一不レ可レ云。雖二一念一、可レ成二五相具足義一也。」と記されている。

(59) 天全七・四六頁下。

第五章　『五部心観』の五相成身観

一　はじめに

日本における五相成身観の諸問題については、既に若干の考察を加えた[1]。今、基本的事項のみ略述すれば、この観法とは、『金剛頂経』系の代表的瑜伽観法のことであり、①通達菩提心、②修菩提心、③成金剛心、④証金剛身、⑤仏身円満と呼称される五種の観想を段階的に踏むことが要求され、それは最終的に大日如来との一体化による成道という形で結実することになる。

この観法については、既に漢訳経典やチベット文献等を駆使した優れた研究が提示されているが[2]、日本においてどのように摂受されたのか、十分な検討がなされてきたとは言い難い状況にあった。そこで、主に台密の安然（八四一～八八九～、一説九一五没）の言説に照準を絞り、五相成身観をめぐる幾つかの課題を解決することに力点を置いてきたのである。

本章でも、これまでの手法と同様、安然を基軸に据えて検証を進め、その内容から円珍（八一四～八九一）請来による『悝多僧蘖哩五部心観』（以下『五部心観』）の金剛界五仏との連関にまで視野を敷衍させていきたい。

『五部心観』[3]とは、円珍が大中九年（八五五）に法全（生没年未詳）より付与され、録外で請来した図像資料のことであり、善無畏（六三七～七三五）系の『初会金剛頂経』として注目すべき事項を多く包含しているとされる(4)。その内容自体は、『初会金剛頂経』の金剛界品に相当し、第一金剛界大曼荼羅から第六一印曼荼羅までの六会について、関連する尊像・真言・契印等が描写されている。

そこで先ず着目したいのは、安然が五相成身観と密教の五智（法界体性智・大円鏡智・平等性智・妙観察智・成所作智）との具体的な対応関係に論及していることである。次に、これを手掛かりに、安然がその根拠として援用する伝善無畏訳『尊勝仏頂修瑜伽法軌儀』（以下『尊勝軌儀』）と、般若（七三四～?）訳『諸仏境界摂真実経』（以下『摂真実経』）の両書が、実は『五部心観』と密接な関連がある可能性を指摘し、併せて『五部心観』の成立時期についても推論を試みてみたい。

二　五相成身観と五仏

安然が五相成身観をどのように解釈していたか、その大要は既に明らかにしたが(5)、最も根幹となる重要事項であるため、今一度、関連する部分のみを再説することにしたい。結局のところ、安然の見解は、次に示す『菩提心義抄』巻四の問答に集約されていると言ってよい。

問。次五相成身誠文、云何。

答。金剛頂十八会指帰云、初会名二一切如来真実摂教王一。有二四大品一。一名二金剛界一。有二六曼荼羅一。一金剛界大曼荼羅毘盧遮那仏受用身、以二五相一現二等正覚一。五相、所謂通達本心、修菩提心、成金剛心、証金剛身、仏身円満。此則五智通達云云。私云、通達本心即是通二達法界体性智一。余四如レ次以達二四智一云云。若尊勝大瑜伽五智品中亦以五相為五相《ママ》智真言。如云一切如来具足三昧耶真言。通達心真言。観菩提心真言。亦名大円鏡智。初発心時便成正覚、即法身義。次平等性智真言。金剛心真言。是応身義。次成所作智真言。仏身円満真言。真実経名法身真言。次妙観察智真言。浄三業真言。真実経名報身真言。是応身義。亦是後得智法身義。次方便究竟智真言。真実経名化身真言。此名方便究竟智。化身之義。或進修門中以方便為究竟。即後得智法身義。此五智後乃用大日如来法界印、己身為毘盧遮那如来之身。頭上五智仏宝冠云云。菩提心論云、(6)……次明五相成身者、一是通達心、二是菩提心、三是金剛心、四是金剛身、五是証無上菩提獲金剛堅固身也。然此五相具備方成本尊身也。其円明則普賢身也。亦是普賢心。与十方諸仏同之。亦乃三世修行証有前後、及達悟已無去来今云云。(7)

問題の発端となるのは、『十八会指帰』(8)が引証された後に明記される「私云、通達本心即是通達法界体性智。余四如次以達四智。」という、安然自身の文である。ここから、①通達菩提心が法界体性智、②修菩提心以降が大円鏡智、平等性智、妙観察智、成所作智に順次対照させることが、その主張の眼目であったことが推知できよう。更に、安然は五相成身観と五智との対応関係を論証するうえで、『尊勝軌儀』巻上・五智品と『摂真実経』巻中の内容に着目するのである。

安然の解釈を含めた両書の対比や問題点については、既に第三章で図式化を試み詳論したが(9)、煩を畏れず『尊勝軌儀』の当該箇所のみを引証すれば、次のとおりである。

◇『尊勝仏頂修瑜伽法軌儀』巻上

尊勝仏頂真言修瑜伽奉献 香華品第四

次献香・華・飲食・灯火等、以本真言誦持而用奉献。……真言曰、

①唵一質多二鉢囉二合底三吠能四迦路弭五

誦此真言令住一切如来具足三昧耶。能弁一切諸仏事業、速得成就。

尊勝真言修瑜伽　五智品第五

復次修瑜伽瑜祇者、自住妙菩提心故、速入観菩提心智。観菩提心真言曰、

②唵菩地質多牟怛簸那夜弭

此名発菩提心真言、亦名大円鏡智。速令発菩提心、初発心時便成正覚。即是法身之義。次説平等性智真言曰、

③唵底瑟姹縛折囉

誦此真言、速令心住不令散乱。即是応身之義。

次説成所作智真言曰、

⑤唵拽他薩囉嚩怛他蘖多娑多他痕

次説妙観察智真言曰、

⑥唵娑嚩婆嚩戍度痕

此名妙観察智。是応身之義。亦是後得智法身之義。

次説方便究竟智真言曰、

⑦唵薩囉嚩三謨痕

此名方便究竟智。化身之義。或進修門中以方便為究竟。……己身為毘盧遮那如来之身。頭上五智仏宝冠。

即是五頂輪王。具五智義。……(10)

改めて大略を示せば、『尊勝軌儀』では、五相成身観の各真言の中、④証金剛身真言が欠落し、⑥⑦の各真言が

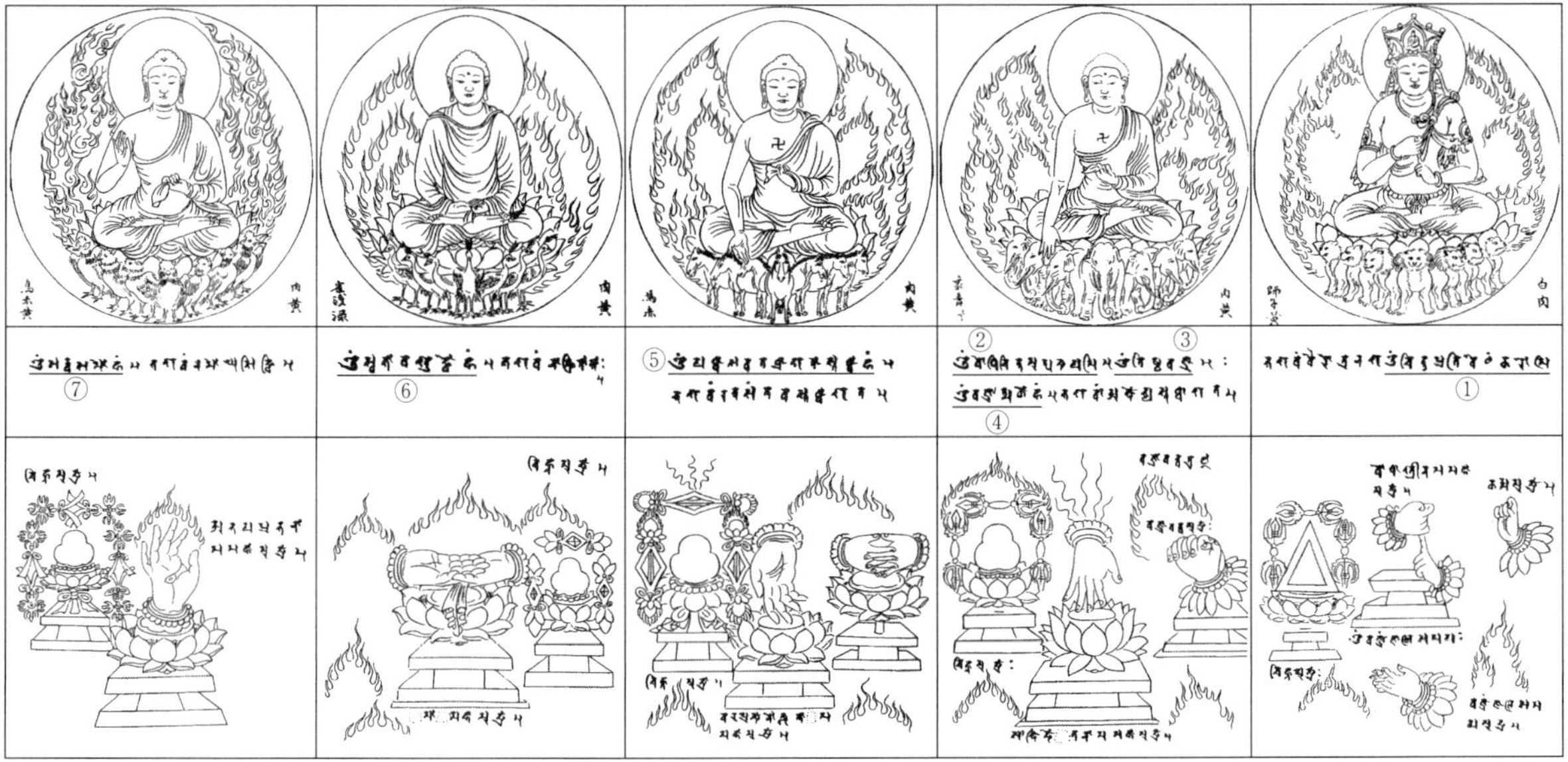

不空成就如来
⑦ oṃ sarva samo 'ham
bhagavān amogha-siddhiḥ

無量光〈阿弥陀〉如来
⑥ oṃ svabhāva-śuddho 'ham
bhagavān amitābhaḥ

宝生如来
⑤ oṃ yathā sarva-tathāgatās tathāham
bhagavān ratna-saṃbhavas tathāgataḥ

阿閦如来
② oṃ bodhi-cittam utpādayāmi
③ oṃ tiṣṭha vajra
④ oṃ vajrātmako 'ham
bhagavān akṣobyas tathāgataḥ

毘盧遮那如来
bhagavān vairocanaḥ
① oṃ citta-prativedhaṃ karomi

『五部心観』・金剛界五仏

付加されて、五智・三身（法身・応身・化身）との対応関係が述べられているが、法界体性智の名が見出せない等、様々な疑念が生ずる。これに対して、『摂真実経』では、①から⑦の真言が全て列記されている。そして、実はこれらの経軌とほぼ同様の趣旨を説く資料こそが、『五部心観』なのである。

　さて、五相成身観との関連で問題となるのは、劈頭の金剛界五仏（毘盧遮那・阿閦・宝生・無量光〈阿弥陀〉・不空成就）を図示する箇所である。すなわち、先掲の図が、その該当部分に他ならない[11]。なお、尊名・真言については、アルファベットを下段に付記した。また、『金剛頂一切如来真実摂大乗現証大教王経』三巻（以下『三巻本教王経』）・『尊勝軌儀』・『摂真実経』・『五部心観』の各五相成身観を対照表に取りまとめ、整理してみた。

『三巻本教王経』	『尊勝軌儀』巻上・五智品		『摂真実経』巻中	『五部心観』
①通達菩提心	香華品	（一切如来具足三昧耶）	法身求心真言	毘盧遮那如来
②修菩提心	五智品	観菩提心真言（大円鏡智・法身）	大菩提心真言	
③成金剛心		平等性智真言（応身）	堅固菩提心真言	阿閦如来
④証金剛身			如金剛真言	
⑤仏身円満		成所作智真言	同三世諸仏真言・法身	宝生如来
⑥		妙観察智真言（応身）	報身真言	無量光〈阿弥陀〉如来
⑦		方便究竟智真言（化身）	化身真言	不空成就如来

『五部心観』では、毘盧遮那如来に①、阿閦如来に②③④、宝生如来に⑤、更に無量光如来に⑥、不空成就如来に⑦の各真言が配釈されているのであり、特に⑥⑦の真言を二仏に充当している点は重視すべきである。この⑥⑦の真言をめぐり、既に『摂真実経』との密接な関連性について指摘があるが[12]、上記のことから、『尊勝軌儀』にも

五相成身観の真言と共に記載されていることが了解できよう。また、『五部心観』では、五仏と五相成身観の真言を対照させているが、ここから五智との関連も必然的に想起できるのであり、『尊勝軌儀』の内容との近似性も見て取れるのである。

ところで、『五部心観』では、金剛界五仏が七頭の鳥獣座（毘盧遮那―師子・阿閦―象・宝生―馬・無量光―孔雀・不空成就―迦楼羅）に坐している。(13) 鳥獣座は、以下に示す『金剛頂瑜伽中略出念誦経』巻一にその典拠が求められる。

又想下四面毘盧遮那仏、以二諸如来真実所持之身一、及以如上所説一切如来師子之座而坐、其上毘盧遮那、示《不カ》レ久成中等正覚上。一切如来以二普賢一為レ心。復用二一切如来虚空所成大摩尼宝一、以為二灌頂一。復獲二得一切如来観自在法智究竟波羅蜜一。又一切如来毘首羯磨、不空離障礙教令、所作已畢、所求円満。於二其東方一如上所説象座。想二阿閦鞞仏而坐二其上一。於二其南方一如上所説馬座。想二宝生仏而坐二其上一。於二其西方一如上所説孔雀座。想二阿弥陀仏而坐二其上一。於二其北方一如上所説迦楼羅座。想二不空成就仏而坐二其上一。各於二座上一、又想二満月形一。復於二此上一想二蓮華座一。毎二一一蓮花座上一、仏坐二其中一。(14)

ここから、五仏が所定の鳥獣座に座ることは読み取れるが、七頭に関する記述は全く見られない。実はこの七頭に言及するのが、『尊勝軌儀』なのである。七頭については、上巻から二箇所検出することができる。

◇『尊勝軌儀』巻上

其大円明内分為二九円一。八宝瓶、十二金剛杵、四宝輪。従二八宝瓶口一竪二八金剛杵一承二四金剛輪一。従二輪四面一横拄二四金剛一、毎二瓶及金剛一皆継二綵帯一。靉靆垂三布大円明内一。各坐二九聖者一。中心大毘盧遮那如来、頭戴二五智宝冠一、坐二七師子座上一、結跏趺坐結二法界印一、自余諸尊、下曼荼羅品具レ明。(15)

◇同巻上
中円画二毘盧《ママ》遮那如来一。頭戴二五仏冠一。種種宝華光。於二七師子座上一結跏趺坐、手結二法界印一。(16)

いずれも、毘盧遮那如来が七師子座に坐ることが説かれている。残念ながら、他の四仏に関する説明は見られないが、四仏も同様に七頭の鳥獣座に乗ることを予想せしめるものであることは言うまでもない。(17)

以上のように、『五部心観』と『尊勝軌儀』には、五相成身観と七頭鳥獣座という二点で類似点が認められるのである。

三　『五部心観』成立期試論

『尊勝軌儀』は、巻下の冒頭に「今略二金剛頂・大毘盧遮那経・拼釈義十巻、蘇悉地・蘇摩呼・如意輪・七倶胝・瞿醯且怛羅・不空羂索等経一、撰二集壇義一、挙二一法一現二其三種一。(18)」とあることから、善無畏訳出とは到底容認できない。中国の目録にはその名が見えないが、日本では円行（七九九～八五二）、恵運（七九八～八六九）、宗叡（八〇九～八八四）が請来している。(19) 但し、唐・武徹（生没年未詳）の『加句霊験仏頂尊勝陀羅尼記』では、長慶三年（八二三）に都秋満という人物が「兼吏伝二尊勝瑜伽両巻一。(20)」と述べられている。このことから、その成立を中・晩唐期とする見解もあるが、(21) 恐らく八〇〇年前後の成立と推測される。

一方、般若訳『摂真実経』については、『尊勝軌儀』と同様、中国の目録からその名を検索できず、従来の研究によれば、元和元年（八〇六）空海帰国後から、元和五年（八一〇）『大乗本生心地観経』を訳しはじめる前までの訳出と考えられている。(22) このように、『尊勝軌儀』及び『摂真実経』は、ほぼ同時期の成立を推量できるのであり、上来検討してきた五相成身観における近似性の面を勘案すれば、現存の『五部心観』の成立も、八〇〇年前後と把捉することも可能と思われる。

『五部心観』の成立をめぐっては、前半を善無畏撰、後半を後の補完と捉え、少なくとも六会具足の『五部心観』は八〇五年頃までの成立とする説[23]や、七五四年から七五五年にかけて制作された「新羅華厳経変相図」に七師子座の毘盧遮那如来像があることに準拠し、その選者を善無畏及びその周辺とする説[24]等、様々な見解が主張されている。また、八世紀中頃制作と推定される西安大安国寺出土・宝生如来像の台座に七頭の馬が彫刻されているという報告があることも無視できない[25]。

善無畏が『初会金剛頂経』に関する知識を有していたことは事実であり[26]、独自の梵本から『五部心観』を図示したことも十分想定できることである。更に、多角的な視点に立脚して考究する必要があるとはいえ、五相成身観をめぐる『尊勝軌儀』と『摂真実経』との関連性から、現存の『五部心観』が果たして善無畏にまで遡及できるかについて、若干の問題提起を行った。

四　おわりに

本章では、安然が五相成身観を解釈するうえで重用した『尊勝軌儀』と『摂真実経』の両書を手掛かりとしながら、『五部心観』が実はこの両書と思想的に関連が深いことを推論した。

先ず、『五部心観』の金剛界五仏に併記される諸真言が、『尊勝軌儀』や『摂真実経』に見られる、やや変則的な五相成身観の真言と共通性を有している事実を明らかにし、更に『五部心観』の七頭鳥獣座について部分的に言及する文献が『尊勝軌儀』であることも指摘した。

そこで、上記の検証を踏まえ、『尊勝軌儀』や『摂真実経』の成立が中唐期であるという説も併せて参照した結果、現存する『五部心観』もまた八〇〇年前後の成立ではないかという試論を提示したのである。但し、『五部心観』に思想的変遷があった場合、その原初形態に善無畏が何らかの関与をした可能性まで否定していないことを付言しておきたい。

『五部心観』は、園城寺所蔵の二本（完本・前欠本）の前後関係すら諸説が存在するばかりか、その撰者についても善無畏が有力であるとはいえ、未だ推測の域を出ていない。今回、僅かな検討を加えたが、その解明には別の視点からの包括的な研究が一層求められると思われる。

註

（1）本書第三章、第四章、及び第六章参照。

（2）坂野栄範「五相成身観の体系的研究――特に経軌の上に於けるその成立的一考察――」（同『金剛頂経に関する研究』第四章、第一節所収。国書刊行会、一九七六）、酒井真典「金剛頂経の第三会に就いて」（『密教研究』七一、一九三九／『酒井真典著作集』第三巻所収。法藏館、一九八五）、同「五相成身観の西蔵伝訳資料に就いて」（『密教研究』八五、一九四三／同上所収）、越智淳仁「密教の五相成身観」（同『法身思想の展開と密教儀礼』第十三章所収。法藏館、二〇〇九）等、参照。

（3）従来の主要な研究として、大村西崖『密教発達志』巻三「善無畏伝法訳経」（仏書刊行会図像部、一九一八）、栂尾祥雲『曼荼羅の研究』（高野山大学出版部、一九二七）、春山武松「智証大師請来の『五部心観』に就て」（『東洋美術』一三、一九三一）、小野玄妙「悝多僧蘗哩五部心観の研究――善無畏三蔵所伝の金剛頂宗に就て――」（同『仏教の美術と歴史』第四篇、第五章所収。大蔵出版、一九三七）、田中一松『園城寺蔵五部心観』解説（園城寺五

部心観刊行会、一九三九)、同「園城寺蔵五部心観について」(同『日本絵画史論集』所収。中央公論美術出版、一九六六)、坂野栄範「悝多僧蘖哩五部心観と蔵本金剛頂経」(註(2)坂野前掲書第四章、第四節所収)、高田修「五部心観の研究——その記入梵語に基く考察——」(同『仏教美術史論考』所収。中央公論美術出版、一九六九)、小野塚幾澄「金剛頂経成立に関する諸問題」(『宗教文化』一一、一九五六)、栂尾祥雲「六種曼荼羅略釈の解明」(栂尾祥雲全集別巻Ⅲ『金剛頂経の研究』第七章所収。臨川書店、一九八五)、八田幸雄『五部心観の研究』(法藏館、一九八一)、王雲「園城寺蔵『五部心観』について」(『仏教芸術』二八四、二〇〇六)等が挙げられる。現今、完本と前欠本の二本が園城寺に秘蔵され、それ以外にもいくつかの写本が存在する。この二本の関係については、田中一松氏により完本が円珍請来本、前欠本が藤原時代初期の書写本であるという見解が提唱されて以降、最も有力な説として支持されている。但し、その前後関係はむしろ逆であるという説も、春山武松氏や王雲氏により主張されている。中でも、王雲氏は、二本の絵画表現形式や紙質の状況から、前欠本が円珍請来本、完本が円珍帰朝(八五八)から入滅(八九一)までの間に転写された本であると述べている。

(4) 現存の『五部心観』巻末には善無畏の名称と尊像が記入されている。また、小野玄妙氏が粟田青蓮院より同書の註釈書である『六種曼荼羅略釈』二巻(長承元年〈一一三二〉書写)を発見し、その序文の内容から善無畏が『初会金剛頂経』梵本を所持していた可能性が勘考されるようになり、その資料的価値が重視されるようになった。小野氏によれば、『六種曼荼羅略釈』は九世紀前半(八〇四~八一五頃)に製作され、『五部心観』と一具に請来されたものとされる。なお、高田氏は、『五部心観』と『六種曼荼羅略釈』の梵字を比較対照し、完本(円珍請来本)に原完本があったこと、『略釈』にも原『略釈』(前唐院本)があり、完本と同系統ながらも別本を註釈していること、完本と原『略釈』(前唐院本)は一具の請来本とは考え難いこと等、重要な指摘をされている。詳細は、註(3)小野論文、高田論文参照。参考までに、『六種曼荼羅略釈』序文の一部を掲載することにしたい。傍線は私に付した。

◇『六種曼荼羅略釈』(序)・(大正図像一・二頁~三頁)

夫三世菩薩、坐㆓菩提場㆒。将㆑紹㆓仏位㆒者、若瑜伽会衆不㆓往証明㆒、不㆑獲㆓極果㆒。自㆓大教東流㆒、因㆑師伝授、随㆓其所習㆒、章句生㆑焉。代有㆓其人㆒、或凡或聖。聖者三乗各執、凡者約㆑文粗申。真実教王、未㆑伝㆓諸夏㆒。開元初、有㆓

善無畏一。化二縁此土一、歴レ険而来。洞二暁瑜伽一、齎二持経夾一。十万余偈、無レ不レ随レ躬。謁レ帝沃レ心、度レ生達レ性。図二画尊像一、序二述真言一。燦然可レ観。受者必護、挙レ世莫レ覩、垂二八十年一。聖力所レ加、而不二墜失一。善無畏、弘揚之際、時有二三蔵金剛智一。浮レ海而来。深達二瑜伽真宗一、究二尽金剛至理一。所レ携経教、与二西来者一略同。未レ登二此岸一、飄風暴起、鼓二怒波濤一。商主、務二其舶艀一、指二其宝貝一。経籍錯雑、与二貨物一倶、浪湧之時、同遭二委棄一。及二二大士相遇一、如二膠漆一焉。談二論法要一、若レ合二符契一。有二沙門一行者一。因請二灌頂一、務振二法音一。遍写二諸会瑜伽一、遂成二両部梵本一。復有二金剛三蔵入室弟子、大広智不空金剛一。尽授二密教一、有レ類二伝瓶一。及二所レ師帰寂一、大広智乃詣二僧祇国一。彼有二龍智阿闍梨者一。八百余歳。遊二心此道一、無レ所レ不レ通。因請益焉。龍智歎曰、爾師即吾所レ教也。爾又遇レ余。合二恣所一レ問。其捷速之旨、変通之妙、於レ焉洞達。言帰廻レ棹、独二歩中原一、為二三朝国師、三乗教主一。有レ同二仏日再朗法輪復転一。乃訳二真実教王経三巻一。有二金剛智所一レ伝瑜伽中略出念誦経四巻一。此両本、各演二真義一。与二善無畏所一レ纉者、頗類。

(5) 本書第三章、第四章参照。

(6) 大正三二・五七四頁中。

(7) 大正七五・五二八頁上中。

(8) 大正一八・二八四頁下。

(9) 本書第三章参照。

(10) 大正一九・三七〇頁下～三七二頁上。文字囲・番号は私に付した。

(11) 法明院蔵本、大正図像二・七五頁～七七頁。番号・傍線は私に付した。アルファベット表記は、註(3)栂尾前掲書に準拠しているが、一部変更を加えたところがある。

(12) 八田幸雄氏は、註(3)八田前掲書・図版解説篇、第一章「金剛界大曼荼羅」の該当部分(九四頁～九五頁)で、この点に触れている。

(13) 金剛界五仏が同じく七頭の鳥獣座に乗る資料として、青蓮院伝来の「金剛界曼荼羅諸尊図様」がある。柳澤孝氏は、「青蓮院伝来の白描金剛界曼荼羅諸尊図様(上・下)」(『美術研究』二四一・二四一、一九六六／『柳澤孝仏教絵画史論集』第二部所収。中央公論美術出版、二〇〇六)で、この資料を最澄(七六六、一説七六七～八二二)が請来した「三十七尊様」の転写本と捉え、『五部心観』と同一系統に属するものであることを論じている。本資料は現在、ニューヨーク・メトロポリタン美術館が所蔵している。

(14) 大正一八・二二七頁中下。六巻本—続天全、密教2・六八頁上。傍線は私に付した。以下の引用も同じである。

(15) 大正一九・三七〇頁中。なお、『覚禅鈔』「両部大日」（仏全三六・一三頁上）では、「大日師子座事」という項目で、七師子座の典拠を『尊勝軌儀』に求めている。

(16) 大正一九・三七六頁上。

(17) このことについては、朴亨國「七獅子蓮華座の成立と伝播——韓国統一新羅後期の石造毘盧遮那仏坐像を中心に——」（同『ヴァイローチャナ仏の図像学的研究』第四部、第一章所収。法藏館、二〇〇一）や同「韓国の密教美術——善無畏系図像の新羅伝来を中心に——」（立川武蔵・頼富本宏編「シリーズ密教」三『中国密教』第十一章所収。春秋社、一九九九）に言及がある。但し、朴氏は、『尊勝軌儀』が善無畏訳出であることを前提にして『五部心観』との関係を論じている。

(18) 大正一九・三七七頁下。

(19) 安然の『諸阿闍梨真言密教部類総録』（『八家秘録』）巻上（大正五五・一一一九頁上）では、円仁請来と記すが、円仁目録には見えない。

(20) 大正一九・三八七頁中。

(21) 長部和雄「不空以前の密教之一」（同『唐代密教史雑考』第二章所収。渓水社、一九九〇）、同「唐代後期胎蔵系密教学の二流派と三種悉地法」（同上第十二章所収）、同「漢訳三種悉地法の系譜」（同上第十三章所収）等、参照。

(22) 頼富本宏「翻訳状況と訳出年代」（同『中国密教の研究——般若と賛寧の密教理解を中心として——』第一篇、第二章、第一節所収。大東出版社、一九七九）参照。

(23) 八田幸雄「『五部心観』の作者について」（『印仏研』四三—一、一九九四）参照。なお、八田氏は、註(3)八田前掲書・研究篇（二七一頁～二七三頁）で『六種曼荼羅略釈』の序文や『五部心観』の教理内容、般若の訳経との関連性等を考慮しながら、『五部心観』は最も密教が隆盛であった八〇〇年前後の成立である可能性を示唆している。

(24) 註(17)朴前掲書第四部、第一章参照。

(25) 水野敬三郎「西安大安国寺遺址出土の宝生如来像について」(『仏教芸術』一五〇、一九八三)参照。

(26) 頼富本宏訳『大乗仏典——中国・日本篇八——』「中国密教解説」(中央公論社、一九八八)参照。

第三部　成仏論の形成

第六章　済暹の密教行位説

一　はじめに

日本密教の思想的展開が、空海（七七四～八三五）を基点としていることは贅言を要しない。しかしながら、その言説には様々な教義上の問題点を派生させる要素が潜在しているのであり、それらを各自の視座から体系づけることが後の東密の学僧にとって緊要な課題であったと考えられる。

東密の行位説は、論義関連書で整理が試みられている。それは、即身成仏や機根という観点と併せて論述され、「初地即極」という題目が示す如く、初地を極めて重視する解釈が基本となっている。但し、このような教説が導き出されるまでには、やはり東台両密の諸先学による試行錯誤があったと捉えるのが必然的であり、研鑽の蓄積によって漸次成立していったものと理解すべきであろう[1]。そこで今、注目したいのは、初期の東密を代表する学僧の一人である済暹（一〇二五～一一一五）が、どのように行位を把握していたかということである。

済暹は、空海以降、教学の拡充に先鞭をつけた学僧として重要であるが、また一方で、台密の教学、特に安然（八四一～八八九～、一説九一五没）との関わりが濃厚であることも特徴の一つである[2]。そして実は、済暹が行位について言及する場合でも、同様のことが看取されるのである。本章では、如上の点に着目することで、済暹が安然の教説を勘考しつつ、どのような行位説を構築していたのか検証していくことにしたい。

二　済暹の基本的見解

先ず済暹の行位説を考究するに当たり、東密において最も代表的な見解である初地即極説を通覧しておかなければならない。なぜなら、その説との差異を明確にすることによって、済暹の特色が浮き彫りになると考えられるからである。

そもそも、密教諸経論には様々な行位が説示され、複雑な様相を呈している。とはいえ、基本的には初地を重んじる文証が多く見出されるのであり、例えば『大日経疏』（『大日経義釈』）巻二（以下『疏』（『義釈』））の「然此経宗、従㆓初地㆒得㆔即入㆓金剛宝蔵㆒。(3)」や、『金剛頂経瑜伽修習毘盧遮那三摩地法』の「若有㆓衆生㆒遇㆓此教㆒、昼夜四時精進修、現世証㆓得歓喜地㆒、後十六生成㆓正覚㆒。(4)」等の記述からその一端を窺い知ることができる。

東密では、これら諸文献に散見される初地を基調とした説を主軸としつつ、初地即極という教義を確立させていくのである。但し、この教義が直ちに空海の思想から抽出できるものでないことには留意しなければならない。ともあれ、その大要については、印融（一四三五～一五一九）が『杣保隠遁鈔』巻一で、次の如く論じていることから明瞭に了解されるであろう。

一、凡ッ自宗ノ初地ハ自性法身之内証、本初不生ノ之心地ニ候間、於㆓此ノ位㆒ニ自証ヲ可㆓ト円満㆒ス覚候。其ノ上自宗ノ之意ハ、異㆓ニノ常途ノ地〃遷登ノ十地㆒ニハ、被㆑立㆓テ位〃平等ノ十地㆒ヲ候。此ヲ名㆓無高下ノ十地㆒ト号㆓不思議ノ十心㆒ト候間、此ノ中ノ初地ハ自証円極ノ位ナルヘウ候。……自宗ノ十地モ仏果ノ心地ニ開立シ候間、初地ハ自証ノ内証、二地以上ハ約二化他一ニ候。[5]

すなわち、初地が自証の極位であるということが肝要なのであり、二地以上は化他に約する位と位置づけられるのである。そして、『秘蔵記』の「是密教所謂横義。初地与二十地一無二高下一故。[6]」の記述を引拠し、初地と十地が横平等であることが論証されている。このことによって、十地中に段階的な地位を措定することが不要となるのであり、結果としてあらゆる功徳を初地に収斂させる教説へと帰着するのである。[7]

ところで、『杣保隠遁鈔』巻一には、この初地即極説を機根と関連づけて論及している箇所も見られるので、以下参考までに提示しておきたい。

又於二モ南山ノ学者相伝一ニ、道範ハ、頓・漸・超ノ三機共ニ於二初地一ニ自証ヲ円極シ、二地以上ノ次位ハ約二化他ノ行果一ニ云云。法性ハ、頓機ハ初地ニ即極シ、漸機ハ十地次第ニ漸〻ニ修行シテ至二テ第十一地一ニ成二正覚一ヲ、超機ハ自二第二地一超二第八地一ニ也云云。[8]

ここに取り上げられているのは、道範（一一七八?～一二五二）と法性（?～一二四五）の二義である。両者の主張において、道範が頓機・漸機・超機の三類全てに初地即極を認めているのに対し、法性は頓機のみに限定しているところが大きな相違であると言えよう。就中、道範は二地以上の位を化他と捉えているのであり、三類の機根を初地即極説の立場から止揚しているという意味で注目される。また、この義を理解するうえで、静遍（一一六六～一二二四）の講述を道範自身が筆録した『弁顕密二教論手鏡鈔』巻上之末における、次の如き記述も有益な示唆を与えてくれる。

問。於二此真言機一有二大・小二機、頓・漸・超不同一見。其分別如何。

答。真言教成仏者、一切皆直修・真満・頓極・頓証即身成仏也。仍初地以後十六生即無二大・小、頓・漸不同一、皆十六三昧同時頓証。而為二果後方便一示二現十六分漸次顕得之果一。是故、自証地上皆頓二証直二満本有十地一無垢無惑也。是則初地初発心時、即円二極万徳普門果一故。其十地者、即本有無垢也。即初地同時証得之万徳也。依レ之、地上大・小二機、頓・漸・超者、其実行唯是頓・大。漸・小唯教門。是則以二果後一施二設道前一也。[9]

要するに、初地の段階で十地の功徳を全て円満するという密教の即身成仏の秀逸性に依れば、初地以降において機根の差異は存在せず、全てが頓機・大機と看做されるのである。そこで問題となるのは、初地以降の十六生（十六大菩薩生）をどう解釈するかであるが、それが果後の方便（化他）として十六分の果を漸次に示現すると説明されていることから、本有無垢の十地（平等の十地）と対応関係にあることが推測されよう。[10]

以上の如く、済暹以降に展開する東密教学では、十地を立てながらも初地を尊重することが通例であるため、それ以前の位である十信・三賢（十住・十行・十廻向）等が問題視されることは少ない。つまり、真言行者にとって十地こそが最も肝要な位なのである。[11]そのことは、宥快（一三四五～一四一六）が『大日経疏鈔』（宥快鈔）巻七一で「付レ之、大日経宗ノ意、以二十地一為二性相一ト、可レ定二真言行者ノ地位一ヲ云一義在レ之。其ノ故、経文正ク説二地位一事、十地ノ説相分明也。三劫・六無畏ハ、所寄斉ヲ為レ面説レ之。随而経ニモ説二十地次第此生満足一ト、疏ニハ釈二能於此生満足地波羅蜜一。就レ之、立二十地一為二性相一事有二数ノ由一。一、金剛頂十六生、当経ノ十地、其ノ分斉同故也。両部ノ建立、且ハ雖二各別也一、地位ノ分斉可レ同。次、地前三劫ハ顕教ノ分域、初地以上正ク真言内証ノ位也。[12]」と述べていることからも傍証されるであろう。すなわち、宥快は、『大日経』所説の十地を真言行者の行位として特に取り上げる義について、十地が十六生（十六大菩薩生）と同工異曲であり、且つ初地以上が密教の内証位であるからという二つの理由から容認しているのである。[13]なお、このような解釈を成立させる基底に、『大日経』巻一の「十地次第此生満足。[14]」という説があることを看過してはならない。

さて、それでは、上記のことを勘案しながら、済暹の行位説を逐次検討していくことにしたい。先ず注意すべきなのは、済暹が『五相成身義問答抄』で「問。真言教法中、不建立十信・三賢・十地義者、有何咎耶。答。有違仏説咎。問。其意云何。答。……」(15)と述べる如く、密教では十地のみならず十信・三賢も立てることを明言していることである。そこで、済暹のこうした主張が、何を根拠としているのか尋究されなければならないが、それは以下に示す『両部曼荼羅対弁抄』巻下の記述から知ることができる。

問。於両部教門、建立修行真言門菩薩之地位階降義耶。

答。立爾。

問。其文証云何。

答。仁王経儀軌及良賁仁王経疏云、三蔵所持金剛頂瑜伽経明四種地。一解行地、謂三十心也。二普賢地、十地也。三大普賢地、謂等覚也。四普照曜地、謂妙覚也。文 又金剛智三蔵用心次第義云、即証解脱一切障三昧。但此三昧者、名為地前三賢。依此漸遍周法界、如法所証名為初地。文 已上金剛界菩薩位地。 又無畏三蔵慈氏儀軌云、初作如是悉地、即証五地・八地已来真言菩薩。文 又云、七金山間甘露香水等海、其中諸聖而居。又諸山中皆有諸賢聖。地前四十心賢聖、十信・十住・十廻向・十行等。文 又大日経疏第九云、今此秘密蔵中、今此菩薩律儀、亦復如是。雖復最初発心乃至四十二地階次不同、然一時普遍法界発起無作善根。以此義故、名為秘密蔵中無作功徳也。文 已上胎蔵界中地位也。(16)

ここの主旨は、密教の菩薩が修すべき行位を解説することにあり、証憑とすべき文献として『仁王護国般若波羅蜜多経陀羅尼念誦儀軌』(17)（以下『仁王経儀軌』）・良賁（七一七～七七七）撰『仁王護国般若波羅蜜多経疏』巻下三(18)（以下『仁王経疏』）・『無畏三蔵禅要』(19)・『慈氏菩薩略修愈誐念誦法』巻下(20)（以下『慈氏儀軌』）・『疏』巻九（『義釈』巻六）(21)

等が列記されている。これら引用文献の内容から、済暹が密教の行位を四十二位、或いは五十二位の何れかに規定しようとしていたことは容易に推察されるであろう。但し、所見が述べられていないので、どちらを正意とするのかここからは読み取れない。このことを明記しているのが、次に引用する『金剛頂発菩提心論私抄』巻四の文である。

論、若常見者、則入菩薩初地者、是初也。
問。此初地者、是為二何教初地一耶。
答。菩提心義二云、住心品云、十地此生満足。及具縁品等義釈云、真言門菩薩入二初地一坐二百葉台一、百仏世界作レ仏利レ生。是約二別教地位一明二真言門菩薩之地位一。文……故弥勒儀軌云、初作二如レ是悉地一、即証二五地・八地一已来真言菩薩。文又云、七金山間甘露香水等海、其中諸聖而居。又諸山中皆有二諸賢聖一。地前四十心賢聖、十信・十住・十廻向・十行等。文今私云、若借二彼別教教道門之仮施設賢聖衆者一、以下彼他宗家教所二建立一菩薩衆者上、何令レ居二在真言門曼荼羅中一哉。即知、於二真言門中一直実有二五十二位一也。又大疏九云、今此秘密蔵中乃至今此菩薩律儀、亦復如レ是。雖二復最初発心乃至四十二地階次不同一、然一時普遍二法界一発二起無作善根一。以二此義一故、名為二秘密蔵中無作功徳一也。文是説既偏二局真言一門直往菩薩之位地一也。……(22)

ここで問題とされているのは、『菩提心論』の「若常見者、則入二菩薩初地一。(23)」という文の初地をどう位置づけるかということである。このことについて、済暹は安然の『菩提心義抄』巻二(24)を引用し、それが初地を天台別教の地位に擬したものと看做していると斥けている。そして、前出の『両部曼荼羅対弁抄』所引と同様の出拠により、真言門では直ちに五十二位があると述べるのである。(25)

このように、密教の行位を五十二位と捉えることが、後に確立する初地即極のような行位説へ至る過程に存立するものであることは確かである。とはいえ、活用される文献が多様であり、且つそれぞれが独自性を有しているので、済暹がそれらを十分咀嚼したうえで如上の説を打ち立てたかどうかは疑問である。いずれにせよ、過渡期における台密を参酌した説として押さえておく必要があると思われる。

ところで、済暹の著作類には、この五十二位を様々に充用しているところが散見される。それは、『大日経住心品疏私記』巻一五(26)で、十六大菩薩にこの行位を達意的に配釈していることからも認められよう。中でも、注目すべきなのは、『金剛頂経』系の観法である五相成身観を説明するために、この行位を積極的に活用しているということである。そこには、まさに台密の影響が垣間見られ、極めて独特な議論が展開されているのである。このことについては、節を改めて考察することにしたい。

三　五相成身観と行位をめぐる問題

五相成身観とは、自らの本有菩提心を開顕し、五仏の功徳を円満させて成道に至る五段階の瑜伽観法のことであり、金剛頂経系の代表的観法として重視されている。その内容は、既に坂野栄範氏の詳細な研究によって明らかにされ、五相成身観の観法・真言・印契が諸経軌によって多種多様であり、十分組織化されていなかったことが指摘されている(27)。

五相成身観の名称については、実質的にこの観法を説きつつも一々の名が判然としない経軌が多く、『十八会指帰』の「五相者、所謂通達本心、修菩提心、成金剛心、証金剛身、仏身円満。此則五智通達(28)。」という註記や、『菩提心論』の「次明㆓五相成身㆒者、一是通達心、二是菩提心、三是金剛心、四是金剛身、五是証㆓無上菩提㆒獲㆓金剛堅固身一也。然此五相具備方成二本尊身一也。[29]」という記述を参照して、諸経軌が説く五相成身観にそれぞれ配釈するという方法が採られている。本章でも、諸先学に則り、最も一般的な、①通達菩提心、②修菩提心、③成金剛心、④証金剛身、⑤仏身円満という呼称を用いることにしたい。

さて、この観法について、空海がしばしば論及していることは注意すべきであるが、その大部分は経軌からの引用であり、具体的な見解を見出すことはできない。その詳細を評釈しているものとして指を屈するべきは、覚超（九六〇～一〇三四）の『五相成身私記』と済暹の『五相成身義問答抄』の二書である。[30]就中、済暹はこの著作以外でも五相成身観に関する自説を開陳しているのであり、その一部こそが前節で触れた行位（五十二位）との関連から五相成身観を把捉しようとしているところなのである。

そこで以下、基本資料として『五相成身義問答抄』一巻・『金剛頂発菩提心論私抄』四巻[31]（巻一・巻四のみ存）・『金剛界大儀軌肝心秘訣抄』三巻の三本を中心に取り上げて、済暹の教説を検証していくことにしたい。先ず、その要諦をよくまとめているという意味で、次に示す『金剛界大儀軌肝心秘訣抄』巻中の文は頗る重要である。

問。凡於二五相成身一有二幾義一耶。

答。略有二二途義一也。

問。其二義有様、如何。

答。一者、五相成身、是皆乍二五相一在二仏果位一也。故十八会指帰云、五相、所謂通達本心、修菩提心、成金剛心、証金剛身、仏身円満。此則五智通達。文 安公云、私云、通達本心即是通二達法界体性智一。余四如レ次以通《ママ》二四智一。文 今云、是従本垂迹義。 又宝鑰云、五相五智法界体也云云。已上五相皆在二仏果一義也。 二者、五相成身、是行因至果義也。謂五相之中、前四相是在二因位一。後一相是唯在二果位一也。是菩提心論及大儀軌、幷弘法大師、慈覚大師等諸師説也。故金剛頂経疏云、五相中初四相是因、後一相是果云云。而安然師説意、是五相之中初三相是在二因位中一、後二相是在二果位一云云。此意云、第二行菩提心者、是三賢行及十地位也。第三成金剛心、是等覚位。第四証金剛身、是当二妙覚金剛無間道位一云也。第五証本尊身者、出レ従二自証《性カ》法身一、更示下出二現於本所行門一、而利中益諸衆生界上。故随二所被機一名二本尊一云也。是当二応化等流身一也。[32]

ここにおいて先ず着目すべきは、済暹が五相成身観に二説あることを明言しているという点である。この二説の中、主題となる五相成身観と行位の関係が論じられているのは、第二説である。とはいえ、第一説についても若干の説明を加えておくべきであろう。すなわち、その説とは、五相成身観が全て仏果位にあると看做すものであり、その根拠として前述の『十八会指帰』、空海の『秘蔵宝鑰』巻下、[33]更には「安公云」として安然の『菩提心義抄』巻四の文[34]が註記という形で引証されている。このような解釈が可能となるのは、五相成身観を密教の五智（法界体性智・大円鏡智・平等性智・妙観察智・成所作智）に当て嵌めようとしているからであり、特に安然の「私云、通達本心即是通二達法界体性智一。余四如レ次以通《ママ》二四智一。」という記述に依拠するところが大きいと思われる。因みに、安然は、この『菩提心義抄』巻四で『尊勝仏頂修瑜伽法軌儀』巻上・五智品[35]（以下『尊勝軌儀』）を基軸として、五相成身観と五智の具体的な対応関係についても言及している。そして、その所見は、済暹を含む東密の学僧にも少なからず影響を及ぼしているのである。[36]

それでは、いよいよ本題である第二説について考察を進めていくことにする。ここでの眼目は、主に円仁（七九四～八六四）の『金剛頂大教王経疏』巻一[37]（以下『金剛頂経疏』）の文に準拠して、五相成身観を行因至果の義と位置づけることにあり、前の四相（①通達菩提心、②修菩提心、③成金剛心、④証金剛身）を因位、最後の⑤仏身円満を果位と把握するものである。となれば、⑤仏身円満が妙覚となるのは容易に推察されよう。但し、注意すべきは、さらに「安然師説意」として、前の三相を因位、後の二相を果位とする異説も取り上げていることである。それによれば、②修菩提心に三賢・十地、③成金剛心に等覚、④証金剛身に妙覚、⑤仏身円満に応化等流身をそれぞれ配釈させているのであり、先の見解と照合させると、妙覚の定位が相違する等、少しばかり径庭があることが看取されるのである。

上記の如く、済暹が円仁や安然の各説を参考としつつ、五相成身観に行位を充当させていることは注目される。そもそも、済暹は『五相成身義問答抄』の劈頭で、「問。以㆓五相成身㆒而相㆓配於真言門之発信心位・比観修行位・分証得位・因満位・果満位之五種階級㆒義有乎。答。有也。[38]」と問答し、五相成身観に発信心位・比観修行位・分証得位・因満位・果満位の五段階があることを明言している。この五段階は、恐らく十信・三賢・十地・等覚・妙覚の五十二位を念頭に置いて解釈したものと考えられ、それらを五相成身観に如何に配当するかが大きな問題となるのである。

ところで、前述した行因至果の二説は、『五相成身義問答抄』及び『金剛頂発菩提心論私抄』で詳論されているので、更に両書の記述を対照させながら吟味していくことにしたい。先ず、議論の都合上、『金剛界大儀軌肝心秘訣抄』で「安然師説意」として俎上に載せられていた説における、五相成身観と行位の対比（以下、A説）を尋求してみると、以下の如く記されている。

◇『五相成身義問答抄』

①通達菩提心

且先安公菩提心義第一明㆓五相成身㆒之中、明㆓第一通達心㆒処文（巻四、大正七五・五二九頁上）云、謂本浄九識是所通達心。染穢九識是能通達心。心地観経（巻八、大正三・三二八頁下）云、自覚悟心有㆓其四種㆒。凡夫二心、一者、眼識乃至意識同縁二自境一名二自悟心一。二者、離二於五根一心・心所法和合縁レ境名二自悟心一。釈云、初心六識、後心七・八・九識。已上文 今喩曰、此即以二第一能通達心之一分一名為二初発信心位一意也。又已云二染穢九識是能通達心一、及云二凡夫二心一故、此即約二前六識一而明二発信心位行相一也。此位人是不二三賢一、亦不二十聖一。故云二凡夫一也。……此於二凡夫位一不レ能レ発二菩提心一故也。[39]

◇『金剛頂発菩提心論私抄』

第一通達心摂二性得普賢大菩提心及修得一分之普賢大菩提心之心一也。[40]

②修菩提心

◇『五相成身義問答抄』

又菩提心義中明二第二菩提心相一処文（巻一、大正七五・四六八頁下）云、於二性得菩提心一発二修得菩提心一、名二菩提心一也。已上文 又此菩提心義（巻四、大正七五・五三一頁上中）引二用用心次第一、明レ所真言門菩薩三賢・十聖所二修証一菩提心行相也。……故知、此第二菩提心中以二三賢・十地一而配二第二菩提心一也。[41]

◇『金剛頂発菩提心論私抄』

第二菩提心摂二三賢・十聖之修得菩提心一也。義如二上引二用心次第文一。[42]

③成金剛心

◇『五相成身義問答抄』

又此菩提心義明二第三金剛心一文（巻一、大正七五・四六八頁下）云、為レ欲丁加二持此菩提心一能令丙堅固猶如乙金剛甲。於二心月輪一令レ観二金剛一故、名二金剛心一也。已上文 喩曰、此中雖レ無下以二金剛心一顕然配二等覚位一之文相上、而其理已以顕然也。……故知、中間第三金剛心是定当二等覚無間道一也。[43]

◇『金剛頂発菩提心論私抄』

第三金剛心摂二金剛無間道一也。是因位最後心也。残一品無明障二仏果菩提心一之惑染、将二断尽一時智也。是等覚位也。[44]

④証金剛身・⑤仏身円満

◇『五相成身義問答抄』

又菩提心義明二第四金剛身及第四《ママ》五本尊身一文（巻一、大正七五・四六八頁下）云、以二金剛身一為二本尊身一名二無上菩提一也。已上文　喩曰、第四身為二自証一故名二金剛身一。是大日身也。第五身即為二成所作智一。是即為二化他一成二法界等流身一名曰二証本尊身一也。[45]

◇『金剛頂発菩提心論私抄』

第四金剛身摂二金剛解脱道一。正是仏果最初心也。是妙覚智也。故出生義（大正一八・二九七頁下）云、及二乎大種性人法縁已熟、三秘密教説時方至、遂却住二自受用身一、拠二色究竟天宮一、入二不空王三昧一、普集二諸聖賢一、削二地位之漸階一、開二等・妙之頓旨一云云。此中所レ言之等者、是等覚金剛無間道也。即金剛心。妙者、妙覚金剛解脱道也。即金剛身也。故菩提心第一《ママ》云、以二金剛身一為二本尊身一名二無上菩提一也。文　第五証二本尊一獲二金剛堅固身一者、謂亦是所レ言妙覚金剛解脱道位也。然随二行者各各因位所修門一、而果位所現之本尊身更説二顕義一也。故菩提心義五（巻五、大正七五・五五四頁中）云、今然復三世諸仏各従二一門一入二心本源一故。従二本所通門一出二法界海一。一一諸尊皆以二一切如来一為レ体。又第一巻（巻一、大正七五・四七〇頁中）云、問。第五自身成二本尊一者、成二何尊一耶。答。各随二所尊一成二五部身一。文　即是義也。問。付二初義一、何故第四金剛身名為二仏果之解脱道一耶。[46] 答。安公菩提心義第一云、以二金剛身一為二本尊身一名二無上菩提一也云云。故順二古徳義一故、今作二此釈一也。

やや表記が不明瞭なところもあるが、傍線部の箇所を見れば、A説の概要は了解されるであろう。要するに、済暹は、①通達菩提心＝十信、②修菩提心＝三賢・十地、③成金剛心＝等覚、④証金剛身・⑤仏身円満＝妙覚という四種の対応関係を想定していると考えられるのである。そして、その最大の典拠こそが、安然の『菩提心義抄』巻一・巻四等に見られる五相成身観に関する記述なのである。[47] このことは、『五相成身義問答抄』の「実知二菩提心義文一、以二五相一別別如レ次雖レ不レ配二五位一、而以二五相一即総二摂四位一義、此即有也。[48]」という記述からも明らかである。ところが、実は『菩提心義抄』から両者の対比に関説する具体的な内容を抽出することはできない。したがって、A説は安然を参照しつつも、済暹の独創に依るところが大きいものと言えるであろう。

このA説において特に留意すべきなのは、④証金剛身と⑤仏身円満の二相がどちらも妙覚であると捉えていることである。但し、済暹によれば、前者が自証（妙覚智）、後者が化他（成所作智・法界等流身）に属すると一応弁別されている。ここで問題となるのは、④証金剛身と妙覚の対応関係であろう。済暹は、そのことを立論するために、『菩提心義抄』巻一の「以二金剛身一為二本尊身一名二無上菩提一也。」という文を尊重しているが、安然の原意によれば、これは⑤仏身円満を説明する一文にしか過ぎない。このことから、この文を④証金剛身の説明にまで敷衍させる済暹の解釈は正鵠を得ていないようにも思われ、問題が残る。ともかく、様々な矛盾が含まれていることも忘れてはならない。

次に、円仁を本拠とする説（以下、B説）では、どのように評論されているのであろうか。先と同様に、『五相成身義問答抄』と『金剛頂発菩提心論私抄』の当該箇所を並記すれば、次のとおりである。

◇『五相成身義問答抄』

故今以二此和尚疏意一、而勘二会前安公菩提心義大意一時、仁和尚意而以二五相一即如レ次応レ配二五位一意有也。仁和尚已云二後一相是果一。故決応レ知、依二憑尊勝儀軌説一、法界智為二究竟果一義也。故当二第四金剛身一是当二等覚位一也。既第四相是非レ配二等覚《妙カ》一者、可レ許三第三金剛心是総可二十聖位一也。何以故。大儀軌明二此第三相一文（『金剛頂蓮華部心念誦儀軌』、大正一八・三〇二頁中）云、……若許二此義一者、将レ可レ許二第二菩提心相是即可ヲ当二三賢一。此観相似位也。何以故。儀軌（大正一八・三〇二頁中）云、……又依二之義一、可レ許下以二第一相一是可モ為二発信心位一也。乃至以二第五本尊身一而可レ為二妙覚位一也。[49]

◇『金剛頂発菩提心論私抄』

問。付二後義一、以二何文証・理証一、得レ知下第一通達心摂二性得菩提心及修得最初之発求菩提心一、第二菩提心摂二三賢位一、第三金剛心摂二十地位一、第四金剛身摂二等覚之金剛無間道一、第五本尊摂中妙覚地金剛解脱道上耶。

答。第一通達心属二本有性得菩提心及修得最初之発求菩提心一者、儀軌説二五相成身一中第一通達心（『金剛頂蓮華部心念誦儀軌』、大正一八・三〇二頁上中）云、……儀軌説二五相一中第二菩提心（大正一八・三〇二頁中）云、……此文説二真言行菩薩之三賢行相一也。此位菩薩所観、是相似観而未二実証観一也。

問。此第二相是説二三賢菩提心一者、何此中可レ用二発菩提心真言一耶。

答。是指二初発心住之成仏一。何必云二初発信心真言一耶。故華厳等説二初発心時便成正覚一云云。又第三金剛心説二菩薩十地一者、儀軌説二第三金剛心一文（大正一八・三〇二頁中）云、……第四金剛身摂二菩薩等覚位之金剛無間道一者、儀軌説二第四金剛身一文（大正一八・三〇二頁中）云、……又第五本尊属二仏果解脱一者、軌（大正一八・三〇二頁下）云、……依二如レ是文証一、以二五相一配二属五位一、於レ理無レ失。又於二諸文一而得二便宜一也。此後義好也。又教王経疏一云、此経正説文初演二説五相真言一。初四是因位也。後一即果位也云云。[50]

このB説では、『五相成身義問答抄』で「仁和尚意而以二五相一即如レ次応レ配二五位一意有也。」と記す如く、『金剛頂経疏』の一文を基軸として、五相成身観に十信・三賢・十地・等覚・妙覚の五十二位を順に配釈しようとしている(51)。しかも、文証として『金剛頂蓮華部心念誦儀軌』の五相成身観に関する箇所等が多用されているが、これは済暹独自の視点から各観法に充当させたものと推測され、『儀軌』そのものに五相成身観と行位の関係が明記されているという訳ではない。また、注目すべきなのは、『金剛頂発菩提心論私抄』の掉尾で「此後義好也。」と註記されていることであり、このことから、済暹がA説よりもB説の解釈のほうが妥当性を有していると考えていたことも知られるのである。

ところで、先のA説が⑤仏身円満を妙覚と措定していながらも、むしろ化他の面に力点を置いていたことは既に見たとおりであるが、B説ではあくまでも自証の面が重視されている。そのことは、『五相成身義問答抄』の「問。仁和尚依二何文証一、以二第五相仏身円満一偏判為二果位一耶。答。是方依二菩提心論一也。又無畏三蔵尊勝軌云、次誦二方便究竟智真言一。乃至云、此方便究竟智、或進修門中以二方便一為二究竟一。即是後得智法身之義。文 故可レ知、以下此軌所レ云或進修門中以二方便一為二究竟一之意上、而仁和尚判二第五相一而為二妙覚極位一歟。此中方便為二究竟一、是自行之方便究竟義也。(52)」という問答からも例証され、特に『尊勝軌儀』巻上の「或進修門中以二方便一為二究竟一。(53)」の文が、自証の面を強調するうえで大きな役割を担っていることが窺える。なお、上記のことに関連して、『金剛頂発菩提心論私抄』巻四には、A・B両説の差異を解説しているところが見出されるので、続けて言及することにしたい。

初義意、通二自行・化他一也。意云、於二第四金剛身位一自行満故、既具二足万徳一円二満菩提一也。雖レ爾、以二第五金剛堅固身一為二本尊身之妙覚位一。意為二利他一出二法界門一、随二各各因位所レ奉本尊一而成二本尊身一、説下顕而於二末代之行者一以二此法一而欲上レ令二軌則一。其故、更説二顕第五本尊身一也。菩提心義意也。 後義意、偏拠二自行円満義一。以二第五心一為二実証解脱道仏果一也。此約二自行一為二正成仏意一也。第四金剛身尚属二因位一也。(54)

すなわち、A説では④証金剛身で自行を円満した後、更に⑤仏身円満において末代の行者を利益することが肝要であるのに対し、B説では④証金剛身ですら未だ因位であり、最後の⑤仏身円満で自行を円満させて成仏することが強調されるのである。ともあれ、両説には、意を尽くしていないところも多く判然としない場合もあるが、その大略は把握されるであろう。以上のことを図示すれば、次のようになる。

※A説―安然説に依拠
①通達菩提心＝発信心位＝十信
②修菩提心＝比観修行位・分証得位＝三賢・十地
③成金剛心＝因満位＝等覚
④証金剛身・⑤仏身円満＝果満位＝妙覚

※B説―円仁説に依拠
①通達菩提心＝発信心位＝十信
②修菩提心＝比観修行位＝三賢
③成金剛心＝分証得位＝十地
④証金剛身＝因満位＝等覚
⑤仏身円満＝果満位＝妙覚

さて、それでは、これまで考察してきた済暹の教説が、後の東密の学僧にどのように受容されていたのか概説してみたい。結論から先に言えば、あまり尊重されていないのが実情のようである。管見の限り、頼瑜（一二二六～一三〇四）の『真俗雑記問答鈔』巻五〈巻九〉に、次の如き記述が見られるのみである。

問。五相観一一位可レ有レ之乎。

答。済暹義云、五相長配二瑜伽四地一矣。朝誉義云、一一地皆有二五相一矣。私云、二義倶有。何是二一隅一矣。例如三因・根・究竟三心有二長・短二義一矣。(55)

ここでは、五相成身観と行位の関係について問答しているのであり、頼瑜は済暹と重誉〔朝誉〕（?～一一四三）

の各説を取り上げて、そのどちらも是認している。この中、済暹の説をめぐり、五相成身観が「瑜伽の四地」、すなわち、『仁王経儀軌』・『仁王経疏』等で説く解行地（三十心）・普賢地（十地）・大普賢地（等覚）・普照曜地（妙覚）の四段階で漸次修得されるべきものとして理解されていることは、後世における受容の一端を知るうえで貴重である。因みに、重誉に関しては、『秘宗教相鈔』巻六「五相成身料簡第二十三[56]」という項目の中で、ほぼ同様のことが詳論されていることから、頼瑜がそれを引拠して、右の如く記したことは間違いない。なお、蛇足ながら、頼瑜について付言すれば、元杲（九一四～九九五）の『金剛界念誦私記』に自身が註釈を施した『金剛界発恵抄』でも、諸先学の意見を引証しながら、やはり両者の対比に強い興味を示している。それは、巻上に次の如く記されている。

問。五相以配二地位一方、如何。

答。玄昭云、軌文「観一切法如約如夢等乃至究竟真実智」、是為二勝解行地一。地前三賢 謂住妙観察智印是也。次「空中諸如来乃至如理諦観察」、是為二普賢行願地一。十地也 謂通達菩提心是也。観二浄月輪一中有二金剛三摩耶身一、是為二大普賢地一。等覚 謂証金剛身是也。次「観身為本尊等」文、是為二普遍照曜地一。仏地 謂仏身円満是也云云。慈覚金剛頂疏云、五相真言。初四相是因行也。後一是果位也。文 真興記云、自下明下第十地住満以後以二五種相一成中正覚上。言二五相一者、一通達菩薩《ママ》心即勝進道。二修習菩提心即加行道。三成金剛心即無間道。四証金剛身即解脱道正体智。五仏身円満即後得一切種智。初三因摂二第三劫満一。後二果摂二第三劫後一。文 私云、初三因摂者、通達心当二第十地満勝進道一。次二相如レ次当二等覚位加行・無間二道一歟。故云二初三因摂一。是三倶在二第三劫満一也。後二果摂者、第四・五相於二仏果位一如レ次配二正体・後得二智一也。倶是解脱道摂也。此二非二第三劫摂一故云二第三劫後一也。又以二成菩提以前一、配二三賢・十地等一也。所謂勝願・金剛眼・金掌・金縛、如レ次信・住・

行・向也。第一資糧位。開心・入智・合智・普賢、如レ次煗・頂・忍・世第一也。第二加行位。極喜至二成菩《イ提》薩一十種、如レ次十地也。初極喜、第三通達位。降三世至二成菩薩《ママ》一、第《イなし》四金剛心修習位。証金剛身・仏身円満。第五究竟位也。愚案云、大日経宗三句、既於二十地一論レ之。金剛頂宗五相、何或通二地前一、或局二十地満後一矣。当レ智《ママ》、五相可レ在二十地位一也。[57]

頼瑜は、同書の冒頭で済暹の『五相成身義問答抄』に触れているが[58]、積極的に活用している形跡は皆無に等しい。ここでも、玄昭[59]（八四四〜九一五）や円仁、更には真興（九三四〜一〇〇四）の『梵𡀍日羅駄観私記』[60]等の諸著作を援用しながらも、済暹に対する言及は一言も見られない。しかしながら、頼瑜の態度は批判的である。というのも、頼瑜が最も関心を払っているのは、真興の『梵𡀍日羅駄観私記』である。しかしながら、済暹の『五相成身観を修得できると説くのであるが、頼瑜によれば、この観法は初地以上において論ずべきものであるからである。ここでの頼瑜の見解は、偏に初地重視の姿勢の表れであると考えられる。そもそも、『梵𡀍日羅駄観私記』では、『金剛頂蓮華部心念誦儀軌』の次第に唯識の行位（資糧位・加行位・通達位・修習位・究竟位）を充当させるという、済暹以上に独特な解釈が展開されている。とはいえ、右の記述から明らかなように、頼瑜は、その内容を詳しく分析しているのであり、たとえ批判的であったにせよ、強い関心を示していたことには注意する必要がある[61]。

以上の如く、済暹は、五十二位の行位を応用して五相成身観を解釈しているのであり、その教説に占める円仁・安然の役割は極めて大きいものと言えよう。そうしたこともあってか、後の東密では、あまり重視されることはないようである。また、その遠因として、覚超の『五相成身私記』のほうが系統的な内容を有していたために、済暹の著作は参照される程度に止まったのではないかということも推測される。いずれにせよ、東密における五相成身観の変遷を辿るうえで、済暹の教説がその嚆矢として貴重であることは間違いなかろう。

四　行位の経歴について

上来、五相成身観と行位の関連性という、やや特殊とも言うべき事項を中心に論じてきたが、本節では、この行位を如何にして経歴し、成仏するかという基本的命題に焦点を絞り、少しく勘考していきたい。先ず、この問題を究明するうえで、済暹の即身成仏思想を押さえておくことが不可欠である(62)。そこでは、成仏する時点において分段身を捨てるか否かという重要な事柄も議論され、基本的に分段身の不捨が即身成仏の正意であると把捉されている。但し、分段身を捨てる、或いは捨てないのいずれにせよ、その質的転換がどの地位において生起するのかという踏み込んだ内容までには至っていない。

ともかく、済暹においては、速やかに段階を経て成仏することが肝要だったようである。そのことは、次に示す『五相成身義問答抄』の問答に端的に記されている。

問。若爾者、何出生義云下及二乎大種姓人法縁已熟、三祕密教説時方至一、遂却住二自受用身一、拠二色究竟天宮一、入二不空王三昧一、普集二諸聖賢一、削二地位之漸階一、開中等・妙之頓旨上云云。故知、真言家無二地位階降義一也。

答。不レ爾也。但無三漸次経二歴位地一云也。不レ経二三無数劫修行一而速成仏故也。但不レ謂二一生・二生之間速疾不レ経二三賢・十地位一也。故不二相違一也(63)。

ここでの問答は、『金剛頂瑜伽三十七尊出生義』（以下『出生義』）の、特に「削二地位之漸階一、開二等・妙之頓旨(64)一」という文を如何に位置づけるかということが発端となっている。この文によれば、段階的な行位を用いることなく、即座に等覚・妙覚に至るという解釈も可能である。しかしながら、済暹はこれを明確に否定して、一生、或いは二生の間、速やかに三賢・十地を昇るということに意義を見出すのである。つまり、ここでは、密教の速疾成仏を前提としながら、行位の階梯は必ず踏まなければならないことを主張しているのである。このことについては、『両部曼荼羅対弁抄』巻下における、次の如き記述からも例証される。

問。密教頓証門中、何用下漸次転二昇地位一義上耶。

答。此秘密頓教中即身成仏者、是約三頓機根性与二仏秘密加持妙術力一故、而成二精進一勇猛修行敢不二懈怠一時、昇二進諸地位一速疾而経二歴諸位一云也。是速疾行者、是謂三超二越時節之長遠一也。不レ謂三全越二行位次第一也。故大疏一云、次第此生満足。此中次第者、梵音有二不住義・精進義・遍行義一。謂初発心欲レ入二菩薩位一故。於二此真言法要一方便修行得レ至二初地一。爾時、以二此無所住一進心不レ息。為レ満二第二地一故。……如レ是次第、乃至満二足十地一、唯以二一行一道一而成二正覚一。文 即是義意也。(65)

すなわち、密教の即身成仏では、速やかに行位を経ることが枢要なのであり、時節の長遠を超越することこそが、その速疾たる所以なのである。更に、その論拠として、『大日経』巻一の「十地次第此生満足」に対する『疏』（『義釈』）巻一の註釈部分(66)が引用されているが、これは「次第」という用語に段階的な概念が含意されていることに注目したからに他ならない。なお、同じく『両部曼荼羅対弁抄』巻下では、前出の『出生義』について、「一者、是文亦明下真言行菩薩超中越長時可二修習一広行功労上也。専不レ謂レ不レ経二所応経歴之地位一也。又解者、於二是三密境界一者、若是約二実行人一言レ之者、是修二行真言門一直往菩薩正所レ応二超入一境界也。是不下於修二行於余顕教一而所レ得菩薩之十地等中所行境界上云也。以二此義一故、言レ削二顕教之所行之地位漸階一也。不レ謂下於二真言一不上レ経二地位一也。(67)」と解説している。これによれば、真言行の菩薩が長期にわたる修行を超越すること、或いは顕教において漸次に証得すべき行位の階梯を減削することが、『出生義』の本来説示するところなのであり、結果として、密教では必ず行位を経ることが要求されるのである。とはいえ、それが、あくまでも時間の短縮を寓したものであるということには留意すべきである。

さて、東密では、初地を基調とした行位説、すなわち初地即極という教義が喧伝されるようになるのであり、その大意については既に述べた如くである。そこで今、残された問題として、済暹がこの初地をどのように理解していたのか考察する必要がある。そのためには、先にも少しく触れたが、『疏』(『義釈』)巻二の「然此経宗、従二初地一得三即入二金剛宝蔵。一」という一文に対する済暹の見解を検討することが適切であると思われる。そこで、一例を示すならば、『両部曼荼羅対弁抄』巻下に次のような問答が見出される。

問。大疏第二末云、然此宗、従二初地一得三即入二金剛宝蔵一云云。是文意者、得レ到二真言門中初歓喜地位一已時、且雖レ未三経二歴後後地位一、而真実証二妙覚果地之所証境界一云也。是義云何。

答。是不レ謂下直超二昇如来地一義上也。是金剛宝蔵之名不レ謂二必果地名号一也。真言門仏菩薩所証常住不壊極理名云二金剛宝蔵一故、初地菩薩亦分二証此理一云也。所二以知一レ爾者、六波羅蜜経超悟疏第三云、……故知、是文不レ謂下真言門菩薩超二過自宗諸地位一義上也。故大疏一云、……焉知、不三過二超行位一也。只速疾経二過地位之功行一意也。如二大疏第一巻所レ明象乗・馬乗・神通乗喩一也。然雖レ云三神通乗有二速疾用一、而於二所経路一不レ失二其里数一也。此亦爾也。(68)

済暹は、初地で仏果を証得するという釈義が妥当であるか否かという問いに対して、その位では仏果を部分的に証得したに過ぎないと述べている。ここでの初地とは、『大日経住心品疏私記』巻一五で「是以二真言門初地菩薩一而簡二別於前顕教所説初歓喜地菩薩一也。……謂彼華厳経等所レ明初歓喜等十地菩薩所レ証真如理境、是随縁諸法之自性本不生之寂滅法性理是也。而今是真言門中初歓喜地菩薩等所証理者、是有二二種一也。前所レ云諸法空理、並法然三密境界理是也。[69]」と記される如く、顕教の初地とは峻別されたものである。したがって、密教の初地で証得される境地が顕教のそれよりも甚深であることは自明のこととなっている。但し、その境地たる「金剛宝蔵」は仏果そのものではなく、あくまでも所証の理なのである。そのことは、同じく『大日経住心品疏私記』巻一五の「是三密宗初地菩薩始修二入法然理性一名為レ入二金剛宝蔵一云也。[70]」という一文からも例証される。要するに、済暹は初地を密教の証位として受け入れつつも、それが仏果と同等であるとまでは想定していなかったのである。この事実は、済暹が初地即極説に依拠していないことを示唆している。また、それだからこそ、更に行位を経る必要があることを強調するのであり、しかも、先と同様、「速疾」であることが前提となっている。そして、そのことを、『疏』(『義釈』)巻一[71]から神通乗の譬喩を引証して説明するのである。

このように、済暹は行位の階梯を速やかに昇ることの意義を繰り返し主張するのであるが、実はこれが安然の教説をほぼそのまま踏襲したものであるということを看過してはならない。すなわち、『菩提心義抄』巻四には、次のような記述がある。

問。出生義云、削二地位之階漸《ママ》一開二等・妙之頓旨一。若爾、直爾可レ云レ住二金剛定一。何故更云三身証二十地一。答。如二天台云一。円頓止観、頓円頓足。譬如二通者飛騰不レ失二里数一。今真言門頓入凡夫、雖二頓超一而不レ失二地位階級一。故亦名為二漸学大乗者一。又大日経云、十地次第此生満足。但削二歴劫之階漸一、不レ削二超劫之階漸一。[72]

安然は、真言門の頓入の凡夫が頓超することは当然であるとしても、それは行位の階梯を無視するものではなく、「超劫之階漸」を意味するものであると明言している。これは、前にも言及した『出生義』の一文に対する会釈から導き出されたものであり、その論理展開と結論が済暹と共通性を有していることは一目瞭然である。また、『金剛頂経大瑜伽秘密心地法門義訣』に説かれる「漸学大乗者[73]」や『大日経』巻一の「十地次第此生満足」等と並んで引証される円頓止観に関する譬喩的表現をめぐり、[74]「不レ失二里数一」という文が、先の『両部曼荼羅対弁抄』巻下における神通乗の解釈にそのまま活用されていることも、両者の関係を語るうえで注目すべき事例である。

以上の検討から、済暹が安然の教説を継承して行位の階梯を尊重していたことは了解されるであろう。また、済暹が初地を分証の段階と位置づけていることも、この時点で初地即極説が未だ確立していなかったことを如実に示している。なお、問題となるのは、行位を経て最終的に到達すべき仏果（妙覚果）が第十地であるのか、それとも第十地の外にあるのか、そのいずれかの場合、等覚をどこに組み込むのか、解説が十全でないことである。例えば、『大日経住心品疏私記』巻一五では、「問。従二初地一得三即入二金剛宝蔵一故者、是従二初地一不レ経二余九地一而直到二妙覚果一云歟。答。不レ爾。……是意云、従レ得二初地一一生而無間次第満二足十地一、而到二金剛解脱道常住理一云也。[75]」と述べられ、仏果（妙覚果）を第十地の外に措定しているように見えるが、これでは等覚がどこに配当されるのか不明である。このように、教理面の整理が不徹底なところも、済暹の特色の一つと言えるかもしれない。

五　おわりに

本章では、済暹が行位についてしばしば言及している点に着目し、その一端を考察することで、初期の東密において円仁や安然等の説が柔軟に受容されている様相を明らかにした。

済暹の行位説は、五十二位を基軸としたものであり、この行位を様々なところに充当させている。その最たる例が、『五相成身義問答抄』をはじめとする諸著作類で触れる五相成身観との対応関係である。済暹は行因至果という観点から、安然と円仁の各記述を主軸にして五相成身観と行位の関係に二説があることを提示しつつ、安然よりも円仁に依拠する解釈の方が妥当であると説いている。但し、このような済暹の見解は、東密における五相成身観の展開において、ほぼ等閑視されているのである。僅かに、頼瑜が済暹の説に論及しているところが見られるが、自らの註釈には全く反映させていない。その因由として考えられるのは、済暹説が台密の主張にあまりに準拠しているために、あえて無視されたということである。加えて、覚超の『五相成身私記』が、済暹の諸著作よりも五相成身観について詳細に解説していることも、済暹の説が重視されなかった要因の一つと言えよう。

また、行位の経歴という問題においても、済暹は安然の教説を継承して行位の階梯を速やかに経る必要性を強調するのであり、特に密教の聖位である初地以上においても同様のことを論じている。このことから、済暹が後に確立するような初地即極説を想定していなかったことが知られるのである。

済暹の段階は、東密教学が未だ定型化される以前であり、議論が成熟していない部分も見出される。とはいえ、台密も視野に入れつつ、自らの方向性を示したことが東密教学の基礎になったことは疑いなく、そうした点を再評価し、その意義を認めるべきであると考えられる。

註

（1）大久保良峻「台東両密における行位論の交渉」（同『台密教学の研究』第八章所収。法藏館、二〇〇四）、大鹿眞央「東密における初地即極説の展開」（『東洋の思想と宗教』二九、二〇一二）等、参照。

（2）この点については、本書第一章、第三章、大谷欣裕「安然教学における仏身観――三輪身との関連について――」（『印仏研』五五―二、二〇〇七）等、参照。

（3）大正三九・六〇五頁上。続天全、密教１・六九頁下～七〇頁上。

（4）大正一八・三三二頁中。

（5）真全二〇・一九〇頁上下。
（6）定弘全五・一四八頁。
（7）なお、二地以上の位をどう把捉するかをめぐっては、『宗義決択集』巻七（真全一九・一五〇頁上）に「先就二道理一、初地円二極自証一、二地以上建立有二何所用一耶者、古来会有二三義一。一云、立二二地以上次位一者、則順二常途一。理実初地外無レ有二証位一。二云、二地以上約二化他門一。三云、開二初地所証徳一、以立二二地以上位一也。」と記されていることから、化他の位と位置づける以外にも諸説あったことが知られる。
（8）真全二〇・一八八頁上。近似する内容は、印融の『古筆拾集抄』巻六（真全一八・四二二頁下）や『宗義決択集』巻七（真全一九・一五三頁上下）等にも見出せる。機根論については、高井観海「発心即到」（同『真言教理の研究』所収。法蔵館、一九八六）、苫米地誠一「覚鑁の機根論」（同『平安期真言密教の研究』第二部、第一篇、第五章所収。ノンブル、二〇〇八）、『密教大辞典』（法蔵館、一九八三）「機根」等、参照。
（9）続真全一八・二九三頁下。なお、「一切皆直修・真満・頓極・頓証即身成仏也。」の一文は、『金剛頂経大瑜伽秘密心地法門義訣』巻上（大正三九・八一二頁下。続天全、密教2・一四〇頁下）の「此経所レ説直入・直修・直満・直証。即於二此生一得二如来地一善巧智故。」に基づくものである。
（10）東密では、十地と十六生（十六大菩薩生）の関係を「生地開合」や「十地十六生」等の算題で議論している。例えば、『宗義決択集』巻一一（真全一九・二五六頁上～二六三頁下）・『大疏百條第三重』巻一〇（大正七九・七四七頁下～七四九頁下）等、参照。なお、十六生については、福田亮成「『理趣経』の成仏論――特に十六大菩薩生をめぐって――」（同『理趣経の研究その成立と展開』第四章、第三節所収。国書刊行会、一九八七）、同「真言密教における十六生成仏論」（同上第四章、第四節所収）に論及がある。
（11）十地をめぐっては、顕教とは弁別される密教の十地が説かれることが多い。一例を示せば、『杲宝私抄』巻一〇「密教所立十地在二顕教果上一歟事」（真全二〇・一四一頁上～一四四頁下）において、密教の十地を①五仏位、②菩薩位、③凡夫位に分け、これら三種の十地が顕教の仏果よりも上にあると述べられている。
（12）大正六〇・三一〇頁上。
（13）また、杲宝（一三〇六～一三六二）の『伝宝記』巻二「今宗於二地前一立レ位歟事」（大正大学蔵版本・一二丁左～

一四丁右）では、「如レ此内証・外用相望建二立地位一中、有二開合不同一。故或初発心直住二初地一説レ之、或修二行地前一、而後入二十地一説レ之。是即内証惣摂二十地一、外用為二地前一。故有二何位一、此処為二内証一、即是初地已上也。自レ其已前為二地前一。地前即心外随縁位、与二顕教一斉等也。地上心内法爾位、真言不共也。」とあり、初地以上が真言不共の心内・内証の位であると説かれている。但し、杲宝の真意は、「如レ此自宗地位、不レ依レ位、不レ依二断惑一。只住二法体一不レ住不同以為二内証・外用一也。」と記される如く、法体に住するか否かの相違によって内証と外用を弁別するのであり、本来は行位の差別に依拠しないところにある。

(14) 大正一八・一頁中。なお、東密では、この文を基点として「十地仏果」「仏果開合」等の算題を立案し、十地に仏果を摂めるか否か議論している。詳細は、『宗義決択集』巻七（真全一九・一五七頁上～一六二頁下）・『大疏百條第三重』巻四（大正七九・六四五頁下～六四六頁下）等、参照。

(15) 大正七八・一〇七頁上中。なお、この問答は、海恵（一一七二～一二〇七）の『密宗要決鈔』巻三（真全一七・八三頁下～八四頁下）に「秘宗心立二四十二位一事」という項目の下、ほぼ全文が援引されている。

(16) 大正図像一・二三七頁中下。

(17) 大正一九・五一八頁下。

(18) 大正三三・五一八頁下。

(19) 大正一八・九四五頁中。済暹は「金剛智三蔵用心次第義云」と記しているが、正確には『無畏三蔵禅要』の文である。このことに関連して、『五相成身義問答抄』（大正七八・一〇五頁上）では「用心次第者、私云、金剛智三蔵所レ述諸部結護法之異名歟。」と述べられ、済暹自身がこの文献を熟知していなかった様子が窺われる。なお、ここでは、解脱一切障三昧が地前の三賢で獲得できると記されているが、後の東密において、この三昧を初地に配当すべく議論が展開され、この文をどう会通するか大きな課題となっている。因みに、済暹は、『大日経住心品疏私記』巻七（大正五八・七四一頁下）で「今云、是明二十住中初発心住行一也。」と論評し、初住に該当させている。これらの問題については、大久保良峻「台密の行位論」（註(1)大久保前掲書、第七章所収）に論及がある。

(20) 大正二〇・五九八頁上。

(21) 大正三九・六七二頁上。続天全、密教1・二三七頁上下。ここに説かれる四十二位に着目して、初住を基準とした密教の行位説を構築したのが安然である。大久保良峻「安然の行位論」（『印仏研』三三―一、一九八四）参照。

（22）大正七〇・一九頁下～二〇頁上。

（23）大正三二・五七四頁中。

（24）大正七五・四七七頁上。

（25）『五相成身義問答抄』（大正七八・一〇七頁中）でも、良賁の『仁王経疏』や『慈氏儀軌』等、同様の典拠を引用しつつ、「私云、此等文皆明真言家五十位地有義也。」と記されている。近似する解釈は、重誉（?～一一四三）にも見出せる。その詳細については、本書第七章参照。

（26）大正五八・八〇三頁下～八〇四頁上。ここでは、「若依三十七尊心要意者、最初金剛薩埵是当初発信心及十住位也。王菩薩是当十行位。愛菩薩当十廻向位。喜菩薩当初歓喜地。宝菩薩是当離垢地。光是当発光地。幢是当焰恵地。笑是当難勝地。法菩薩是当現前地。利菩薩及因菩薩二種人是遠行地。語菩薩是当不動地。業菩薩是当善恵地。護菩薩是当法雲地。牙是当等覚位。拳菩薩是当妙覚位也。是約行因至果義也。若約従本垂迹義、一一菩薩皆悉摂得諸位功徳也。具如別抄釈也。」と述べられ、『金剛頂瑜伽略述三十七尊心要』（大正一八・二九二頁中～二九三頁下）の記述に準拠して、十六大菩薩と五十二位の関係が論じられている。なお、海恵の『密宗要決鈔』巻四「十六大菩薩配釈三賢・十地・仏果事」（真全一七・九八頁上～一〇二頁上）という項目にも、済暹撰として『十六大菩薩問答抄』が援引され、同様の解釈が詳説されている。この『十六大菩薩問答抄』は現存しないようであるが、海恵が引用する箇所は、先の『大日経住心品疏私記』における「別抄釈」に相当することが推測される。

（27）坂野栄範「五相成身観の体系的研究――特に経軌の上に於けるその成立的一考察――」（同『金剛頂経に関する研究』第四章、第一節所収。国書刊行会、一九七六）参照。

（28）大正一八・二八四頁下。

（29）大正三二・五七四頁中。

（30）済暹は、覚超の『五相成身私記』を閲覧していたようである。そのことは、済暹の『金剛界大儀軌肝心秘訣抄』巻中（真全二四・三〇頁下）に「覚僧都記」として『五相成身私記』（大正七五・七八九頁上）の取意文が引用さ

(31) れていることから確認され、真言宗全書解題でも同様の指摘がなされている。但し、『五相成身義問答抄』（大正七八・一一二頁中）には、同じく覚超の『金剛三密抄』巻二（大正七五・六七一頁下）からの引用が見られるが、『五相成身私記』からの影響は殆ど窺えない。

(32) 『醍醐寺文書記録聖教目録』によれば、詳細は不明ながらも同名資料の存在が確認され（二九二函—五）、巻数が三巻（巻一から巻三）と記されている。

(33) 真全二四・三五頁下～三六頁上。

(34) 定弘全三・一六七頁。

(35) 大正七五・五二八頁上。

(36) 大正一九・三七一頁中～三七二頁上。

(37) 第一説については、本書第三章で詳論した。

(38) 大正六一・一二頁上。原文では、「是故、此経正説文初演㆓説五相真言㆒。初四是因位也。後一即果位也。」となっている。

(39) 大正七八・一〇四頁下。

(40) 大正七八・一〇四頁下。傍線は私に付した。また、典拠も追記した。以下の引用も同じである。

(41) 巻四、大正七〇・二一一頁下。

(42) 大正七八・一〇四頁下～一〇五頁上。

(43) 巻四、大正七〇・二一一頁下。

(44) 大正七八・一〇五頁上。

(45) 巻四、大正七〇・二一一頁下。

(46) 大正七八・一〇五頁上。

(47) 巻四、大正七〇・二一一頁下～二一二頁上。

『両部曼荼羅対弁抄』巻上（大正図像一・二三〇頁上）では、「又依㆓安然釈㆒者、前三心是因位、次第四・第五相者、是為㆓仏果位㆒也。」と述べた後、同様に安然の諸文が援引されている。

(48) 大正七八・一〇五頁中。
(49) 大正七八・一〇五頁下～一〇六頁上。
(50) 巻四、大正七〇・二二頁中～二三頁上。
(51) 『両部曼荼羅対弁抄』巻上（大正図像一・二三〇頁上）では、「第一通達心摂㆓性得本覚菩提心及修得初発信心位㆒也。第二菩提心則摂㆓三賢位㆒也。第三金剛心則摂㆓菩薩歓喜等十地位㆒也。第四金剛身則摂㆓等覚地円因行㆒也。第五証本尊身位摂㆓妙覚地極果位㆒也。」と述べられている。
(52) 大正七八・一〇五頁中。
(53) 大正一九・三七一頁下。
(54) 大正七〇・二三頁上。
(55) 真全三七・一〇二頁下～一〇三頁上。なお、頼瑜の『菩提心論初心鈔』巻下（新版日蔵、真言密教論章疏五・一二八頁下）にも、「或以㆓此五相㆒配㆓瑜伽四地㆒也。或五相始終、自宗入地以去行相也。於㆓入地已去㆒者、更不㆑可㆑有㆓漸・頓不同㆒。但横初地具㆑之。竪十地之間備㆑之也。故知、前後次第約㆓徳相之不同㆒、同時具足拠㆓頓成之時分㆒也。」とあり、済暹の名は明記されていないが、同様の内容が説示されている。
(56) 大正七七・六一四頁中下。同様のことは、巻七「顕教至極真言蔵為㆓入道初門㆒料簡第三十」（大正七七・六二二頁下）にも見出せる。重誉は、初地から十地、更には仏地に至る各位に五相成身観（十一重五相）がある旨を強調している。重誉が仏果を第十一地に措定することについては、本書第七章参照。
(57) 大正七九・一一六頁中下。「　」は私に付した。
(58) 巻上、大正七九・九八頁中。ここでは、『五相成身義問答抄』（大正七八・一一〇頁上）の取意文が援引されている。
(59) 『山家祖徳撰述篇目集』（『龍堂録』）巻下（仏全二・二七二頁下）には、玄昭撰として『金剛界私記』という著作名が見出されるが、現存しないようである。
(60) 大正六一・五九四頁中。なお、済暹は『弁顕密二教論懸鏡抄』巻五（大正七七・四六六頁下）で、真興の『唯識義私記』巻六本（大正七一・三九四頁下）の一部を引用している。また、『大日経住心品疏私記』巻七（大正五八・七四〇頁上）にも、「真興僧都云」として『唯識義私記』巻二本（大正七一・三二三頁中）の文が引用され、同書巻九（大正五八・七五三頁下～七五四頁上）・巻一六（大正五八・八一六頁下）等でも、「真興僧都云」や「真興僧都大般若音義第一云」という記述が見出される。但し、『梵嚩曰羅駄覩私記』を閲覧していた様子は窺えない。

(61) なお、宥快も『即身成仏義鈔』巻二（真全一三・一九九頁下～二〇〇頁上）で、④証金剛身を自証とする「一義」の根拠として、『梵嚩曰羅駄覩私記』の同文を援引している。

(62) このことを論じたものとして、堀内規之「済暹の即身成仏思想について」（同『済暹教学の研究――院政期真言密教の諸問題――』第三篇、第四章所収。ノンブル、二〇〇九）がある。

(63) 大正七八・一〇七頁上。

(64) 大正一八・二九七頁下。

(65) 大正図像一・二三七頁下～二三八頁上。

(66) 大正三九・五八四頁上中。続天全、密教1・一五頁下～一六頁上。

(67) 大正図像一・二三八頁上。

(68) 大正図像一・二三八頁上中。

(69) 大正五八・八〇二頁下。

(70) 大正五八・八〇三頁上。

(71) 大正三九・五七九頁下。続天全、密教1・四頁上。

(72) 大正七五・五二四頁上。同様の内容は、『教時問答』巻一（大正七五・三九三頁中）にも説示されている。これらの記述については、大久保良峻「神通乗について」（註(1)大久保前掲書、第十四章所収）で詳しく分析されている。

(73) 大正三九・八一三頁上。続天全、密教2・一四一頁上。

(74) 『摩訶止観』巻一上（大正四六・一頁下）には、「円頓初後不二、如二通者騰一レ空。」とあり、円頓止観が初後不二であることを通者の騰空に喩えている。但し、速疾の意味は含まれていない。

(75) 大正五八・八〇三頁上中。

第七章　重誉における機根の問題

一　はじめに

　重誉は、理教房と号し、光明山寺を主要な拠点とした平安時代院政期の学僧である。生年は未詳であるが、没年については康治二年（一一四三）である可能性が高く[1]、その著作類の奥書から、晩年に近い保延五年（一一三九）前後、光明山寺にて精力的に著述活動を行っていたことが看取される[2]。『本朝高僧伝』巻一二の伝によれば[3]、東大寺東南院で覚樹（一〇七九～一一三九）から三論を学び、密教にも通じていたとされ、また凝然（一二四〇～一三二一）撰『浄土法門源流章』の記述から[4]、浄土教の学僧としても認識されていたようであり、諸宗兼学に精励した人物だったことが窺われる。

　光明山寺とは、現在の京都府木津川市山城町綺田に実在した東大寺別所の寺院であり、院政期における南都浄土教の重要拠点の一つとして広大な伽藍を誇っていた[5]。その創建や沿革については、井上光貞氏[6]により、平安時代前期、広沢流の寛朝（九一六～九九八）によって創建され、後に東大寺三論宗の厳瑀（生没年未詳）が再建し、江戸時代に至って廃絶したという説が提唱されたが、不明な点も多く確定的とは言えない[7]。いずれにせよ、十一世紀中頃には存立していたと考えられる。この寺院が南都浄土教との関係を緊密にしていく契機となったのは、永観（一〇三三～一一一二）の約八年にわたる蟄居であり、その孫弟子であった覚樹も大患のため、ここに止住している。

重誉の密教付法をめぐっては、実範（?～一一四四）、或いは静誉[8]（一〇七九～一一二〇～）の弟子と記す諸資料が存在する[9]。この両者は共に厳覚（一〇五六～一一二一）の弟子でもあり、どちらも光明山寺に居住する機会があった。このことから、静誉、実範、更には重誉がこの寺院を中心として極めて近い関係にあったことは間違いない[10]。

重誉の著作類については、『秘宗教相鈔』十巻・『十住心論鈔』三巻・『秘宗深密鈔』三巻等をはじめとする密教関連のものが現存している[11]。これらの諸書は、海恵[12]（一一七二～一二〇七）が編纂した『密宗要決鈔』に頻繁に引用されるのであり、重誉の教説が当時における東密教学の規範の一つとして是認されていたと理解することも可能であろう。

その教説は、後世に至ると論難の対象として取り上げられる場合が多い。また一方で、こうした先学の研鑽こそが、東密教学が漸次醸成されていく素地になったことも事実である[13]。となれば、重誉は、済暹（一〇二五～一一一五）や覚鑁（一〇九五～一一四三）等と共に、初期東密教学を解明するうえで貴重な存在であると言えよう。ところが従来、その重要性が顧慮されることは少なく、教主論や教判論等に関する考究の中で、付随的に言及される場合が殆どであった[14]。

そこで本章では、教学上の問題点を四十八項目にわたって分析している『秘宗教相鈔』十巻に焦点を絞り、先ず成仏と三種の機根（漸入者・超昇者・頓入者）との関連性に着目し、併せてこれらの機根が行位の階梯を経歴する諸相について、台密教学も視野にいれながら考察を進めていくことにしたい。

二　成仏と機根の問題

重誉の成仏論については、先ず『秘宗教相鈔』巻六「即身成仏第二十二」の内容を玩味する必要がある。重誉は、その劈頭で空海（七七四～八三五）の『即身成仏義』に論及した後、幾つかの問答を列挙し、速疾成仏、或いは一生成仏を正義とする見地から、密教が多劫成仏に依拠しないことを強調している。特にその知見において、成仏と機根との関係が重視されるのであるが、その大要を把捉するうえで、以下に示す記述が参照される。

凡今宗意莫レ問二根之利鈍一、一切皆即身成仏。……又尊勝二巻軌上云、若於二一念頃一証二無生一転二五智一成二五分法身一悟二三密即三身一、初発心時便越二百六十種心一度二三無数劫行一証二普現色身三昧耶一。即是初発心時便成二正覚一。文 此文説下最極上上根性直聞二秘密一乗一初発心時便成中正覚上也。謂行者懸二思於法界曼荼羅一、若得レ見二三密即三身一者、即指二此時限一云二初発心時一。若得二此心見一時、知二所有身口意皆是三身仏徳一。故一時断二三妄一一念度二三劫一、便証二無上究竟位一忽備二円満正覚徳一也。……一念成仏有二何疑一。此即昇二初地一時、一念証二十六大菩薩功徳一之大超人也。儀軌初発心時便成正覚者、指二初地一云二初心一也。又慈氏儀軌下巻云、若一生中従二初念誦一至三於越二三無数劫行一、即証二一生補処三莽地一。越二一百六十種心一三度、即是度二三僧祇行一。文 此文一生度二三祇一即証二補処位一者、指下非二最極上上根一之人上也。遠兼二一生一昇二補処位一故。若言二又（イ又言）一生一者、約二十信初発心而未レ至二三密即三身之発心位一為レ説。是人若至二其位一即一念可二成仏一者、亦是最極上上根也。已上文料簡。如レ此等文証非レ一。豈疑二即身成仏之理一乎。[15]

重誉の基本的立場は、密教によれば機根の差異を論じることなく、一切が即身成仏するという点にある。ここでの即身成仏とは、速疾・一生を含意したものとして理解すべきであろう。そして、そのことを『尊勝仏頂修瑜伽法軌儀』巻上[16]（以下『尊勝軌儀』）・『慈氏菩薩略修愈誐念誦法』巻下[17]（以下『慈氏儀軌』）等で引証するのであるが、ここで留意すべきは、即身成仏の教益に与ることのできる機根を「最極上上根性」「大超人」と位置づけていることである。加えて、これらの利根が一念成仏に至る地位を初地としていることも、行位の階梯を思量するうえで示唆的である。ともかく、重誉の真意は、一切が即身成仏することを前提としつつも、機根の差異を容認せざるを得ないところにあると言えよう。

それでは、重誉はどのように機根を弁別し、成仏と関連づけているのであろうか。そもそも、東密では多様な機根論が説示され、それらが教学上の問題と結合して複雑に展開していくのであるが[18]、重誉が特に着目したのは、漸入者・超昇者・頓入者の三機説である。その所見は、次の如く説かれている。

> 今依二此等説一広思二一宗旨趣一、即身成仏之理約二極上利根者一論レ之。……又疏第六云、而諸衆生有二漸入者一、有二超昇者一、有二頓入者一。然其趣畢竟同帰。文 抄第六釈云、有二漸入者一、亦如二彼乗一レ羊。有二超昇者一、喩如レ乗レ馬。有二頓入者一、猶レ得二神通一。文 羊・馬・通三別、是龍樹智論釈也。 漸入者如レ乗レ羊者。従二顕教行一入二今宗一之人也。……超昇者如レ乗レ馬者。直従二今教一而発心入二証位一也。……超昇者、示下此人不レ経二顕行一而直超二入密教一成仏上也。是又鈍根可レ経二無量僧祇一。故抄言二超昇者如乗馬一。雖三同云二僧祇劫一、不下如二顕教修行一僧祇上。是人鈍根故、雖レ経二多劫一、教力勝故、不レ同二余乗時劫一。用二羊馬遅速之喩一即顕二此意一耳。頓入者、得二神通一者、乃至一生成仏人也。……若不二如レ是分別一者、超昇与二頓入一之二人難レ弁。故知、一生成仏者、定依二極上利根一也。但鈍根人雖レ経二多劫一、然以下証二得浄菩提心一之後、不レ経レ劫成仏上。又即為三此教超二余宗一。余教心、初地已後経二二大僧祇一故。[19]

先ず冒頭において、密教の即身成仏は「極上利根者」にて論ずべきものであることが言明され、その利根の秀逸性を解説するための根拠として『大日経疏』巻六（『大日経義釈』巻五）[20]〔以下『疏』（『義釈』）〕の三機説、及び覚苑（生没年未詳）撰『大日経義釈演密鈔』巻六[21]（以下『演密鈔』）の註釈部分等が活用されている。この三機は、『宗義決択集』巻一〇に「此三機分二別浅深一、則頓為レ上、超機為レ中、漸機為レ下。三機雖レ異、而皆一生成仏機也。[22]」と記されるように、後世では密教の正機における三種の区分と捉えるのが最も一般的である。これに対して、重誉は覚苑説に依拠しつつ「漸＝羊乗＝従レ顕入レ密」、「超＝馬乗＝不レ経二顕行一而直超二入密教一成仏」、「頓＝神通乗＝一生成仏」という配釈を提示し、密教の正機を超昇者・頓入者の二機のみに限局するのである。[23]但し、同じく正機と言っても、一生成仏が可能な頓入者こそが極上利根なのであり、顕教と同様の劫数を経過することなく密教の証位に超入できる超昇者も、それに比すれば鈍根に他ならない。そのことについて、重誉は「凡真宗家雖レ許二利鈍皆現生成仏一、而鈍根名二超昇一。此人超二多劫行一一生之暮取レ覚故。利根号二頓入一。此人速疾成レ道不レ久待二一期之終一故也。[24]」と記すのであり、また、先の記述を承けて、杲宝（一三〇六～一三六二）が『大日経疏鈔』第一本・巻三で「重誉師意、羊乗喩二迂廻行人一、馬乗及神通喩二真言教漸・頓二機一歟。[25]」と指摘していることも傍証の一つとして注目されよう。

以上のことから、重誉は一切が即身成仏することを主張しながらも、機根の差異を尊重し、特に頓入者を一生成仏に最も契合する利根として把握していたことが了知されるであろう。また、超昇者についても、その速疾性の面で頓入者よりも劣ることになるが、一生成仏できる可能性は残されている。

そこで次に目を向けるべきは、漸入者である。重誉によれば、漸入者とは顕教から密教に入る者を意味するのであり、これを密教の立場からどう定置させているか探究しなければならない。実は、このことを解明する鍵が、三劫・十地に対する重誉独特の解釈に潜んでいるのであるが、その具体的内容については、節を改めて論じることにする。

三　三劫・十地の解釈

密教諸経論には、様々な行位が説示され、それらを独自の視点から咀嚼した成果が諸学僧の著作に収録されている[26]。中でも、三劫・十地は、密教における行位を整理するうえで最も根幹を担うものであるが、その定義は一様ではない。

この三劫・十地について、東密では、三劫を全て地前に配すべく会釈するのが通例であり、印融（一四三五～一五一九）も『杣保隠遁鈔』巻一五で「問。無畏ノ解釈ノ中ニ、超越三劫瑜祇行。文 爾ハ自宗ノ意、初地ヲ為二初劫ノ満一ト義有レト之可レ云乎。答。不レト可レ有二初地初劫満ノ義一可二答ヘ申一也。……凡ソ自宗ノ三劫ノ建立ハ、偏ニ約二シ地前一ニ候。地上ハ心垢尽ル所ニメ、不レル行二戯論一ヲ上ニ無対無量。……[27]」の如く問答している。要するに、三劫地前説を密教の正意とするならば、第一劫の極位を初地とし、第二劫・第三劫を地上に置くことは否定されるのである。

このような見解は、後の東密にて他の教義との整合性を保つべく形成されたものであるが、それを十分踏まえたうえで、次に重誉の説を検討していくことにしたい。そもそも、『秘宗教相鈔』には三劫・十地に関わる項目が多数収載されているのであるが[28]、例えば、「大日経所説三瑜祇行料簡第二」から、その基本的姿勢を読み取ることができる。それを示せば、次のとおりである。

今宗意、地前経二一僧祇行一即入二初歓《ママ》喜地一也。地前修行顕密是同。准知、於二一僧祇一、十《ママ》地已前為二第二劫一、八地已上為二第三劫一[29]。

つまり、重誉は、後の『枡保隠遁鈔』において所破の対象とされる、第一劫を地前、第二劫・第三劫を地上とする見方を採択しているのである。そして、更に第二劫を初地から七地以前とし、第三劫を八地以上と分類している。こうした三劫の区分は、大乗仏教においてさほど特殊なものとは言えないが、重誉が右のような説を導き出すに当たり、やはり何らかの根拠に基づいたであろうことは想像に難くない。このことを尋求するうえで有益な示唆を与えてくれる文が、「百六十心断位第四」の中に見出される。

抄第三釈云、疏若以浄菩提心等者、若言二不定之意一、此有二二義一。謂若以二浄菩提心一為二出世間心一、即是超二越三劫一瑜祇之行、則出世間心生。出世間心生即是浄菩提心。此心出二於一切世間一故。若以二仏恵初心一為二出世間心一、即是三阿僧祇劫成仏亦名二出世間心生一。今言二三阿僧祇劫一即二三種妄執。行者、若一生越二此三妄執一即一生成仏。何見レ有二時分一耶。故云二若以等一。文 此釈心云、於二三妄執断位一、疏心有二二義一。謂疏若以浄菩提心等者、若以二初地一為二出世間心一、是即地前断二三妄執一也。若依二此義一、可レ言二経所説三瑜祇行皆是地前所行一也。疏梵云劫跛有二義等下、第二義。若以二仏果一為二出世間心一、即三妄執至二第十地一尽レ之。疏心付二第二義一釈二経始終一也。[30]

問題の発端となるのは、『疏』(『義釈』)巻二の「若以二浄菩提心一為二出世間心一、即是超二越三劫一瑜祇行。梵云二劫跛一有二二義一。一者時分。二者妄執。……[31]」という文である。周知のとおり、密教の修行者は一生に三劫を経て成仏するとされるが、それは三妄執(麁妄執・細妄執・極細妄執)を断ずるという意味であり、その典拠がこの文に該当する。これを承けて、重誉は、『演密鈔』[32]巻三の註釈を引用し、それに対して自らが註記を行っている。ここで特に注意すべきなのは、覚苑が出世間心を浄菩提心と仏恵初心のいずれかに配当する二義を提示していることである。この二義のどちらかに準ずることで、三妄執を断尽する位階が大きく相違してくるのであり、重誉もそこに関心を寄せている。すなわち、第一義によれば地前、第二義によれば第十地に三妄執を断尽することになると主張し、最終的に第二義を妥当と結論づけるのである。そして、この第二義に基づいて、「既地前唯断二麁妄一。故知、第二・第三妄執定地上所レ除也。付二此中一、所丁以知丙細妄尽二七地一、極細断乙八地已上甲者、……」[33]と説くのであるが、これが前記した三劫の区分と全同であることは一目瞭然である。

以上のことから忖度されるのは、重誉が三劫地前説を熟知していながらも、敢えてそれを選択しなかったということである。事実、「顕密二宗地位対当第二十九」[34]の項目においても、様々な文献を用いて、三劫地前説に立脚しないことを表明している。そうした結論に至った背景には、既に見たように覚苑の説が介在しているのであり、頼瑜（一二二六～一三〇四）が『大日経疏指心鈔』巻一〇で「私云、朝誉意、依二鈔義一専成二地前一劫・地上二劫之旨一也。」[35]と指摘するが如く、その影響が極めて広汎であったことが知られよう。

四　漸入者について

それでは、基本的事項を確認したところで、本題である漸入者について考察を進めていきたい。先ず取り上げるべきは、「顕教至極真言蔵家為二入道初門一料簡第三十」における、次の記述である。

謂大日経第一説二三瑜祇行一中、以二初劫一名二証寂然界一、以二第二劫一名二無縁乗心・覚心不生一。是即顕教分斉也。至二第三劫一初名二真言門一。……但初二僧祇顕教分斉、第三之一劫是真言門者、唯是教門之談非二実行之説一。若依二実行一、極鈍漸機者、尚第二劫之初皆入二真言行一、更不レ至二顕行究竟一。所以、全無下証二顕之究竟一後、入二密之初心一者上也。[36]

ここの主旨は、三劫が顕密二教とどう対応するか解説することにあり、「第一劫（地前）＝証寂然界＝顕教」、

「第二劫（初地以上）＝他縁大乗心・覚心不生心＝顕教」、「第三劫（八地以上）＝密教」と区別している。但し、これはあくまでも教門に基づく区別に過ぎず、実行に準ずれば、極鈍の漸機、すなわち、漸入者も顕教の極果を証得することなく、第二劫の初め（初地）から直ちに密教に昇入できると説いている。つまり、教門によれば八地以上、実行によれば初地以上が密教に相当するのである。ここにおいて、教門・実行の二義が行位を説明するうえでの要諦となっているが、同様の内容は、「大日経所説三瑜祇行料簡第一」にも「然付レ説二真言門行一有二教門・実行二意一。若依二教門一説、以二八地已上一為二真言門一。若付二実行一説、初地已上一切皆発二真言智一。」(37)とあり、重誉の常套句であったことが看取される。ともあれ、漸入者は初地に至ってはじめて密教の境地を覚知できるのである。そして、このことを詳論するのが、「大日経所説三瑜祇行料簡第一」中の次の問答である。

問。就二顕教修行人一極鈍根者、従二何位一入二真言何位分一乎。
答。依二大日経意一、初二僧祇是顕教行。此中初僧祇之満心証二寂然界理一。然行者、若昇二証位一必知レ有二真実道一。所以、極鈍者、初僧祇満心可レ入二真言道一。若従二証位一入二真言一者、即可レ入二真言証位一。然今宗意、以二初地一為二証位一。故従二顕行之初劫満心一入二真言初地一也。(38)

すなわち、密教では初地を証位とするのであり、顕教の修行者は第一劫を成満さえすれば、この位に直入することができるのである。とはいえ、これが教門ではなく実行の立場から論じたものであることを忘れてはならない。
以上のように、重誉は、教門として初地以上にも顕教の修行があることを受容しつつも、実行によれば、それが全て密教の修行になることを強調している。となれば、必然的に顕教の修行者は存在し得ないことになるが、そのことについて、「百六十心断位第四」では、次のように述べている。

次以二第二劫行一云三有教無人一者、初劫行満入二初地心一義、上既成畢。然今宗心、初地已上斉是秘密乗行、全無レ雖二余乗行一。以二虚空無垢心一名二初地一故。而彼無縁乗心・覚心不生之二道許三顕教分斉而非二密行一故。更無二其行処一。所以、知三唯教門無二実行一。今唯教無レ人者、依二大日経一且説二漸次行一作レ言也。謂此経心、以二声聞・縁覚及証寂然菩薩行一説二初劫一。此行分斉唯断二麁妄執一故。以二他縁大乗・覚心不生一説二第二劫一。此教所説能談二細妄執之能治分斉一故。此教中雖三能治二麁妄執一、今譲二其功於証寂行一。所以、云二第二劫一也。以二真言乗行一為二第三劫一。雖三兼治二三妄一、前二譲二顕教行一故也。但依二此次第一者、第二劫有レ教無レ人也。理実初地上行皆是密行故。[39]

ここでの議論の中心は、第二劫についてであり、先と同様、それが十住心思想の他縁大乗心（法相）と覚心不生心（三論）の二義に相応することを明言している。しかしながら、初地以上を全て密教の修行とする見地によれば、たとえその教えは存在するとしても実際に修行する者は皆無、すなわち、有教無人となるのである。なお、同様のことは、第三劫にも当て嵌まることは贅言を要しない。その一例として、「大日経所説三瑜祇行料簡第一」中の文を参照することにしたい。

今経以二一道・極無二心一、雖三唯関二真言門行一、隠不レ説二顕教所談一。以レ実言レ之、顕教亦有故。大師探レ之、開為二第八・第九二心一。此義意、一道無為八地所得・極無自性十地功徳。……但顕教分斉至二地上一者、唯是教門説無二実行人一。[40]

第三劫をめぐっては、既に教門においても密教と看做されていたが、重誉は一道無為心（天台）と極無自性心（華厳）を秘密荘厳心（密教）に含まれるものとして位置づけている。そのことは、同じく「大日経所説三瑜祇行料簡第一」の「此秘密心中証二一道無為心之義一。……又極無自性心生文有レ之。……此義意、従二第八地一証三顕一道・極無・秘密三心一、至二仏地一而究竟也。大師意、秘密乗之前開三出一道・極無二心一者、凡真言門菩薩修二此二心観行一、経説分明。非レ不レ許二此義一。[41]」という記述からも明瞭である。そして、一道無為心を第八地、極無自性心を第十地に一応は充当させるのであるが、結果として、実行の立場からこれらの修行者の存在を否定するのである。

要するに、重誉において、漸入者は第一劫を経て初地に至れば密教の修行に入ることができるのであり、結論的に言えば、「顕教至極真言蔵家為二入道初門一料簡第三十」で「所以、顕教修行人全無二自乗菩提究竟者一。後二僧祇行唯是有二数《ママ》門一無二行人一故。(42)」と述べる如く、第二劫・第三劫では四家大乗（法相・三論・天台・華厳）の教理に基づく極果は勿論のこと、実際の修行者も存立し得ないのである。以上のことを図示すれば、次のようになるであろう。

教門	実行	
第一劫（麁妄執）……声聞・縁覚・証寂然菩薩	初地以前	
第二劫（細妄執）……他縁大乗心・覚心不生心	初地～七地	※四家大乗が全て密教に入る 有教無人
第三劫（極細妄執）……秘密荘厳心（一道無為心・極無自性心）	※密教に入る 八地以上	

ところで、重誉は有教無人という語を繰り返し援用して三劫を会釈していたが、これが実は天台学における重要な教義の一つであることを見落としてはならない。この教義は、果頭無人と同様に論じられ、被接や行位の問題との複雑な関連性から、一概に規定できない難解な要素を含んでいる。ここでは、その大略を理解するうえで、最も根本とされる、智顗（五三八～五九七）の『摩訶止観』巻三下の文を引拠することにしたい。

前両観因中有二教行証人一。果上但有二其教一無二行証人一。何以故。因中之人、灰レ身入レ寂沈レ空尽滅、不レ得レ成二於果頭之仏一。直是方便之説。故有二其教一無二行証人一。別教因中有二教行証人一。若就レ果者、但有二其教一無二行証人一。何以故。若破二無明一登二初地一時、即是円家初住位。非二復別家初地位一也。初地尚爾。何況後地後果。故知、因人不レ到二於果一。故云二果頭無人一。(43)

この文も、実は後に様々な問題を派生させる起因となるのであるが、その主意は、蔵・通・別の三教が因中では教・行・証・人の四法を有しているが、果上では教のみしか存在しないというところにある。特に別教では、初地に至るとそれがそのまま円教の初住と同等、すなわち、初地初住証道同円となり、全てが円教の境地に入るので、必然的に有教無人となることには留意すべきである。(44)

このような説は、天台の諸書に散見されるものであり、重誉がそれらを閲覧していた可能性も十分想定できることである。但し、その直接の影響を推考すれば、やはり台密の安然（八四一～八八九～、一説九一五没）を俎上に載せざるを得ない。例えば、『教時問答』巻三には、「又天台云、三教果頭、有レ教無レ人。皆入ニ円教一、唯成ニ円仏一云云。……故知、一切顕教菩薩、皆於ニ因中一、会ニ入真言一、同成ニ一仏一。(45)」とあり、『菩提心義抄』巻二では、「若法華中会ニ前三因三果之見一、令レ悟ニ一因一果之実一。若法華前行ニ前三因一因中《イ之》、雖レ有ニ発行之人一、若於ニ果頭一有レ教無レ人云云。(46)」と述べ、更に同じく巻二で「菩薩界、三教果頭、有レ教無レ人。唯有ニ用人《イ因》一不レ至ニ仏果一。(47)」と説いているのも、前掲した『摩訶止観』等の内容を踏まえつつ、密教との関係を考慮して自ら発展させたものと考えられる。就中、『教時問答』では、有教無人の語を用いて顕教の菩薩が極果に到達する前に皆真言に入ることを説示しているのであり、重誉はこうした見識を自家薬籠中にして、密教の立場から初地以降が有教無人となるという独自の説を構築したことが推測されるのである。(48)

五　超昇者・頓入者について

重誉は、漸入者も第一劫を成満すれば初地、すなわち密教の証位に入ることを容認しているが、それは多劫修行による結果に他ならない。これに対して、超昇者・頓入者は、どちらも密教の正機、一生成仏できる機根である。但し、この両者は、先に触れたように、その速疾性に大きな相違があるのであり、頓入者は極上利根、超昇者は鈍根と明確に弁別されている。今、前掲した「即身成仏第二十二」の記載に基づき再度整理すれば、次のようになる。

超昇者＝①直従二今教一而発心入二証位一也
②不レ経二顕行一而直超三入密教一成仏也
③是又鈍根可レ経二無量僧祇一……雖三同云二僧祇劫一、不下如二顕教修行一僧祇一。是人鈍根故、雖レ経二多劫一、教力勝故、不レ同二余乗時劫一
④但鈍根人雖レ経二多劫一、然以下証二得浄菩提心一之後、不レ経レ劫成仏上
⑤此人超二多劫行一一生之暮取レ覚故

頓入者＝①一生成仏
②極上利根
③此人遠疾成レ道不三久待二一期之終一故

この比較によれば、頓入者が一生成仏できる極上利根であるのに対して、超昇者は多劫を経歴するも浄菩提心、すなわち初地に到達すれば速やかに成仏できる機根と位置づけられている。なお、超昇者が初地に至るまでに要する歴劫修行が、顕教のそれと同義ではなく、より短期的なものとして理解されているところに、漸入者との差別化が窺われる。

この両者の差異をめぐっては、実はあまり具体的な見解が示されていない。但し、どちらも密教の正機であるという観点に立脚すれば、「即身成仏第二十二」における、次の記述は大いに参照されるべきであろう。

　夫於二地上一経二十六菩薩生一、随二行者根品一亦有二超・不超一。若軟根者、昇二初地一之後、十六功徳次第証レ之。是云二不超越一。若上根者、直入二第十六金剛拳一不レ経二次第位一而十六功徳一時証レ之。是云二大超一。其中間超越多少随レ根。既十地許レ有二超越一。如二第十九門成一レ之。十六大生、何無二此義一。十地与二十六一是聖位浅略・深秘故。[49]

ここでは、初地以降に「上根」「軟根」という二種の機根があり、その違いを十六生（十六大菩薩生）の功徳を一時に証得するか、或いは段階的に証得するかという点に求めている。そもそも、初地以上において、超昇者と頓入者に能力差が存在するのか否か甚だ不明瞭ではあるが、頓入者の一生成仏が強調されていることから推考すれば、初地以降にも速疾性に違いがあると見るのはむしろ自然であろう。となれば、「上根＝頓入者＝大超」「軟根＝超昇者＝不超越」と対比することも可能であると思われる。

ところで、右の記述では、十六生（十六大菩薩生）との関連から、十地超越という問題も取り上げられているが、その詳細を「十地位超越有無第十九」の項目に譲っている。そこで以下、その当該箇所も併せて参看しておくことにしたい。

　　十地位超越有無第十九

　問。今宗心菩薩、昇二地上一之後、依二聞法力一可レ有二超地之益一乎。

　答。摂真実経下云、……

　疑云、若許レ有二超地義一者、此人所レ超地位功徳可レ不三成二就之一。若爾者、何可レ云二万行成満輪円具足之宗一乎。

　答。今超二越地位一者、上上利根之人、頓具二諸地功徳一藉二一座之三密一速入二上位円証一。対二彼鈍根之遅進一、此利人之行言二超越一。理実尋二勤行一、非二具不一レ備二地地之所修一。此宗許二即身成仏一、則此超越之中極超也。此人豈云三諸地功徳不二満足一乎。[50]

上記の如く、十六生（十六大菩薩生）の超越を認める立場であるからには、十地にも同様の義があることは明らかである。そこでやはり、重誉は十地超越が可能な機根を「上上利根」と捉え、鈍根の遅進性と対置させている。このことはまた、「上上利根＝頓入者」「鈍根＝超昇者」という区分を推量させるものであると言えよう。因みに、ここでの超越とは、上上利根が諸地の功徳を速やかに具足しつつ地位を上昇することであり、行位の階梯そのものを全て否定したものではないことが予想される。このことについては、『疏』巻九（『義釈』巻六）の「復次如㆘初発心時一切功徳即与㆓如来㆒等㆖。従㆑此以後、経㆓無量阿僧祇劫㆒、於㆓一念中㆒恒殊進転深転広不㆑可㆓思議㆒。以㆓此義㆒故、名為㆓秘密蔵中無作功徳㆒也。(51)」という文に対する、重誉の註釈が解明の糸口を与えてくれる。それは、「即身成仏第二十二」に次のように記されている。

次疏第九意初発心後経㆓無量僧祇㆒者、歎㆓秘密宗無作功徳㆒也。非㆑謂㆔菩薩経㆓若干劫数㆒。……是為㆑顕㆓功徳深広無辺義㆒。以㆓仮説劫㆒云㆓無量僧祇㆒也。何是実経㆓無量劫㆒乎。彼天台宗意許㆓速疾成道㆒。然法花云、我於㆓無量無辺阿僧祇劫㆒、修㆓習是難得阿耨菩提㆒云云。安然和尚教時義第一会㆓此文㆒云、天台宗之神通乗者、雖㆑超㆓万里㆒不㆑失㆓里数㆒。故法花云㆓無量阿僧祇劫㆒、是超㆓其劫数行㆒。非㆑謂㆔実歴㆓若干劫数㆒云云。今疏釈即叙㆓此意㆒也。若依㆓安然意㆒、大日経及摂真実経説同可㆑成㆓此会釈㆒歟。(52)

ここで議論となっているのは、速疾性を是とする密教の見地から初発心以後における歴劫修行を説いた経文を如何に会通させるかということである。このことについて、重誉は安然の『教時問答』巻一の文(53)を引証し、その歴劫修行が実は密教の広大な功徳を讃歎した仮説に過ぎず、実際に多劫を経過する意味ではないと言明するのである。安然によって問題視されているのは、『法華経』嘱類品の一文(54)であるが、その結論が重誉にそのまま享受されていることは重視すべきであろう。但し、安然がそのような結論に至った背景には、神通乗の速疾性を重んじつつ里数

（距離）を失わないという独特の説が通底しているからであり、『菩提心義抄』巻四でも「如二天台云一。円頓止観、頓円頓足。譬如二通者飛騰不レ失二里数一。今真言門頓入凡夫、雖二頓超一而不レ失二地位階級一。……但削二歴劫之階漸一、不レ削二超劫之階漸一。」[55]と述べるように、真言門の頓入凡夫でさえ頓超とはいっても必ず行位の階梯を踏むことが肝要とされている点を押さえておかなければならない。このように、重誉における超越という概念も、安然の説を基盤としていることが考えられるのである。

これまでの考証から、改めて頓入者（極上利根）と超昇者（鈍根）という二種の機根について概観すれば、既に触れた如く、初地に到達するまでの能力には両者に圧倒的な差があり、初地以降でもまた、不明瞭ながらも密教の極果まで超越するか否かで径庭が見出される。ここで注意すべきは、たとえこれらが一生成仏できる機根であったとしても、それは決して行位の階梯を無視したものではなく、「超劫之階漸」を寓意した一生成仏であると推察されることである。このことは、重誉が行位の問題に強い関心を払っていることからも傍証されよう。そのことについては、次節で詳しく論及することにしたい。

六　行位と仏果をめぐる問題

上来、三種の機根を取り上げて検討を加えてきたが、そこで度々問題となったのは三劫・十地等の行位との整合性であった。三劫については、「大日経三瑜祇行顕密料簡第二」で「又若行者直従二真言門一等者、是顕下頓機人従二初心一行中真言門上。故三劫行説二従顕入密之次第一耳。」[56]と述べるように、漸入者の修行階位を開示するのが主目的であり、頓機人とは連関しないことが論じられている。この頓機人とは、頓入者は勿論、超昇者も包含したものと見るのが妥当である。これらの利根では、先にも言及したように、初地を行位の基軸として重んじる傾向が窺われるが、前後の行位との関係も重要となってくるのであり、広い視野からその全体像を把握する必要があると思われる。そもそも、重誉は、密教における初発心位がいずれの位に相当するかという根本的課題に関して、注目すべき見解を提示している。その一端を垣間見られるのが、次に示す「即身成仏第二十二」中の問答である。

問。今宗意一生究二竟菩提一者、可レ云下従二何位一起中此一生究竟之行上乎。
答。大日経第一住心品云、宣二説真言道清浄句法一。所謂初発心乃至十地次第此生満足。文 疏第一釈二此文一云、清浄句一者、即是頓覚成仏神通乗也。如三余乗菩薩志二求無上菩提一、種種勤苦不レ惜二身命一、経二無数阿僧祇劫一、或有二成仏一、或不二成仏一者。今此真言門菩薩、若能不レ虧二法則一方便修行、乃至於二此生中一逮二見此無尽荘厳加持境界一。非二但現前而已一。若欲下超二昇仏地一、即同中大日如来上、亦可レ致也。復次行者、初発心時得レ入二阿字門一、即是従二如来金剛性一生レ牙。当レ知、此牙一生運運増進更無二退義一。乃至成二菩提一無二行可一レ増。然後停息。故云二次第此生満足一。文 心云、余乗菩薩者、是顕教修行人也。此人経二無数劫一或有二成仏一或不二成仏一者、指下十信位修行或入二不退位一究二仏道一、或退二大心一堕中二乗地上也。今此真言門菩薩、於二此生中一超二昇仏地一、即同二大日一者、対二上顕教菩薩或退或不退之行一、今歎二真言門頓入不退之徳一也。故知、初発心菩薩此生十地満足者、取二十信初地《イなし》心一言二初発心行一。……(57)

ここの趣意は、顕教に対する密教の秀逸性を成仏という指標に基づいて誇示することであり、その論拠として『大日経』巻一(58)及び『疏』(『義釈』)巻一(59)の、行位説を探尋するうえで最も基本とされる文が援用されている。問題となるのは、これらの文献に見られる初発心の定義であり、杲宝が『大日経疏鈔』第一本・巻九で「所レ云初発心時、学者在二多義一。或云二初住位一。或云二初信位一。今謂初地浄菩提心位也。(60)」と述べるように、諸説が存在するも通常は初地に設定される事例が多い。ところが、重誉は、初地説に与することなく、「十信初心」、すなわち初信位を発心とする十信説を採択するのである。これはつまり、密教の即身成仏さえも初信位が修行の起点となることを含意するのであり、事実、そのことを同じ「即身成仏第二十二」で「顕教中既説下十信起二修恵一断中煩悩上。況秘宗弥深乎。所以、従二十信一断二妄執一即身成仏也。」[61] と明快に論じている。

それでは、上記のことを踏まえつつ、重誉の基本的行位説がどのようなものであったのか考察していくことにしたい。その内容は、以下に示すように「菩薩位数第十五」という項目で特化して陳述されている。

菩薩位数第十五

問。今宗心可レ云下於二菩薩位分一有中幾種上耶。

答。慈氏儀軌下巻云、諸金山中従皆有二諸賢聖一。地前四十心賢聖、十住・十信・十廻向・十行等。文 大日経疏第九云、如丙声聞法中、雖レ有下具二足煩悩一学・無学等階次不同上、然所発無作律儀、則無乙優劣之異甲。今此菩薩律儀、亦復如レ是。雖二復最初発心乃至四十二地階次不同一、然一時普遍二法界一発二起無作善根一、則与二如来一更無二増減之異一。文 心云、四十二地者、三賢・十地・等覚・妙覚也。最初発心者、可二是十信発心一。若不レ爾、今宗可レ不レ立二十信位一矣。密抄第四釈二六無畏一云、第一善無畏、即当二十信已前一。第二身無畏、即当二十信位一。第三無我無畏、即当二十住・十行位一。第四法無畏、即当二十廻向位一。第五法無我無畏、即当下初地至二八地一已前位上。第六一切法平等無畏、即当二八地已去位一。文 故今宗意、可レ立二五十二位一耳。[62]

先に触れたように、初発心が初信位である場合、密教の菩薩が経過すべき行位も、必然的に五十二位（十信・三賢〈十住・十行・十廻向〉・十地・等覚・妙覚）となることは容易に想像できよう。ここでの主張も、そこに軸足を置いているのであり、『慈氏儀軌』巻下[63]・『疏』巻九（『義釈』巻六）[64]・『演密鈔』巻四[65]等の諸文を駆使して、密教の菩薩が五十二位に依拠することを力説するのである。

後世の東密教学では、初地を基調とする初地即極説が専ら主流となり、それ以前の位階（十信・三賢）までも取り上げる場合は極めて少ない。それと比較すれば、重誉の説は、未だ整理統合される以前の過渡期的なものと位置づけることができよう。とはいえ、重誉自身も五十二位を立てながら、やはり初地を重視する立場にあったことには変わりなく、「大日経所説三瑜祇行料簡第一」で「若今宗菩薩以二真言一為二所乗一、入二菩薩十信位一之後、極速人一生証二浄菩提心一。但顕教菩薩無量劫証二真如一与二秘教菩薩一生入二浄菩提心一、同是初地位也。[66]」と述べるように、密教の菩薩はたとえ十信位で発心したとしても、速やかに浄菩提心、すなわち初地に入ることが要求される。また、重誉は「菩薩証理位第十七[67]」という項目でも、密教の証位が初発心、すなわち初信位ではなく初地であることを、『疏』（『義釈』）巻二の「然此経宗、従二初地一得三即入二金剛宝蔵一。[68]」等の、初地即極説にて一大根拠とされる文等を援用して詳述するのである。しかしながら、そこではまた「或又地前可レ有二少分証理之義一。」の如く、初地以前にも分証の義があることも肯定しているのであり、結局のところ、たとえ初地が証位であったとしても、段階的な行位を踏んでその位に到達することに意義を見出すのである。とはいえ、五十二位に立脚するからには、その初地すらも仏果（妙覚）に比すれば分証の段階にあり、初地即極説のように初地と仏果が等価であると推断することはできないのである。

その仏果をめぐっては、等覚をどのように定立すべきかという問題と併せて議論されている。すなわち、「菩薩位数第十五」中の次の問答がそれに該当する。

疑云、今宗心言《イ住》下第十地外立二等覚一為中一位上者、何疏第三云、初発二浄菩提心一時、見二此曼荼羅一已遍二法界一、昇二第一位一、又逾広逾深、作二十転開明一。乃至第十一地而後所見円極。文　又疏十五云、此菩提心者、即是第十一地成二就最正覚一。諸悉地中最在二其上一。故経云、彼悉地更無二過上一。文 此第十一地者、是見二仏地一。疏処処之釈、既十地之次立二仏地一為二十一一。明知、不レ立二等覚一也。爾何。
答。抄第四云、三劫信解行地復越二一劫一昇二住此地一。此言二一劫一非二更一阿僧祇劫時分一。但越二仏地一障一便名二一劫一。前言二三劫一不レ説レ四者、合（イ今）仏地一障在二十地一故。文 既八地已上所論第三僧祇之外、以下除二仏地一障一位上別云レ越二一劫一。是即当二等覚位一。但立二三祇劫一時、以下除二仏地一障一之等覚位上摂二在第十地内一也。疏第三幷十五以二仏果一云二第十一地一、即等覚摂二十地一之意也。故抄第六云、金剛心即等覚位在二十地外一。何故復言二第十地一耶。答。雖レ越二十地一仍在二地摂一故。文[69]

『疏』（『義釈』）には様々な行位説が示され、複雑な様相を呈しているが、ここに引用されている『疏』（『義釈』）巻三[70]・『疏』巻一五（『義釈』巻一二）[71]の諸文は第十一地を仏果とする基準になるものである[72]。この説によれば、仏果と第十地の間に介在する等覚の定義が不明確となるのであり、その矛盾の解消が緊要な課題となってくる。そこで、重誉は等覚が第十地に包摂されるという形で解決を試み、その論拠を『演密鈔』巻四[73]及び巻六[74]の所説に置くのである。こうした見解が、五十二位と『疏』（『義釈』）の説との均衡を保つべく説示されたものであることは明白であるが、一方で、その解釈が覚苑の説をほぼそのまま踏襲していることも看過してはならない。実のところ、『疏』（『義釈』）には、先の「菩薩位数第十五」でも触れたように、四十二地に関する記述も存在するのであり、必然的に第十一地との齟齬も大きな問題となってくるはずであるが、ここでは覚苑の説に言及するのみで、そういった議論には踏み込んでいない。

以上の如く、重誉の行位説は五十二位が先ず基本にあり、初発心である初信位から速やかに密教の証位である初地に昇入することが要求されるが、最終的には仏果（妙覚）を証得することが重視される。但し、その仏果も

『疏』（『義釈』）の説との対応関係から第十一地に設定するという、やや変則的な形になっている。密教の菩薩は、たとえ頓入者でもこの行位を経歴しなければならないのであり、前節で検証したように、種々の機根が存在するというのも、結局は行位の階梯を踏んでいくうえでの速疾性の違いに依るところが大きいと言えるであろう。

七　おわりに

本章では、先ず成仏と三機（漸入者・超昇者・頓入者）との関連性に注目し、特に頓入者が一生成仏できる機根として高く評価されていたことを明らかにした。但し、重誉が機根の差異に関係なく、全てに即身成仏する可能性があることを希求していたことも付言しておくべきであろう。

また、漸入者が三劫・十地とどう関わりを持っているのか解明する前提として、この行位に対する重誉の見解を取り上げた。そこでは、覚苑の説を下敷きにして、第一劫が地前、第二劫・第三劫が地上であることを繰り返し主張するのであり、後に基本となる三劫地前説とは異なった解釈を採用していたことには注意しなければならない。

さて、こうした条件の下、重誉は、更に「第一劫（地前）＝声聞・縁覚・証寂然界菩薩＝顕教」、「第二劫（初地以上）＝他縁大乗心・覚心不生心＝顕教」、「第三劫（八地以上）＝秘密荘厳心（一道無為心・極無自性心）＝密教」と規定する。しかしながら、これはあくまでも教門に準じた区別に他ならず、実行によれば、初地以上は全て密教の修行となるので、漸入者は第一劫を成満すれば密教の証位に入ることが可能となるのである。したがって、第二劫・第三劫には四家大乗（法相・三論・天台・華厳）の教えはあっても実際の修行者は存在しない、つまり、有教無人という結論が導き出される。実は、こうした方向性を示した背景に天台学、特に安然からの影響が窺われるのであり、重誉がそれを敷衍・展開させたところに最大の特色が発揮されていると考えられるのである。

次に、頓入者・超昇者についても併せて考察を加えたが、漸入者と比較して両者の差異にはやや不明な点がある。恐らくは、初地に昇入して以降の、十地や十六生（十六大菩薩生）における速疾性の相違こそが、両者の能力差に帰結していることが推測される。また、特に頓入者の一生成仏が強調されているが、それは必ず行位の階梯を踏まえたうえでの速疾性に由来していることも押さえておく必要があろう。

ところで、重誉は、先の三劫・十地と共に五十二位の行位説も提示している。そこでは、後世の初地即極説と同様、密教の証位である初地を重んじる姿勢が見られるものの、仏果（妙覚）を獲得することが最終目標なのであり、その意味では初地も分証の段階に他ならず、初地即極説に準拠していなかったことが推知される。また、仏果の定義についても、等覚を第十地に統合することで第十一地に仏果を措定するのであり、後世の新義教学における仏果説（第十一地仏果）の先駆的教説として重要である。但し、結論は同一であったとしても、重誉の場合、覚苑の説からの影響が濃厚であることには留意しなければならない。ともかく、こうした行位の階梯を速やかに経過できるか否かというところから、機根の差異が生起していると言えるのである。

以上の如く、重誉の教説には、覚苑を一大権威として尊重し、或いは安然の教説を援用する等、後の東密教学から見れば、容易に受容できないような部分があることは否めない。しかしながら、重誉自身も、『十住心論鈔』巻下にて「是以、華厳覚苑法師・天台安然和尚、各多軸作レ釈広翫二秘宗義味一、至二所宣理性一皆令レ同二己之宗一。今弘法大師之流何与レ此異乎。答。……故只求二文義於顕密之教一可レ決二優劣於二宗之門一。勿下引二他家浅辞一疑中大師深意上。」(75)と述べ、十住心思想に対する安然の批判等に反論していることも忘れてはならないであろう。ともあれ、こうした多面性を有する教説が次第に東密独自の教学に昇華していくのであり、過渡期とはいえ、その重要性を軽視すべきではないと思われる。

註

（1）「重誉房地田地配分状」（『平安遺文』巻六・二一〇六頁）の記載による。このことについては、永島福太郎「東大寺僧重誉遺産分配状」（『かがみ』九、一九六四）、末木文美士「『三国仏法伝通縁起』日本三論宗章研究」（『東洋文化研究所紀要』九九、一九八六）、増山賢俊「重誉撰『秘宗教相鈔』における即身成仏理解をめぐって――海恵撰『密宗要決鈔』における引用を中心に――」（『智山学報』六〇、二〇一一）等、参照。

（2）『秘宗教相鈔』巻一〇・奥書（大正七七・六四七頁下）には、「保延五年（一一三九）冬比、理教房重誉十巻所レ令二作進一勧修寺僧都御房一也。」と記されている。また、高山寺蔵『十住心論鈔』巻下・奥書（高山寺典籍文書綜合調査団編『高山寺経蔵典籍文書目録』第一、「高山寺聖教類」第一部・二三一号。東京大学出版会、一九七三）にも、「保延五年三夏之比、於二光明山草菴一抄了。沙門重誉」とあるが、大正蔵本奥書（大正七七・六七三頁下。「高山寺聖教」第二部・二五号）によれば、「本云、保延六年暮春七日一校了。先年之比雖レ致二校点之功一、猶以二多謬一矣。仍復校レ之。」の如く、翌年校正を加えたことが認められる。この他、智積院蔵『秘宗深密鈔』巻上／巻中・奥書（二七棚―三八箱―三二）には、「本記云、保延四年仲秋之比、於二光明山一記レ之而已。沙門重誉」とあり、下巻には、「永治元年仲秋之比、抄二此一巻一、続二上両軸一以為二三巻一。但此巻所レ決文証、雖レ闇只思二惟義趣一也。沙門重誉」と記されている。

（3）仏全一〇二・一九九頁下～二〇〇頁上。凝然撰『内典塵露章』（仏全三・五六頁下）にも、覚樹の弟子であったことが記されている。また、『覚禅鈔』尊勝下（仏全四五・三八一頁下）では、「尊勝儀軌七夢事」について「保延六年閏五月二十四日　寛信問二光明山重誉上人一」とあり、同じく覚樹の下で三論を学んだ寛信（一〇八四～一一五三）と重誉が問答を行ったことが述べられ、七夢に関する重誉勘文も続けて記載されている。この問答は『尊勝軌儀』についての議論であるが、三論宗の系譜でも密教が兼学されていたことを明確に示している点で重要である。

（4）大正八四・一九六頁上。原文には、「彼世同時有二光明山重誉大徳一。即三論碩匠也。兼研二密蔵一、帰二投浄土一、撰二

西方集三巻。」とあり、『西方集』三巻を撰述したことが明記されている。この書は、『浄土依憑経論章疏目録』〈『長西録』〉（仏全一・三四六頁下）にも着録されているが、現存しない。

（5）光明山寺については、一九九八年から二〇〇三年にかけて発掘調査が行われ、その成果が山城町教育委員会編『光明山寺跡』（『京都府山城町埋蔵文化財調査報告書』二八、山城町教育委員会、二〇〇一）にまとめられている。

（6）井上光貞「東大寺三論宗の浄土教」（同『新訂　日本浄土教成立史の研究』第四章、第二節所収。山川出版社、一九七六）参照。井上氏の説は、角田文衞「廃光明山寺の研究――蟹満寺釈迦如来像の傍証的論考――」（角田文衞著作集第二巻『国分寺と古代寺院』所収。法藏館、一九八五）の見解を敷衍させたものである。

（7）光明山寺の創建を寛朝まで遡及させることについては、櫛田良洪「実範とその周辺」（同『覚鑁の研究』第三章、第一節所収。吉川弘文館、一九七五）や八田達男「山岳寺院の寺地について――南山城・光明山寺の事例を中心に――」（『国史学研究』二〇、一九九四）等にて疑義が呈されている。この他、当寺をめぐっては、宇都宮啓吾「光明山における諸宗交流の一側面――景雅の訓点本を手懸りとして――」（頼富本宏博士還暦記念論文集『マンダラの諸相と文化』上巻所収。法藏館、二〇〇五）、同「十二世紀における義天板の書写とその伝持について――訓点資料を手懸かりとした諸宗交流の問題――」（『南都仏教』八一、二〇〇二）、追塩千尋「実範と関係寺院」（同『中世の南都仏教』第一部、第三章所収。吉川弘文館、一九九五）、同「東大寺覚樹について」（同『中世南都の僧侶と寺院』第一部、第三章所収。吉川弘文館、二〇〇六）、坂上雅翁「光明山寺を中心とした南都浄土教の展開」（『関西国際大学研究紀要』九、二〇〇八）、畠山聡「中世東大寺の別所と経営――山城国光明山寺を中心として――」（鎌倉遺文研究会編『鎌倉時代の政治と経済』所収。東京堂出版、一九九九）、八田達男「平安時代における山間部の寺院と浄土信仰――南山城地方の寺に対する一視点として――」（『国史学研究』一四、一九八八）、横内裕人「高麗続蔵経と中世日本――院政期の東アジア世界観――」（同『日本中世の仏教と東アジア』第十章所収。塙書房、二〇〇八）、和多昭夫「高野山における鎌倉仏教」（『日本仏教学会年報』三四、一九六八）等、様々な角度からの研究がある。また、『山城町史』本文編（山城町、一九八七）・資料編（同、一九九〇）では、光明山寺関連の資料が整理されているので有益である。

（8）醍醐寺蔵本『伝法灌頂師資相承血脈』（『醍醐寺文化財研究所研究紀要』一、一九七八）・湯浅吉美「東寺観智院

金剛蔵『真言付法血脉圖』の翻刻」（『成田山仏教研究所紀要』二九、二〇〇九）等によれば、静誉は嘉承二年（一一〇七）二十九歳の時に範俊（一〇三八～一一一二）より受法しているので、そこから逆算して生年が承暦三年（一〇七九）となる。また、武内孝善編「後七日御修法交名綜覧㈠」（『高野山大学論叢』二一、一九八六／『東寺百合文書』ふ函―二―八）によれば、元永三年（一一二〇）に静誉が息災護摩師として寛信や実範と共に御修法へ出仕していたことが記されている。

（9）『血脈類集記』巻五（真全三九・一二〇頁上）・醍醐寺蔵本『伝法灌頂師資相承血脈』等では実範付法とし、東寺観智院金剛蔵『真言付法血脉圖』・『真言附法本朝血脈』（続真全二五・一二頁上）・『伝灯広録』後巻・巻二（続真全三三・四九二頁上）等では静誉付法としている。

（10）静誉・実範・重誉の関係については、註（6）井上前掲書、佐藤哲英『念仏式の研究――中ノ川実範の生涯とその浄土教――』（百華苑、一九七二）、金子典正「実範伝の諸問題――その生涯と唐招提寺との関係を中心に――」（『早稲田大学大学院文学研究紀要』四四―三、一九九八）等に詳しい。なお、実範についての先行研究は、金子論文で一覧化されている。

（11）『秘宗深密鈔』三巻は、称名寺（金沢文庫保管）に中下二巻（四六函―一）、完本が真福寺大須文庫（七二函―七）と智積院（二七棚―三八箱―三二）に現存している。また、『醍醐寺文書記録聖教目録』によれば、醍醐寺にも完本（四四一函―一三〇～一三二）が所蔵されているようである。同書の詳細については、付論及び翻刻を参照されたい。『諸宗章疏録』巻三「光明山重誉」の項（仏全一・一八一頁下）によれば、他に『菩提心論鈔』三巻・『字記鈔』一巻・『西方集』三巻・『五相成身記』一巻・『護摩雑記』が列挙されている。この中、『悉曇字記鈔』は東寺観智院金剛蔵（二〇二函―二八／二〇六函―九／二〇六函―一二）に現存している。『菩提心論鈔』については、栂尾祥雲『現代語の十巻章と解説』（高野山出版社、一九七五）において、仁和寺所蔵の写本が存在すると記されているが、現時点では確認できない。それ以外は所在不明である。『護摩雑記』は、『密宗要決鈔』巻二九（真全一八・二四五頁下～二四六頁下）に逸文がある。更に、『密宗要決鈔』には、重誉撰として『大日経疏抄』という文献からの引用（巻二、真全一七・五一頁下～五二頁上。巻一五、同・三一一頁下～三一二頁上。巻二一、真全一八・三〇頁下／同・三一頁上下。巻二二、同・四五頁上下／四六頁上～四七頁上。巻二四、同・一〇六頁下～一〇八頁上)、及び「或鈔」という未詳の文献からの引用(巻三〇、真全一八・二五二頁下〜二五三頁上)も見出された、他にも重誉の言説に関する記述が散見される。また、心覚(一一一七〜一一八〇)の『鵝珠鈔』下二(真全三六・三二一頁下〜三二二頁下)には、重誉の『大般若経音義』について言及があり、『六地蔵寺善本叢刊』第六巻「中世国語資料」(汲古書院、一九八五)に重誉撰と推定される中巻の影印が掲載されている。この他、「東南院御前聖教目録」(国文学研究資料館編『真福寺善本叢刊』〈第二期1〉『真福寺古目録集』二所収。臨川書店、二〇〇五)では、重誉撰として『二種生死義抄』(三八四頁/四〇五頁)・『二諦義私記』(三八四頁)・『二障義私記』(四〇二頁)・『八識義抄』(四〇四頁)・『浄土義抄』(四〇五頁)・『三仏義抄』(同)・『菩薩義抄』(同)等の書名が記されている。これらの諸書は、当時の三論宗で修学対象として重視された、浄影寺慧遠(五二三〜五九二)の著作とされる『大乗義章』の各項目に関する論義資料であったと推考される。『大乗義章』の修学については、本書第十章、第十一章を参照されたい。

(12)　海恵は、守覚法親王(一一五〇〜一二〇二)の弟子であり、仁和寺を活動拠点としていた。その出生をめぐっては、安居院澄憲(一一二六〜一二〇三)と高松女院(一一四一〜一一七六)との密通によるものであることが指摘されている。『密宗要決鈔』三十巻(巻七欠)は、巻二一の奥書によれば真言密教の教学や事相に疑滞が多いため、自他門流で要義を決している先匠の説、すなわち重誉は勿論のこと、実範や済暹、更には安然や覚超(九六〇〜一〇三四)等の諸説を抄集したものとされる。同書の内容については、真言宗全書解題で引用文献が一覧化され、資するところが大きい。海恵の事跡や著作類については、山岸徳平「海恵僧都と海草集」(山岸徳平著作集1『日本漢文学研究』所収。有精堂出版、一九七二)、角田文衞「高松女院」(同『王朝の明暗』所収。東京堂出版、一九七七)、築島裕「山岸先生と海恵僧都」(『汲古』一二、一九八七)、牧野和夫「「海草集」影印・解説」(『実践女子大学文芸資料研究所年報』一〇、一九九一)、同「山岸文庫蔵『海草集』二種影印」(『実践女子大学文芸資料研究所年報』一六、一九九七)、牧野和男・矢口郁子「山岸文庫蔵「海草集」解題・翻刻」(『実践女子大学文芸資料研究所年報』二〇、二〇〇一)、矢口郁子「表白・願文作者としての海恵僧都――『海草集』の基礎的考察――」(『和漢比較文学』二四、二〇〇〇)等、参照。

(13)　頼瑜撰『真俗雑記問答鈔』巻四〈巻七〉(真全三七・八〇頁下)には、「文応元年(一二六〇)十一月十八日夜、

於二木幡観音院一、教相抄談義初レ之。」という註記があり、頼瑜が『秘宗教相鈔』を講義していたことが窺われ、巻六〈巻一〇〉の中途（同・一二二頁下）に至るまで同書が参看されている。このことから、頼瑜の教学が構築されるうえで、重誉が影響を及ぼしていることも十分勘案されるべきであろう。なお、この問題を指摘したものとして、藤田隆乗「頼瑜の成仏観」（『智山学報』四二、一九九三）がある。また、称名寺蔵『真乗要文』（金沢文庫編『金沢文庫資料全書』仏典第六巻〈真言篇一〉所収。神奈川県立金沢文庫、一九八二）では、教学上の問題点について七十六項目を列挙し議論しているが、そこで重視されている資料が『秘宗教相鈔』である。このことから、『真乗要文』が光明山寺系統の学匠によって編纂された可能性が指摘されている。

（14）例えば、金山穆韶「大日経の教主について（四）」（『密教研究』四九、一九三三／『金山穆韶著作集』第五巻所収。金山穆韶著作刊行会、一九九七）、荒木正宏「安然の仏身論の東密への影響」（『天台学報』三三、一九九〇）、苫米地誠一「覚鑁の密教教主観――本地法身と四種法身――」（同『平安期真言密教の研究』第二部、第一篇、第一章所収。ノンブル、二〇〇八）、大久保良峻「台密教判の問題点」（同『台密教学の研究』第五章所収。法藏館、二〇〇四）、註（1）増山論文、別所弘淳「重誉の教主義について」（『智山学報』六四、二〇一五）等の研究がある。

（15）大正七七・六〇八頁上中。「即身成仏第二十二」は、『密宗要決鈔』巻五（真全一七・一一七頁上～一二五頁上）にほぼ全文が引用されている。

（16）大正一九・三六八頁中。

（17）大正二〇・五九八頁下。

（18）高井観海「発心即到」（同『真言教理の研究』所収。法藏館、一九八六）、苫米地誠一「覚鑁の機根観」（註（14）苫米地前掲書第二部、第一篇、第五章所収）、『密教大辞典』（法藏館、一九八三）「機根」等、参照。

（19）大正七七・六〇九頁中下。

（20）大正三九・六四四頁中。続天全、密教1・一六七頁下。

（21）続蔵一―三七・六四丁左下。『演密鈔』は、覚行（一〇七五～一一〇五）・実範・覚樹等を通じて、光明山寺や中川別所で修学されていたことが解明されている。註（7）横内論文、宇都宮論文等、参照。この他、築島裕「中川成身院本について」（同『平安時代訓点本論考　研究篇』第一部、第六章所収。汲古書院、一九九六）では、中川経蔵本が高山寺を中心に他寺へ伝写された実態が明らかにされ、同書への言及も見出される。

(22)　真全一九・二二三頁上。

(23)　道範（一一七八？～一二五二）は、『大日経疏除暗鈔』巻二（続真全五・三四頁上下）及び『大毘盧遮那成仏経疏遍明鈔』巻二（続真全五・一二七頁下～一二八頁上）の中で、三機を皆密教の正機とする立場から重誉や覚苑の説を批判している。なお、重誉の説は、円珍（八一四～八九一）の『雑疑目』という未詳の文献に見られる解釈と極めて近似している。現存している重誉の諸書に関する限り、円珍撰とされる著作で参照しているのは『大毘盧遮那経指帰』のみであり、重誉がこの文献を閲覧していたかどうかは不明である。その詳細については、大久保良峻「台密の機根論に関する一問題」（註(14)大久保前掲書、第十三章所収）参照。

(24)　巻六、大正七七・六〇九頁下。

(25)　続真全六・七二頁上。

(26)　その一端については、本書第六章、大久保良峻「台東両密における行位論の交渉」（註(14)大久保前掲書、第八章所収）等、参照。

(27)　真全二〇・四一九頁下～四二一頁下。この他、『宗義決択集』巻一〇（真全一九・二二四頁下～二三一頁下）、『大疏百條第三重』巻七（大正七九・六九八頁下～七〇四頁上）等、参照。

(28)　その一部は、『密宗要決鈔』巻一（真全一七・一五頁上～）から巻三にわたって、「三劫」或いは「十地」という項目の下、引用されている。

(29)　巻二、大正七七・五七二頁中。

(30)　巻三、大正七七・五七九頁上中。

(31)　大正三九・六〇〇頁下。続天全、密教1・五八頁下。

(32)　続蔵一―三七・三三丁右下。

(33)　巻三、大正七七・五七九頁下。このような三妄執の断尽について、重誉は、『演密鈔』巻二（続蔵一―三七・二〇丁右下）の「今約二因中一、具有二麁・細・極細三重妄執一障二翳菩提一。即以二地前秘密方便一、越二初一重麁妄執一名二離一切障一。出世間心生。見二心明道一時、浄菩提心始得二顕現一。如レ是練修至二八地一時、越二第二劫一重細妄執一名二離一

切障。其菩提心逾勝逾増、更益方便乃至金剛道中、越第三劫極細妄執名離一切障。其菩提心与如来等。此位但有四分之一仏地之障存焉。」という記述も参酌している。

(34) 巻七、大正七七・六一九頁上〜六二一頁中。

(35) 大正五九・七一〇頁上。

(36) 巻七、大正七七・六二三頁中。

(37) 巻二、大正七七・五七三頁上。

(38) 巻二、大正七七・五七三頁下。「百六十心断位第四」（巻三、大正七七・五七九頁下〜五八〇頁上）にも、「若付漸機人従顕教入真言為論者、顕教修行菩薩、一阿僧祇劫間、但観人法二空断一重麁妄執証寂然界。此人莫問利鈍、若昇此位必定入秘密乗。」と説かれている。なお、道範の『菩提心論談義記』巻下「顕教人廻入真言事」（新版日蔵、真言密教論章疏四・三四七頁上下）では、顕教の修行者は初住や初地のような証位から密教に入るのではなく、学業が将に成満する時に密教の教益を蒙ることができると述べられ、安然や重誉の説が斥けられている。

(39) 巻三、大正七七・五八〇頁中下。なお、他縁大乗心と覚心不生心が、それぞれ第二劫中のいずれの位階に対応するかについて、重誉は「大日経所説三瑜祇行料簡第一」（巻二、大正七七・五七三頁下）で「尋云、他縁・覚心之二心位如何。答。云云」と述べるに止めているが、これを承けて、頼瑜が『真俗雑記問答鈔』巻四〈巻七〉（真全三七・八一頁上）で「私云、初・二・三地相同世間。凡夫著有故、当他縁乗有宗也。四・五・六地寄同羅漢。二乗着空故、充覚心宗空宗《ママ》也。」と記していることは注目される。

(40) 巻二、大正七七・五七〇頁上中。

(41) 巻二、大正七七・五六九頁下。同様の内容は、『十住心論鈔』巻下「一道無為心」「極無自性心」（大正七七・六六八頁上／同・六六九頁下〜六七〇頁上）にも「此義意、至三瑜祇之中第三劫行証顕一道・極無・秘密之三心、於仏地而究竟。倶是真言門菩薩所行非偏関顕教行。故以一道・極無二心同摂秘密乗心。」と記されている。

(42) 巻七、大正七七・六二二頁中。

(43) 大正四六・三三頁上中。古宇田亮宣編『和訳天台宗論義二百題』（隆文館、一九六六）では、「果頭無人」と「有教

無人」が別項で立てられている。その中、この文は「果頭無人」の項目において議論の対象となっている。

(44) その大意については、福田尭頴『天台学概論』（文一出版、一九五四）参照。

(45) 大正七五・四一五頁上中。

(46) 大正七五・四八三頁中。

(47) 大正七五・四八九頁下。

(48) 道範の著作類にも、複雑な行位の関係性を会釈するために、有教無人の概念を援用しているところが見出せる。大鹿眞央「中世東密教学における三劫段解釈――道範における第三劫段解釈を中心に――」（『印仏研』六〇―一、二〇一一）参照。

(49) 巻六、大正七七・六〇七頁中。十地と十六生（十六大菩薩生）の関係をめぐっては、「十地浅略深秘二釈第十八此十六大生料簡」（巻五、大正七七・六〇一頁上〜六〇二頁中）という項目で詳論されているが、両者の配当に関する具体的な論及はない。十六生については、福田亮成「『理趣経』の成仏論――特に十六大菩薩生をめぐって――」（同『理趣経の研究その成立と展開』第四章、第三節所収。国書刊行会、一九八七）、同「真言密教における十六生成仏論」（同第四章、第四節所収）等、参照。

(50) 巻五、大正七七・六〇二頁中。

(51) 大正三九・六七二頁上。続天全、密教1・二三七頁上下。

(52) 巻六、大正七七・六〇九頁上中。

(53) 大正七五・三九三頁中。

(54) 大正九・五二頁下。

(55) 大正七五・五二四頁上。

(56) 巻三、大正七七・五七七頁上。

(57) 巻六、大正七七・六一〇頁上中。ここに見られる「心云」は、重誉が自らの解釈や見解を述べる際に用いる独特な表現形式であり、『秘宗教相鈔』だけでなく『十住心論鈔』・『秘宗深密鈔』等の諸書にも散見される。

(58) 大正一八・一頁中。

(59) 大正三九・五八四頁上。続天全、密教1・一五頁下。

(60) 続真全六・二〇四頁上。因みに、頼瑜も『大日経疏指心鈔』巻四（大正五九・六二九頁上）で「初発心者、……私云、初地発心也。」と述べている。

(61) 巻六、大正七七・六一〇頁中。

(62) 巻五、大正七七・五九六頁中。『密宗要決鈔』巻三（真全一七・八二頁下～八三頁下）には、「秘宗心立二四十二位一事」という項目の下、一部が引用されている。なお、済暹も同様の文献を用いて五十二位を立論していることは、本書第六章で言及した。

(63) 大正二〇・五九八頁上。

(64) 大正三九・六七二頁上。続天全、密教1・二三七頁上下。

(65) 続蔵一―三七・四二丁左下～四三丁右上。

(66) 巻一、大正七七・五六五頁下。

(67) 巻五、大正七七・六〇〇頁中～六〇一頁上。本文は、『密宗要決鈔』巻三（真全一七・六八頁下～六九頁上）で「秘宗心初地為二証理位一事」という算題の下、ほぼ全文が引用されているが、その最後に現今の『秘宗教相鈔』には見られない問答が付加されている。そこでは、「疑云、如二天台宗一尚談二初住証理之旨一。今秘宗心開二証理於初地一、則可二彼宗之別教意一。若爾、秘密荘厳之所談、豈非レ劣二於天台円教之所立一乎。答。天台宗円人、初住証二中道理一者、尚是過分之談。豈順二実行一乎。凡学二顕教一之人師、多判二初住証理一、皆是任二解釈於胸憶一、失二文証於聖教一。……」と述べられ、初住を証位とする見地から初地説を天台の別教に擬したものと解釈する安然の説が批判されている。

(68) 大正三九・六〇五頁上。続天全、密教1・六九頁下～七〇頁上。

(69) 巻五、大正七七・五九六頁中下。

(70) 大正三九・六一一頁中。続天全、密教1・八五頁下。

(71) 大正三九・七三八頁中。続天全、密教1・五二六頁下。

(72) 東密では、「十地仏果」「仏果開合」等の算題の中で、古義が第十地仏果説、新義が第十一地仏果説という各自異なった視点から、仏果について議論を展開している。その内容については、『宗義決択集』巻七（真全一九・一五

七頁上〜一六二頁下）・『大疏百條第三重』巻四（大正七九・六四五頁下〜六四六頁下）等、参照。

(73) 続蔵一—三七・四一丁左下。

(74) 続蔵一—三七・六六丁右上。

(75) 大正七七・六七一頁中。

第四部　東密と禅

第八章　『菩提心論開見抄』の検討

一　はじめに

『菩提心論開見抄』二巻（以下『開見抄』）については、『仏書解説大辞典』に二本の同名書が立項され、その内容は『国書総目録』にも踏襲されている。就中、一本は、東密初期の学僧の一人である実範（?～一一四四）撰とされ、称名寺（金沢文庫保管）と東寺に上巻写本のみが所蔵されていると記されている。一方、他本は、覚千（一七五六～一八〇六）の『自在金剛集』巻八「密林目録」等に同名書があることを根拠として別項したようであるが、その詳細は不明である。[1]

ここで問題としたいのは、実範撰とされる一本である。称名寺本については書写状態が悪く判読が困難であり、東寺本は所在が分からない。この度、国文学研究資料館のマイクロ資料から上下二巻完備の写本が兵庫県豊岡市城崎町に所在する温泉寺に収蔵されていることが判明した。[2]

本章の目的は、この新出資料に依拠しつつ全体像を概観することで、『開見抄』に関わる諸問題を今一度再検討することにある。その第一として、先ず従来の実範撰述説が成立し得ないことを引用文献を精査することにより論証したい。次に、同書が制作されるうえで、初期東密の代表的学僧の一人である済暹（一〇二五～一一一五）が撰述した『金剛頂発菩提心論私抄』四巻（二・三巻欠）が大きな影響を与えていたことを指摘する。そして最後に、同書の最大の特色である禅典籍の活用について言及し、その思想的背景についても若干の考察を加えたい。

二　実範撰への疑義

『開見抄』は、言うまでもなく『菩提心論』註釈書の一つである。当該の書名については、『諸宗章疏録』・実範録から見出すことができないが、従来の研究[3]において実範撰述書として扱われてきた経緯がある。そのように認識されるに至った背景を勘考すれば、杲宝（一三〇六～一三六二）の『菩提心論聞書』巻六に同書が援引されていることが参照されよう。それは、次のとおりである。

開見抄実範云、論復発至二境界一者、此名三勝義具二行願一也。◯論復修至二境界一者、此明三勝義具二三摩地一。◯勝義一段居二中間一含二二種一。即此為レ顕二前後各具義一也云云。[4]

この「実範」という記名が後の加筆でなければ、既に十四世紀の頃より実範撰として認知されていたことが窺われるのである。

ところが、『開見抄』を精査した結果、実範没後に成立した文献が引用されていることが明らかとなった。その文献とは、紹興十七年（一一四七）に成立した臨済宗揚岐派・大慧宗杲（一〇八九～一一六三）の著語等をまとめた『正法眼蔵』三巻である。同書では、次の一文が引用されている。

本分心地不レ受二五点之𑖀字一、加持門中不レ捨二十界依正一。如二正法眼蔵云一。実際理地不レ受二一塵一、仏事門中不レ捨二一法一云云。[5]

この一文をめぐっては、禅の深義を内包している代表句として、鎌倉中期頃から仏教は勿論のこと、神道にも受容されていたことが既に解明されている。(6) 同書の引用もそうした中世における思想展開の延長線上にあることはほぼ間違いない。

また『開見抄』には、長蘆宗賾（生没年未詳）が「百丈古清規」に則り、崇寧二年（一一〇三）に制定した現存最古の清規である『禅苑清規』十巻からの引用があることも重視すべきである。この清規の現行本は嘉泰二年（一二〇二）に再刻したものであり、『開見抄』も恐らく再刻本を活用していることが推測される。(7) 以上のことから、実範撰述説が否定されなければならないことは十分了承されるであろう。

『開見抄』の成立時期は、その上限が『禅苑清規』再刻年である嘉泰二年（一二〇二）よりも少し下ることが予測され、また下限についても、同書を五十箇所以上も引拠する『菩提心論見聞』四巻の奥書に、安超（生没年未詳）が嘉暦三年（一三二八）に『菩提心論見聞』を記したとあることから、(8) この年を下限と位置づけることができる。すなわち、同書はほぼ十三世紀の間に成立したと想定できるのである。

ところで、『開見抄』の奥書には、道範（一一七八？～一二五二）撰述を匂わす記述が見られるが、(9) 実は同書に道範の『菩提心論談義記』二巻（延応二年〈一二四〇〉記）と一部共通する見解があることは極めて重要である。それは、五相成身観と五智との対応関係をめぐる議論の箇所であり、巻下に次のように記されている。

五相配二五智一有二二伝一。一、以二第一一為二法界智一。是中因義。本有菩提心為二中台一名二初発心一。即自証也。次四四智。

二、以二第五一為二法界智一。是東因義。即化他也。(10)

ここでは、五相成身観をめぐり中因と東因の二説が提唱されているが、同様の趣旨が『菩提心論談義記』巻下にも言及されているのである。更に、「開見抄云」或いは「或抄云」として『開見抄』を多引する『菩提心論見聞』

四巻の中、「或抄云」の傍註の一部に「道範」と記入があることも留意すべき事例である。[11] また、次章で触れる伝栄西（一一四一～一二一五）撰『真禅融心義』と思想的共通性があることも興味深い。いずれにせよ、『開見抄』は、道範が活躍した十三世紀頃に著述された蓋然性が高いと思われる。

三　済暹撰『金剛頂発菩提心論私抄』との関連性

『開見抄』には、空海（七七四～八三五）や安然（八四一～八八九～、一説九一五没）のみならず、禅や浄土も含む様々な文献からの引用が見られるものの、制作過程で決定的な影響を及ぼしているのが、済暹の『金剛頂発菩提心論私抄』四巻（以下『私抄』）である。[12] この書は、巻一と巻四のみが現存するだけであり、残念ながら全体を対比させることはできない。とはいえ、同書が『私抄』を座右に置いて著述されたことは間違いないと思われる。

その最大の根拠が科段分けによる註釈形式がほぼ契合しているという点である。そもそも、『菩提心論』の註釈書では、劈頭から逐語的な註釈を施すことが一般的であるが、済暹の註釈形式は文章を科段に分類しながら註釈するのが特色である。その大まかな分段は、巻上で次のように記されている。

今釈二此論一分レ二。一明二題号一、二明二正文一。……第二明二正文一者、此論、是龍猛菩薩所造千部論中之肝心、一字多含為二其要一。故無二序分・流通一、唯有二正宗分一。就二此正宗一、大分為レ三。論大阿闍梨至二行相一者、第一物標二三種菩提心行相一。〔論其行相至二闕而不書一者、第二略釈二三種菩提心行相一。〕論一者至二末頌一者、第三広釈二三種菩提心行相一。[13]

すなわち、全体の科段を二分割した後、正宗分を更に三分割することが明示されている。この分類法は、実は

『私抄』の解釈をほぼそのまま継承したものである。

また、引用文献が共通していることも両書の密接な関連性を裏づける証左の一つである。その傾向は上巻の冒頭部分に著しいのであるが、その一例として「大阿闍梨」に対する註釈部分を対照させて提示することにしよう。

◇済暹『金剛頂発菩提心論私抄』巻一

論大阿闍梨云者、是挙二第二祖金剛薩埵一也。……故遍満菩提心論疏云、言二大阿闍梨一者、第二祖師也。金剛薩埵大菩薩云云。又如二十住心論第十云一。若然誰伝。答。初従二大日尊一下至二青龍阿闍梨一有二七葉大阿闍梨耶一。其法号名二摩訶毘盧遮那究竟大阿闍梨耶・金剛薩埵大阿闍梨耶・龍猛菩提《ママ》大阿闍梨耶等一云云。大者、是十地究竟摩訶薩埵故也。阿闍梨者、信行大般若経音義云、此云二正行一。云二教授軌範一云云。菩提心義云、阿闍梨、此云二明解師一云云。問。安然菩提心義云、初云二大阿闍梨一者、是妙吉祥也。龍猛承二妙吉祥一而造二此論一。文　然何捨二此誠文一、大阿闍梨者、是示二金剛薩埵一云耶。答。今意依二十住心論所列之次第一作二此釈一耳。彼安公意、依二海雲阿闍梨金剛界相承次第記一作二此説一也。……問。真頂菩提心論註云、大阿闍梨者、金剛智也云云。是義可レ用如何。答。龍猛所造論端、何不空忽置二金剛智三藏詞一耶。是義難二信用一也。……[14]

◇『菩提心論開見抄』巻上

阿闍梨者、此云二教授軌範一。又云二明解師一也。法進云、阿闍梨者名為二正行一。一切行業、皆由レ此成云云。問。今大阿闍梨、是指二誰人一耶。答。第二祖師金剛薩埵也。故大師云、初従二大日尊下一至二青龍阿闍梨一有二七葉大阿闍梨耶一。玄〈其〉法号名二摩訶毘盧遮那究竟大阿闍梨耶・金剛薩埵大阿闍梨耶・龍猛菩薩大阿闍梨耶・龍智菩薩・金剛智三蔵・大広智三蔵・青龍寺恵果阿闍梨一。如レ是大阿闍梨等、転々面授已上。彼海雲釈二妙吉祥一、真頂判二金剛智一、非二正相承一。学者宜レ知。[15]

済暹は、『菩提心論』の相承者をめぐり、遍満（生没年未詳）の『金剛頂菩提心論略記』[16]や『十住心論』巻一〇等[17]に準拠し、それが金剛薩埵であると規定しつつ、安然や真頂（生没年未詳）等による妙吉祥（文殊）相承説・金剛智相承説を強く批判している[18]。そして、『開見抄』でも同様に『私抄』や引用文献を要領よく咀嚼・継承して、東密の金剛薩埵相承説が妥当であることを表明するのである。また、「阿闍梨」の語義についても、済暹が引用した諸文献を要約して簡潔な解説を試みている[19]。いずれにせよ、東密の相承説に与する記述から、同書が東密系の学僧によって著されたものであることが推測できよう[20]。

更に、『開見抄』には『私抄』からの引用が四箇所も見出されることも特記しておかなければならない。その四文を示せば、次のとおりである。

①私記云、修二行真言門浄菩提心一之直往菩薩者、能超二他縁大乗等歓喜等十地菩薩行一也云云。

（『開見抄』巻上・二〇丁右）

②私記云、無量者、四無量心也。力者、十力也。無礙智者、四無量〈礙〉也。現前者、修徳也。

（同巻上・二五丁左）

③私記云、亦名無覚了者、明二阿閦仏秘号一。亦名浄法界者、明二不空成就仏秘号一。亦名実相般若波羅密《ママ》海者、明二無量寿仏秘号一。能含種種無量珍宝三摩地者、明二宝生仏秘号一云云。

（同巻下・三二丁右）

④私記意云、雖レ似下約二行者之情前一、立二三世修行一論中証果前後上、至二性海果分一証二法界体性一、更無二去来今差別一。亦無二前後成仏異一。唯一味平等遂帰二一体一故。

（同巻下・四六丁左）

この中、①②③の三文は貴重な逸文であるのに対して、④の一文は『私抄』巻四[21]の記述にほぼ該当するものである。

以上の如く、『開見抄』が済暹の『私抄』を下敷きにして成立したことは明白である。この事実は、済暹の後世への影響を考察するうえでも貴重な実例であると言える。というのも、済暹は東密教学の振興に邁進した先駆的存在として評価されているが、その見識は後世尊重される機会が少なく、時には批判される場合もあるからである。済暹の著作自体が直接的に影響を与えた類例は皆無に等しく、実範撰述と認められないとはいえ、同書が如何に重要な註釈書であるか窺知されよう。

四　禅典籍の活用について

『開見抄』の最大の特色は、禅典籍を積極的に活用していることである。先に触れた『正法眼蔵』や『禅苑清規』のみならず、『大方広円覚修多羅了義経』[22]・『大仏頂如来密因修証了義諸菩薩万行首楞厳経』十巻[23]・『宗鏡録』一〇〇巻[24]・『黄蘗希運禅師伝心法要』[25]・宗密（七八〇～八四一）撰『大方広円覚修多羅了義経略疏註』四巻[26]等の禅関連の典籍を批判的ではなく、寧ろ自家薬籠中にして引証している点には注意しなければならない。

それでは、同書において、禅思想との関係から特に重要と思われる箇所を些か取り上げて概説することにする。先ず注目したいのは、巻下における、『菩提心論』の「照見本心[27]」という句に対する註釈部分である。

照見本心者、本分心地無㆓能所別㆒。心自照㆑心、心自見㆑心。彼仏心宗、此名㆓自智自照㆒、亦〔名〕㆓見性成仏㆒。其言懸会。学者察㆑之。不㆑知而疑、定招㆑殃歟[28]。

ここの主旨とは、自心を観照することの深義を開示することにあり、そのことが実は「仏心宗」の「見性成仏」と同意であると説いている。それはまさに、密教と禅が本質的に同義、すなわち密禅一致であると主張していることに他ならない。同様のことは、巻下に見出される次の記述からも例証される。

又無相三密即以レ心伝レ心。如二大師云一。密義奥旨不レ貴レ得レ文。唯在二以レ心伝一レ心云云。誠夫不レ立二等流之文字一、不レ仮二有相方便一、直指二不生之心地一、即伝二無念之本仏一。一字頓悟之玄底、八祖相承之奥旨。(29)

そもそも、『開見抄』では、その巻下に①有相有相（顕宗化他）、②有相無相（顕宗自証）、③無相有相（密宗化他）、④無相無相（密宗自証）(30)とあるように、有相よりも無相を密教の自証義として高評価している。ここでは、その無相三密が「以心伝心」であることを空海の詩文集として著名な『続遍照発揮性霊集補闕鈔』巻一〇(31)の文に依拠して論証し、それが頓悟であり八祖相承の奥義であると主張するのである。

このような註釈態度から、『開見抄』の撰者は東密系でありながらも、諸宗兼学・密禅一致の立場にあったことが推考される。同書の成立期である十三世紀は、栄西や円爾（一二〇二～一二八〇）等、密教を受法しつつ修禅した人物が活躍した時期でもあり、東密でもその指導を仰いだ学僧が存在したことを勘案すれば、そうした学的傾向は一般的であったと言えるかもしれない。(32)但し、ほぼ同時代の頼瑜（一二二六～一三〇四）や杲宝が禅宗批判を展開した姿勢とは極めて対照的であると思われる。(33)

五　おわりに

本章では、『開見抄』が実範撰述でないことを指摘し、その成立を十三世紀、すなわち、道範・頼瑜等とほぼ同時代に置いた。

その撰者は不明ながらも、済暹の『私抄』及び禅典籍の積極的な依用から、東密系にして諸宗兼学・密禅一致を標榜した学僧であることは確かであろう。そして、次章で触れるように、高野山金剛三昧院との関係性が予想される。なお、この結論によって、実範による『菩提心論』註釈書の存在が否定されたわけでないことを付言しておきたい。

東密において禅がどのように考究されてきたかについては、頼瑜や杲宝等の批判文献の検証を中心に進展してきたが、やはり資料的制約があることは否めず、その実態は未だ不明瞭のままであると言ってもよい。『開見抄』は、そのような研究状況の間隙を縫う内容を有しているのであり、禅を肯定的に評価しているという意味で極めて注目すべき資料と言えるであろう(34)。

註

（1）仏全二四・三三三頁上。『本朝台祖撰述密部書目』（仏全二・二一四頁上）にも同名書が見出せる。

（2）国文学研究資料館マイクロ資料番号、オ八―一三三―二。

（3）栂尾祥雲『現代語の十巻章と解説』（高野山出版社、一九七五）、佐藤哲英『念仏式の研究――中ノ川実範の生涯とその浄土教――』（百華苑、一九七二）、真鍋俊照「金沢文庫における真言密教典籍」（金沢文庫編『金沢文庫資料全書』仏典第六巻〈真言篇一〉所収。神奈川県立金沢文庫、一九八二）、福田亮成「菩提心論訳註・解説」（『弘法大師空海全集』第八巻所収。筑摩書房、一九八五）等、参照。中でも、佐藤氏は、『阿娑縛抄』巻一八三以下収載の『菩提心論勘文』三巻に「或抄中川実範上人作云」として多引される諸文が『開見抄』からの引用である可能性を示唆しているが、温泉寺本や称名寺本と対照させたところ、全く合致しないことが明らかとなった。

（4）真全八・一九五頁下。貞和五年（一三四九）八月二十四日述。巻上（二〇丁右~左）に該当する。『開見抄』の丁数は私に付した。なお、〇は原文の中略表記をそのまま記したものである。

（5）巻下・四二丁左。この一文は、『正法眼蔵』巻一（続蔵二―二三・一三丁左下）・巻二（同・一五丁左上）・巻五（同・六〇丁左上）にも見出せる。大慧宗杲については、石井修道「大慧宗杲とその弟子たち（三）――大慧『正

法眼蔵』と『聯灯会要』――」（『印仏研』二〇―二、一九七二）、同「大慧普覚禅師年譜の研究（上・中・下）」（『駒澤大学仏教学部研究紀要』三七・三八・四〇、一九七九・一九八〇・一九八二）、同訳『大乗仏典――中国・日本篇十二――』「禅語録解説」（中央公論社、一九九二）等、参照。

（6）原克昭氏は、「良遍の「神道」観念をめぐる思想形成の一齣――『日本書紀聞書』劈頭条・試解――」（同『中世日本紀論考』第Ⅳ部、第一章所収。法藏館、二〇一二）で、良遍（生没年未詳）が神道を定義づけするうえで、この句を重用していた事実を指摘している。また、伝栄西撰『真禅融心義』巻下では、四重釈（仏事仏事門・仏事実際門・実際仏事門・実際実際門）を用いて教説の浅深が論じられているが、この分類法がこの句に起因していることは言を俟たない。同書は栄西撰述ではなく、その系譜を引く東密系の学僧の手によるものである可能性が高い。その詳細については、本書第九章参照。

（7）巻上（二三丁右）には、「清規云、一切善悪都莫思量。念起即覚、覚之即失云云。」とあるが、称名寺本（二一丁左）では「百丈禅師《清規云》□云……」と記されている。その典拠は、『禅苑清規』巻八（続蔵二―一六・四六〇丁左下）の「坐禅儀」中に見出せる。この清規の現存する諸本は再刻本と高麗版本（定本が政和元年〈一一一一〉の版本による）の二種に分類されるが、再刻本よりも古い形態を伝えていると考えられる高麗版本には、「坐禅儀」の記載がない。「坐禅儀」をめぐっては、『禅苑清規』所収以前に独立して行われていた可能性も指摘されているが、『開見抄』では「清規云」として援引されていることから、再刻本を参照していたと推察される。以上のことは、鏡島元隆・佐藤達玄・小坂機融『訳註 禅苑清規』解説（曹洞宗宗務庁、一九七二）、「金沢文庫における禅籍」（金沢文庫編『金沢文庫資料全書』仏典第一巻〈禅籍篇〉所収。神奈川県立金沢文庫、一九七四）等、参照。

（8）『菩提心論見聞』巻四（大正七〇・一一五頁中）の「于時嘉暦三年戊辰八月七日於尾州丹羽郡小櫟安楽寺学頭坊談而已。安超記之」という記述に拠る。

（9）巻下（五四丁右）の「此鈔此道範阿闍梨所撰歟。委細分文段、甚深解義趣。誠為□□。小僧幸遇此鈔散疑雲矣。寛永十一年正月十八日校合畢。恵灯」という記述に拠る。□は判断不能の文字である。

（10）四五丁左～四六丁右。『菩提心論談義記』巻下（新版日蔵、真言密教論章疏四・三四三頁下）の記述とほぼ一致する。五相成身観と五智の配釈問題については、本書第三章で詳論した。

(11) 但し、他の傍註に「遍満」と記入されている場合もあり、また、巻二及び巻三（大正七〇・七二頁中下／七五頁中下）で「或抄云」として引用される箇所が、『開見抄』ではなく、実際に道範の『菩提心論談義記』巻上（新版日蔵、真言密教論章疏四・三二七頁下～三二八頁下／三三一頁上下）からの文に該当する事例もあることから、記述内容にやや混乱が見受けられる。

(12) このことは、『仏書解説大辞典』（大東出版、一九三五）の解題で「釈相は済暹の私記に負う所多きものの如し」と記すように、既に指摘がある。

(13) 一丁右～四丁左。『私抄』巻一（大正七〇・七頁下）の記述に基づく。〔　〕の記述は傍註により補った。

(14) 大正七〇・八頁上中。

(15) 五丁右～左。

(16) 続蔵一―九五・三四七丁右上。

(17) 定弘全二・三一九頁～三二〇頁。

(18) 妙吉祥相承説は、『菩提心義抄』巻一（大正七五・四五一頁下）からの引用である。この説は、済暹も述べるように、海雲（生没年未詳）の『両部大法相承師資付法記』巻上（大正五一・七八三頁下）の記述に基づくものである。

(19) 『菩提心義抄』は、巻四（大正七五・五三五頁中）の文に基づく。また、『大般若経音義』とは、元興寺信行（生没年未詳）の『大般若経音義』三巻であると推定される。この音義については、その中巻に比定される二本（石山寺一切経蔵本・来迎院如来蔵本）が『古辞書音義集成』第三巻（汲古書院、一九七八）に収載されている。その中、来迎院本（同書四四頁、石山寺本は欠）には、「軌範　梵云二阿遮利夜一。此云二正行一。又云二軌範一。旧云二阿闍梨一。又云二阿祇利一皆訛也。旧釈云、於二善法中一教授令レ知名二阿闍梨一。」と記され、本音義の跋書とされる『大般若経要集抄』巻中（新版日蔵、般若部章疏一・九頁上）からもほぼ同文が見出される。済暹の引用は、この文を取意したものであろう。更に、『開見抄』では、「法進云」として、鑑真（六八八～七六三）と共に渡来した法進（七〇九～七七八）の『沙弥十戒儀経疏』巻一（新版日蔵、小乗律章疏一・一七七頁下）からの引用も付加されている。

(20) 『開見抄』には様々な文献が活用されているが、空海撰とされている著書からの引用が圧倒的に多い。このことも、同書の撰述者が東密系の学僧である蓋然性が高い要因の一つである。

（21）大正七〇・二三頁中。この他、海恵（一一七二～一二〇七）記『密宗要決鈔』巻五（真全一七・一三四頁上～一三五頁上）にも、『私抄』巻二の逸文が見出される。

（22）巻上・二一丁左（大正一七・九一三頁中）、同・二四丁右（同・九一六頁上）の二例。

（23）巻上・二三丁左～二四丁右（大正一九・一二二頁中）、巻下・四八丁左（同・一五五頁上）の二例。

（24）巻上・一二丁右（大正四八・五二六頁中）、同・二一丁左（同・四一九頁下）の二例。

（25）巻下（四七丁右）には、「如㆓伝心法要云㆒。無心似㆑鏡、与㆑（物無）㆑競。無念似㆑空、無㆓物不㆑容㆒云云。」とある。この偈文は「裴休相国伝心偈」に含まれるが、『黄檗山断際禅師伝心法要』（大正四八所収）ではこれを欠き、『景徳伝灯録』巻九（大正五一・二七三頁上）所収『黄檗希運禅師伝心法要』には見出される。同書の成立や展開については、和田有希子「『伝心法要』解題」（『中世禅籍叢刊』第十巻『稀覯禅籍集』所収。臨川書店、二〇一七）に解説がある。

（26）巻上・一九丁右（大正三九・五二九頁下）、同・二一丁左（同・五三四頁上／同・五三四頁中）、同・二五丁右（同・五二九頁中）、巻下・五一丁右左（同・五五八頁上）の五例。

（27）大正三二・五七三頁下。

（28）三一丁左。〔　〕の記述は傍註により補った。

（29）四四丁左～四五丁右。

（30）五〇丁左。この四重釈は、伝栄西撰『真禅融心義』巻上でも用いられ、その共通性には注意する必要がある。このことは、本書第九章で言及したので参照されたい。この他、高柳さつき「伝栄西著『真禅融心義』の真偽問題とその思想」（『禅文化研究所紀要』二七、二〇〇四）、同「『真禅融心義』解題」（『中世禅籍叢刊』第七巻『禅教交渉論』所収。臨川書店、二〇一六）等でも考究されている。

（31）定弘全八・二〇三頁。

（32）高柳さつき「日本中世禅の見直し――聖一派を中心に――」（『思想』九六〇、二〇〇四）参照。

（33）千葉正「中世真言密教の禅宗観――道元禅における密教研究の必要性――」（『宗学研究』四四、二〇〇二）では、道範・頼瑜等が批判した禅は「達磨宗」である可能性が高いと述べる。中でも、頼瑜の批判対象をめぐっては、「大日房能忍」や「円爾」等の諸説が存在する。頼瑜については、真福寺大須文庫蔵『顕密問答鈔』二巻が影印・翻刻され（『中世禅籍叢刊』第七巻『禅教交渉論』所収）、小林崇仁氏による解題で近年の研究が一覧化されている。なお、「達磨宗」については、古瀬珠水氏が「再考――大日房能忍と「達磨宗」――」（『鶴見大学仏教文化研究所紀要』一八、二〇一三）・同「称名寺蔵『法門大綱』における禅門についての考察」（『仙石山仏教学論集』八、二〇一六）等で、大日房能忍が「達磨宗」という集団を首唱したという従来の説に再考を促し、十三世紀前半頃まで「達磨宗」は「達磨大師の法または教え」の意として用いられ、禅宗或いは禅門宗と同義であったと述べている。和田有希子氏によれば、「達磨宗」を能忍一派に限定して捉えるようになったのは、十三世紀後半から十四世紀初頭頃であるとされる。「達磨宗」に関する最新の研究状況は、和田有希子「能忍一門と「達磨宗」」（『中世禅籍叢刊』第三巻『達磨宗』所収。臨川書店、二〇一五）、末木文美士「日本における臨済宗の形成――新資料から見た禅宗と達磨宗――」（『禅文化』二四三、二〇一七）、同「真福寺大須文庫資料に見る日本禅の形成」（『印仏研』六五―二、二〇一七）等、参照。

(34)　近年、真福寺大須文庫が所蔵する、三宝院流の系譜につながる安養寺流聖教の中、円爾や癡兀大慧（一二二九～一三一二）等に関連する密教資料が『中世禅籍叢刊』第四巻『聖一派』・同第十一巻『聖一派 続』（臨川書店、二〇一六／二〇一七）で紹介され、その資料群に見られる禅密融合の思想的展開に大きな関心が集まっている。

第九章　東密における禅

――『菩提心論開見抄』を中心に――

一　はじめに

密教と禅との関係を考察しようとするうえで、最も重視すべきは台密葉上流の祖とされる栄西（一一四一～一二一五）を源流とする禅の系譜である。[1]栄西の生涯を概観すれば、臨済宗黄龍派の虚庵懐敞（生没年未詳）から印可を受けた二回目の入宋以降、九州・鎌倉・京都・奈良等にて禅の普及に尽力する中で、それ以前に濃厚だった密教色が薄れてしまうとはいえ、その全般にわたり、密教が思想・活動面において重要な地位を占めていたことは紛れもない事実である。そうした密禅併修を主体とする禅の流れは、弟子の栄朝（?～一二四七）から円爾（一二〇二～一二八〇）、退耕行勇（一一六三～一二四一）から無本覚心（一二〇七～一二九八）へと継承され、大きな影響力を保持し続けることになる。但し、栄西の著作類からは、密教と禅の融合を積極的に推し進めた形跡はあまり認められない。[2]

ここで問題となるのは、栄西撰述として伝わってきた『真禅融心義』二巻の存在である。従来、その真偽が常に議論となり、近年でも中尾良信氏により栄西撰述説が示唆される一方で、[3]高柳さつき氏により高野山金剛三昧院に在住した東密系の学僧によるものとする偽撰説が提唱されている。[4]その内容は、題目からも推察されるとおり、密禅一致を標榜するものであるが、やや東密的な密勝禅劣の傾向が窺われる点には留意する必要があろう。

そこで今、注目したいのが、この伝栄西撰『真禅融心義』の内容が新出資料『菩提心論開見抄』（以下『開見抄』）と思想的に近似性を有しているという点である。『開見抄』については、既にその成立を十三世紀、すなわち、道範（一一七八?～一二五二）や頼瑜（一二二六～一三〇四）等と同時代に定置し、その撰者も東密系にして諸宗兼学・密禅一致に立脚した学僧であると結論づけた。(5) 一方、『真禅融心義』の成立もまた、これまでの研究からほぼ同時期であることが指摘されている。(6) このように、両書の成立時期は極めて近いことが類推されるだけでなく、両者の対比から、その底流に共通の思想基盤が伏在していることが窺われるのである。

本章では、金剛三昧院が密禅併修の拠点として重要な役割を担っていた可能性があることに着目し、両書もこうした学風の中で醸成されたものであろうことを提示する。また、それと併せて、両書の成立や思想内容等を通して、東密において禅がどのように受け止められていたのか、その一端も解明してみたい。

二　高野山と禅

『開見抄』の大要については、既に検討を加えたが、特に五相成身観と五智との対応関係を論じるところで、同書と道範との関連が最も明瞭に認められる。(7) そこで問題となるのは、道範が禅をどのように理解していたのかということである。道範在世当時の高野山では、建暦元年（一二一一）、北条政子（一一五七～一二二五）により金剛三昧院が創建され、第一世長老として栄西の高弟である退耕行勇が迎えられている。(8) 栄西もまた、『金剛頂宗菩提心論口決』奥書にて「文治元年（一一八五）丙午七月三日　高野山伝法院入寺覚範房高覚頻依レ請二口決一、同閏七月一日竊以祈請。……」[9]とあるように、高野山伝法院との接触が確認できる。このようなことから、当時の高野山に禅が流伝していたことはほぼ確実であり、道範も禅の学風に触れることができる環境にあったのである。

道範については、讃岐善通寺に配流されていた寛元三年（一二四五）著述の『大毘盧遮那成仏経疏遍明鈔』二十一巻に見られる禅に対する認識を通して、それが大日房能忍[10]（生没年未詳）の「達磨宗」への批判ではないかという説が提示されている[11]。また、寛元三年前後、もしくはそれ以降に著されたとされる『初心頓覚鈔』巻下にも、以下に示すように、律・倶舎・浄土等の諸教と併せて禅への言及もなされている。

謂ク山林ニ籠居シ坐禅修行セント願フ人ノ為ニハ一切ノ禅定ノ法ヲ説キ、威儀ヲ習テ正法ヲ守ント願フ人ノ為ニハ一切ノ律儀ヲ説キ、正法ヲ説キ性相ヲ分別セント願フ人ノ為ニハ倶舎蔵ヲ説キ、大乗真実ノ智慧ヲ願フ人ノ為ニハ法相・天台・華厳等ノ其ノ義ノ法門ヲ説キ、穢土ヲ厭ヒ安養ヲ願フ人ノ為ニハ称名念仏ノ法ヲ説キ、直指人心見性成仏ヲ願フ人ノ為ニハ機根ヲ離レ教説ヲ離レタル越祖越仏ノ法ヲ説ク也[12]。

実のところ、現存資料から道範が禅をどのように把捉していたのか抽出することは困難であり、また近年、大日房能忍と「達磨宗」を切り離して考えるべきであるという意見もあることから、その実態は不明と言わざるを得ない[13]。但し、退耕行勇をはじめとする金剛三昧院周辺の人物を介して栄西や能忍等の諸門流の教説を仄聞していたことは十分予想できよう。

退耕行勇は当初、東寺任覚（一一〇九～一一八〇）に密教を学び、栄西に参随してからは殆ど行動を共にしたとされ、鎌倉寿福寺や京都建仁寺等の栄西開創の寺院を継承するだけでなく、東大寺勧進職までも襲っている[14]。そうした栄西や退耕行勇等により育まれたであろう密禅併修の影響は、金剛三昧院の歴代住持にも色濃く反映されたことが想像される。中でも、第五世真空（一二〇四～一二六八〈住持期間：一二五五～一二五六〉）は重視すべき存在である。

真空[15]、すなわち木幡の真空から直ちに想起されるのは、頼瑜の先師としての側面であろう。頼瑜が『顕密問答鈔』巻下で禅批判を展開したことは夙に知られるところであるが、その禅がどの系譜に属するかについては諸説が存在する[16]。また、延慶本『平家物語』の記載内容を下敷きに、頼瑜が学頭職に就いた高野山大伝法院で「達磨宗」との対峙・共存があった痕跡を探り、その背景に能忍門流で頼瑜と同時期に高野山に止住していた義能（生没年未詳）が介在していたという見解も提唱されている[17]。義能は結果的に意教上人頼賢（一一九六〜一二七三）に師事し、自らも一流（義能流）を形成するが、伝記によれば金剛三昧院とも関係があったとされ[18]、密禅併修を旨としていたことも推知されるのである。

真空もまた、退耕行勇や栄朝に密教や禅を学んだ円爾が『宗鏡録』の講義（寛元四年〈一二四六〉）を行った席に参加していたことから[19]、円爾門流の禅への理解があったことは間違いない。とはいえ、頼瑜の『真俗雑記問答鈔』巻四〈巻七〉（文応元年〈一二六〇〉記）所収の「禅法真言浅深事[20]」によれば、真空は禅宗に対して批判的だったようである。

ところで、真空の関心は禅だけに止まるものではなく、三論・戒律・浄土等にまでその範囲が及んでいたのであり、諸宗兼学的な様相が看取できる。例えば、永観（一〇三三〜一一一一）の『往生拾因』の註釈書（三巻）を著したとされることや[21]、覚盛（一一九四〜一二四九）による新羅・太賢（生没年未詳）の『梵網経古迹記』二巻の講義（年次不明）を聴聞していること等が挙げられるが[22]、実は『開見抄』にも『往生拾因』や『梵網経古迹記』等をはじめとする浄土や戒律関連の典籍が引用されていることは一考を要する事柄である。

更に、道範と真空が血脈上の関係にあったことが資料から確認できるという点も忘れてはならない。すなわち、性祝（一三六六～?）の『諸流灌頂秘蔵鈔』における、金剛王院流の付法には、「大日乃至実賢―道範―真空―頼瑜」という系譜が見出せる。[23] このことは、頼瑜が『大日経疏指心鈔』巻二（建治四年〈一二七八〉記）で「木幡義云、薄伽梵者理故、云二本地法身一也。如来者即智故、云二受用身一自受用也。此理智冥合互相加入彼此摂持而成二他受用人体一、云二加持身一也。意云、薄伽梵理住二如来一智之加持身他受用応身住二広大金剛法界宮一、云二今教教主一也。為言[24]」と記すように、道範が静遍（一一六六～一二二四）より相承した三点説（理・智・事）を真空も摂受していたことからも例証されるであろう。以上の如く、真空は諸宗兼学を指針としつつ禅の知識もあったようであり、加えて、道範との交流からその思想を熟知する立場にあったことに注意を払う必要があると思われる。

なお、真空が住持を譲った第六世無本覚心（住持期間：一二五七～一二五八）も、円爾と共に、鎌倉初期の禅宗の主流を担ったという意味で無視できない存在である。その生涯を一瞥すれば、退耕行勇や道範等に参学し、その後円爾の勧めにより入宋して無門慧関（一一八三～一二六〇）の法嗣となったが、その禅理解は宋朝禅よりもむしろ密禅併修の傾向が著しかったとされる。ともあれ、こうした学僧の行跡から、金剛三昧院は禅の拠点の一つとして大きな役割を担っていたことが傍証されるのである。

従来、兼修禅と呼称される諸宗兼学の志向は、臨済宗一宗に専一化する純粋禅へ至る過渡期のものと看做されてきたが、近年ではむしろ中世禅の主軸であったことが解明されつつある。[25] その思想構造とは、密禅一致を前提として諸宗を包括的に定置させるものであり、融和的要素が強いと言えるであろう。そうした学風は、金剛三昧院の創建により高野山にも多大な影響を及ぼすに至ったことが推測されるが、一方で既に当時の高野山では行人方による禅の専修化が進められ、禅が摂受されやすい状況にあったことも考えられる。[26]『開見抄』もまた、こうした土壌から生み出された産物の一つと捉えることも可能であろう。

それでは次に、節を改めて『真禅融心義』二巻を概説し、併せて『開見抄』との対比から、両書の共通性を浮き彫りにすることで、道範・真空・頼瑜等との連関を類推していくことにしたい。

三　伝栄西撰『真禅融心義』について

『真禅融心義』二巻については、序文が『天台霞標』三之四[27]に収載され活字化されている。現存諸本を列記すれば、次のようになる。

①延徳四年（一四九二）写本　（下巻のみ）　西教寺正教蔵文庫蔵
②元和八年（一六二二）写本　古田紹欽氏所蔵
③元和八年（一六二二）写本　建仁寺両足院蔵
④慶安二年（一六四九）写本　（下巻のみ）　花園大学今津文庫蔵（①の転写本）
⑤寛政十年（一七九八）写本　（『仁王経五大力菩薩秘釈』合）　国文学研究資料館蔵
⑥寛政十年（一七九八）写本　（『仁王経五大力菩薩秘釈』合）　早稲田大学教林文庫蔵
⑦安政三年（一八五六）刊本　駒澤大学図書館蔵
⑧明治四十年（一九〇七）写本　大谷大学図書館蔵
⑨江戸時代前期写本　建仁寺両足院蔵（③の転写本）
⑩江戸時代中期写本　建仁寺両足院蔵
⑪書写年代不明本　松ヶ岡文庫蔵

この他、『国書総目録』には建仁寺大中院本が記載されているが、その所在は未確認である。③⑨⑩の三書は、近年の資料調査で改めてその存在が確認され、[28] 藤田琢司編『栄西禅師集』に③を定本、④⑦を対校本とした翻刻が収載された。⑪については高柳さつき氏により改めて注目されたものである。[29] また、中尾良信氏は、②を定本に①⑦⑧を対校本とした翻刻研究を提出している。[30] 更に、『中世禅籍叢刊』第七巻『禅教交渉論』では①⑤が翻刻され、高柳氏による解題も収録されている。右記の諸本には、「弘長三年（一二六三）」の跋文が巻末に付され、⑧大谷大学本を除いて栄西に関する記名が見出せる。本章では、⑥と同種にして、翻刻がなされた⑤を資料として使用することにしたい。

　さて、『真禅融心義』の真偽が常に議論となったことは冒頭で述べたとおりであるが、既に指摘があるように、[31] 先に触れた三点説（理・智・事）や「八祖師」という記述、更には空海（七七四～八三五）著作が多用されていることを勘考すれば、栄西よりもむしろ東密系の学僧による撰述と看做すのが妥当であると思われる。[32] この問題について更に論及すれば、上巻に栄西偽撰説の有力な根拠となる偈文があることを見過ごしてはならない。それは、次のように記されている。

　大経秘決等　世三部経外　別又有㆓秘経㆒　謂内三部経（不空一行）
　並内二巻経（不空）　是高野宀一　両秘山大事　又空海土心
　両入定秘事　是大日金剛　髻中之宝珠　竹木目底経
　縦許㆓諸灌頂㆒　此灌頂勿㆑授　非機者授㆑之　伝者・受者共
　蒙㆓大日如来　金剛薩埵罪㆒　堕在㆓阿昆《ママ》獄㆒　経㆓億劫㆒無㆑免（已上）[33]

同書には、「竹木目底経」からの引用という形式が三箇所見られる。この偈文によれば、高野山・宀一山（室生山）や空海・土心（堅慧〈恵〉[34]・生没年未詳）等の秘事を伝える「秘経」がそれに当たり、容易く伝授することを強く誡めている。この内容は、実は伝空海撰『御遺告二十五箇条』の記述に基づくものである。例えば、第二十五条には次のような記載がある。

夫以昔南天竺国有二一凶婆・一非祢等一、破二是蜜花薗一。爾時、花薗門徒之中有二一強信者一。修二奥砂子平法呂一七箇日夜、弥亦次次修二貪度一者、彼凶婆等自退為二蜜花薗安寂一也。是以、末世阿闍梨耶、宜知二是由一必応三勤二守彼法呂一。彼法呂者、在二入室弟子宀一山精進嶺土心水師之竹木目底一。然則大阿闍梨耶、是道惜護宛如二伝法灌頂阿闍梨職位印契一。凡須下伝法印契蜜語並調二凶婆一法呂上、輒不レ可レ授二非器・心不調者一。……[35]

要するに、「奥砂子平法」（修法の一種、諸説有り）[36]が室生山堅慧法師の「竹木目底＝箱底」にあり、劣機には伝授してはならないと説くのである。室生山については、空海が相伝し、安置したとされる如意宝珠との関連が直ちに思い起こされるのであり、例えば真済（八〇〇～八六〇）撰と伝えられる『五部肝心記』末尾にも、「大唐青龍寺恵果阿闍梨付属真多摩尼法、大師土心水師授レ之。受《爰カ》土心水師竹木目底有二宀一山峰一。東寺一阿闍梨行二後七日御修法一、彼峰応三観二想壇上一。」[37]の如く、空海から堅慧へ真多摩尼法、すなわち如意宝珠法が秘伝され、室生山の堅慧の箱底に収蔵されているという記述があり、その説は元海[38]（一〇九三～一一五六）や頼瑜[39]等にも継承されている。[40]

現今、『御遺告二十五箇条』の撰述者を空海に帰することは否定されているのであり、十世紀初頭から中頃にかけて空海信仰の高まりと相俟って成立したというのが通説化している。[41]いずれにせよ、このような資料を参酌していることこそが、同書が東密系に帰属するものであろうことを如実に物語っていると言えるのである。

『真禅融心義』の内容をめぐっては、既に先学により略説されているので再論しないが、巻上の「故顕教究極不レ如二禅宗教外実際法門一、密教深奥無レ過二無相灌頂実行成仏一。皆是唯仏与仏之境界、最尊最上之法門也。[42]」という文からも窺知されるように、密禅一致を主唱するものであることは先ず押さえておかなければならない。その概要を説明すれば、巻上に「仍密教付二有相・無相一、即分二別四種門一、禅教依二教内・教外一、又分二別四門義一。録造二上下二巻一、終書二真禅一味一耳。[43]」とあるが如く、上巻で密教を①有相有相門（教行門）、②有相無相門（教行実行門）、③無相有相門（実行教行門）、④無相無相門（実行門）の四重[44]、下巻で禅宗を①仏事仏事門（教内門）、②仏事実際門（教内教外門）、③実際仏事門（教外教内門）、④実際実際門（教外門）の四重[45]にそれぞれ類別し、究極的な④無相無相門と④実際実際門が共に一致することが強調されている。この四重釈の分類は、実は『開見抄』にも活用されているのであり、真空や頼瑜との連係を考証するうえで極めて重要な要素であるが、そのことは次節で詳述したい。

ところで、『真禅融心義』には『開見抄』と異なり、台密の安然（八四一～八八九～、一説九一五没）からの援用が認められないという指摘がある[46]。確かに同書には、具体的な引用は見られないが、実は巻上に『菩提心義抄』に説かれる五供養（塗香・妙香・焚香・飲食・灯明）の偈文と一部共通しているところが存在する[47]。但し、ここで注意したいのは、安然が示した五供養の偈文が道範の『行法肝葉抄』巻中[48]（寛元二年〈一二四四〉記）や頼瑜の『十八道口決』末[49]（弘長元年〈一二六一〉記）にも見出されるという事実である。このことから、この偈文が当時の東密でも口決という形でかなり流布していたことが窺われ、したがって、安然に直接原拠を求めるよりも、むしろ道範や頼瑜等の東密の学僧からの影響を考慮したほうが遥かに蓋然性があるように思われるのである。

このように、『真禅融心義』の内容を様々な観点から推考すれば、東密とのつながりが垣間見られるのであり、密禅融合を標榜するからには、金剛三昧院の役割が注視されるのは必然であろう。それはまた、道範・真空・頼瑜等の周辺やその弟子筋で金剛三昧院を拠点としていた人物が同書の成立に関与しているかもしれないという推論を浮かび上がらせるのであり、更に敷衍すれば『開見抄』の成立問題にも結びついていくことが予想されるのである。

四　『真禅融心義』と『菩提心論開見抄』の対比

それでは、具体的に『真禅融心義』と『開見抄』との対比を行うことで、そこに近似性が推認されることを提示していきたい。先ず取り上げるべきは、前節で言及した『真禅融心義』の密禅融合の土台となる四重釈である。中でも、下巻の四重釈には、「是准二前密教四種門一立二此義一也。」[50]という註記があることから、上巻の四門（①有相有相門、②有相無相門、③無相有相門、④無相無相門）こそが同書において最も根幹となる解釈法であったことが知られる。そして実は、この密教の四種門が全く同形で『開見抄』にも援用されているのであり、ここから両書が共通の思想的基盤を有しているのではないかという推測が導き出されるのである。そのことは、巻下に次のように説かれている。


問。法身内証有二言説一耶。

答。此条文一宗大事、輒以難レ述。若依二師承義一、不レ可レ有二言説義一。

疑云、凡顕密二教分別者、偏依二法身説法有無一。若法身無二言説一、与二顕宗一何別哉。

答。顕宗於二法身一独談二無相無言一、是名為二自証一。密宗於二四身一共談二有相有言一、是名為二化他一。且以二四句一分二別之一者、一有相有相 顕密〔ママ〕化他 二有相無相 顕宗自証 三無相有相 密宗化他 四無相無相 密宗自証。今此第四、以レ心伝レ心。

問。自証無相有二其証一耶。

答。大日経云、甚深無相法、劣恵所レ不レ堪。為レ応二彼等一故、兼存二有相説一。已上 瑜祇経云、我本無レ有レ言、但為二利益一説。已上 疏云、自証之境、説者無レ言、観者無レ見。已上 大師云、不生而生故現二法界宮一、無染而染故具二五大一也。離言而言故説二三三昧耶一云云。其証甚多。不レ能二具述一。請諸学者任レ文取レ義。[51]

ここでの主題は、法身説法を認めるか否かということであり、結論的に言えば、密教でも究極的な自証極位は無相であり言説もないことが力説されている。となれば、顕教が法身を無言無相の寂然たる存在と規定するのと何ら変わらなくなってしまうが、その意味するところが全く異なることを四重釈（①有相有相（顕宗化他）、②有相無相（顕宗自証）、③無相有相（密宗化他）、④無相無相（密宗自証））に依拠して説明するのである。その定義によれば、③無相有相と④無相無相の二門だけが密教に充当されるのであり、四門を全て密教の範疇とする『真禅融心義』とはやや径庭が認められる。

今、密教に限局して概説すれば、④無相無相の段階は何人も窺い知れない唯仏与仏の境界であり、対他的な説法が可能となるのは③無相有相の段階ということになる。これはつまり、無相の上に顕在化した有相を表しているのであり、そこではじめて法身説法が成立するのである。そして、そのことを『大日経』巻七[52]や『金剛峰楼閣一切瑜伽瑜祇経』巻下[53]、更には『大日経疏』（『大日経義釈』）巻一[54]等の、最も基本となる諸文は勿論のこと、「大師云」として円珍（八一四〜八九一）撰とされる『大毘盧遮那成道経心目』[55]までも引拠して論証するのである。そして、④無相無相を「以心伝心」と同定するのであり、これこそまさに密禅一致の見識に基づくものであることは明白であろう。

このように、両書に四重釈が共有されていることを斟酌すれば、その素地となった概念を見極めることが緊要である。その解決の鍵を握っているのが、有相無相による四重釈を構築したとされる頼瑜の教説に他ならない[56]。例えば、『大日経疏指心鈔』巻五（建治元年〈一二七五〉記）には、「略作二四重釈一。初浅略釈遮情無相。……後於二表徳・顕実中一有レ三。初有相有相。……次無相有相。……後無相無相。[57]」とあり、頼瑜は最初の浅略釈を顕教、後の三釈を密教に配釈している。問題となるのは、この解釈の下敷きとなる説を提唱したのが、木幡の真空であったということである。そして、そのことが禅宗を批判した『顕密問答鈔』巻下に説示されているのも示唆的である。それでは、その該当部分を以下に示し、前掲した『大日経疏指心鈔』の記述も参照して、簡単な分類を試みておくことにする。

問。顕乗是教内・教外雖レ異、同以二無相一心一為二至極一。真言亦可レ然、如何。

答。真宗源底、有相・無相異義云云。木幡義云、謂於二顕乗無相極理一、自性法身更以二如義語一、而談二一界・五部之教理一。是竪差別之有相也。又深秘意、挙手動足皆印契、舌相所転悉真言、意地所起皆妙観。何必論二三部・四重之浅深一乎。是横平等無相也。雖レ云二無相一而実有相。謂無二相而不一レ具故云二無相一也。……故知、顕乗是未了教故、終絶二言心一、廃二諸相一故云二無相一也。真宗即了義談故、無二言心不一レ及故、無二相不一レ具云二無相一也。顕名二遮情一、密称二表徳一。良有レ以也。故密以二有相一為レ極。……

私云、以上、是依憑相承義也。更加二一義一云、且於二真宗一委論有二四重一。謂浄菩提心非青非黄等義、当二顕乗極理一。即真宗浅略。是初重也。……次又前談是遣二九種迷情仮相一故云二無相一。菩提実義、則表徳・顕実為レ宗。於レ此有二三重一。謂両部・五部施設誘二劣恵一之軌則、是即深秘義也。……次又為二勝慧一無相、無二相不一レ具故。是即秘中深秘意也。……此文証二上二義一。已上二重同レ前。木幡義也。以上三重、雖二勝劣異一、皆是衆生利益之方便如来善巧之玄軌也。秘秘中深秘義者、中台自証極理、実是無相。唯仏与仏境界、勝慧猶不レ及。何況劣恵。……(58)。

遮情―第一重・遮情無相（浅略釈）―顕教 → 禅宗
表徳―第二重・有相有相（深秘釈）―劣慧 ＝ 竪差別有相 ｝木幡真空の解釈
　　　第三重・無相有相（秘中深秘釈）―勝慧 ＝ 横平等無相
　　　第四重・無相無相（秘秘中深秘釈）―自証極理（唯仏与仏）
｝密教

頼瑜は、禅宗をあくまでも顕教の範疇に含む綱格を崩さず、密教との差別化を鮮明にしている。そうした密教の優位性を強調するために四重釈を提唱するのであり、それが真空の二釈（①竪差別有相、②横平等無相）の発展形態であることを自ら明言している。頼瑜によれば、真空の二釈は有相有相（深秘釈）―劣慧と無相有相（秘中深秘釈）―勝慧にそのまま配当され、機根の差違はあるものの、それらの境界は未だ衆生を利益するために対他的な説法が可能な領域に相当する。但し、それを超えて、たとえ勝慧でさえも聴聞できない自内証の境地があるとして、更に無相無相（秘秘中深秘釈）を第四重に付け加えるのである。以下、『顕密問答鈔』を基準として、『真禅融心義』・『開見抄』の所説をまとめて図式化すれば、恐らく次のようになるであろう。

	『顕密問答鈔』	『真禅融心義』	『菩提心論開見抄』
顕教（遮情）	遮情無相（浅略釈）		有相有相（顕宗化他）
			有相無相（顕宗自証）
密教（表徳）		有相有相門（教行門）	無相有相（密宗化他）
	有相有相（深秘釈）	有相無相門（教行実行門）	
	無相有相（秘中深秘釈）	無相有相門（実行教行門）	
	無相無相（秘秘中深秘釈）	無相無相門（実行門）	無相無相（密宗自証）

頼瑜の形式は、先に触れた『真禅融心義』と比較すれば、有相有相の扱いに大きな相違があり、新たに創出した②有相無相門を頼瑜の有相有相（深秘釈）に充当させたことが認められ、また、『開見抄』の①有相有相と②有相無相は顕教に含まれることから、頼瑜の説にそれを当て嵌めれば、遮情無相（浅略釈）に包摂されることになるであろう。このように、解釈に異なるところがあるのは事実であるとしても、『真禅融心義』や『開見抄』の説には

やや整理された感があり、頼瑜説を祖型として発展したものと捉えることが妥当であろう[59]。

さて、上来繰り返し述べてきたように、『真禅融心義』は密禅一致を主唱している著作である。そのことは、巻下の「又夫密宗極理与二禅宗極理一、大以有二通用義一。所以者何。密宗実際門中、雖レ不レ談二有相三密一而無レ忘二三密義理一。禅宗実際門中、雖レ不レ受二仏事一塵一而無レ捨二一心法門一。故其言如二大師云一。振二三密金剛一密蔵奥旨、翫二一心利刀一顕教極理云云。是以、密宗実行法門与二禅宗実際理地一、其意遥以会通者歟[60]。」という記述に集約されていると言っても過言ではない。すなわち、空海の『御請来目録』[61]を根拠に密教と禅宗の極理が融会することを説いているのである。そして、更に続けて、その典拠について次のような問答を展開している。

問。有下密宗無相三密与二禅宗無相一法一、標二宗相同一文証上耶。

答。両方共有二経文証一也。

問。何経有二文証一耶。

答。依二密宗一者、瑜祇経説二我本無レ有レ言云云。又依二禅宗一者、楞伽経説下我従二得道夜一至二涅槃夜一不中説二一字一云云。如レ是等説、既通同下彼大梵天王問仏決疑経説中我有二正法眼蔵、涅槃妙心、実相無相、微妙法門一、不レ立二文字一教外別伝義上者歟。又大師云、密義奥旨不レ貴レ得レ文。唯在二以レ心伝一レ心云云。此義、又相二称禅宗正意一故、以同下彼達磨大師前仏後仏不レ立二文字一以レ心伝レ心義上者也[62]。

ここでは、密教と禅宗各々の典拠である『瑜祇経』と『楞伽経』[63]の教説が『大梵天王問仏決疑経』[64]の内容、つまり、禅宗の中心思想である「不立文字・教外別伝」と同等であることが示され、更に、空海の詩文を収録した『続遍照発揮性霊集補闕鈔』巻一〇（以下『性霊集』）の一文[65]を禅宗の「以心伝心」と同一視までしている。このような咀嚼を行うことで密禅一致が強調されるのであるが、実はこれと同様のことが『開見抄』巻下にも説かれている。

又無相三密即以ㇾ心伝ㇾ心。如㆓大師云㆒。密義奥旨不ㇾ貴ㇾ得ㇾ文。唯在㆓以ㇾ心伝ㇾ心㆒云云。誠夫不ㇾ立㆓等流之文字㆒、不ㇾ仮㆓有相方便㆒、直指㆓不生之心地㆒、即伝㆓無念之本仏㆒。一字頓悟之玄底、八祖相承之奥旨。(66)

ここでの眼目は、無相三密が「以心伝心」であることを前掲した『性霊集』の一文で立証することにある。そして、何よりも重要なのは、それが「不立等流之文字」「直指不生之心地」により頓悟で感得される八祖相承の奥義であると記されている点である。これは、明らかに「不立文字」「直指人心」を意識した表現であり、先に触れた四重釈中の④無相無相に「以心伝心」を定置させる説とも全く契合している。その主張するところは、『真禅融心義』とほぼ同工異曲であり、このことから、両書の密禅一致をめぐる思想構造が、共通の基盤から形成されていることが窺知されるのである。

ところで、『開見抄』には、澄観（七三八～八三九）撰とされる『五蘊観』と『十二因縁観』という二書が一具で活用されている。(67)両書については、高麗の義天（一〇五五～一一〇一）が『新編諸宗教蔵総録』(68)（『義天録』、宣宗七年〈一〇九〇〉成立）ではじめて澄観撰と記し、日本では、華厳の凝然（一二四〇～一三二一）が『花厳宗経論章疏目録』(69)（成立年代未詳）で澄観の著作としたのが初見とされている。(70)

凝然の博覧強記ぶりは夙に有名であるが、実は弘長三年（一二六三）から文永四年（一二六七）、つまり二十四歳から二十八歳までの間、真空に師事して『十住心論』を中心に密教を学習したことが『十住心論第五義批』巻一奥書より明らかになっている。(71)恐らく凝然は真空が鎌倉に下向するまで受学していたと考えられ、真空もまたその当時か、或いは若年の頃、南都で遊学していた際に、両書に触れる機会があったかもしれない。いずれにせよ、凝然活躍時の十三世紀中頃から十四世紀前半頃、この両書が南都周辺に所蔵され、南都遊学の際に被覧できる状況にあったことは確実であろう。両書の伝播経路は不明ながらも、真空と凝然の交接から類推すれば、その周辺で両書が一具に利用されたとしても不思議ではない。

以上の考察から忖度されるように、『真禅融心義』と『開見抄』の両書は、十三世紀中期以降、密禅併修が高揚する中、道範・真空・頼瑜等の系譜を受け継ぎつつ、金剛三昧院を拠点として禅を実践した東密系の一派によって著された可能性が高い(72)。特に、『開見抄』には、浄土や戒律に関する文献の引用も見られ、密教を主軸としつつも諸宗を包容しようとする強い姿勢が垣間見られる。こうした融和的態度が、当時の禅の特色の一つであった。但し、両書には決定的な相違点があることも付記しておきたい。というのは、『真禅融心義』が『達磨三論』(『血脈論』・『悟性論』・『破相論』)を重視するのに対し、『開見抄』がそれを用いないということである。とはいえ、両書には密禅一致という思想基盤をかなりの部分で共有していることが明白に認められるのであり、東密における禅を考証するうえで、その資料的価値は極めて高いと言えるであろう。

五　おわりに

本章では、従来殆ど顧みられることがなかった東密における密禅融合の様相について、新出資料である『開見抄』を中核に据え、併せて同じ系譜に属すると考えられる『真禅融心義』も参酌することで、その一端を明らかにした。

そもそも、『開見抄』には道範からの影響が看取できるが、栄西の流れを汲む高野山金剛三昧院を拠点とした密禅併修も道範の関心事であったことは想像に難くない。事実、道範の著作には禅に対する言及も見出され、当時の高野山上にそうした修禅の学風がある程度浸透していたことは確かであろう。

その金剛三昧院歴代住持の中でも、特に第五世である木幡の真空は重要人物である。円爾に師事した真空は頼瑜の師として著名であるが、実は道範とも法脈関係にあった。したがって、道範―真空―頼瑜という系譜やその周辺が金剛三昧院を中心とする修禅の活動と何らかの接点を持っていたことが推測されるのである。

さて、主題である『開見抄』と対照させて考証すべきなのが、栄西撰述として伝来してきた『真禅融心義』二巻である。従来、同書の真偽が大きな問題となってきたが、今回、伝空海撰『御遺告二十五箇条』が活用されていることを新たに指摘したことにより、東密系の学僧の手によるものであることが確定的になったと思われる。また、同書に見出せる五供養（塗香・妙香・焚香・飲食・灯明）の偈文が、その典拠である安然の『菩提心義抄』まで遡及するよりもむしろ、この偈文を同じく援用する道範や頼瑜からの影響であることにも論及した。

次に、『真禅融心義』と『開見抄』の対比を行い、両者が共通の思想的基盤を有している蓋然性が高いことを立証した。その最大の要因が、頼瑜説を淵源とした四重釈（①有相有相、②有相無相、③無相有相、④無相無相）を共有している点であり、両書の内容は頼瑜説をより整理した様子が見て取れる。

また、『開見抄』について付言すれば、澄観撰とされる『五蘊観』と『十二因縁観』が一具で引用されることから、真空や凝然とのつながりも考慮に入れる必要があることを示唆した。

以上のことから、『真禅融心義』と『開見抄』の両書は、十三世紀中頃以降、金剛三昧院を拠点として活動した、道範・真空・頼瑜等の流れを汲む東密系の勢力、もしくはその周辺で製作された可能性があると結論づけた。したがって、『開見抄』に記される「仏心宗」とは、栄西や円爾門流の禅を指示していると考えるのが穏当であろう。

註

（1）鎌倉期の臨済禅は、顕密諸宗を併修する「兼修禅」、そうした要素を取り払い専一化した「純粋禅」という二つの枠組で理解されてきた。こうした分類をめぐっては、枠組そのものへの意義を問う研究が提示されている。和田有希子「鎌倉中期の臨済禅――円爾と蘭渓のあいだ――」（『宗教研究』七七―三、二〇〇三）参照。

（2）末木文美士「栄西における密と禅」（同『鎌倉仏教展開論』第五章所収。トランスビュー、二〇〇八）参照。末木氏は、二回目の入宋以降に密教への言及が殆どなくなる理由について、密教の閉鎖的世界観から、禅の普及は勿論であるが、それよりもむしろ戒律に依拠した日本仏教全体の改革へと栄西の関心が広がっていたためではないかと推測している。

（3）中尾良信「『真禅融心義』に説かれる栄西の密禅併修」（『宗学研究』二〇、一九七八）、同「『真禅融心義』に於ける禅宗の位置」（『宗学研究』二一、一九七九）、同「栄西における宋朝禅の受容」（『駒澤大学仏教学部論集』一一、一九八〇）、同『日本禅宗の伝説と歴史』（吉川弘文館、二〇〇五）等、参照。真偽に関する先行研究の概要は、中尾氏の著書（五六頁～五七頁）に詳述されているので、ここには列記しない。

（4）高柳さつき「伝栄西著『真禅融心義』の真偽問題とその思想」（『禅文化研究所紀要』二七、二〇〇四）、同「『真禅融心義』解題」（『中世禅籍叢刊』第七巻『禅教交渉論』所収。臨川書店、二〇一六）等、参照。

（5）本書第八章参照。

（6）高柳氏は、註（4）論文にて奥書にある弘長三年（一二六三）が同書の撰述期である蓋然性が高いと述べている。

（7）本書第八章参照。五相成身観の五智をめぐる諸問題については、本書第三章で言及した。

（8）「退耕行勇とその門下」（註（3）中尾前掲書所収）参照。但し、「金剛三昧院住持次第」（『高野山文書』二・四〇〇頁。総本山金剛峯寺、一九七三）では、退耕行勇が長老職に就いた年を天福二年（一二三四）としている。住持期間については諸説あるが、主たる活動の拠点が鎌倉であった都合上、実質的な寺院運営は門下の隆禅（生没年未詳）が担ったようである。鎌倉・室町期における金剛三昧院の実態については、原田正俊「高野山金剛三昧院と鎌倉幕府」（大隅和雄編『仏法の文化史』所収。吉川弘文館、二〇〇三）、同「室町幕府と高野山金剛三昧院――禅律系寺院の在り方――」（中尾堯編『中世の寺院体制と社会』所収。吉川弘文館、二〇〇二）等に詳しい。

（9）大正七〇・三二頁上。但し、『金剛頂宗菩提心論口決』が著された文治三年（一一八七）は、第二回入宋以前であり、栄西は未だ禅への関心を示していない。

（10）大日房能忍の禅は無師独悟で感得されたものであり、永明延寿（九〇四～九七五）撰『宗鏡録』に依拠した教禅一致を特色としていたようである。その宗徒の行跡は未だ不明な点が多いが、拠点の一つであった摂津三宝寺が密教道場であったという指摘もある。また、真福寺大須文庫の新出資料から、能忍が密教僧でもあったことが改めて再確認された。なお、近年の研究では、古瀬珠水氏が「再考――大日房能忍と「達磨宗」――」（『鶴見大学仏教文化研究所紀要』一八、二〇一三）や「称名寺蔵『法門大綱』における禅門についての考察」（『仙石山仏教学論集』八、二〇一六）等の論文で、大日房能忍と「達磨宗」という集団を結びつけることに疑義が呈されたことが注目され、加えて『中世禅籍叢刊』第三巻『達磨宗』（臨川書店、二〇一五）が発刊されたことで、「達磨宗」研究の方向性は従来と一線を画する新たな段階に入ったと思われる。最新のものを含めた先行研究については、駒ヶ嶺法子「達磨宗の研究動向」（『中世禅籍叢刊』第三巻『達磨宗』所収）に一覧化されているので、適宜参照した。

（11）千葉正「中世真言密教の禅宗観――道元禅における密教研究の必要性――」（『宗学研究』四四、二〇〇二）参照。

（12）真全二二・一六八頁上。『初心頓覚鈔』三巻の成立には、静遍撰『秘宗文義要』五巻が深く関与している。その概要及び成立年代等については、中村本然「道範記『初心頓覚鈔』について」（山崎泰廣教授古稀記念論文集刊行会編『密教と諸文化の交流』所収。永田文昌堂、一九九八）参照。

（13）道範の伝記資料からも、禅との直接的関係は認められないようである。佐藤もな「道範に関する基礎的研究序説――伝記資料を中心として――」（『仏教文化研究論集』七、二〇〇三）参照。

（14）退耕行勇の生涯やその門流については、伝記に関する新資料の発見により概要が明らかになりつつある。中尾良信「退耕行勇について」（『印仏研』二九―二、一九八一）、同「退耕行勇の行実」（『曹洞宗研究員研究紀要』一九、一九八七）、同「退耕行勇とその門流について」（『禅文化研究所紀要』一六、一九九〇）、同「退耕行勇とその門下」（註（3）中尾前掲書所収）等、参照。

（15）真空の事跡については、柴崎照和「真空『菩提心論灌頂印明』――附：真空関係資料の紹介――」（荒木浩編『小野随心院所蔵の文献・図像調査を基盤とする相関的・総合的研究とその展開』一、二〇〇六）、伊藤聡「中世神道の形成と無住」（同『神道の形成と中世神話』第Ⅳ部、第一章所収。吉川弘文館、二〇一六）、牧野和夫「太子伝と中世日本紀」（『国文学解釈と鑑賞』六四―三、一九九九）、苅米一志「遁世僧における顕密仏教の意義――廻心房真空の活動を中心として――」（『年報中世史研究』二二、一九九七）等、参照。

(16) 頼瑜の批判対象については、「達磨宗」や「大日房能忍」、「円爾」等である可能性が想定されている。なお、『顕密問答鈔』の成立時期は、未詳ながらも弘長元年から三年（一二六一～一二六三）以降とされる。上記の詳細については、小林崇仁「『顕密問答鈔』解題」（『中世禅籍叢刊』第七巻『禅教交渉論』所収）を参照されたい。

(17) 牧野和夫「延慶本『平家物語』と達磨宗――頼瑜周辺の二・三――」（『実践国文学』五八、二〇〇〇）、同「十三世紀中後期をめぐる一つの「文学的」な場について――意教上人頼賢「入宋」の可能性より延慶本『平家物語』と達磨宗の邂逅をめぐる一、二の問題に至る――」（同『延慶本『平家物語』の説話と学問』第二篇所収。思文閣出版、二〇〇五）等、参照。

(18) 『伝灯広録』続巻一二、続真全三三・四七五頁下～四七七頁上。

(19) 『東福紀年録』、『群書類従』二四（釈家部）・一三五頁上。『聖一国師年譜』（仏全九五・一三七頁下～一三八頁上）によれば、建長元年（一二四九）に真空が三論の二諦義について円爾に質問し、その答を基準としたとされる。

(20) 真全三七・七二頁上。そこでは、「木幡義云、教外別伝云、不レ出二一心無相極理一。何一心処、凡有二六大・四曼徳用一勝云耶。又云二付法一者、顕教教主釈迦伝二迦葉・阿難等一次第。仏則応化仏、伝持人、又迦葉等小乗人也。応化仏、言亡慮絶云二三乗極理一也。報仏、言断心滅。顕乗雑言猶不レ及。豈真言教法身大日教、金剛手等大士伝持、何可レ致二同日之論一耶。」と記され、顕教である禅宗よりも密教の秀逸性が説かれている。

(21) 凝然撰『浄土法門源流章』、大正八四・二〇一頁上中。

(22) 凝然撰『律宗瓊鑑章』巻六、仏全一〇五・四一頁下。

(23) 真全二七・三一四頁上。また、註(15)柴﨑論文に翻刻されている「双円性海大事」にも、「道範―釼覚―真空―頼瑜」という血脈関係が記されている。これは、『諸流灌頂秘蔵鈔』（同・三六〇頁上）の「双円性海大事」の血脈と一致する。

(24) 大正五九・五九四頁下～五九五頁上。

(25) 高柳さつき「日本中世禅の見直し――聖一派を中心に――」（『思想』九六〇、二〇〇四）参照。

(26) 船岡誠「覚心と高野山」（同『日本禅宗の成立』第八章、第三節所収。吉川弘文館、一九八七）参照。

(27) 仏全一二五・三七三頁上下。

(28) 研究代表者・赤尾栄慶『建仁寺両足院に所蔵される五山文学関係典籍類の調査研究』（二〇一〇）によれば、三書とも「第六二函」に収納され、利峰東鋭（一五六〇～一六四三）の手になる③を転写したのが⑨に該当する。⑩については、跋文があるものの、③⑩との関連性は不明である。

(29) 註（4）高柳解題参照。「松ヶ岡文庫蔵・クレン文庫目録」（『財団法人松ヶ岡文庫研究年報』一四、二〇〇〇）に既にその名が見出される。

(30) 「資料紹介『真禅融心義』」（『駒澤大学大学院仏教学研究会年報』一四、一九八〇）参照。

(31) 註（4）高柳論文、同解題参照。諸本の書誌的概要については、解題に言及がある。

(32) なお、巻下（一七丁左。『禅教交渉論』・五九一頁上）に「又高野大師云、迷故三界城、悟故十方空、本来無㆓東西㆒、何処有㆓南北㆒。」という、後に遍路巡礼で尊重される偈文が引用されていることを付言しておく。

(33) 上巻、一一丁左。丁数は私に付した。『禅教交渉論』・五八七頁上。

(34) 堅慧（恵）は、義真（七八一～八三三）没後の天台座主をめぐる抗争に敗れた円修（生没年未詳）に同行して室生寺に移住し、室生山仏隆寺を建立した天台僧である。東密の伝承では、空海の弟子で入唐に随行したとされるが、これは仏隆寺で東密の勢力拡充を狙った一派による後世の偽作と考えられている。堅慧（恵）の事跡については、西田長男「室生竜穴神社および室生寺の草創――東寺観智院本『宀一山年分度者奏状』の紹介によせて――」（同『日本神道史研究』四・中世編上所収。講談社、一九七八）、逵日出典「室生寺に於ける宗教的個性の成立」（同『室生寺史の研究』第一篇、第二章所収。巌南堂書店、一九七九）、小山田和夫「堅慧と円珍」（同『智証大師円珍の研究』第四部、第三章所収。吉川弘文館、一九九〇）、仲尾俊博「天台僧堅慧（恵）」（同『日本密教の交流と展開――続日本初期天台の研究――』第十章所収。永田文昌堂、一九九三）、門屋温「「宀一山土心水師」をめぐって」（『説話文学研究』三二、一九九七）等、参照。

(35) 定弘全七・三七四頁～三七五頁。

(36) 頼瑜の『御遺告釈疑抄』巻下（弘長二年〈一二六二〉記）（続真全二六・九三頁上～九四頁上）には、この修法の解釈をめぐって烏渋砂魔明王法・降三世法・不動法等の諸説があったことを記している。奥砂子平法の修法の本尊や三尊合行法との関係等については、横田隆志「速成就院伝来『長谷寺密奏記』と奥砂子平法」（『金沢文庫研究』三三九、二〇一二）に詳しい。また、本修法と中世醍醐寺の龍神信仰との関わりを示唆したものとして、スティーブン・トレンソン「中世真言密教龍神信仰の変奏」（同『祈雨・宝珠・龍――中世真言密教の深層――』第三部、第三章所収。京都大学学術出版会、二〇一六）がある。

(37) 大正七八・三九頁中。『弘法大師諸弟子全集』巻中・二八二頁。この文は、尾題の後に追加するような形で記されている。『五部肝心記』が真済撰であるかどうかは不明であるが、たとえ真済撰であったとしても、註(41)で後述するように、『御遺告二十五箇条』が空海以降の産物であることを顧慮すれば、この文が当初からあったとは考え難く、後に付加されたものと見るのが妥当であろう。

(38) 『厚造紙』、大正七八・二七四頁中。

(39) 『秘鈔問答』巻一三本、大正七九・五二〇頁上。

(40) 中世仏教における如意宝珠法の成立や展開については、上川通夫「如意宝珠法の成立」（『日本中世仏教史料論』第三部、第三章所収。吉川弘文館、二〇〇八）に詳しい。

(41) 最古の『御遺告二十五箇条』は、戦後所在不明の写本奥書より安和二年（九六九）にまで遡ることができる。従来、同書の成立に東寺教団が深く関与していることは指摘されてきた。その成立問題の詳細については、註(34)西田論文、小林信彦「世界仏教史の立場から見た正統空海伝の成立過程」（関西大学東西学術研究所研究叢刊一五・井上克人編『『大乗起信論』の研究』所収。関西大学東西学術研究所、二〇〇一）、苫米地誠一「空海撰述の「祖典」化をめぐって――空海第三地菩薩説と『御遺告』の成立――」（阿部泰郎編『中世文学と寺院資料・聖教』所収。竹林舎、二〇一〇）、武内孝善「『御遺告』の成立年代――堅恵関連の史料を中心に――」（『密教学研究』四三、二〇一一）、土井夏樹「『御遺告』における順暁について」（『空海研究』一、二〇一四）等、参照。

(42) 一丁右。『禅教交渉論』・五八一頁下。

(43) 二丁右。『禅教交渉論』・五八二頁上。

(44) 有相と無相とは、諸法実相を有相と無相のどちらで捉えるかの議論であり、東密では教主義や三密行等の問題と相侯って古義・新義両学派分かっての論争となった。その大要は、那須政隆「有無相と一多法界」（『智山学報』三、一九五五／『那須政隆著作集』第一巻所収。法藏館、一九九七）参照。

(45) 禅宗の四重釈は、大慧宗杲（一〇八九～一一六三）の著語等をまとめた『正法眼蔵』（巻一、続蔵二―二三・一三丁左下／巻二、同・一五丁左下／巻五、同・六〇丁左上）の「実際理地不ㇾ受二一塵一、仏事門中不ㇾ捨二一法一。」という文に依拠している。因みに、『真禅融心義』巻下（一五丁左。『禅教交渉論』・五八九頁下）に同文の引用が見られる。なお、この文は良遍（生没年未詳）をはじめとする中世の神道書に度々援用されていることから、中世の諸領域に広く伝播していたようである。原克昭「良遍の「神道」観念をめぐる思想形成の一齣――『日本書紀聞書』膀頭条・試解――」（同『中世日本紀論考』第Ⅳ部、第一章所収。法藏館、二〇一二）参照。

(46) 註(4)高柳論文参照。

(47) 上巻、二丁左～三丁左。『禅教交渉論』・五八二頁下～五八三頁上。『菩提心義抄』では、巻二（大正七五・四九四頁下～四九五頁上）に記載がある。五供養の偈文については、大久保良峻「安然の教学における空海」（同『台密教学の研究』第十一章、第一節所収。法藏館、二〇〇四）参照。

(48) 真全二三・一六〇頁上下。

(49) 大正七九・六八頁上。

(50) 一五丁右。『禅教交渉論』・五八九頁上。

(51) 五〇丁左～五一丁右。丁数は私に付した。

(52) 大正一八・五四頁下。

(53) 大正一八・二六九頁下。

(54) 大正三九・五八五頁上。続天全、密教1・一八頁上。

(55) 仏全二六・六四八頁下。

(56) 頼瑜説と『真禅融心義』の関連性については、既に註(4)高柳論文で言及されている。なお、頼瑜の四重秘釈を論じたものとして、藤田隆乗「頼瑜の「四重秘釈」について」（『智山学報』五〇、二〇〇一）がある。

(57) 大正五九・六三六頁上中。傍線は私に付した。以下の引用も同じである。この他、『瑜祇経拾古鈔』巻下（新版

日蔵、密教部章疏八・八八頁上）、金剛頂経研究会「頼瑜撰『金剛頂経開題愚草』本文と国訳（一）」（『大正大学綜合仏教研究所年報』一七、一九九五。一五一頁～一五二頁）等にも記述がある。

(58) 続真全二三・三九頁上下。

(59) 近年、円爾の弟子である癡兀大慧（一二二九～一三一二）の講義を筆録した、真福寺大須文庫蔵『菩提心論随文正決』七巻が『中世禅籍叢刊』第十一巻『聖一派　続』（臨川書店、二〇一七）に収載された。同書を通覧すると、『真禅融心義』や『開見抄』との思想的共通性はあまり見られないが、修禅と密行を対比して論じるために有相無相を用いる箇所が認められる。癡兀によれば、無相のみを説く修禅よりも有相に即した無相を説く密行のほうが優れていると解釈される。このように、有相無相の論理は立脚点を異にするとはいえ、密禅二教を互いにどのように定義するか考察するうえで重要な概念であったことが窺われる。

(60) 一八丁左。『禅教交渉論』・五九二頁上。

(61) 定弘全一・三九頁。

(62) 一八丁左～一九丁右。『禅教交渉論』・五九二頁上下。

(63) 『楞伽阿跋多羅宝経』巻三、大正一六・四九九頁上。『入楞伽経』巻五、同・五四一頁下。『大乗入楞伽経』巻四、同・六〇八頁中下。

(64) 続蔵一―八七・三二六丁左上。

(65) 定弘全八・二〇三頁。

(66) 四四丁左～四五丁右。

(67) 一五丁左～一六丁左。

(68) 仏全一・四頁上。

(69) 仏全一・二四九頁下。

(70) 『十二因縁観』をめぐっては、澄観撰に疑義が呈され、新羅撰述の可能性が提唱されている。このことについては、佐藤厚「澄観撰『十二因縁観』の著者問題――新羅撰述の可能性――」（『南都仏教』八六、二〇〇五）参照。同書は、称名寺に二本（「称名寺所蔵金沢文庫保管　稀覯本華厳小部集本文並びに解題」『金沢文庫研究紀要』八、一九七一）、及び『法界図記叢髓録』巻下之一（大正四五・七四六頁上～下）所引本の三種のテキストが確認されている。この中、称名寺の一本は、『五蘊観』との合本である。『五蘊観』については、卍続蔵経（二―八）に収載されているが、定本が不明であり真偽未詳である。近年、高山寺蔵『五蘊観幷聞書』が翻刻され、同書が明恵（一一七三～一二三二）、或いは弟子の喜海（一一七八～一二五〇）の講説をまとめた聞書である可能性が説かれている。『五蘊観』については、土井光祐「高山寺蔵「五蘊観幷聞書」について（上・下）」（『高山寺典籍文書綜合調査団研究報告論集』、二〇〇六・二〇〇七）、同「国語史資料としての高山寺蔵「五蘊観幷聞書」について」（『駒澤国文』四四、二〇〇七）等、参照。『開見抄』の撰述者は、恐らく『五蘊観』・『十二因縁観』一具のテキストを参照していた可能性が高いと思われる。

（71）　註(15)柴﨑論文、小峰弥彦「凝然著『十住心論義批』について」（大正大学真言学智山研究室編『那須政隆博士米寿記念仏教思想論集』所収。成田山新勝寺、一九八四）、十住心論義批研究会「『十住心論義批』の研究（三）――未刊写本『義批』の紹介並語釈――」（『智山学報』四九、二〇〇〇）等、参照。

（72）　註(4)高柳解題や同「鎌倉臨済禅における禅密関係の思想的系譜―円爾―頼瑜――『真禅融心義』を辿りながら――」（『禅学研究』八八、二〇一〇）等では、頼瑜撰『顕密差別鈔』と『真禅融心義』の両書は前後関係が不確定ながらも、互いに反論的立ち位置にあると述べている。いずれにせよ、『真禅融心義』や『開見抄』における密禅融合の思想が、頼瑜周辺との関係性の中で醸成されたことはほぼ確実であろうと思われる。高野山や東寺等を中心とする古義学派では有相を重視するようになるのに対して、両書がむしろ無相を重視する新義学派に近いということは、当時の高野山上における有相・無相の議論にも多様な解釈があったことが推測される。

第五部　東密と南都教学

第十章　『大乗義章』の修学について

——論義関連資料を中心に——

一　はじめに

浄影寺慧遠（五二三〜五九二）の著作とされる『大乗義章』の日本への受容をめぐっては、延喜十四年（九一四）に醍醐天皇が勅命によって献呈させた『華厳宗章疏幷因明録』や『三論宗章疏』等の目録に二十巻として書名が見出されるが、既に願暁（?〜八七四）が『金光明最勝王経玄枢』十巻や『大乗法門章』四巻（巻二・巻三のみ存）において、三論教学の立場から『大乗義章』を活用していることは注目される(1)。

ここで重要なのは、願暁が密教について言及しているという点である。つまり、願暁は三論と密教を兼学していたのであり、こうした学問的姿勢は弟子である聖宝（八三二〜九〇九）にも継承され、東大寺東南院や醍醐寺等、聖宝が創建に関わる寺院で次第に醸成されていくことになった(2)。

『大乗義章』もまた、三論と密教の兼学化を背景に修学の対象として取り上げられ、特に院政期頃に東大寺三論宗だけでなく密教とも縁が深い覚樹(3)（一〇七九〜一一三九）や寛信(4)（一〇八四〜一一五三）、珍海(5)（一〇九二、一説一〇九一〜一一五二）等の学僧によって盛んに研究されるようになる。東大寺にて保延二年（一一三六）に始行されたとされる「大乗義章三十講」は、まさに学道研鑽の成果を披露する法会であったことは想像に難くない(6)。そうした諸相は、現存する『大乗義章』関連の資料、すなわち身延文庫蔵「大乗義章抄」・東大寺図書館及び正倉院聖語蔵『義章問答』・真福寺大須文庫蔵『義章要』等の資料から垣間見ることができる。

この中、身延文庫蔵「大乗義章抄」は、寛信が主に東大寺で行われた三論宗徒による『大乗義章』の論義を抄筆したものと推測され、十三帖が残存している。また、同じく『大乗義章』の論義をまとめたのが頼超（生没年未詳）記『義章問答』であり、巻二が東大寺図書館、巻三・巻四・巻五が正倉院聖語蔵に収蔵されている。更に、『義章問答』と密接な関連があるのが、真福寺大須文庫が所蔵する増玄（生没年未詳）記『義章要』巻五・巻六（二帖合冊のみ存）である。

本章では、主にこうした資料を俎上に載せて各内容を比較分析することにより、従来殆ど注視されることがなかった日本における『大乗義章』の修学実態について解明することを目的としている。[7] 特に、『大乗義章』が東大寺や醍醐寺は勿論のこと、勧修寺や仁和寺等の密教寺院でも三論教学の研鑽と併せて論義されていたと推察されることから、密教との関係性にも論及することにしたい。

二　『大乗義章』関連資料の伝存状況

『大乗義章』関連で確認できる資料は、先行研究[8]に記載されたものに「大乗義章抄」を含む新出資料を追加すれば、現時点で以下の十五点を挙げることができる。なお、参考のために奥書がある場合は各項目に併記するようにした。

①願暁『大乗法門章』四巻（巻二・巻三のみ存）〔新版日蔵、三論宗章疏二〕

②珍海『八識義章研習抄』三巻〔大正七〇[9]〕

上巻奥書「保安元年（一一二〇）十二月二十九日刪削畢。去年為二御堂竪義一所レ抄云云。以二此善根力一、往二生安養一、奉二阿弥陀一、慧眼開明、達二見仏性一矣。珍海（生年二十九）」

③珍海『大乗義章浄土義私記』二巻〔所在不明〕〔『浄土依憑経論章疏目録』所載[10]〕

④珍海『浄影賢聖義短尺』〔所在不明〕〔随心院蔵・二四函―一三、『三論宗章疏事』所載[11]〕

⑤寛信「大乗義章抄」十三帖〔身延文庫蔵・五九―五―七[12]〕

各奥書　保安五年（一一二四）〜天養元年（一一四四）

⑥頼超『義章問答』巻三・巻四・巻五〔聖語蔵・乙種写経十一号[13]〕

巻三奥書「養和二年（一一八二）二月二十六日書了」

巻五奥書「養和二年（一一八二）三月十八日於二東大寺北院一書了。頼超」

※巻三・巻四・巻五の巻子冒頭に「頼超之」の記載

⑦頼超『義章問答』巻二〔東大寺図書館蔵・一〇四函―一三二―一[14]〕

※⑥聖語蔵『義章問答』と一具　巻子冒頭に「頼超之」の記載

⑧増玄『義章要』巻五・巻六〔二帖合冊〕〔真福寺大須文庫蔵・三三函―六〇[15]〕

巻五奥書「建久六年（一一九五）七月十三日於二白河御房一辰時書了。執筆増玄」

巻六奥書「建久六年（一一九五）七月十七日於二白河御房一辰時書了。執筆増玄」

⑨秀恵（一一四〇〜一二二七〜）集『大乗義章三蔵義問答抄』一帖〔随心院蔵・五函―九八[16]〕

⑩頼瑜（一二二六〜一三〇四）『義章八識義愚草』三巻〔所在不明[17]〕

⑪『大乗義章問答巻第十』一巻〔醍醐寺蔵・四六六函―八〕[18]

　奥書「弘長元年（一二六一）六月日於㆓醍醐山円宝房㆒書写了」

⑫『大乗義章巻五雑々抄』一冊〔真福寺大須文庫蔵・三三函―二九〕[19]

　奥書「永仁四年（一二九六）九月日醍醐無量光院義章三十講、快宣為㆑之、角法印交也云云。」

⑬深誉（生没年未詳）『竪義問答草』〔醍醐寺蔵・七二函―一五七〕永徳元年（一三八一）書写[20]

⑭重順（一五三七〜一五六一〜）『賢聖義短冊』〔随心院蔵・五函―一八〕[21]

　奥書「右短冊者、為㆓浄影講出仕㆒如㆓高程㆒令㆓書写㆒者也。

　但為㆓後見㆒為㆑輔㆓愚昧㆒也。依㆓当俗二㆒也。悉地令㆓成就獲得㆒歟。

　南無□国霊験　威力神返《変》大自在□菩薩

　　于時永禄第四（一五六一）暦林鐘上弦　沙門重順廿五」

⑮『大乗義章　十四難下』一冊〔身延文庫蔵・五六―五―四〕鎌倉時代？[22]

　新たに追記した資料は、管見の及ぶ範囲で調査した結果であり、当然ながら遺漏があると思われる。例えば、『醍醐寺文書記録聖教目録』によれば、『大乗義章日記』第七〔三九三函―四五〕や『声聞賢聖問答』〔四六六函―三二〕等、『大乗義章』関連の書名らしき文献が散見されることから、同様の資料が他にも醍醐寺に所蔵されている蓋然性が高い。この他、真福寺大須文庫蔵「東南院御前聖教目録」〔貞治三年〜六年〈一三六四〜六七〉記〕にも、『大乗義章』の「短釈」「私記」「抄出」「要文」「抄」等の名が多数書記されているが、[23]残念ながらその殆どは散逸してしまったようである。

　上記した資料の中、①は冒頭に述べた願暁の著作、②③④は珍海の著作、⑩は頼瑜の著作、⑥⑦⑧⑨⑭は東大寺、

⑪⑫⑬は醍醐寺と関連があり、後述の如く⑤も東大寺との繋属が推定される。⑮については、伝来がよく分からない。いずれにせよ、僅かに残る伝存資料は、東大寺や醍醐寺等で「大乗義章三十講」が執行されていたことを示す、何よりも有力な証憑と言えるであろう。

そこで以下、⑤⑥⑦⑧の各資料について考察を加え、その内容や形式を概観すると共に密教諸寺院にて『大乗義章』が受容された実態について明らかにしていきたい。

三　身延文庫蔵「大乗義章抄」について

身延文庫蔵「大乗義章抄」は、勧修寺法務寛信が東大寺で執行された「大乗義章三十講」を中心とした諸法会における『大乗義章』に依拠した論義を集成したものと推測され、十三帖が現存する。同書は各帖の尾題に「大乗義章第一抄上」「大乗義章第四抄上」等の記載があり、その総称として仮に「大乗義章抄」と名づけた。

その内容は、大正蔵本『大乗義章』各巻（底本―延宝二年版本　一二二義科）の義科配列に準拠して、義科ごとの論義が収載されている。各帖の冒頭には、先ず目次形式で義科名が列記され、その総数は確認できる範囲で五十三義科となる。但し、「第十五抄末」と「第十九抄本」が錯簡状態で一帖にまとめられているため目次の所在が不明であり、内容の分析から義科数を抽出したので、総数はあくまでも暫定的なものである。同書の構成の詳細については、後掲の現存一覧表を参照されたい。

その残存状況から、寛信は当時流布していた『大乗義章』に収録された義科に基づく論義を全て取りまとめた可能性があり、実質的に現在の倍以上の帖が筆記されていたことも推考される。しかしながら、『大乗義章』のテキストには様々な系統があったようであり[24]、義科数も一定ではなく、寛信が参照した原本にどの程度の義科が存していたのかは判然としない。

書誌の概要については、粘綴装、楮紙、各帖に差異はあるが原表紙に外題「義章第十三抄末」という帖もある。内題は全帖になく、法量は全帖ともタテ約二七糎・ヨコ約二〇糎程度である。

なお、寛信は在世当時、藤原頼長（一一二〇〜一一五六）が著した『台記』に「顕密兼学、可レ貴事也。[25]」とあるように、顕密の碩学、更には表白を多数著述するほどの文才の持ち主として高く評価されていた。この中、寛信の密教的素養については、現存する関連資料の殆どが密教関連のもので占められていることから[26]、その深い学識は認知されてきたが、一方で顕教的素養については全く不明であった。同書の出現により、寛信が密教だけでなく顕教（三論）に対しても優れた学殖を持っていたことがはじめて明らかになったと言えよう。

それでは以下、（1）寛信について、（2）桂宮院について、（3）仁和寺の修学について、（4）論義の表現形式、という四項目に分けて検証を進めていくことにする。

（1）寛信について

先ず、寛信については、次に示すように二種の奥書に記名が存在する。

◇「大乗義章第八抄（尾題）」奥書

本云、天養元年（一一四四）十一月十九日始レ抄、同二十四日期畢レ之。始自二保延二年一（一一三六）、相二当先妣四月二十四日遠忌一、勤二修三十講一九箇年。于レ茲以二義章両巻一、為二其宛父一、為二小生等一、遂レ歳抄二集要文一。而今年重病相纏、講莚遅怠、当二于年迫一怱以行レ之。非二是宿病之愈一、不レ闕二当年之勤一也。七八両巻馳レ筆抄レ之。

老病危レ免、心肝如レ舂。生年六十一、後見ニ哀憐一矣。
天養元年（一一四四）十一月二十四日　権大僧都寛信記
治承元年（一一七七）九月十日　隆円書レ之。二交了。
文和四年（一三五五）乙未十一月二十九日書レ之了。小比丘寥海三九通七

◇「大乗義章第四抄上（尾題）」奥書

本云、大治五年（一一三〇）暮秋始レ抄、仲冬畢レ功。賜紫沙門寛信

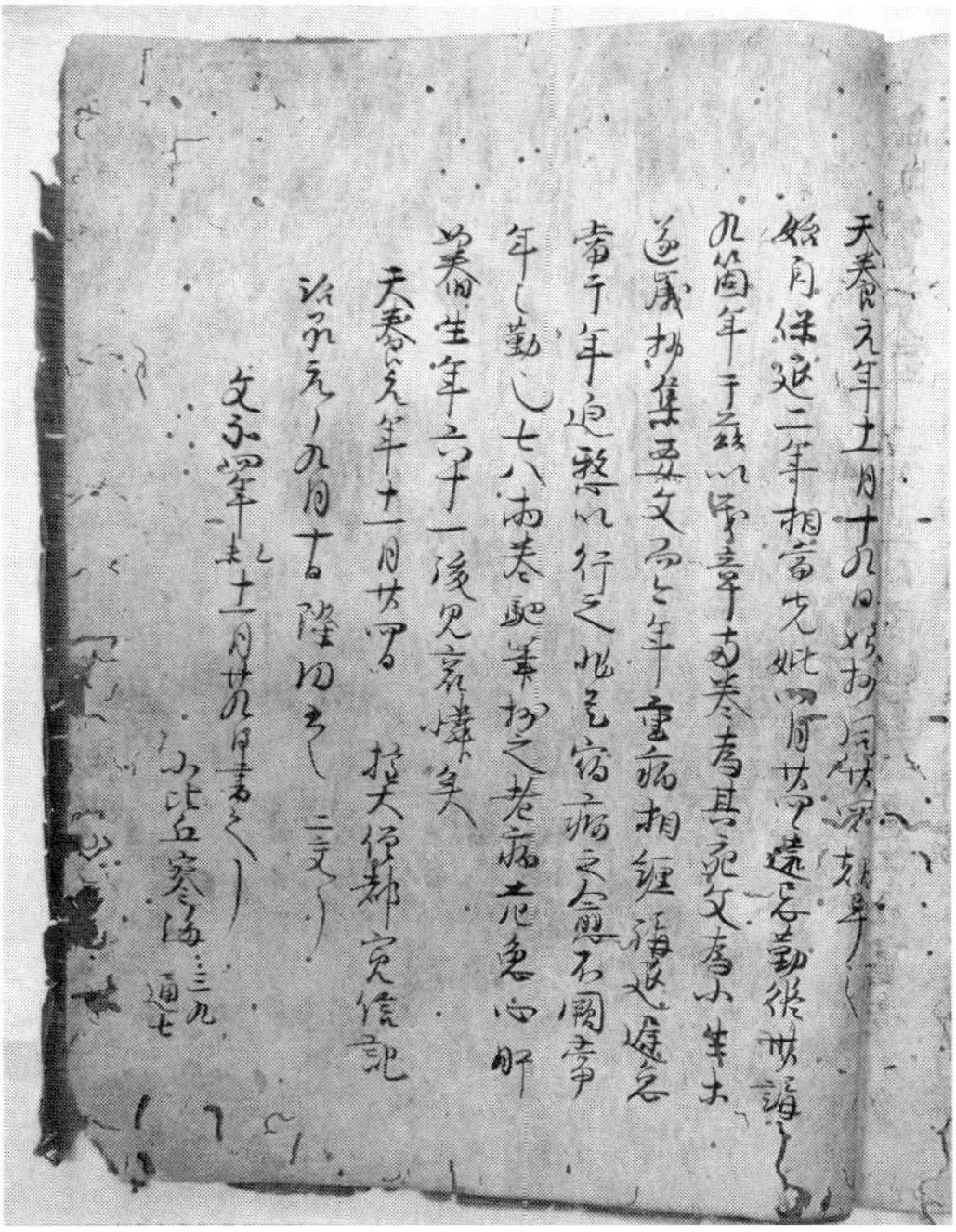

「大乗義章第八抄」奥書（寛信記）

文和四年（一三五五）七月十五日、拭レ汗書写了。染墨衲子寥海二十七通六(27)

先の奥書では、寛信が保延二年（一一三六）から天養元年（一一四四）までの九年間、亡母遠忌のために「大乗義章三十講」を勤修したことが明言されている。保延二年は、奇しくも冒頭に触れた東大寺における「大乗義章三十講」の創始年と一致するのであるが、一方で「大乗義章第十八抄（尾題）」奥書には、「保安五年（一一二四）四月七日始レ抄、同二十一日畢レ功。」という記載もあり、その開始時期は保安五年まで遡ることは確実であ

る。

「大乗義章抄」には、「問」の右辺に「康平二年（一〇五九）御筆仁王八講　永豪闍梨　山〈科〉講師有慶僧都東大寺」（第四抄下）、「康治二年（一一四三）最勝講　証禅闍梨　三井」（第八抄）、「天養元年（一一四四）東大寺三十講　理真」（第八抄）、「当年三十講　珍海」（第十三抄末）等の傍註、本文中に「東南院」（第八抄）や「兼観賢聖義短冊」（第八抄）、等の表記が散見される。また、寛信の師僧である覚樹は勿論、有慶（九八六～一〇七二）・樹朗（生没年未詳）・理真（生没年未詳）・珍海等、東南院系三論法脈に連なる学僧の名が頻出することから、同書が東大寺三論宗の修学実態を伝える資料であることが窺われる。恐らく同書は、寛信が既存の短釈等を参照しつつ、主に東大寺で執行された「大乗義章三十講」を含む諸法会の論義内容を抄筆し編集したものであろう。(28)

（2）桂宮院について

本写本は、文和四年（一三五五）から延文二年（一三五七）の三年間にわたり、寥海（生没年未詳）が桂宮院で書写したものである。奥書の一部を示せば、次のとおりである。

◇「大乗義章第四抄中（尾題）」奥書

延文二年（一三五七）六月一日、於桂宮院書レ之。沙門寥海 二十九歳 八夏

◇「大乗義章第十三抄末（尾題）」奥書

根本本幷御室御本奥半書無レ之。

延文元年（一三五六）六月二十一日、於二桂宮院一書写了。末資寥海 四七 通七

◇「大乗義章第十五抄末（尾題）」奥書

根本奥書□□無レ之。

御室御本再校了。

文和五年（一三五六）二月十二日書写竟。

桂宮院　寓住比丘寥海 四七 通七

◇「大乗義章第十八抄（尾題）」奥書

本云、保安五年（一一二四）四月七日始レ抄、同二十一日畢レ功。

御室御本、両校了。

文和四年（一三五五）十月十三日、於二桂宮院傍爐中火一書写了。小比丘寥海 二十七 通七

◇「大乗義章第十九抄本（尾題）」奥書

本云、保延六年（一一四〇）三月五日始レ抄レ之、四月十一日畢レ功。

御室御本、二校了。

文和五年（一三五六）丙申正月十三日、於二桂宮院一書レ之。時也、南枝□梅開、東風薫濃耳。小比丘寥海 四七 通七

◇「大乗義章第二十抄末（尾題）」奥書

根本抄主、奥書無レ之。

御室御本云、豪耀再交了。

文和四年（一三五五）乙未十二月二十九日、於二桂宮律院一書レ之。時至月迫、自憐二年老一耳。小比丘寥海 三九 通七[29]

桂宮院とは、広隆寺の子院であり、中観上人澄禅（一二二七～一三〇七）が建長五年（一二五一）に再興したとされる。広隆寺は空海（七七四～八三五）の弟子である道昌（七九八～八七五）が別当になって以後密教化し、別当の

所属も元興寺三論・東寺真言系から仁和寺系真言へ変遷していった[30]。澄禅については、円照（一二二一～一二七七）より東大寺三論宗、親快（一二一五～一二七六）より醍醐寺地蔵院流の密教、更には叡尊（一二〇一～一二九〇）より具足戒も受法し、現に西大寺蔵『西大寺光明真言過去帳』には「中観房　桂宮院長老」という記名が存在する[31]。なお、澄禅撰『三論玄義検幽集』七巻に対する貞海（生没年未詳）の講説をまとめた『三論玄義鈔』三巻もまた、桂宮院で書写されていることを付言しておきたい[32]。

上記の奥書によれば、この写本は寛信抄筆本（根本本）を写した御室本によって、寥海が筆録したものであり、その会場であった桂宮院も東大寺三論宗や仁和寺御室だけでなく、西大寺流の戒律も継承する諸宗兼学の道場であったことが了解されよう。

（3）仁和寺の修学について

「大乗義章抄」は、上述の如く、寥海が仁和寺と関係が深い桂宮院にて御室本を書写したものと理解できる。御室本の書写時期は、先に引用した「第八抄」や以下に示す「大乗義章第十二抄上」の奥書から安元三年（一一七七）の前後であったようであり、校了を行った僧も隆円や静暁、豪耀等多岐にわたる。

◇「大乗義章第十二抄上（尾題）」奥書

本云、保延二年（一一三六）正月一日始レ抄レ之、同三月終レ之。

御室御本云、安元三年（一一七七）七月二十三日交了。静暁

覚然本写二了之一。

そこで次に、桂宮院の本寺であった広隆寺に焦点を当てて仁和寺との関係を検証してみたい。先行研究によれば[33]、

広隆寺では原則として広隆寺僧が少別当等を経て大別当に就く事例が多かったようであるが、それが変容したのは第二十四代・三井寺増誉（一〇三二～一一一六）、第二十五代・仁和寺寛助（一〇九二～一一五三）等の他寺に所属する僧が就任してからであり、特に寛助以降は仁和寺の影響力が次第に強まっていった。

この流れとほぼ同時期である大治四年（一一三〇）とその翌年、待賢門院藤原彰子（一一〇一～一一四五）が広隆寺に参籠しているが[34]、その際に奉読されたと推定される表白（「待賢門院於広隆寺被修薬師法表白」二一二番）が称名寺蔵（金沢文庫保管）の二十二巻本『表白集』に収録されている[35]。この表白の作者は高野御室、すなわち白河法皇（一〇五三～一一二九）の皇子である仁和寺第四世覚法法親王（一〇九二～一一五三）であり、上掲の系図の如く、寛信の師僧である覚樹とは強い血縁・法縁関係を持つ人物である。そして、その覚法に灌頂を授けた師僧が寛助であり、覚樹もまた寛助の弟子と伝えられる。要するに、この相関図から、寛助―覚法―覚樹のつながりが読み取れるのである。更に、覚樹の異母兄である定海（一〇七四～一一四九）が、寛助が大別当職にあった保安二年（一一二一）に広隆寺

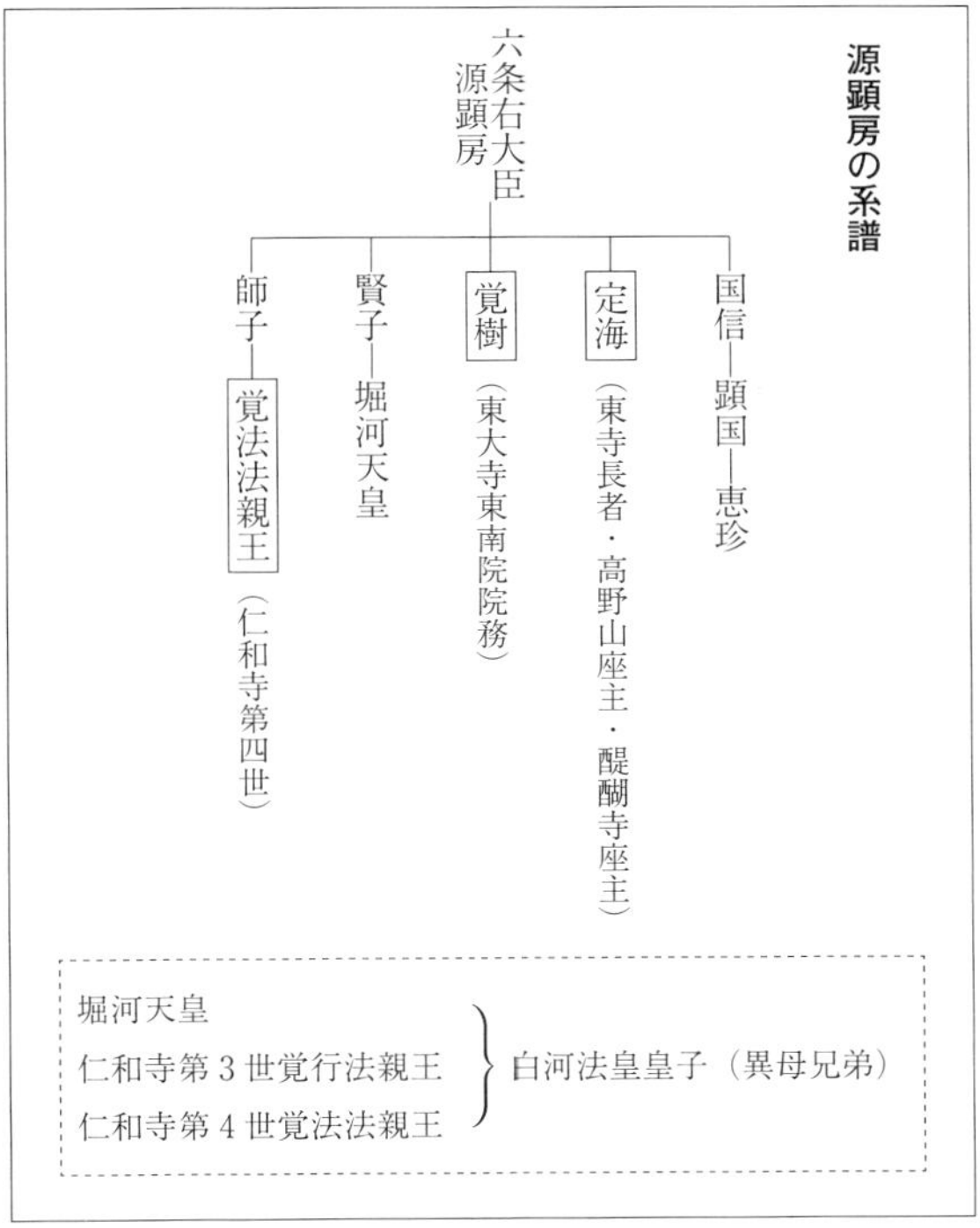

で『聖徳太子生身供式』を書写していることも[36]、仁和寺勢力の伸張と連動していると捉えることも可能であろう。

さて、この時期の仁和寺における特筆すべき事項の一つとして、天仁二年（一一〇九）に寛助の尽力による伝法会の施行が挙げられる。既に先行研究で論及があるように[37]、仁和寺伝法会については、前述した称名寺蔵二十二巻本『表白集』に五本が収載され、その内容から春に顕教、秋に密教が研学されていたようである。中でも、作者未詳・年記不明の「仁和寺伝法会講師表白」（三五二番）では、春に「二座之講肆席」を舒べ、秋に「両部之行法」を修したという記述に続けて、「就中、今年春者、談二智度論之久学、般若経説迹一、追二龍樹之古風一、近仰二大師之遺訓一也。[38]」とあり、春の伝法会に三論教学と関わりが深い『大智度論』を取り上げていることには留意したい。

この当時の真言宗における教学研究は、白河法皇という院権力を背景に仁和寺を中心に進展していったことは明らかであり[39]、白河法皇の勅許による伝法会の始行も教学の拡充という目的を大きく促進される役割を担ったはずである。そのような学的環境の中で、教学面で最も多くの著述をのこしているのが南岳房済暹（一〇二五～一一一五）である[40]。

済暹は、仁和寺第二世性信（一〇〇五～一〇八五）や寛助との交流の中で多くの法要に出仕し、天仁二年（一一〇九）十月の伝法会に講師として名前を連ねている。加えて、仁和寺第三世覚行法親王（一〇七五～一一〇五）が寛治六年（一〇九二）に伝法灌頂を受法した際には嘆徳師を勤め、覚行は生涯にわたって済暹の学徳を高く評価していたとされる。その覚行は、教学研究にも精力的で高麗続蔵経にいち早く着目して遼代の密教関連疏抄を輸入している。特に済暹の教学面との関係で注目されるのが、覚行が請来した可能性もある、遼・覚苑（生没年未詳）が撰述し遼年寿昌元年（一〇九五）に刊行された『大日経義釈演密鈔』十巻を自らの著作である『真言十六玄門大意』で言及している点であろう[41]。

以上の如く、済暹は院権力を基盤とした仁和寺教学圏において幅広い人脈を保持していたのであり、恐らくは覚樹や寛信とも接点があったと考えられる。(42) したがって、『大乗義章』を修学する重要性を認識していたことが想像される。事実、済暹は、自らの著作に『大乗義章』だけでなく願暁の『大乗法門章』も援引しているのである。一例を示せば、『大日経住心品疏私記』巻一一に以下の如く記されている。

発二業煩悩一者、大乗法門章(43)云、三根煩悩発レ思、三毒煩悩発二身口意業一。三根者、大乗義章云(44)、貪瞋癡也。思前煩悩発二生業一故名為レ根。文 言二覆業一者、大乗義章四云(45)、謂造業已重、於二前境一起二貪瞋等一覆二助前業一貪（令カ）二其増長一云云。潤二生煩悩一者、章云(46)、亦名二受生一。謂受生時諸煩悩等云云。(47)

このような諸書の活用を支えたのは、済暹が『大乗義章』は勿論、それを基盤とした願暁の所説までも熟知していた該博な学識にあったことは贅言を要しない。更に敷衍すれば、それは済暹教学の基盤である仁和寺でも『大乗義章』が重用されていた証左とも言えるのではなかろうか。

上来検証してきたように、仁和寺と広隆寺の人的交流を踏まえつつ、仁和寺御室と寛助、済暹、更には覚樹や寛信等が血縁・法縁という中で密接な連係を有していたことが推測される。そのような交流を背景に、恐らく仁和寺においても、伝法会にて『大智度論』が取り上げられた事例があるように、三論教学の研鑽が図られ、それと併せて『大乗義章』も修学対象になった可能性が推察される。そのことは、前述した御室本の存在や済暹の学習実態からも傍証されると思われる。

この課題については、今後更なる検討が必要であろう。

（4）論義の表現形式

「大乗義章抄」における論義の形式は、基本的に①論題の本文、②論題の典拠、という二要素が一つのまとまりになって幾重にも連記される構成となっている。例えば、「大乗義章第八抄」の「六道義」冒頭には、次のような記述がある。

六道義

問。翻二阿修羅一為二不酒神一。如何釈レ之乎。

進云、不レ知三何義名二不酒神一云云。

付之、見二嘉祥釈一レ之、過去持二不飲酒戒一報得二此名一。或云、集レ花醸レ海為レ酒不レ成故云二無酒一云云。此釈叶二文理一。何云二不知何義一乎。

章云（『大乗義章』巻八）[48]、阿修羅者、是外国語。此名二劣天一。又人相伝名二不酒神一。阿之言無、修羅名レ酒。不レ知三何義名二不酒神一云云。

義疏一云（『法華義疏』巻一）[49]、阿修羅者、此云二無酒一。或言、過去持二不飲酒戒一報得二此身一。或云、集二諸花一醸レ海為レ酒不レ成故云二無酒一。毘婆沙云（『大毘婆沙論』巻三一・巻一七二）[50]、阿之言無、修羅云二端正一。……

問。……進云、……付之……章云、……

論義は二問二答を原則とするが、同書の構成は一定ではなく、右記のように「問」→問者「進云」→問者「付之」という流れで進み、答者の「答」が省略或いは簡略される場合が圧倒的に多い。右の議論では、阿修羅を不酒神と翻訳することについて、『大乗義章』と吉蔵（五四九～六二三）撰『法華義疏』の各解釈の整合性が問題視されている。すなわち、「進云」以下では『大乗義章』の説を引用し、それを受けて「付之」以下ではその所説が『法華義疏』の解釈と矛盾することが述べられている。答者の立場としては、恐らく両説の齟齬を会通するような返答を提示することが要求されていたと予想される。そして、これ以降、六道義に関する問答が連記されていくのである。

このような「問」を中心とした表現形式は、実は宗性（一二〇二～一二七八）が収集した『法勝寺御八講問答記』等にも見られる特徴であり、当時の法会では洽博な教学理解に裏打ちされた「問」を提唱することが何よりも重視され、「答」はあくまでも副次的な位置づけであったために「問」を中心とした表現形式になったという指摘がある[51]。寛信もまた、過去の論義を参酌しながら、備忘や後学のために『大乗義章』の項目に準拠して要文を抄筆したのであろう。なお、「私云」として寛信自身の見解があることも付記しておきたい。

四　頼超記『義章問答』について

『義章問答』は、頼超が東大寺北院で書写したものであり、現在は巻二が東大寺図書館、巻三・巻四・巻五が聖語蔵に所蔵されている。近年、正倉院事務所が取り組んでいる『聖語蔵』経巻四九六〇巻出版事業の第五期『乙種写経』の配本が開始され、その第一回配本に聖語蔵本が収載されたことから、東大寺図書館蔵本との比較がはじめて可能となった。

同書は元々、六巻構成になっていたようである。真福寺大須文庫蔵「御前聖教目録」の第八櫃には、「義章問答六帖　禅　入宗十七」とあり、禅那院珍海の作として同名書が見出される。但し、現存本は巻子本であり、「六帖」

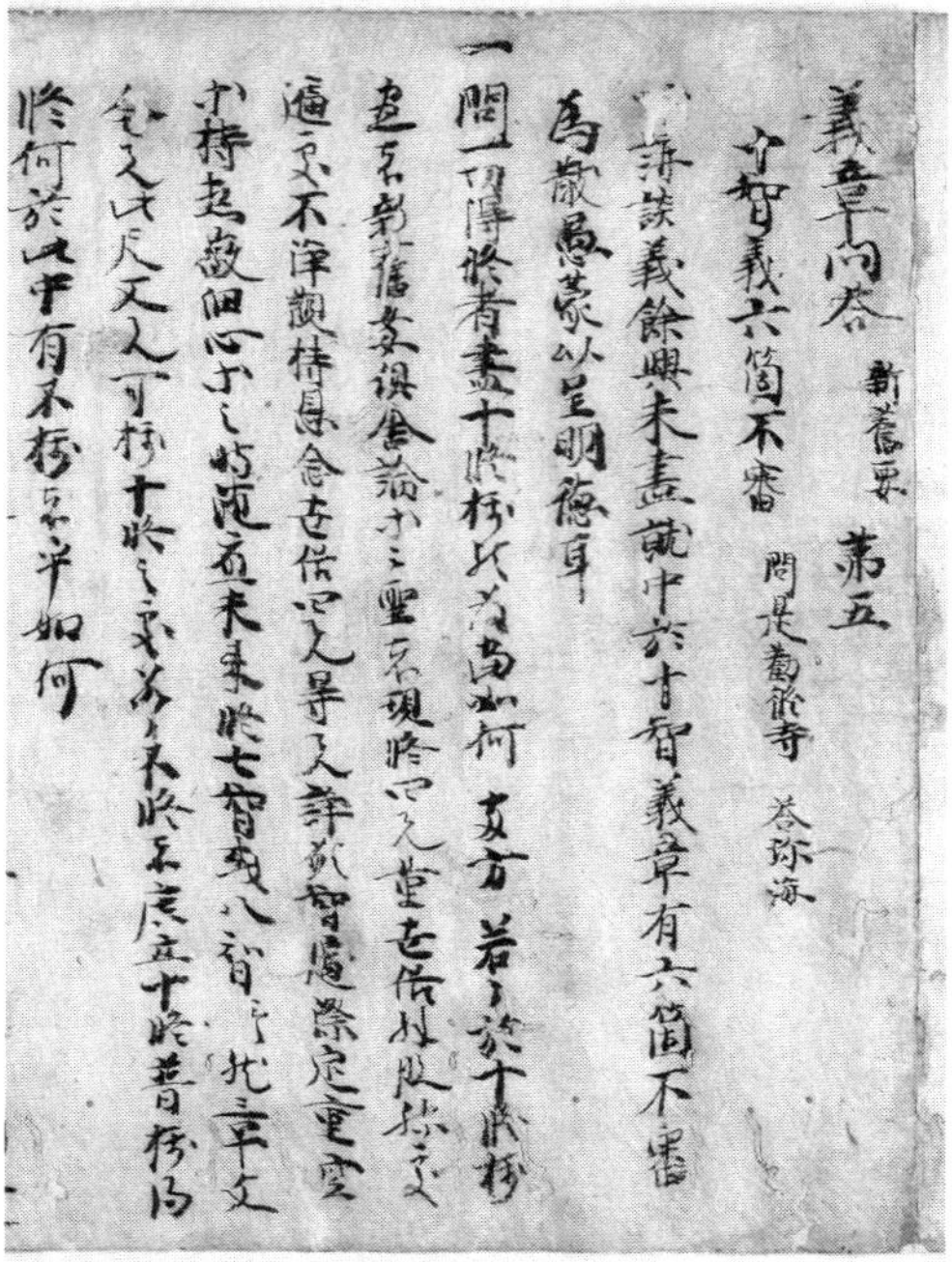

聖語蔵『義章問答』巻五・冒頭部分
問是勧修寺（寛信）　答珍海

と表記される点にはやや疑問が残る。また、「入宗十七」とあるが、これは「御前聖教目録」と同筆で合冊されている「東南院経蔵聖教目録」の宗重部第十七櫃を指示しているのであり、その十七櫃には「義章要六帖　珍（＝珍海）」という書名がある。[52]「東南院経蔵聖教目録」では、新たに収蔵された聖教類に対して「新」の註記（目印）があるが、「義章要六帖」にはその註記がなく、「義章問答六帖」と「義章要六帖」は別本ということになる。ところが、実は後述する真福寺大須文庫蔵『義章要』巻五が『義章問答』巻五とほぼ同内容であることが判明したことから、問題が複雑化する。現段階では、両目録に記載の「義章問答」と「義章要」は、各々現存の『義章問答』・大須文庫蔵『義章要』に比定できると述べるに止めておきたい。なお、両書に珍海作を裏づけるような確証は見当たらないが、珍海の名が頻出するのは事実であり、或いは祖本の撰者を珍海に帰すことは可能かもしれない。

同書は、巻二に二十八条、巻三に十四条、巻四に十八条、巻五に十一条の各問答が収められ、各巻冒頭に論義の要諦を記した「科文」が列記されている。但し、前述した身延文庫蔵「大乗義章抄」が『大乗義章』の項目順で論題が整然とまとめられているのに対して、同書では「科文」が無作為に並列されている。なお、各問答と身延文庫蔵「大乗義章抄」及び頼超記『玄疏問答』に著録される問答との一致、各巻の註記一覧を後掲の対照表にまとめたので、参照されたい。

書誌の概要については、巻子本、各巻とも外題に「義章問答　第二　頼超之」等、各巻とも「科文」の後に内題として「義章問答　新旧要　第二」等とあり、法量は影印のみの閲覧のため詳しくは把握していない。

それでは以下、（１）頼超について、（２）勧修寺の修学について、（３）論義の表現形式、という三項目に分けて検証を進めていくことにする。

（１）頼超について

頼超という名は、大治三年（一一二八）に維摩会竪義へ出仕した記事に現れるが[53]、当年齢を「六十」としていることから、『義章問答』を筆写した頼超とは別人であると思われる。確実であるのは、宗性筆『維摩会問答記』収録の承安四年（一一七四）興福寺維摩会に関する記事であり、「第五日朝座」の問者を「頼超大法師 東大寺三論宗」が勤修したとされ、翌安元元年（一一七五）にも同じく頼超が第五日朝座に問者として出仕したことが確認できる[54]。

この他、幸いなことに頼超が記した『玄疏問答』三巻が東大寺図書館に現存し、それが日本大蔵経に収録されている。各巻の奥書を並記すれば、次のとおりである。

◇『玄疏問答』巻一奥書

寿永三年（一一八四）正月十四日於東大寺北院書了。一校了。頼超

◇『玄疏問答』巻二奥書

寿永三年（一一八四）正月二十九四日於二東大寺北院一書了。頼超

◇『玄疏問答』巻三奥書

寿永三年（一一八四）二月十二日書了。校了。(55)

この奥書によれば、『義章問答』を記した養和二年（一一八二）の二年後に同じく東大寺北院で同書を書写したことが分かる。

その内容を概説すれば、『玄疏問答』は頼超が東大寺内で行われた三論教学をめぐる論義をまとめたものであり、巻一に十五条、巻二に二十五条、巻三に二十二条の問答、計六十二問答が収載されている。主に珍海の『三論玄疏文義要』十巻より四十八問答が無作為ではあるが引用され、それ以外の問答には『義章問答』と一部重複する箇所が見出される。但し、問答体といっても主に「問」を中心に構成され、「答」は簡略或いは省略されている場合が多い。同書は、巻二・十四番問答に「康治二年（一一四三）最勝講　三井証禅問二東大寺義暁一」、同・二十一問答に「最勝講　三井宗覚問二兼禅一等」という追記(56)が見られることから、恐らく諸法会で実施された論義内容を集成したものと思われる。

以上のことから、頼超が東大寺三論宗に属する学僧であったことは了解されよう。

（2）勧修寺の修学について

『義章問答』には、『玄疏問答』と同様、様々な註記が挿入されている。管見が及ぶ範囲で各巻の註記を章末の対照表にまとめてみたが、中でも、「勧修寺三十講」に関する記述が目を引く。

そもそも、勧修寺は、藤原胤子（?～八六九・内大臣藤原高藤女）が息である醍醐天皇を警護するために建立した

とされる。延喜五年（九〇五）、勧修寺根本と称される承俊（?～九〇六）の差配により、定額寺及び真言宗と三論宗の年分度者を各一口置くことが認可され、密教と三論宗を兼学する寺院となった[57]。

その後、藤原北家の一支流、藤原高藤を祖とする勧修寺流藤原氏が氏長者として寺を管理したが、実質的に勧修寺流の基礎を築いたのは、藤原為房（一〇九四～一一一五）とされる。そして、その子息こそが前述した身延文庫蔵「大乗義章抄」を筆録した寛信であり、その時期に伽藍や法会等が整備され、真言勧修寺流という有力門流が形成されたのである[58]。

こうした歴史的変遷を念頭に置きつつ、同書巻五の冒頭部を一瞥すれば、「十智義六箇不審」という論題をめぐり、問者は「勧修寺」、答者は「珍海」がつとめたと記されている。この「勧修寺」とは、覚樹や勧修寺已講という表記が他に散見されることから勘案すれば、寛信を指すことはほぼ間違いない。

これと併せて注意したいのは、東寺観智院金剛蔵に架蔵される、院政期の古写本である『大乗義章』十二巻（二四函―一）の奥書である。例えば、「巻一末」「巻三末」の奥書に次のような記述がある。

◇『大乗義章』巻一末

保延四年（一一三八）六月十七日勧修寺於二東院房一書了。

執筆三論宗沙門念寛之

〔同五年（一一三九）三月二十七日以二越州将来之本一交了。

願以二此善一、廻二施法界一、

令レ断二無明一、証二中道理二。〕

◇『大乗義章』巻三末

保延三年（一一三七）二月十七日勧修寺於㆓東院房㆒書了。〔一交了〕
三論宗沙門念寛之
願以㆓書写善㆒、廻㆓施諸群生㆒、
出㆓生死昏衢㆒、到㆓菩提彼岸㆒。
〔以㆓醍醐越州得業之本㆒一交了。〕[59]

すなわち、本写本は保延年間に三論宗徒の念寛が勧修寺の東院房で書写したものであり、別筆かもしれないが、僅か数年後に「越州将来之本」「醍醐越州得業之本」、すなわち珍海所持本で校了されているのである。念寛の来歴は不明であるが、寛信や珍海に近い人物であったことが想起され、或いは本写本の書写は寛信の指示によるものであったかもしれない。更に、巻八末の奥書には、「天養元年（一一四四）於㆓僧都御房㆒談義了」という記載があるが、実は『義章問答』巻四にも「康治二年（一一四三）勧修寺三十講　珍海問㆓勝真㆒」という註記があり、勧修寺で『大乗義章』の談義・論義が盛んに実習されていた様子が明白に窺われるのである。

既に触れたように、身延文庫蔵「大乗義章抄」にも覚樹や珍海の名が頻出するのであり、覚樹―寛信―珍海という、東大寺三論宗の系譜に連なると共に、密教との関係も深かった学僧が中心となって、勧修寺においても『大乗義章』が修学されていたと結論づけることができよう。

（3）論義の表現形式

『義章問答』は、「問」の部分を中心に問答体が構成されている点では、先の身延文庫蔵「大乗義章抄」と同工であるが、「答」の記載が比較的多く見受けられるのが特徴的であると言えよう。例えば、『義章問答』巻四に次のような問答がある。

◇『義章問答』巻四（聖語蔵）・第十三番問答

問。大乗中可レ説二心法定数一耶。

答。不レ弁二定数一云云。

問。顕識論明二六十四心法一。唯識論出二五十一心所一。然何云レ不レ弁二定数一耶。

答。付二地持十地等文一云レ不レ弁二定数一歟。

保延七年（一一四一）四月　勧修寺三十講　義雲為レ之　講師定敏

この問答は、保延七年に執行された「勧修寺三十講」で東大寺義雲[60]（生没年未詳）が作成した論題の一つである。その内容とは、大乗にて心法数を確定すべきか否かという議論であり、『菩薩地持経』に準拠して確定すべきではないと結論づけている。

また、「問」を中心とした論義の定型であっても、「答」が補足されることで論義内容が明確化する場合もある。そこで以下、一例を示したい。

◇『義章問答』巻二（東大寺図書館蔵）・第二十二番問答

問。付二三乗共十地一、大乗見地唯於二初地終心一立レ之歟。

進云、正住以後立レ之也。

付之、初住・已住共可レ云二八人地一。唯以二終心一可レ為二見地一也。

依之、傍章云、初地満心名為二須陀洹果一云云。如何。寛厳為レ之

答。今立二一義一云、分二三住一時、以二正住及地満一為二修道一。

多分㆑二時、但云㆓地満㆒為㆓修道㆒也。又一義云、立㆓地住㆒名㆓証義㆒。無㆑定㆓必初地満心㆒。
地論心惣為㆑見、地持為㆑修也。
三乗共十地義云(61)、声聞八人於㆓菩薩中㆒名㆓無生忍㆒。入㆓菩薩位㆒、此名㆓初地㆒。始入地心為㆓無生忍㆒。〇声聞見地於㆓菩薩中㆒名㆓阿毘跋致㆒。此乃初地正住已後、乃至地満安㆔住不退㆒名㆓阿毘跋致㆒云云。此文始云㆑如㆓龍樹説㆒云云(62)。

先ず「問」では、『大乗義章』に依拠しつつ、大乗の見地を初地の終心に立てるべきであると強調する。これに対して、「答」では、幾つかの解釈を提示しながら、見地を必ずしも初地の終心にする必要がないと反論するのである。問題となるのは、初地を見道、或いは修道のどちらで理解するべきであるかということであり、結局のところ、『大乗義章』巻一〇「別相三道義」にある「故地論言、諸見縛者於㆓初地中見道時㆒断。二地已上乃至七地、是其修道。八地已上名㆓無功用㆒。以㆑実細分見有㆓二種㆒。一者縁見、在㆓解行終心㆒。故地持言、諸見縛者解行時断。二者証見、在㆓初地始心㆒。修道亦二。一者習修、在㆓初地満心㆒。故地持中宣㆔説初地以為㆓浄心及初修慧行㆒也。二者正修、在㆓二地已上㆒。無功用中亦有㆓二種㆒。一習無功用、在㆓七地中㆒。故地経中宣㆔説七地修㆓無功用㆒。二成無功用、八地已上。与㆓無生忍㆒、其義相似(63)。」という記述を参酌して、『十地経論』が〔初地―見道〕、『菩薩地持経』が〔初地―修道〕と解釈していることを根拠に多様な見解があることを主張しているのである。このように、「問」に対する「答」があることで、何が討議されていたのか分析することが有効となるのであるが、こうした事例はあまり多くないのが実情である。

『義章問答』は、東大寺や勧修寺は勿論のこと、法金剛院や法勝寺等で執行された諸法会で取り上げられた『大乗義章』関連の論義を収集したものであることは間違いないが、頼超が集成まで行ったかどうかについては慎重に検討する必要がある。この問題は、次節で論究することにする。

五　増玄記『義章要』について

『義章要』は、東大寺増玄が白河御房で書写したものであり、真福寺大須文庫に第五・第六が合冊という形態で所蔵されている。各巻冒頭に「科文」が列記され、第五は十三条、第六は十六条の各「科文」を示しているが、実際は第五に十四条、巻六に十五条の各問答が収録され、「科文」との齟齬が見られる。既に先で触れたように、『義章要』巻五と『義章問答』巻五がほぼ同じ内容であることが明らかとなり、真福寺が蔵する東南院の目録類から、『義章要』も元来六巻構成であったことが推測される。但し、難題であるのは、『義章問答』巻五が十一条の問答を採録しているのに対して、『義章要』巻五は十四条、つまり三条が補記されている点である。このことについては、後述することにしたい。

書誌の概要については、袋綴装仮綴、楮紙、外題に後記で「義章要　第五六　増玄法師」、各冊内題はないが冒頭の「科文」前に「義章要巻第五」「義章要巻第六」とあり、法量はタテ二八・七糎、ヨコ二四・五糎、全四十三丁である。

それでは以下、（1）増玄について、（2）『義章問答』との関係について、という二項目に分けて検証を進めていくことにする。

（1）増玄について

『義章要』を筆記した増玄については、貞永元年（一二三二）及び天福元年（一二三三）の興福寺維摩会に乗信

（一一六七〜一二三五〜）と共に精義者として出仕していることが注意される。[64] 乗信とは、倶舎に精通した学僧として知られ、珍海撰『十帖禅那院〈因明疏四種相違抄因明四種相違短尺〉』の書写本が現存している。また、木幡観音院で密教を伝法した真空〈定兼〉（一二〇四〜一二六八）や仁和寺で密教を受法し東大寺別当・東寺長者等を歴任した定親（一二〇三〜一二六八）の三論の師僧でもあった。[65] そして、その真空の弟子とされるのが頼瑜であり、頼瑜もまた『義章八識義愚草』三巻を著述している。

実のところ、東大寺三論宗の学問状況が醍醐寺や勧修寺等との相互交流により三論だけでなく密教を兼学することが常態化していた事実から勘考すれば、増玄は勿論のこと、先に概説した頼超も密教の知識を保有していたと推認することができよう。

（2）『義章問答』との関係について

『義章要』が、『義章問答』と密接な関係にあることは既に指摘した。対照できる箇所が巻五に限定される現況ではあるが、以下に異なる点を並記する。

①『義章問答』では、冒頭の「科文」後に内題として「義章問答　新旧要　巻五」と記されるが、『義章要』では冒頭の「科文」前に「義章要巻第五」の題目表記が見られる。

②両書の冒頭に掲示される「科文」表記に若干の相違がある。

③『義章問答』で註記とされている箇所が、『義章要』では本文に組み込まれている。

④両書とも第一問答から第十一問答まで同一であるが、『義章要』では更に三条の問答が補記されている。

このような相違点を踏まえつつ改めて両書の関係を再考すれば、内題や「科文」を欠く問答のみを収集した祖本らしきものが存在した蓋然性が高く、原本か或いは転写本を頼超と増玄が各々書写し、各自が内題や「科文」、更には問答までも追加したことが想定される。または、増玄が使用した本の段階で既に三問答が補記されていたのかもしれない。なお、祖本の撰者として有力なのが珍海であることは、先に記したとおりである。

最後に、両書の目次科文の翻刻対照表を掲げておく。

◇聖語蔵『義章問答』巻五・目次科文	◇真福寺大須文庫蔵『義章要』巻五・目次科文
	義章要巻第五
①十智義六箇不審事	①十智義六箇不審
②成実意受律儀戒初念可有無作業耶	②第二念頃名為無作勘文
③外無記自種因者唯属生因歟	③外無記自種因勘文
④成実意可許無漏耶	④成実無漏思有無之文
⑤成実意唯無作色仮名人為不相応行事	⑤成実不相応行之文
⑥成実意四法智無断惑之智歟	⑥成実論意四法智倶断惑不
⑦大力菩薩証文事	⑦大力菩薩証文
⑧日月寿命事	⑧日月星寿命事
⑨伽陁経事文	⑨伽陁経修羅有文
⑩転女身経事	⑩【転女身経事　目次科文は欠落しているが本文あり】
⑪七識住初禅惣為第二識住事	⑪初禅惣為第二識住事
	⑫刹那等起心与所発業同時倶起歟
	⑬〔問〕毘曇意具造多逆者於順次生一劫中受果報事
	⑭問十二因縁五世分別現四支中有従煩悩生煩悩事

六　おわりに

本章では、従来殆ど研究されていない『大乗義章』の論義関連資料を取り上げて、内容分析を試みてみた。その結果、東大寺三論宗の系譜を受け継ぎつつ、密教も兼学した覚樹や寛信、珍海等の学僧が中核となって、東大寺は勿論のこと、醍醐寺や仁和寺、勧修寺等の密教寺院でも『大乗義章』が修学対象となっていた実態が浮き彫りになってきた。

寛信については、密教僧としての一面だけに焦点が当てられる機会が多かったが、本章で取り上げた論義関連資料から垣間見られるのは、『大乗義章』・『成実論』等の論書を駆使して三論教学の研鑽に精励する碩学としての姿であった。無論、こうした論義を繰り返して学功を積むことが僧階の昇進やそれに付随する名声の希求と密接に結びついていることは言うまでもないが、寺外の格式が高い法会では他宗との論義にも対処することが要求されたのであり、やはり幅広い学識を修得しようとする、学問に対する積極性こそが当時の学僧の根本的な動機であったと思われるのである。

ここで特に強調したいのは、院政期における真言教学研究の一大拠点であった仁和寺においても、『大乗義章』が修学されていた可能性を推考したことである。あくまでも仮説の範囲を出るものではないが、仁和寺御室を中心として広汎な人的交流が構築されていたことを起点に、「大乗義章抄」の御室本が存在したことや済暹が願暁の

『大乗法門章』という希覯書を援用している点等に着眼して立論してみた。今後、仁和寺より同様の資料が発掘されることを期待したい。

註

（1）現行の『大乗義章』が成立の時期や作者の真偽等で多くの問題を有していることについては、岡本一平「『大乗義章』のテキストの諸系統について」（国際シンポジウム報告書『東アジア仏教写本研究』所収。国際仏教学大学院大学日本古写経研究所・文科省戦略プロジェクト実行委員会、二〇一五）に詳しい。『大乗義章』の日本への流伝は不明な点が多いが、岡本氏は同書に関する諸記録や引用文を精査し、日本において同書を引用した初例が、善珠（七二三〜七九七）の『法苑義鏡』であることを明らかにした。

（2）南都諸宗と密教の兼学化をめぐっては、様々な解釈が提示されている。永村眞氏は、平安前期以降に南都諸寺で密教が兼学されるようになった理由として、「六宗」はあくまでも修学対象としての「教」の体系であり、「真言教門」こそが覚悟に至るための「行」の拠り所として重視されたことを挙げている。また、上島享氏は、密教と顕教の相互交流によって両者の均質化が進み、広範な教学的基盤を共有したうえで各々独自性を発揮したのが中世顕密仏教の特徴であると述べている。一方で、苫米地誠一氏は、空海の十住心教判の包摂性を踏まえつつ、南都諸宗の実質的な支配権を握っていたのは真言宗僧であり、真言宗僧の顕教兼学化こそが中世顕密仏教の本質であるという見解を提示されている。この問題については、永村眞「「真言宗」と東大寺――鎌倉後期の本末相論を通して――」（中世寺院史研究会編『中世寺院史の研究』下所収。法藏館、一九八八）、同「「南都仏教」再考」（ザ・グレイトブッダ・シンポジウム論集第五号『鎌倉期の東大寺復興――重源上人とその周辺――』所収。法藏館、二〇〇七）、同「平安時代の東大寺――寺家組織と教学活動の特質――」（ザ・グレイトブッダ・シンポジウム論集第十一号『平安時代の東大寺――密教興隆と末法到来のなかで――』所収。東大寺、二〇一四）、上島享「中世国家と仏教」（同『日本中世社会の形成と王権』第二部、第二章所収。名古屋大学出版会、二〇一〇）、同「院政期仏教の歴史的位置――〈日本仏教〉の形成――」（『仏教史学研究』四三―二、二〇〇一）、同「真言密教の日本的変遷」（『洛北史学』一、一九九九）、苫米地誠一「平安期興福寺における真言宗」（同『平安期真言密教の研究』第二部、第三篇、第一章所収。ノンブル、二〇〇八）、同「貞慶と興福寺真言宗」（同書第二部、第三篇、第二章所収）、中本由美「南都六宗における宗派意識の形成と展開」（『仏教史研究』五〇、二〇一二）等、参照。また近年、苫米地氏は、「諸宗の制度的兼学と重層的（包摂的）兼学」（『智山学報』六五、二〇一六）で、太政官符によって規定される諸「宗」兼学（制度的兼学）が特に真言宗僧の僧綱昇進と密接に連係していたと位置づけ、更にそれよりも広い意味での「宗」の重層的（包摂的）な兼学について、例えば法然（一一三三～一二一二）が大乗菩薩戒（天台における四宗相承の戒宗）を生涯重視し続けたことから、天台宗を捨てたのではなく、その枠内で新義（浄土宗）を打ち立てたと解釈している。

（3）　覚樹は右大臣源顕房（一〇三七～一〇九四）の息であり、東大寺別当・東南院院務を務めた慶信（一〇四一～一〇九五）に入室し、維摩会をはじめ様々な法会に出仕した三論宗の碩学であり、法宝（六二七～七〇五？）撰『倶舎論疏』三十巻（大正四一所収）等に加点したことでも知られる。また、『維摩会講師研学竪義次第』（『大日本史料』第三編之十一・三一頁）によれば、覚樹は大僧正寛助の弟子とされ、その寛助が灌頂の師を務めた仁和寺御室第四世覚法法親王との血縁・法縁のつながりから、仁和寺と緊密な関係にあった。更に、覚樹が「大乗義章三十講」の創始へ関与していたという指摘があることにも留意したい。覚樹の事跡については、宇都宮啓吾「十二世紀における義天板の書写とその伝持について――訓点資料を手懸かりとした諸宗交流の問題――」（『南都仏教』八一、二〇〇二）、追塩千尋「東大寺覚樹について」（同『中世南都の僧侶と寺院』第一部、第三章所収。吉川弘文館、二〇〇六）、横内裕人「高麗続蔵経と中世日本――院政期の東アジア世界観――」（同『日本中世の仏教と東アジア』第三部、第十章所収。塙書房、二〇〇八）、同「平安期東大寺の僧侶と学問――特に宗と院家をめぐって――」（ザ・グレイトブッダ・シンポジウム論集第十一号『平安時代の東大寺――密教興隆と末法到来のなかで――』所収）等、参照。

（4）　寛信は、東南院で覚樹に三論宗を学ぶと共に、厳覚（一〇五六～一一二一）より東密小野流の秘奥を継承し、勧修寺別当や東寺長者、東大寺別当等を歴任した学僧であり、勧修寺法務と号される。長承三年（一一三四）には、南都三会已講の労によって権少僧都に任ぜられている。なお、東大寺別当職にあった際は、東大寺文書の修繕・保存を行っている。その事跡や著作類については、上川通夫「門流の成立と世俗権力――勧修寺流をめぐって――」（同『日本中世仏教形成史論』第三部、第一章、第二節所収。校倉書房、二〇〇七）や土岐陽美「東京大学史料編纂所所蔵『康治二年灌頂記』」（『東京大学史料編纂所研究紀要』一四、二〇〇四）、山本真吾「勧修寺法務寛信による表白の制作」（同『平安鎌倉時代に於ける表白・願文の文体の研究』第一部、第四章、第四節所収。汲古書院、二〇〇六）等、参照。

（5）珍海は寛信と同じく覚樹門下であり、三論・華厳・法相・因明・浄土に精通するだけでなく、覚樹の異母兄である醍醐寺三宝院定海（一〇七四～一一四九）から密教を修学し、東大寺禅那院の他、醍醐寺も活動拠点としていた。珍海の祖父・藤原頼成が「従五位上越前守」であったことから、「越前已講」と呼称される場合がある。本章で取り上げる『大乗義章』の論義関連資料にも記名が頻出し、本法会の実施に珍海は大きな役割を担っていた。これまでの研究状況は、奥野光賢「禅那院珍海の研究（序説）」（『駒澤短期大学仏教論集』一二、二〇〇六）に要領よくまとめられている。中でも、坂上雅翁「珍海――画僧と学僧――」（梶山雄一他編『浄土仏教の思想』第七巻所収。講談社、一九九三）は、珍海の経歴や思想が体系的に論じられているので有益である。

（6）『東大寺続要録』仏法篇（国書刊行会、二〇一三）、一四七頁～一四八頁。

（7）『大乗義章』の修学実態については、論義や聖教研究の中で間接的に論及される場合が多く、研究は殆ど進んでいない。その中、永村眞『中世寺院史料論』（吉川弘文館、二〇〇〇）は、様々な寺院史料を駆使して「大乗義章三十講」をはじめ諸法会の具体的機能等に検討を加えた先駆的業績である。また、柴﨑照和「秀恵集『大乗義章三蔵義問答抄』――翻刻と解題――」（荒木浩編『小野随心院所蔵の文献・図像調査を基盤とする相関的・総合的研究とその展開』三所収、二〇〇八）では、随心院が所蔵する『大乗義章三蔵義問答抄』（五函―九八）の解題の中で、『大乗義章』の日本における展開が概説されている。この他、関連する研究として、永村眞「中世醍醐寺と三論宗」（大隅和雄編『仏法の文化史』所収。吉川弘文館、二〇〇三）、同「中世醍醐寺の教相と論義」（中尾堯編『鎌倉仏教の思想と文化』所収。吉川弘文館、二〇〇二）、同「鎌倉時代の東大寺三論宗――三論聖教「春花略鈔」を通して――」（『史艸』四九、一九九九）、蓑輪顕量『日本仏教の教理形成――法会における唱導と論義の研究――』（大蔵出版、二〇〇九）、北畠典生編著『日本中世の唯識思想』（龍谷大学仏教文化研究所、一九九七）、共同研究「『成唯識論同学鈔』の研究」（一）～（三）（『仏教文化研究所紀要』三六・三七・三九、一九九七・一九九八・二〇〇〇）、共同研究「日本唯識の転換点――蔵俊・貞慶と法相論義――」（『南都仏教』九五、二〇一〇）、楠淳證「日本仏教の展開――法相唯識について――」（『仏教学研究』五〇、一九九四）、同「南都の法会と法相論義」（マルティン・レップ／井上善幸編『問答と論争の仏教――宗教的コミュニケーションの射程――』所収。法藏館、二〇一二）、「『法勝寺御八講問答記』特集号」（『南都仏教』七七、一九九九）、海老名尚「平安・鎌倉期の論義会」（『学習院史学』三七、一九九九）等がある。

（8）註（7）柴﨑論文参照。柴﨑氏は、②③⑥⑨⑪⑫の六点を取り上げている。

（9）大正七〇・六六五頁中。関連する内容が『三論玄疏文義要』巻五（大正七〇・二七四頁上中）に見出される。本書第十一章註（32）参照。

（10）仏全一・三四七頁下。

（11）柴﨑照和「随心院所蔵の三論宗典籍について――典籍目録と翻刻――」（荒木浩編『小野随心院所蔵の密教文献・図像調査を基盤とする相関的・総合的研究とその探究』所収。二〇〇五）、一九七頁。

（12）『身延文庫典籍目録』下（身延山久遠寺、二〇〇五）、三一六頁～三一九頁。

（13）『正倉院聖語蔵経巻目録』（奈良帝室博物館正倉院掛、一九三〇）、七八頁。同書は、正倉院事務局編・宮内庁正倉院事務局所蔵「聖語蔵経巻」第五期 乙種写経一・カラーデジタル版（丸善、二〇一三）に収録されている。聖語蔵『義章問答』の影印は、カラーデジタル版より転載した。奥書は、『平安遺文』題跋編（五〇七頁）に既に記載がある。

（14）伊藤隆寿「三論宗関係典籍目録（稿）」（『駒澤大学仏教学部研究紀要』五四、一九九六）参照。

（15）『真福寺文庫撮影目録』上巻（真言宗智山派宗務庁、一九九七）、一三三頁。

（16）註（14）伊藤論文にも言及がある。

（17）坂本正仁「史料紹介頼瑜作「自抄目録」」（『豊山学報』四二、一九九九）、国文学研究資料館編『真福寺善本叢刊』〈第二期1〉『真福寺古目録集』二所収「自抄目録」（臨川書店、二〇〇五）等、参照。

（18）註（14）伊藤論文にも言及がある。

(19)『真福寺文庫撮影目録』上巻、七一頁。註(14)伊藤論文にも言及がある。
(20)同書は、註(7)永村論文「中世醍醐寺と三論宗」で検討が加えられている。
(21)同書は、註(11)柴﨑論文で所在が確認されている。「極唯七返」という内題があり、この文句が『大乗義章』の「賢聖義」(大正四四・八〇〇頁上)に見出されることから、関連資料であることは確実である。
(22)『身延文庫典籍目録』下、三一六頁。
(23)『真福寺古目録集』二所収。五六四頁〜五六六頁/五六九頁〜五七二頁。
(24)註(1)岡本論文参照。
(25)康治元年一月十四日条。『増補史料大成』二四、六〇頁。
(26)例えば、山本真吾氏により高山寺蔵の寛信関係文献が目録化されているが、その殆どが密教関連のものである。山本真吾『高山寺蔵勧修寺法務寛信関係文献目録(一)〜(三)』(『高山寺典籍文書綜合調査団研究報告論集』、二〇〇一・二〇〇三・二〇〇四)参照。
(27)返り点・文字囲・傍線は私に付した。以下の引用も同じである。
(28)「東南院経蔵聖教目録」(『真福寺古目録集』二所収。五七一頁)には、「同(義章)第十五抄一帖 寛信」という記名があるが、「大乗義章抄」との関連性は明らかではない。
(29)判読不能の文字は、□で示した。
(30)細川涼一『女の中世――小野小町・巴・その他――』(日本エディタースクール出版部、一九八九)、追塩千尋「平安鎌倉期の広隆寺の諸相」(註(3)追塩前掲書第二部、第三章所収)等、参照。
(31)松尾剛次「西大寺光明真言過去帳の紹介と分析」(速水侑編『日本社会における仏と神』所収。吉川弘文館、二〇〇六)参照。
(32)大正七〇・五三一頁下。この他、東寺観智院金剛蔵の聖教奥書に澄禅と併せて桂宮院の名が多数見出されることが、堀内規之「『二教論探海記』撰者考」(『豊山学報』五七、二〇一四)で指摘されている。また、永村眞氏より、東大寺図書館に架蔵される資料の中にも、「桂宮院」と記名されるものが伝存しているとのご教示を頂いた。
(33)註(30)追塩論文参照。広隆寺と仁和寺の連係については、追塩論文に多くを依拠している。

(34)『中右記』(『増補史料大成』一四、一二九頁／一三三頁／一二六頁)。『長秋記』(『同』一六、三三一頁～三三二頁／『同』一七、三〇頁～三一頁)。

(35) 阿部泰郎・山崎誠編『守覚法親王と仁和寺御流の文献学的研究――資料編 金沢文庫蔵御流聖教――』(勉誠出版、二〇〇〇)、四三五頁。

(36) 水原堯栄「高野山に於ける聖徳太子伝の古鈔本に就て」(聖徳太子一三二〇年御忌奉讃記念論文集『日本上代文化の研究』所収。法相宗勧学院同窓会、一九四一)参照。

(37) 堀内規之「院政期における真言密教の学道について」(同『済暹教学の研究――院政期真言密教の諸問題――』第一篇、第六章所収。ノンブル、二〇〇九)参照。

(38) 註(35)阿部・山崎編前掲書、五三一頁。

(39) 註(37)堀内前掲書、苫米地誠一「興教大師覚鑁の著作とその聖教としての伝承」(佐藤彰一・阿部泰郎編『中世宗教テクストの世界へ』所収。名古屋大学大学院文学研究科、二〇〇二)、横内裕人「仁和寺御室考――中世前期における院権力と真言密教――」(註(3)横内前掲書第一部、第一章所収)等、参照。

(40) 済暹の動向については、註(37)堀内前掲書の研究に大きく依拠している。

(41) 註(3)横内論文では、高麗続蔵経の伝来に関する問題が詳述されている。また、宇都宮啓吾「院政期訓点資料研究の一問題――真言宗における教学的交流を巡って――」(『日本語の研究』四―一、二〇〇八)では、覚行の下で高麗続蔵経の書写・伝持を推進した集団が、実は当時の真言宗において、他宗(天台宗寺門派)との積極的な交流も行う、最も先進的な教学を共有する集団であったことが明らかにされている。

(42) 称名寺蔵二十二巻本『表白集』は仁和寺の僧侶による表白の集成とされ、性信・済暹・覚行・寛助・覚法・寛信等が作成者として名を列ねている。ここから寛信と仁和寺、更には済暹との連携も傍証される。

(43) 巻三、新版日蔵、三論宗章疏二・二五三頁下。この他、『大日経住心品疏私記』巻一〇(大正五八・七六三頁下↓『法門章』巻二・同二二四頁上下)、同巻一三(同・七八六頁中↓『法門章』巻三・同二七七頁上～二七八頁下)、『四種法身義』(大正七七・五〇五頁中下↓『法門章』巻三・同二七七頁下～二七八頁下)に引用が見出される。

(44) 巻五本、大正四四・五六五頁上。

(45) 巻四、大正四四・五四七頁上。
(46) 巻四、大正四四・五四七頁上。
(47) 大正五八・七七二頁上。この他、『大楽経顕義抄』巻上（大正六一・六二四頁下）にも『大乗義章』の引用（巻五本、大正四四・五七〇頁上）がある。
(48) 大正四四・六二五頁上。
(49) 大正三四・四六五頁中下。
(50) 大正二七・一六三頁下／八六八頁中下。
(51) 永村眞「修学と論義草――宗性筆『法勝寺御八講疑問論義抄』を通して――」（註(7)永村前掲書第Ⅱ部、第四章所収）、蓑輪顕量「『法勝寺御八講問答記』にみる論義再考」（『印仏研』六〇―二、二〇一二）等、参照。
(52) 『真福寺古目録集』二所収、五六五頁／五七一頁。「御前聖教目録」と「東南院経蔵聖教目録」は一冊として現存し、前者が東南院聖珍（？～一三八二）の御前目録、後者が当時の東南院経蔵にあった章疏類の目録と推認され、聖珍付法の弟子である真福寺第二世信瑜（一三三三～一三八二）が編者と看做されている。その書誌や内容構成、東南院聖教の真福寺への伝来については、近本謙介「『東南院御前聖教目録』解題」（『真福寺古目録集』二所収）、横内裕人「東大寺図書館と収蔵史料――開館百一年目の展望――」（『古文書研究』五九、二〇〇四）、稲葉伸道「真福寺聖教とその紙背文書」（註(39)佐藤・阿部編前掲書所収）等、参照。
(53) 『三会定一記』巻一、仏全一二三・三一四頁上。
(54) 平岡定海『東大寺宗性上人之研究並史料』上（日本学術振興会、一九五九）、四〇二頁～四〇三頁。上田晃圓「興福寺の維摩会の成立とその展開」（『南都仏教』四五、一九八〇）参照。
(55) 新版日蔵、三論宗章疏二所収。『玄疏問答』については、解題（新版日蔵、解題二・五六頁下～五九頁上）、伊藤隆寿「『大乗四論玄義』逸文の整理」（『駒澤大学仏教学部論集』五、一九七四）等、参照。
(56) 新版日蔵、三論宗章疏二・一七三頁上／一七六頁上。
(57) 『類聚三代格』巻二、『新訂増補国史大系』二五・一〇五頁。
(58) 註(4)上川前掲書、橋本義彦「勧修寺流藤原氏の形成とその性格」（同『平安貴族社会の研究』所収。吉川弘文館、一九七六）等、参照。

(59)『東寺観智院金剛蔵聖教目録』一（京都府古文書等緊急調査報告書、一九七五）、二七九頁～二八七頁。目録によれば、〔　〕の箇所は追筆となっている。

(60)『三会定一記』巻一（仏全一二三・三一五頁下）によれば、義雲は保延六年（一一四〇）に維摩会竪義に出仕している。註(7)柴﨑論文にも言及がある。

(61) 巻一四、大正四四・七五六頁中。

(62) 中略は原文と同じく〇で示した。

(63) 大正四四・六七三頁上。

(64)『維摩会講師研学竪義次第』、『大日本史料』第五編之八・三八五頁／『大日本史料』第五編之九・二八五頁。『三会定一記』巻一、仏全一二三・三三七頁下～三三八頁上。『東大寺続要録』仏法篇（国書刊行会、一四四頁）によれば、建久七年（一一九六）より始行された「世親講」の勧進文にも乗信と共に増玄の名が連署されている。

(65) 凝然（一二四〇～一三二一）撰『内典塵露章』、仏全三・五六頁下。乗信の事跡については、註(7)柴﨑論文、坂上雅翁「珍海撰『因明大疏四種相違抄』について」（『印仏研』三三―二、一九八五）等、参照。

身延文庫蔵「大乗義章抄」現存一覧表

帖番号	名称（尾題）	項目番号	項目名	大正蔵該当巻
①	大乗義章第一抄上	1	衆経教迹義（前欠）	巻一
②	大乗義章第四抄上	2	十因義	巻四
		3	十一空義	巻四
③	大乗義章第十八抄	4	涅槃義	巻一八
		5	無上菩提義	巻一八

※③大乗義章第十八抄は②第四抄上と合帖されている。

④	大乗義章第四抄中	6	十二因縁義	巻四
⑤	大乗義章第四抄下	7	十八空義	巻四
		8	二十二根義	巻四
⑥	大乗義章第八抄	9	二種生死義	巻八
		10	四有義	巻八
		11	四識住義	巻八
		12	四食義	巻八
		13	五陰義	巻八
		14	六道義	巻八
		15	八難義	巻八
		16	十二入義	巻八
		17	十八界義	巻八
⑦	大乗義章第九抄末	18	滅尽定義	巻九
		19	一乗義	巻九
		20	二種荘厳義	巻九
		21	二種種性義	巻九
		22	証教二行義	巻九
⑧	大乗義章第十抄	23	三帰義	巻一〇

		24	三学義	巻一〇
		25	三聚戒義	巻一〇
		26	三種律儀義	巻一〇
		27	止観捨義	巻一〇
		28	三恵義	巻一〇
		29	三種般若義	巻一〇
		30	三智義	巻一〇
		31	別相三道義	巻一〇
		32	三種住義	巻一〇
⑨	大乗義章第十二抄上	33	五願義	巻一二
		34	五戒義	巻一二
		35	五品十善義	巻一二
		36	五停心義	巻一二
		37	五聖支定義	巻一二
		38	五聖智三昧義	巻一二
		39	五智義	巻一二
		40	五忍義	巻一二
⑩	大乗義章第十三抄末	41	八解脱義	巻一三
		42	八勝処義	巻一三

		43	八行観義	巻一三
		44	九想観義	巻一三
		45	九断知義	巻一三
⑪	大乗義章第十五抄末	46	十三住義（部分）	巻一五
		47	離隠六方離四悪友 摂四善友義（部分）	巻一五
		48	十四化心義（部分）	巻一五
⑫	大乗義章第十九抄本	49	浄土義（部分）	巻一九
※	⑪第十五抄末と⑫第十九抄本は合帖されている。錯簡状態で内容分析が不能。			
⑬	大乗義章第二十抄末	50	十号義	巻二〇
		51	十力義	巻二〇
		52	十八不共法義	巻二〇
		53	百四十不共法義	巻二〇
				義科総数　53

『義章問答』・「大乗義章抄」問答対照表（問答の一致を明示、頼超記『玄疏問答』全三巻も参照）

問答番号	1	2	3	4	5	6	7	8	9	10
東大寺図書館蔵『義章問答』巻二				・「第一抄上」衆経教迹義 ・『玄疏問答』巻二第八問答					・「第十二抄上」五戒義	

問答番号	1	2	3	4	5	6	7	8	9	10
聖語蔵『義章問答』巻三								・「第四抄中」十二因縁義		・「第四抄下」二十二根義

問答番号	1	2	3	4	5	6	7	8	9	10
聖語蔵『義章問答』巻四	・「第八抄」十八界義	・「第八抄」十八界義	・「第八抄」五陰義		・「第八抄」二種生死義			・「第八抄」四有義		

問答番号	1	2	3	4	5	6	7	8	9	10
聖語蔵『義章問答』巻五		・「第十抄」三聚戒義	・「第四抄上」十因義							

11	12	13	14	15	16	17	18	19	20	21	22	23	24	25	26
・「第十抄」三種律儀義									・「第二十抄末」十力義			・「第八抄」十二入義			・「第八抄」十八界義

11	12	13	14

11	12	13	14	15	16	17	18

11

27	
28	

巻二註記一覧

・寛厳為之
・久安二年最勝講
天台弁際問珍海已講
・長寛為之
・定敏為之　勧修寺三十講

巻三註記一覧

・久安二年法金剛院御八講
覚珍已講問明海已講
・久安二年皇后宮御八講
忠春問珍海
・勧修寺三十講
寛厳得業問勝真擬講
・勧修寺三十講　仁栄為之
・久安三年法勝寺御八講問答
天台章実問珍海講師

巻四註記一覧

・勧修寺三十講
定敏□□為之
・勧修寺寛信為之
・保延七年四月勧修寺三十講
義雲為之　講師　定敏
・康治二年勧修寺三十講
珍海問勝真
・勧修寺三十講保延六年
義詮為之

巻五註記一覧

・問勧修寺答珍海
・珍海為之
・勧修寺已講
・権律師覚樹

第十一章　日本における『大乗義章』の受容と展開

一　はじめに

前章では、浄影寺慧遠（五二三〜五九二）撰とされる『大乗義章』関連の論義古写本の現存状況を示し、新出資料である身延文庫蔵「大乗義章抄」十三帖を中心に、東大寺図書館蔵及び正倉院聖語蔵『義章問答』四巻（巻二・三・四・五存、巻二のみ東大寺図書館蔵）、真福寺大須文庫蔵『義章要』二帖（巻五・巻六合冊のみ存）の二書にも着目し、それぞれの内容を抽出して比較分析を行うことで、『大乗義章』が密教との兼学化を進めた三論宗で研学された様態を明らかにした。

そこで、本章では、その成果や先行研究を踏まえながら、改めて三論宗において『大乗義章』が受容された経緯を願暁（?〜八七四）や弟子の聖宝（八三二〜九〇九）を中心に概説したうえで、院政期頃から『大乗義章』が諸寺院の法会で盛んに修学されるようになる中で、その主な担い手であった東南院覚樹（一〇七九〜一一三九）やその門下である寛信（一〇八四〜一一五三）、禅那院珍海（一〇九二、一説一〇九一〜一一五二）等の学僧が、同書をどのような教学的背景のもとで学習しようとしていたのか検証することにしたい。更に、同書に基づく議論が諸法会で如何に受容され展開したのかについても考察を加えてみたい。

二　願暁と聖宝

先ず、『大乗義章』受容とその後の展開に決定的な役割を握ったと考えられる願暁と聖宝に焦点を当てて考究してみたい。[1]日本三論宗の系譜を伝える諸資料によれば、願暁は元興寺三論系の薬宝（生没年未詳）と大安寺三論系の勤操（七五四～八二七）の弟子とされ、その願暁と元興寺三論系の円宗（?～八八三）に師事したとされるのが聖宝である。[2]

この当時、既に諸宗の兼学化が一般的であったようであり、願暁や円宗に因明関連の著作もあったことが知られるが、[3]特に注視したいのは三論と密教との関係性である。例えば、勤操については弘仁七年（八一六）に高雄山寺にて空海（七七四～八三五）から三昧耶戒と両部の灌頂を受法したという記録（『故贈僧正勤操大徳影讃幷序』[4]）が現存し、天長元年（八二五）からの四年もの間、空海と共に僧綱へ補任されている。[5]また、円宗が撰述した最古の三論宗系譜である『大乗三論師資伝』にも、諸宗の祖師が龍樹であることを主張する中で、先の『故贈僧正勤操大徳影讃幷序』にある「況復祖宗是一、法流昆季」という文が援用され、三論と密教は法流が同一であると説かれている。[6]そして、何よりも重要なのが、この円宗と同時期に活躍した願暁自身も、『金光明最勝王経玄枢』十巻で三論教学を規矩としながらも密教義について明確に論述していることである。[7]このような修学の背景に、東大寺に真言院を創建し三論宗との連繋も認められる空海の存在が直ちに想起されるが、[8]少なくとも願暁の頃には三論宗で密教を兼学する素地が既に整いつつあったようであり、そうした方向性は弟子の聖宝から一層顕在化していくことになるのである。

さて、その願暁には、『大乗義章』の義科を参照し、各項目を問答形式にまとめた『大乗法門章』という先駆的著作が存在する。同書は本来四巻であったが、残念ながら現存しているのは巻二・巻三のみである。この両巻の目次は、次のようになっている。

巻二―賢聖義・三十七品義・涅槃義・法身般若義・常楽我浄義・十地義

巻三―二障義〔三使義・三障義・四障義・四因義・四種義・五下分結義・五上分結義〕三聚義・四生義・四有義・四識住義・七識住義・八難義・四食義・五陰義・十二入義・十八界義・四諦義・十二因縁義・六因義・十因義・五果義・二種生死義・三苦義・八苦義・不生不滅一切法門義・八識義[9]

この中、傍線を付した項目は、現行の『大乗義章』義科には見出せないが、基本的にその教説に基づいて議論を展開している。例えば、巻三「八苦義」には次のような問答が記されている。

問。爾云意何。

答。「報分始起、謂レ之為レ生。生時有レ苦故名二生苦一。衰変名レ老。老時有レ苦故名二老苦一。四大増損、謂レ之為レ病。病時有レ苦名二病苦一。陰壊名レ死。死時有レ苦故名二死苦一。又即指二生老病死一為レ苦故云二生老病死苦一也。故言下初四就二時体一名上。所念分張名二愛別離一。愛別生レ悩故名二愛別離苦一。可《所》悪強集名二怨憎会一。怨会生レ悩故名二怨憎会苦一。所悕不レ秤《称》名二求不得一。因レ彼生レ悩故名二求不得苦一。故言二次三就レ縁立一レ秤《称》。五陰熾盛名二五盛陰一。陰盛是苦故名二五盛陰苦一。亦言レ盛者、盛受之義。五陰之中盛二前七苦一。是故名為二五盛陰苦一。故言二後一就レ体立一レ秤《称》。

問。若言二五陰熾盛是即苦一者、応レ言二五陰盛苦一。云何説二五盛陰苦一。

答。五盛陰者、総相之説。若正応レ言二五陰盛苦一。[10]」

ここでは、『大乗義章』巻三「四諦義」で説かれる分類（初四―時・次三―縁・後一―体。[11]「」部分）をほぼそのまま踏襲して八苦を説明している。当然ながら、同書には吉蔵（五四九〜六二三）の『勝鬘宝窟』や『中観論疏』等の三論関連書からの引用も確認されるが、[12]その構成が全面的に『大乗義章』に依拠していることは右の記述からも傍証されよう。

それでは、なぜ願暁はこうした論書をまとめる必要があったのであろうか。その理由として主に二点考えられる。その第一点はこの当時盛んであった三論と法相間の仏性・比量をめぐる論争が背景にあるのではないかということである。もう一点は興福寺維摩会竪義が僧侶養成の一環に据えられ、教学研鑽が醸成した時期であったことが挙げられる。

第一点目については、インドにおける空有論争を基盤としつつ、清弁撰『大乗掌珍論』の主題である「真性有為空」比量等をめぐって三論と法相間で対立が生起していたとされる。[13]実は『大乗法門章』にも法相宗を意識した記載が見られるのであり、巻三「二種生死義」で「法相家云、不レ捨二分段身一練二分段身一成二変易身一。……無相宗云、永捨二分段身一更受二変易身一。……問。二皆聖説。云何和会。答。初約二三乗教分斉一。後得二一乗教実義一。如レ常可レ論。[14]」とあるように、分段身から変易身への転換をめぐる解釈について無相宗（三論宗）の説こそ真実であることを主張している点はそうした事例の一つである。[15]また、『大乗掌珍論』を論拠として活用する場面もあり、[16]願暁が法相との様々な諍論で惹起された問題点の解決を『大乗義章』に求めたことが同書成立の背景に介在していると推知されよう。

そして、こうした法相との諍論と連動して把捉すべきなのが、興福寺維摩会竪義を代表とする諸法会における教学振興という側面である。そもそも、この維摩会は藤原鎌足（六一四〜六六九）により始行されたものであり、当初は藤原氏の私的法要の要素が強かったが、次第に公的な法会に発展し、八世紀末頃に竪義が付加されて僧侶育成の階業に組み込まれたことで宮中御斎会・薬師寺最勝会と共に南京三会の一つとして重視された[17]。すなわち、維摩会竪義で学識を披瀝し及第することこそが講師や僧綱へ昇進する第一段階であり、その研鑽のためには各寺院の法会において卓越した成果を残すことが必須であった。加えて、維摩会竪者として出仕が招請されれば、竪義論義の出題に合わせて自宗の教義（内明）と因明を実習しなければならなかったのである。事実、願暁に因明関連の著作があったことは上記のとおりであり、承和十二年（八四五）に維摩会講師へ補任されていることも勘考すれば[18]、『大乗法門章』が法相との論争を念頭に置きながら、興福寺維摩会を基幹とする教学研鑽が隆興となる中で、三論宗の充足を目的として撰述された蓋然性が高いと思われる。

さて、こうした学問的姿勢は聖宝にも継承されたと推測されるが、聖宝が元々空海の弟子である真雅（八〇一〜八七九）に入室し、その資である源仁（八一七〜八八七）等から伝法灌頂を受法した密教僧という一面があることを看過してはならない。そこで、改めて聖宝の事跡を概観すれば、貞観十八年（八七六）に醍醐寺を創建したことと延喜六年（九〇六）に東大寺内の佐伯院を付属されて東南院と改称し三論宗の本所としたことが最も重要であろう[19]。また、貞観十一年（八六九）に興福寺維摩会の竪義に出仕して、「二空比量義」と併せて『大乗義章』の義科に含まれる「賢聖義」を論義したとされる点にも注意したい[20]。

そもそも、東大寺では、弘仁十三年（八二二）に灌頂道場として真言院が設置されていたが[21]、新たに東大寺東南院が密教と三論を研学する一大拠点となることで、元興寺系の三論も次第にここに集約されて「三論宗」と「東南院」の一体化が進み、東大寺内でも一定の影響力を保持することになる[22]。また、醍醐寺についても、承平元年（九三一）に真言宗と三論宗の年分度者が一口配置され、これを契機に東南院との緊密な思想的連携が構築されていくことになり[23]、それは後に勧修寺や仁和寺等の密教寺院にも大きな影響を及ぼすことになった。上述の如く、これ以前に三論と密教の兼学の萌芽が窺知されていたが、そうした傾向は聖宝を起点として恒常化したと言ってもよい。

なお、ここで注目したいのは、醍醐寺第八十代座主義演（一五五八～一六二六）が編纂した『醍醐寺新要録』御影堂篇に収載される「竪義類」[24]である。その内容は、「濫觴事」「竪義段」「探題段」「精義段」「問者段」「注記段」「竪義雑事段」「内試段」の八項で構成され、「注記段」には「注記古本事」「注記慶長四再興事」として『大乗義章』に依拠した問答が列挙されている。また、「濫觴事」では、上醍醐御影堂における竪義始行を長元元年（一〇二八）とする深賢（?～一二六一）の説や、その創始を成尊（一〇一二～一〇七四）に遡及し、併せて竪義の議題が『大乗義章』の「十二因縁義」「賢聖義」等により考案されていたとする五智院宗典（一四二六～一五一七）の説への論及があり、醍醐寺でもかなり早い時期から『大乗義章』の義科が竪義の題材として取り上げられていた可能性も否定できない。

以上の如く、願暁を先蹤とした『大乗義章』の修学は、弟子の聖宝が創設した東大寺東南院を中軸として密教寺院に浸透していったようである。そして、そのことを如実に示す資料こそが現存する論義古写本に他ならない。そこから浮かび上がるのは、院政期頃の諸法会における『大乗義章』に基づく精緻な学解の実態であり、そうした教学振興に深く関与した学僧として注目されるのが東南院覚樹である。その活動の概要については、節を改めて検討していくことにする。

三　覚樹とその門下

中世の東大寺東南院でどのように『大乗義章』が学究されていたか考証するうえで、真福寺第二世信瑜（一三三三～一三八二）が編者とされる「東南院経蔵聖教目録」（貞治三年～六年〈一三六四～六七〉記）[25]は、有益な情報を提供してくれる。ここで『大乗義章』との連係が明白な書目に限局すれば、「宗」（三論宗）の書目が明記される全十九函（全三〇三部）中、「第十三」「第十七」「第十八」に私記や抄記、短尺、聴聞集等が約八十部が記録され、この他、別函にも『大乗義章』十四巻（或いは二十八巻）や関係があると思しき資料も散見される。つまり、この目録に準拠すれば、東南院聖教・三論宗部の約三分の一程度が『大乗義章』に関する書物で占められていたことになり、それは当時の学問状況を反映していると解釈することも可能であろう。

そこで次に、上記の様相を具体的に記した資料として、明恵（一一七三～一二三二）の孫弟子である順高（一二一八～一二七二～）が編纂した『起信論本疏聴集記』巻三末の文を引拠することにしたい。その当該箇所には、次のように記されている。

近代三論宗ニ大乗義章ヲ申シ具シテ用タリ。般若映ヨ徹シテ物ヲイヰスカス故、法相ノ論義ナキカ故、セメテ末代ハ論義根姓ニテ此レヲ具シタル歟。本論ヲハサシヲキテ大乗義章ノ義ヲサカリニ談スルニヤ。[26]

ここでは、近代の三論宗が論義根姓によって本論、つまり三論教学の基本書である『中論』・『百論』等を差し置いて『大乗義章』ばかり談じていると痛烈な皮肉を投げかけている。この文が明恵の講説を記録した部分に含まれることを考慮すれば、明恵が活動していた時期における三論宗の思想的動向を伝えるものとして極めて貴重であると言える。

そもそも、興福寺や東大寺、延暦寺、園城寺などの諸寺院では、十世紀後半頃より、竪義の設置が促進されて独自に僧侶を育成することが顕現化し、更に院政期になると、「公請」の対象となる法会が増加の一途をたどり、宮中最勝講を頂点とする格式高い三講（最勝講・法勝寺御八講・仙洞最勝講）や南京三会を基軸として、そこに天台僧の僧綱への昇道である北京三会（円宗寺法華会・法勝寺大乗会・円宗寺最勝講）が新たに創設され、僧綱位にいたるまでの僧侶の昇進体系、すなわち、寺内法会―三講聴衆―南北両京三会講師―僧綱―三講講師という道筋が組織化されると共に、必然的に教学の振興が図られたとされる(27)。

実は『大乗義章』も、前節で触れた願暁の修学を脈々と継承しながら、院政期頃に東大寺で倶舎学研究の隆盛（「倶舎三十講」）と併せて三論宗徒が精励すべき重要書として寺内法会の主題に改めて取り上げられることになった。その法会こそが保延二年（一一三六）に始行したとされる「大乗義章三十講」であり、現存する論義古写本もこの法会の学習成果を中心に編纂されたものであることは容易に推考されよう(28)。

この当時、東大寺東南院主・三論宗長者として辣腕を振るったのが、右大臣源顕房（一〇三七～一〇九四）の息であり、堀河天皇（一〇七九～一一〇七）や仁和寺第四世覚法法親王（一〇九二～一一五三）とも縁戚にあった覚樹である(29)。覚樹は、その世俗的出自を背景に別当職ではないながらも興福寺維摩会の人事をめぐる諸案件等にも深く関わり、その影響力により覚樹以降の東南院主は血族が襲っている。一方、教学面においては、北宋僧侶との接触や高麗国からの最新聖教の輸入に携わり、大陸の教学を積極的に受容したことで知られ、そうした活動が南都教学復興の気運に大きく反映しているとされる。既に先学の指摘があるように(30)、覚樹による倶舎学研究はまさにそうした実情を示す好例であるが、ここで留意したいのはその研究の先導を担ったのが覚樹であったとはいえ、むしろそれを牽引したのは覚樹門下の寛信や珍海であったという事実である。加えて、彼等は全て密教僧という一面を持っていたことも付言しておきたい(31)。

そして、大変興味深いことに『大乗義章』の修学も、覚樹―寛信―珍海という法脈が主導的役割を担っていたようであり、畢竟するに倶舎学研究と全く同一の方向性が見て取れるのである。そのことは、寛信が筆録した身延文庫蔵「大乗義章抄」等を通覧すれば、諸学僧の中でも珍海の活動が最も顕著であり、(32)更に聖語蔵『義章問答』巻五・劈頭に「十智義六箇不審　問是勧修寺　答珍海　三十講談義余興未レ尽。就中、於二十智義章一有二六箇不審一。為レ散二愚蒙一以呈二明徳一耳。」とあるように、実際に寛信（勧修寺）と珍海が『大乗義章』の十智義について討論を行っていることからも明証されるであろう。

さて、それでは覚樹については具体的にどのような活動が見られるのであろうか。一例を示せば、聖語蔵『義章問答』巻五の第三番問答には以下の如く記されている。

問。外無記、自種因於二生因・方便因二因中一唯属二生因一耶。

答。通二二因一也。

問。種子望二芽茎等一名二自種因一也。偏可レ親二生之因一。何通二疎助之方便因一乎。依レ之、六因中唯自分因、四縁之中一向因縁所レ摂也。況復染法之自種因唯是生因也。例可二斉等一如何。〔答〕

外無記自種因通二増上縁一事

南都一両小学生等言無二其文証一云云。今勘文示レ義、請レ散二曚昧一。

十因章云、自種因中種子於レ芽以説二自種一、判レ属二生因一。種子望二彼茎葉等一事、以為二自種一判レ属二方便一。非二親生一故云云。

地持義記云、所謂生因、是其因縁。以二親生一故。方便因者、是増上縁。以二疎助一故云云。

已上種子望二後芽茎等一時、依二疎助義一名二方便因一。十因章文分明也。以二方便因一名二増上縁一。地持義記亦以顕然。不レ可レ及二尋求一。夫二光之廻レ天盲人無レ見、四弁之湧レ泉聾者豈聞乎。嘗二糟粕一而盍レ知二少味一。懐二執見一而勿レ失二大旨一。古賢之文随二執見而隠、義依二器根一而顕云云。末代愚昧、誠可レ哀哉。

天承二年（一一三二）四月　日　権律師覚樹

十因章云、……

東南勘文出二地持記一。方便因者、是増上縁文也。今又案二章文一同レ之。(33)

ここで問題となっているのは、『大乗義章』巻四「十因義」(34)で言及する『菩薩地持経』巻三にある十因（随説因・以有因・種殖因・摂因・生因・長因・自種因・共事因・相違因・不相違因）(35)をどのように咀嚼するかということである。この「十因義」は既に願暁の『大乗法門章』巻三にも着録されているが、内容的に『大乗義章』を略説するのみで刮目に値する記載は見られない。一方で、この問答では、先ず①自種因が二因（生因・方便因）の一である方便因にも通ずるのか、次いで②自種因が四縁（因縁・次第縁・縁縁・増上縁）の一である増上縁に通ずるのかという議論が連続的に展開されている。そして、全ての発端である『大乗義章』と共に慧遠撰『地持経義記』の逸文が引拠されるが(36)、やはり何よりも重要なのは天承二年（一一三二）四月の東南勘文、すなわち覚樹記名の勘文が掲示されている点である。

ここでの覚樹の主張とは、①と②の両説とも各々『大乗義章』と『地持経義記』を根拠としているから是認すべきであると明言し、執見によって大旨を見失わないよう訓戒を垂れることが目的であったようである。いずれにせよ、この勘文から、覚樹の見解が『大乗義章』の評定に対して影響力を発揮していたことが垣間見られよう。

ところで、上来検討した「十因義」をめぐる問答については、身延文庫蔵「大乗義章第四抄上」にも関連箇所が見出されるので、引き続き参照することにしたい。そこには、次のように記されている。

天承二年（一一三二）　長実卿十講　覚晴已講　山科　講師覚樹律師

問。約三外法種子生二芽茎等一立二自種因・長因等一。爾者、彼二因者通二増上縁一乎。両方若通二増上縁一者、自種因・長因者、同類因也。唯可レ云二因縁一、何通二増上縁一乎。

若不レ通者、浄影大師釈云三自種因通二方便因一。長因者、唯方便因。方便因者、増上縁也。如何。

講師云、種子望レ芽、生因也。望二茎葉等一、方便也。故云レ通二増上縁一也。

私云、此論義両様。疑レ之、経非レ無二其謂一。唯因縁者章釈也。進二此文一可レ為二論義一。方便因増上縁者、是地持論文也。以レ之可レ疑二唯因縁釈一歟。如二下摂一レ之

先ず冒頭で、この論題が覚樹の勘文と同じ天承元年に白河上皇（一〇五三～一一二九）の近臣であった藤原長実（一〇七五～一一三三）主催の十講にて、問者―覚晴（一〇九〇～一一四八）[37]、講師―覚樹の間で実施されたものであることが明記され、その論題の大要も自種因と長因を並列する相違点があるものの、基本的に上記した②の趣旨とほぼ同工であることが理解される。但し、覚樹は先の勘文と同様に「講師云」として②自種因が増上縁に通ずることを強調するのに対し、寛信が「私云」以下に「両様」、つまり『菩薩地持経』ではなく『大乗義章』に依拠すれば増上縁に通じない義も成立すると指摘している点には留意したい。また、答えにばかり意識が向きがちであるが、興福寺に属する覚晴が教学的立場を異とするにもかかわらず、本法会に問者として出仕するために『大乗義章』を精読しているという事実は、当時の学僧間で兼学的意識が広く共有されていたことを如実に物語っていると言えよう。

以上の如く、論義古写本は相互に連携した内容を有しているのであり、そこから覚樹と高弟であった寛信や珍海が中心となって『大乗義章』の研鑽に励んでいたことが明瞭に認められる。そうした活動は、密教との兼学を素地として三論宗の拠点であった東南院だけでなく、醍醐寺は勿論のこと、勧修寺や仁和寺にまで拡散し、貴族主催の法会や「法勝寺御八講」をはじめとする公的な法会でも議題に選定されるようになるのである。

四　法会における『大乗義章』

身延文庫蔵「大乗義章抄」は、一部ではあるが論題の傍らに「東大寺三十講」或いは「当年三十講」「三十講」という註記が散見されることから、主に東大寺で執行された「大乗義章三十講」をはじめとする寺内法会の議論を寛信が集成したものと推測される。これに対して、『義章問答』・『義章要』には僅かながらも諸法会での実習を伝える註記が存する。中でも、圧倒的多数なのが寛信が別当を務めた勧修寺での学究を示す「勧修寺三十講」の傍註であり、他にも次のような法会名が検出できる。

◇『義章問答』巻二（東大寺図書館蔵）
久安二年（一一四六）最勝講　天台弁源問二珍海已講一
久安二年（一一四六）法金剛院御八講　覚珍已講問二於明海已講一[38]
◇『義章問答』巻三（聖語蔵）
久安二年（一一四六）皇后宮御八講　忠春問二於珍海一[39]
久安三年（一一四七）法勝寺御八講問答　天台章実問二珍海講師一

いずれも「公請」による招集を受けて勤仕できる格式高い法会であり、問講を勤めたのも当然ながら南都北嶺の碩学であった。この中、白河上皇を追善するために天承元年（一一三一）より恒例行事となったのが三講の一である「法勝寺御八講」であり、尊勝院宗性（一二〇二～一二七八）がこの法会の一四四年間（天承元年～文永十一年）にもわたる論義を類聚・書写したものが『法勝寺御八講問答記』として伝存していることで知られている。[40]そこで以下、『義章問答』巻三の第十四番問答に該当する章実[41]（一〇九七～一一七九）と珍海との間で行われた対論を提示し、対応する『法勝寺御八講問答記』巻二の記述を併記したい。

◇『義章問答』巻三（聖語蔵）・第十四番問答

問。大乗実義、欲界有二無量定一事、約□大□引二何文一証レ之耶。

答。引下智論説三欲界有二定仏常住一之文上也。

問。智論説二如電三昧一。何以可レ証レ有二無量定一耶。

答。仏常住二欲界一云云。仏光有二無量功徳一故、知レ有二無量定一也。然電光定者、声聞人得二仏所レ得定少分一之名也。以二仏所レ入定一、非レ名二電光一也。

久安三年（一一四七）法勝寺御八講問答　天台章実問二珍海講師一

禅定義云、若依二成実一、摂レ末従レ本、禅地有レ九。所謂八禅及欲界中如電三昧。故成実云、如二須戸摩経一説。欲界更有二如電三昧一。○大乗法中、摂レ末従レ本、禅地有レ九。与二成実一同。所レ言異者、成実唯説下欲界地中有二電光定一無中余三昧上。大乗宣二説欲界地中有二無量定一。故龍樹云、仏常住二於欲界定中一名二無不定一。此与二電光一有何差別。釈言、声聞暫得二彼相一説為二電光一。更無二別法一云云。

十八不共法義云、龍樹釈云、欲界有レ定。仏出二諸禅一入二欲界定一。故能起レ説現二四威儀一云云。可レ見□文　智論第二十六

◇『法勝寺御八講問答記』巻二（東大寺図書館蔵・一一三函―二七―二）

久安三年第三日夕座

夕座　珍海　問者章実阿闍梨

問。浄影大師、実説三欲界有二無量禅定一。爾者、引二何文一証レ之可レ云耶。

答。

進云、龍樹智論中云下仏常住二如電三昧一之文上也。付レ之、電光定、是小乗所談也。故依レ之不レ可レ証二大乗実義一可レ云耶。[42]

ここでの要諦とは、欲界の禅定について『成実論』と『大智度論』の各解釈に若干の齟齬があることを如何に考究すべきかというところにあり、その論拠とされるのが『大乗義章』巻一三「八禅定義[43]」と巻二〇末「十八不共法義[44]」の諸文である。中でも、「八禅定義」では、欲界に如電三昧があると説く『成実論』巻一二の文[45]を略抄し、欲界に無不定があると説く『大智度論』巻二六の取意文[46]との会通を図っている。要を言えば、声聞が欲界にて大乗が説く無量定の相を得れば、それが電光三昧（如電三昧）に他ならず、何か別法がある訳ではないと定義するのである。

それを踏まえたうえで問答を瞥見すれば、章実が『大智度論』にも『成実論』と同じく如電三昧を説いているが[47]、無量定との相関性をどのように把捉すべきかと疑義を呈するのに対し、珍海は電光三昧が無量定の少分を得た声聞の禅定であると主唱するのである。この回答は、「八禅定義」をほぼそのまま敷衍したものではあるが、本法会が教学の優劣を決することよりもむしろ経論間の矛盾や教理上の対立点を如何に整理統合するかということに力点を置いていたことと軌を一にしていると捉えることもできる[48]。

なお、鎌倉期の三論宗における『大乗義章』の修学実態を検証するために、聖守（一二一五～一二九一）の指導下で門弟の聖然（?～一三一二）が勅会やそれに準ずる法会で交わされた三論宗に関する論題を類聚し吉蔵の論疏ごとに配列した東大寺図書館蔵『恵日古光鈔』十帖、或いは同じ聖然が智舜（生没年未詳）の聖教を書写し加筆した、やはり勅会等の問答をまとめた同蔵『春花略鈔』一帖等を参酌したが、[49]『大乗義章』は証憑として援用される場合が多く、それ自体を対象とした問答は見出せないようである。

とはいえ、鎌倉期以降も、例えば定範（一一六五～一二二五）が東南院主の時、「大乗義章三十講」に「三論疏」研究を副え、「云㆓義章之精談㆒、云㆓論疏之問答㆒、共闘㆓智弁㆒、互決㆓雌雄㆒者也」[50]とあるように『大乗義章』を精読していたのであり、東大寺内外で三論宗徒により論義や談義は陸続に執行され、『大乗義章』も重視されていた。[51]また醍醐寺においては、無量光院で執行された「大乗義章三十講」を筆録した、永仁四年（一二九六）の奥書がある真福寺大須文庫蔵『大乗義章巻五雑々抄』一帖が現存し、後に上醍醐御影堂竪義で『大乗義章』から題材（「賢聖義」）を取り上げることが常態化した事例もあることから、[52]三論宗徒にとって『大乗義章』が自宗の理解を深化させる基本文献であるという認識にそれ程大きな変化はなかったように思われるのである。

上記のように、『大乗義章』は諸寺院の寺内法会で勉励され、そうした場で学殖を培った寺僧によって、「公請」が伴う勅会を頂点とする諸法会でも議題に取り上げられ論義されていたのである。こうした寺外での晴れがましい活動が自身の昇進や栄達と直結していたことは確かであるが、他宗との精緻な学解の交渉から勘案すれば、やはり学問への飽くなき情熱こそが彼等の意識の根幹を支えていたと考えられるのである。

五　おわりに

本章では、前章の成果を踏まえながら三本の論義古写本を基礎資料として、院政期頃を中心に『大乗義章』が実習されるようになった教学的背景をそこから読解するように努めた。

先ずその前提として、日本における『大乗義章』の受容について言及し、同書が三論と密教の兼学化を基底としつつ本格的に学究されるようになるうえで、三論宗の願暁が先蹤的役割を果たしていたことを指摘した。その学問的思考は、興福寺維摩会を中核とする教学振興が進む中で、当時盛んであった法相との論争も射程に入れながら、自宗教学の顕揚のために系統的に項目が分類されている同書の汎用性に着目したことが推量される。そして、その方向性は高弟である聖宝を媒介として、関連が深い東大寺や醍醐寺等の中核寺院は勿論のこと、勧修寺や仁和寺をはじめとする密教寺院にも流伝することになるのである。

院政期までの『大乗義章』の修学実態については、資料的な制約もあり不明瞭であるが、俎上に載せた論義古写本、特に身延文庫蔵「大乗義章抄」を被覧すれば、願暁にまで遡る論題も存在し、脈々と学習が励行されていたことは確実であり、そうした蓄積があったからこそ覚樹によって改めて法会の題材として採択されたと言える。

覚樹は三講を頂点とする僧侶の昇進体系が整備された時代の潮流に配意し、東大寺東南院を拠点に倶舎学と共に『大乗義章』研究を推進、すなわち「大乗義章三十講」を開莚して寺僧の育成や教学の充足に尽力したが、その牽引役を担ったのは高弟であった寛信や珍海であった。そのことは、寛信による身延文庫蔵「大乗義章抄」の筆録や珍海の積極的な諸法会への出仕状況からも首肯されよう。

また、『大乗義章』は寺内法会での研鑽という範囲を越境し、勤仕できることが栄誉である格式が高い法会でも主題に据えられるようになり、用例は少ないながらもその議論の内実を聖語蔵『義章問答』に依拠して探尋してみた。こうした法会では学派を異にする寺僧間で論義するのが通例であったので、当然ながら対論側の文献にも精通していることが要求され、学僧は自宗のみならず他宗教学にも目配りする広汎な学識を保持していたことには注意したい。なお、鎌倉期以降については、やや憶測の域を出ないものの、『大乗義章』が三論宗の基本書として継続的に認知されていたことが伝存資料から確認できる。

要するに、仏教の伸張を左右する教学振興を背景に、三論宗では他宗との諍論を通して自宗教学の充実化を図るために『大乗義章』を積極的に活用したのであり、それが最も高揚したのが院政期、すなわち覚樹—寛信—珍海が活躍した時期であったと結論づけることができよう。

註

（1）願暁と聖宝の事跡については、大隅和雄『聖宝理源大師』（醍醐寺寺務所、一九七六）、佐伯有清『聖宝』（吉川弘文館、一九九一）等に詳しい。

（2）三論宗各祖師に関する系譜や諸資料については、島地大等『日本仏教教学史』本論第七編「鎌倉時代」（中山書房佛書林、一九三三）、平井俊榮「鎌倉時代の三論教学」（『金沢文庫研究』二六九、一九八二）、末木文美士「『三国仏法伝通縁起』日本三論宗研究」（『東洋文化研究所紀要』九九、一九八六）、大屋徳城「鎌倉室町時代の三論研究」（大屋徳城著作集5『日本仏教史論攷』所収。国書刊行会、一九八九）等に詳論されている。

（3）円珍（八一四～八九一）が編纂したとされる青蓮院蔵『山王院蔵』には、願暁の『因明義骨』二巻・『因明疏問答』一巻・『因明九句幷三支問答』一巻・『因明問答』二巻のほか、「香山宗都」として円宗撰『因明九句問答』一巻が着録されている。山王院蔵書目録については、佐伯有清「円珍の山王院蔵書目録」（同『最澄とその門流』第Ⅲ部、第三章所収。吉川弘文館、一九九三）参照。また、師茂樹氏は「聖語蔵所収の沙門宗『因明正理門論註』について」（『東アジア仏教研究』一三、二〇一五）で、当該資料の著書として円宗を有力な候補者に挙げている。

（4）『続遍照発揮性霊集補闕鈔』巻一〇所収。定弘全八・一九一頁～一九四頁。

（5）興福寺本『僧綱補任』第一、仏全一二三・七九頁下～八〇頁上。武内孝善「空海の誕生年次」（同『弘法大師空海の研究』第一部、第一章所収。吉川弘文館、二〇〇六）参照。

（6）『大乗三論師資伝』については、伊藤隆寿「香山宗撰『大乗三論師資伝』について」（『印仏研』二七—二、一九

七九）、同「香山宗撰『大乗三論師資伝』」（『駒澤大学仏教学部論集』一二、一九八一）、平井俊榮「南都三論宗史の研究序説」（『駒澤大学仏教学部研究紀要』四四、一九八六／論集奈良仏教Ⅰ『奈良仏教の展開』所収。雄山閣出版、一九九四）等、参照。

（7）巻一（大正五六・四八四頁下）には、「六説㆓秘密法㆒。此有㆓二類・三部㆒。一世尊親説。二大衆同唱。謂観自在・執金剛主・梵釈・四王・龍王・二天。両神所説、文処顕也。初是仏部、観音真言即蓮華、余金剛部。三部各三即成㆓九部㆒。広如㆓蘇悉・金剛頂等㆒」とあり、胎蔵三部である仏部・蓮華部・金剛部や『蘇悉地経』・『金剛頂経』等の密教経典が引用されている。なお、『金光明最勝王経玄枢』の書誌的概要は、堀池春峰氏の解題（新版日蔵、解題一所収）や川瀬一馬『大東急記念文庫貴重書解題』二（大東急記念文庫、一九五六）等で詳論されている。巻一〇の奥書によれば、同書は東大寺龍松院本と洛西常楽院本を寛延三年（一七五〇）に対校して書写したものである。この中、常楽院本は幸いにも大東急記念文庫に貴重書として所蔵され、長承元年（一一三二）に覚樹所持本を寛信が転写したという奥書の存在から、同書が東大寺三論宗で尊重されていた状況が確認できる。但し、常楽院本は寛信の一筆書写ではなく、多数の人々の筆跡が見られ、寛信が人々に委嘱して書写させたことが推量される。註（1）佐伯前掲書によれば、同書は天長三年頃（八二六）の成立とされる。

（8）高木訷元氏は、「空海の「出家入唐」」（高木訷元著作集四『空海思想の書誌的研究』所収。法藏館、一九九〇）で、空海が大安寺を本寺とする三論宗の年分度者であったことを示唆している。また、空海と三論教学の関連性を論じたものに、藤井淳『空海の思想的展開の研究』（トランスビュー、二〇〇八）がある。

（9）新版日蔵、三論宗章二・一九三頁上。原本（東大寺図書館蔵）では元来、各巻首に目次が付されていたが、日蔵旧版編集に際して巻二巻頭にまとめられ、その目次にしたがって本文にも項目が補入されている。また、〔 〕の七項目は、「二諦義」の中に見られる原本の註記に基づいて、小項目を新たに補入したものである。このことについては、花山信勝氏の解題（新版日蔵、解題二所収）に解説がある。

（10）新版日蔵、三論宗章二・二八〇頁下。傍註の字は、『大乗義章』の原文と照合し異字があることを示している。

（11）大正四四・五一二頁下。

（12）例えば、「二種生死義」（新版日蔵、三論宗章二・二七二頁下〜二七九頁上）では『勝鬘宝窟』が多引され、『中観論疏』についても「三苦義」（同・二七九頁下）や「八苦義」（同・二八〇頁上）等で証憑として活用されている。

(13) 松本信道「三論・法相対立の始原とその背景――清弁の『掌珍論』受容をめぐって――」（『三論教学の研究』所収。春秋社、一九九〇）、同「空有論争の日本的展開」（『駒澤大学文学部研究紀要』四九、一九九一）、平井俊榮「平安初期における三論・法相角逐をめぐる諸問題」（『駒澤大学仏教学部研究紀要』三七、一九七九）等、参照。

(14) 新版日蔵、三論宗章二・二七五頁上下。

(15) 願暁とほぼ同時代に活躍した玄叡（?～八四〇）の『大乗三論大義鈔』巻四（大正七〇・一六三頁下～一六六頁中）にも「変易生死諍論七」が立項され、同趣旨のことが論じられているが、興味深いことに『大乗義章』が利用された形跡は殆ど見られない。玄叡は大安寺三論系の安澄（七六三～八一四）に師事したとされるが、同じ三論であっても安澄の系統では『大乗義章』を利用しなかった可能性が推量される。寺井良宣「一乗・三乗論争における三論宗の位置――玄叡『大乗三論大義鈔』と法宝『一乗仏性究竟論』との関係を中心に――」（北畠典生教授還暦記念論集刊行会編『日本の仏教と文化』所収。永田文昌堂、一九九〇）参照。

(16) 巻三「一切法不生不滅義」、新版日蔵、三論宗章二・二八二頁下／二八四頁下～二八五頁上。

(17) 興福寺維摩会に関する研究については、髙山有紀『中世興福寺維摩会の研究』（勉誠社、一九九七）が専著として裨益するところが大きい。また、上島享「中世国家と仏教」（同『日本中世社会の形成と王権』第二部、第二章所収。名古屋大学出版会、二〇一〇）では、平安初期から摂関期、院政期にかけて僧侶育成のために法会が整備されていく内実が詳論されている。この他、維摩会と三論宗との関連については、伊藤隆寿「興福寺維摩会と諸宗」（『駒澤大学仏教学部論集』一〇、一九七九）や註(13)平井論文等も参照した。

(18) 『三会定一記』第一、仏全一二三・二九〇頁下。

(19) 凝然（一二四〇～一三二一）が『三国仏法伝通縁起』巻中（仏全一〇一・一一二頁下）で「東南院務聖宝已後、于レ今一十八代、顕密兼学作ニ宗貫首一。但勝賢一代唯密宗。」と記すように、聖宝以降、東南院院務では「顕密兼学」、すなわち三論と密教を兼学することが定着していくことになる。

(20) 『聖宝僧正伝』、『続群書類従』第八輯下（伝部）・七一九頁下。註(1)大隅・佐伯前掲書で既に言及があるように、願暁の『大乗法門章』巻二（新版日蔵、三論宗章疏二・一九三頁下～二〇六頁上）に「賢聖義」が立項されていることから、願暁の所説が維摩会竪義に臨むうえで聖宝に何らかの示唆を与えたことも推論できる。

(21)『類聚三代格』巻二、承和三年五月九日付太政官符。『増補新訂国史大系』二十五・六七頁〜六八頁。

(22)横内裕人「平安期東大寺の僧侶と学問——特に宗と院家をめぐって——」(ザ・グレイトブッダ・シンポジウム論集第十一号『平安時代の東大寺——密教興隆と末法到来のなかで——』所収。東大寺、二〇一四)、佐藤泰弘「東大寺東南院と三論供家」(『甲南大学紀要・文学編』一四四、二〇〇六)等、参照。

(23)永村眞氏の「中世醍醐寺と三論宗」(大隅和雄編『仏法の文化史』所収。吉川弘文館、二〇〇三)によれば、平安・鎌倉期から近世初頭にかけて、醍醐寺には三論宗徒が止住し顕教法会を伝持していたとされ、東南院を領有するために本寺とされた東大寺と醍醐寺間では人的交流が相当活発であったようである。中でも、珍海は両寺に併属していた代表的な学僧と言える。

(24)『醍醐寺新要録』巻上(法藏館、一九九一)、二三三頁〜二六一頁。

(25)国文学研究資料館編『真福寺善本叢刊』〈第二期1〉『真福寺古目録集』二所収(臨川書店、二〇〇五)、五六七頁〜五七二頁。本目録は、信瑜の師であった東南院聖珍(?〜一三八二)の「御前聖教目録」と合冊で伝存している。その概要は、本書第十章註(52)で既に触れた。本目録の「宗」(三論宗)の函は「第二十」まで記載があるが、「第二十」の書目自体は欠落している。また、『大乗義章』関連の書目は、「御前聖教目録」にも散見される。なお、願暁の『大乗法門章』については、「東南院経蔵聖教目録」の「第十二」に「法門章四巻 願暁」とあり、元来四巻であったことが分かる。

(26)仏全九二・一四六頁下。同書の成立や構成については、柏木弘雄「明恵上人門流における華厳教学の一面——『起信論本疏聴集記』をめぐって——」(田村芳朗博士還暦記念会編『仏教教理の研究』所収。春秋社、一九八二)参照。

(27)註(17)上島前掲書参照。

(28)『東大寺続要録』仏法篇(国書刊行会、二〇一三。一四七頁〜一四八頁)では、始行年を保延二年と記している。なお、鎌倉期に入ると、同様に三論宗徒が出仕して教学研鑽を図る諸講(世親講・東南院問答講・因明講・三論三十講)が次々と開催されるようになる。鎌倉期における三論宗の修学実態については、永村眞「論義と聖教——

「恵日古光鈔」を素材として――」（同『中世寺院史料論』第Ⅱ部、第三章所収。吉川弘文館、二〇〇〇）参照。

(29) 覚樹の事跡や教学的志向については、本書第十章註(3)で既に論及した。

(30) 亀田孜「奈良時代の祖師像と倶舎曼陀羅図」（『仏教美術』一、一九四六）、谷口耕生「倶舎曼荼羅と倶舎三十講」（ザ・グレイトブッダ・シンポジウム論集第十一号『平安時代の東大寺――密教興隆と末法到来のなかで――』所収）等、参照。恐らく覚樹の指示の下、倶舎学研鑽の場である「倶舎三十講」が創始され、その本尊である倶舎曼荼羅は画僧としても名高い珍海の手による可能性が高い。加えて、その倶舎曼荼羅の典拠とされる法華堂根本曼荼羅（ボストン美術館蔵）は寛信の指示により珍海が修復を施している。なお、珍海には『倶舎論明眼鈔』六巻が伝存し、宗性の『倶舎論明思抄』四十八巻にも援用され、宗性自身も巻一一奥書（大正六三・二二二頁下）にて「倶舎三十講」で聴聞した内容を筆録したと述懐している。こうした事情からも、覚樹と門下周縁にて倶舎学研究が始行されたことは間違いないと思われる。このことは、身延文庫蔵「大乗義章抄」に『阿毘達磨倶舎論』はもとより、法宝（六二七～七〇五？）・普光（生没年未詳）の註釈書が多数引用されることからも傍証される。

(31) 覚樹や寛信、珍海と密教との交渉については、本書第十二章で論及した。

(32) この他、珍海には、『大乗義章』巻三末「八識義」（大正四四・五二四頁中～五四〇頁中）を主題にした『八識義章研習抄』三巻が現存する。同書は上巻奥書（大正七〇・六六五頁中）によれば元永二年（一一一九）の御堂竪義のために抄筆したものであり、また『三論玄疏文義要』巻五（大正七〇・二七四頁上中）にも勧学竪義で慧遠と吉蔵の「八識義」をめぐる解釈の違いについて、興福寺の永縁（一〇四八～一一二五）と対論したことが述べられている。以上のことは、『中右記』元永二年十二月一日条（『増補史料大成』一三、一八五頁）の記事からも追認できる。

(33) 真福寺大須文庫蔵『義章要』巻五と対校し、〔　〕は補った。返り点・文字囲・傍線は私に付した。以下の引用も同じである。両書（巻五）は途中までほぼ同内容であるが、『義章要』には三条が付加されている。両書の対比については、本書第十章を参照されたい。

(34) 大正四四・五四〇頁中～五四五頁中。

(35) 大正三〇・九〇三頁上～九〇四頁上。

(36) 慧遠撰『地持経義記』は本末十巻あったとされるが、続蔵本（一―六一）には巻三下・巻四上・巻五下の三巻のみが収載される。この他、大正蔵本（八五巻）にも首欠・撰者不名の敦煌文献（P2141V）『地持経義記』巻四が伝存している。この残巻について、馮煥珍氏は「敦煌遺書にみられる浄影寺慧遠『地持義記』の研究」（金剛大学仏教文化研究所編『地論宗の研究』所収。国書刊行会、二〇一七）で、『地持経義記』巻四下に比定されているが、実は身延文庫蔵「大乗義章第八抄」にも「義記巻四末云」として同残巻からの引用があることから、馮煥珍氏が指摘するように、本残巻が慧遠撰であることは確実であると思われる。この「十因義」での引用部分は上記の四巻から検出できない逸文であるが、この他にも「大乗義章第八抄」に「義記二本云」、「大乗義章第十二抄上」に「義記一本云」等という形で逸文が援引されている。更に、慧遠の著作をめぐっては、「大乗義章第四抄上」からは「義記五末云」として『十地経論義記』の逸文、「大乗義章第九抄末」からは「義記下云」として続蔵本（一―三〇上巻）や敦煌本（P2091・P3308 下巻）にも含まれない『勝鬘経義記』「一乗章」の貴重な逸文も見出される。また、敦煌文献との関連で注目したいのは、「大乗義章第一抄上」に「提謂経上云」として引用される四文の中、三文が『提謂波利経』巻上（P3732・首欠）にほぼ同定されるだけでなく、残りの一文が首欠の一部を補う逸文である可能性が高いことである。

(37)　覚晴は、『中右記』を著した藤原宗忠（一〇六二〜一一四一）の息であり、興福寺で法相を学び、後に法勝寺常住僧になっている。『中右記』長承元年十一月十六日条（『増補史料大成』一四、三四七頁）によれば、覚樹とはこの十講から間もない長承元年（一一三二）十一月十四日から五日間にわたって執行された院最勝講の三日目朝座・夕座（朝座講師覚樹―問覚晴、夕座講師覚晴―問者覚樹）でも交互に講問を勤めている。覚晴の事跡については、中根千絵「往生の証と法勝寺――覚厳・覚晴を中心に――」（『説林』五〇、二〇〇二）参照。

(38)　『台記』久安二年五月二十九日条（『増補史料大成』二三、一八〇頁）によれば、法金剛院にて五月二十六日より五日間にわたり、前年になくなった待賢門院（一一〇一〜一一四五）のために一品経十講が開催され、第四日目の朝座で覚珍が講師、明海が問者を勤めている。

(39)　『台記』久安二年十月八日条（『増補史料大成』二三、一八八頁）によれば、十月四日より六日間にわたって皇后八講が開催され、第五日目の朝座・夕座（朝座講師珍海―問者忠春、夕座講師忠春―問者珍海）で交互に講問を勤めている。

(40)『法勝寺御八講問答記』については、国文学研究資料館での共同研究が「『法勝寺御八講問答記』特集号」(『南都仏教』七七、一九九九)に収録されている。この他、永村眞「修学と論義草――宗性筆「法勝寺御八講疑問論義抄」を通して――」(同『中世寺院史料論』第Ⅱ部、第四章所収)、蓑輪顕量「『法勝寺御八講問答記』にみる論義再考」(『印仏研』六〇―二、二〇一二)等、参照。

(41)章実は延暦寺の学僧であり、「法勝寺御八講」「最勝講」等の諸法会に出仕している。『山槐記』治承三年二月二十日条(『増補史料大成』二七、二二七頁)によれば、横川にて年八十三で入滅したとされ、「本濫行人也。而此二十余年不レ犯云云。」と記されている。

(42)平岡定海『東大寺宗性上人之研究並史料』上(日本学術振興会、一九五八)、一三三頁。判読不能の文字は□、中略は原文と同じく○で示した。

(43)大正四四・七一八頁下～七一九頁上。

(44)大正四四・八七〇頁下。

(45)大正三二・三三九頁下。

(46)大正二五・二四八頁中。なお、「十八不共法義」で「龍樹釈云」で援引されるのも同じ箇所の取意である。

(47)例えば、『大智度論』巻八七・巻八八(大正二五・六七三頁上／六七六頁中)には、「如電光三昧」とある。

(48)山崎誠「「法勝寺御八講問答記」小考」(『南都仏教』七七、一九九九)、蓑輪顕量「『法勝寺御八講問答記』天承元年の条に見る天台論義」(同上所収)等、参照。

(49)両書の構成や内容については、註(28)永村論文、同「鎌倉時代の東大寺三論宗――三論聖教「春花略鈔」を通して――」(『史艸』四九、一九九九)に詳論されている。

(50)『東大寺続要録』仏法篇、一四八頁。

(51)例えば、三論の碩学として名高い秀恵(一一四〇～一二二七～)が既存の短尺を収集したと思われる『大乗義章三蔵義問答抄』一帖が随心院に現存し、また南都に遊学し後に真言宗に竪義を取り入れた頼瑜(一二二六～一三〇四)にも『義章八識義愚草』三巻(所在不明)があったとされる。このことについては、本書第十章を参照されたい。

(52)本書第十章、及び本章註(23)永村論文等、参照。

第十二章　中世における密教と諸思想の交流

——珍海を中心に——

一　はじめに

日本密教が、空海（七七四～八三五）の活躍以降、東台両密の思想的交渉により新たな展開を迎えたことは、これまでの研究により解明されてきたが、三論宗や法相宗等の諸宗との交流については、今後取り組むべき重要な課題であると言える。

密教と南都諸宗との関連性については、特に院政期頃より東密の学僧、すなわち真言宗僧が三論や法相等の諸宗を兼学した事例が多数見出され、そうした諸宗を交差する研鑽により教学研究が一層深められたことは贅言を要しないであろう。但し、その実態をめぐる理解は一様ではない(1)。

そこで注目したいのは、中世における密教と三論宗の思想的関連性である。従来、東大寺や醍醐寺の聖教を活用して修学の内実に迫った先駆的業績が示され(2)、また前章でも『大乗義章』の論義古写本を解読し、密教と三論の兼学化を背景に同書が修習された実態を明らかにしたが、両者の思想的関係にまで具体的に踏み込んだ研究は見当たらない。

本章では、『大乗義章』の修学に積極的に関与した、三論宗の碩学として名高く密教の知識も保有していた禅那院珍海[3]（一〇九二、一説一〇九一～一一五二）を取り上げ、珍海が著した『三論玄疏文義要』十巻[4]をはじめとする三論関連書に散見される「速疾成仏」の概念が、実は密教の成仏論を念頭に置いて醸成された可能性が高いことを論証してみたい。

それでは、前章までの議論を参照しながら、珍海の密教に対する意識を探尋するために空海との関係性に焦点を絞って具体的に検討していくことにする。

二　空海と珍海の関係

珍海には密教に関する専著はないが、同じく覚樹（一〇七九～一一三九）門下である寛信（一〇八四～一一五三）や光明山寺を拠点に活動した重誉[5]（?～一一四三）が積極的に密教の教相書や事相書を撰述していることから、密教諸経論を閲覧するには十分な環境にあったことは想像に難くない。空海の著作類に接する機会があったことは言うまでもなく、珍海が撰述した三論関連書に僅かではあるが援用されていることには留意する必要があろう。この点については、珍海が『三論玄疏文義要』巻七で法身説法を解説するために空海の『弁顕密二教論』に言及していることが既に指摘されているが[6]、この他にも空海の言説が三論教学の理論化に影響を及ぼしているところが垣間見られるのである。

そこで先ず着目すべきは、次節で考究する速疾成仏の議論とも連関する『三論玄疏文義要』巻七における、次の問答である。

問。華厳経説二初発心時便成正覚一。爾者、指二何位一云二初発心一耶。

答。初歓喜地名二初発心一也。（又五種菩提中、発心菩提即十信位等也。）

問。何故初地名二初発心便成正覚一乎。

答。十地是真悟菩薩也。初地是真悟之始故、云二初発心一也。従二仏智慧一出得二仏智慧一故、云二成正覚一也。

問。既云二初発心一。即顕二未究竟一。何云二便成正覚一耶。〔若〕成二正覚一即非二初心一。爾者、二義相拒不ㇾ可二更容一乎。次若得二仏智慧一、応二是入二仏智慧一。何云二従仏智慧出一耶。

答。無階之階級、初後宛然。階級之無階、発心即仏。此則因果一異無ㇾ有二相隔一也。言二従仏智慧出一者、於二仏智慧一有二十種別一。即此十種分為二十地一。十地具足便名為ㇾ仏故。十地者、従二仏智慧一而開出也。（是故、十地経有二海十相一。喩二仏果十地一也。）

問。此義猶難ㇾ了。何故云二無階級之階級一乎。

答。於二一無生正観一而有二十地別一故、云二無階級之階級一也。

問。既一無生正観。何有二十地等別一耶。

答。総是一無得正観。而有二十種別一也。謂十波羅蜜行・十真如法等。又約二教門一有二階漸一。約二証門一即無二差別一。

又無二無不二故爾。謂無二故即成二正覚一。無不二故猶是初心也。……(7)

ここでの議論の眼目は、『華厳経』（『六十華厳』）巻八の「初発心時便成正覚」(8)という一文をめぐり、初発心を初地に措定することが妥当であるかということにある。そもそも、『華厳経』の発心位については、東密では初地、台密では初住、華厳では信満成仏と併せて論じられるのが一般的であり(9)、珍海が東密と同じく三論の発心位を初地と規定したことは極めて示唆的である。珍海によれば、その初地とは仏智慧が開出して十種に分かれた十地の初位に相当し第十地と等価ではあるが、行位の階梯を全く無視したものではない。そして、そのことを「無階之階級＝初後宛然」「階級之無階＝発心即仏」と弁別して論証するのである。実はこの主張の直接的根拠とされるのが、次に示す吉蔵（五四九～六二三）撰『中観論疏』巻二本の一節に他ならない。

> 若心無生、則無所依。離一切縛、即便得中道。故五十二賢聖皆就無生観内分其階級。初信諸法本性無生故、名十信。稍折伏生心令不起動念故、名為伏忍。即三十心人、以折伏生心不起動念、則無生稍明。順諸法無生不堕於生故、名為順忍。初地至六地也。生心・動念不復現前。無生現前故、名無生忍。七地至九地也。生心・動念畢竟寂滅、無生妙語《悟カ》了了分明故、称寂滅忍。即十地・等覚・妙覚也。以階級無階級唯一無生観。無階級階級故有五十二位不同。[10]

吉蔵によれば、五十二位とは唯一無生観に立脚して分別した階級であり、階級の無階級（平等）であるから唯一無生観に収斂され、無階級の階級（差別）であるから五十二位の価値が顕在化する。このような相即的解釈が三論の速疾成仏を構築するうえで要諦の一つとなるのであり、実際に珍海も前掲の問答の掉尾に文証として引用している。ところが、この文に着眼したのは珍海だけではなかった。すなわち、空海が既に『十住心論』巻七（『秘蔵宝鑰』巻下）で三論宗の特質を論評するために、次の如く、この教義を活用していたのである。

> 覚心不生住心第七
>
> 夫、大虚寥廓含万象越一気、巨壑泓澄孕千品爰一水。誠知、一為百千之母、空即仮有之根。仮有非有而有有森羅。絶空非空而空空不住。色不異空建諸法而宛然空。空不異色泯諸相而宛然有。是故、色即是空、空即是色。諸法亦爾。何物不然。似水波之不離。同金荘之不異。不一不二之号立、二諦四中之称顕。観空性於無得、越戯論於八不。于時四魔不戦而縛、三毒不殺自降。生死即涅槃更無階級、煩悩即菩提莫労断証。雖然、無階之階級不壊五十二位、階級之無階不礙一念成覚。一念之念経三大而勤自行、一道之乗馳三駕而労化他。……[11]

頼瑜（一二二六〜一三〇四）が『秘蔵宝鑰勘註』巻五[12]（永仁四年〈一二九六〉記）でこの箇所が『中観論疏』に依拠すると註釈したように、空海が吉蔵の見識を踏まえて祖述したことは明白であろう。但し、両者を対比してみると「唯一無生観」が「一念成覚」に改変されているのであり、ここに空海ならではの読解が施されている。

そして、何よりも重要なのは、珍海が『中観論疏』だけでなく『十住心論』の一文にも関心を払っている点である。そのことは、『三論名教抄』巻九で「……中論疏二云、階級無階級唯一無生観。無階級階級故有二五十二位不同一。文 高野十住心述二三論旨一云、階級之無階級不レ障二一念成覚一。文……[13]」と記されていることから傍証され、或いは『三論玄疏文義要』巻一〇に「如三中論疏云二階級之無階唯一念無生一。具如レ文。[14]」と述べられるように、『中観論疏』に空海の「一念」を挿入するような変容が生起している。また、裏書ではあるものの、先に部分的に引拠した『三論玄疏文義要』巻七の初発心に関する記述の最後に、三論宗における成仏の速疾性を論証するために「高野大師十住心論云、階級無階級不レ障二一念成覚一云云。[15]」の如く付記されている箇所も見出されるのである。

このように、珍海は空海の『弁顕密二教論』や『十住心論』を読み込んで、頻繁ではないとはいえ、三論教学との整合性を考慮しながら活用しているのであり、密教の素養を論理構築に少なからず反映させていることも想定できよう。特に、三論宗の速疾成仏で強調される「一念」が、空海の言説を参酌していると推測されるのであるが、その詳細については節を改めて論じることにしたい。

三　珍海の速疾成仏について

三論宗の成仏論については、如来蔵・仏性思想を基軸とする吉蔵が声聞成仏をどのように把捉したかをめぐって既に様々な見解が提唱されているが(16)、成仏の速疾性に着目して検討を加えた研究は皆無に等しい。
　三論宗において速疾成仏が主題として取り上げられるようになったのは、恐らく珍海の撰述書あたりからであると考えられる。それでは、珍海の速疾成仏においてどこに特徴的要素が存在するのであろうか。このことについては、珍海が長承三年（一一三四）に記した『大乗正観略私記』所収の「第九仏道遠近」に示される、次の問答に簡潔に述べられている。

　　第九仏道遠近

肇公云、道遠乎哉、触レ事而真。聖乎哉、体レ之即神云云。真者真理、神者覚知。覚真不レ遠者、則成仏近矣。重牒八不云、以二階級之無階級一唯一無生観。無階級之階級故有二五十二位不同一云云。准レ此、若得二無生観一者、初心一念即成二仏道一。智論亦云、神通乗者、一聞二般若一便成二仏道一。

問。説二神通乗一云、曾於二無量劫一積二集善根一故、一聞即得レ道。取意 既無量劫積二集善根一。云何速耶。

答。有所得修、経二無量劫一。若無所得、一念便成仏。故云二神通乗一。若不レ爾者、何異二馬乗一。

問。大師不レ引レ之。何汝恣引証耶。

答。大師釈、前已出畢。又欲二更知一者、釈下仁王経一念信二此経一超二百劫千劫十地等功徳一文上云、超二百千劫有相十地一。故知、無得一念超二無量劫有相十地一、即神通乗也。又疏第三引二大品一云、菩提易レ得耳。以二一切法無生一即得二菩提一。文 第二十四巻文也。

問。壊二三大僧祇一而一念成仏歟。

答。不レ壊二三大一而一念成。法花玄第九明二三世無礙義一云、乃至一劫摂二一切劫一、一切劫摂二一劫一。以レ有二因縁無礙一故得レ如レ此也。若有二定性一、何猶能爾。文 若望二此義一、以二僧祇一為二一念一故成仏速也。若望二一念無生一者、直是一念即名レ仏也。而約二階級不壊一者、亦経二五十二位一。約二不壊一時、亦経二三祇一。長短無レ礙、即無レ所レ畏。此宗亦有二超悟菩薩一。如二法華疏一。此義広論如二文義要一。(17)

ここの問答で課題となっているのは、一念成仏と神通乗の二点である。当然ながら、この二義は連動するのであり、最初の問答では僧肇（三七四～四一四?）撰『肇論』(18)や前節で触れた『中観論疏』と併せて『大智度論』巻三八の神通乗に関する一節(19)を論拠に一念成仏が可能であることを主張している。そもそも、一念成仏については、中国華厳を先蹤として密教や天台本覚思想文献でも度々論及され、平安末期頃にはかなり人口に膾炙された教説であるが、その定義は一様ではない(20)。ここでは、吉蔵の常套句である「有所得」「無所得」の弁別に基づき、無所得による一念成仏がそのまま神通乗に他ならないと述べ、神通乗の速疾性を念頭に置いて成仏が論じられている。但し、珍海は、二番目の問答にて『仁王般若経疏』巻中四(21)や『中観論疏』巻三本(22)の文を引拠して吉蔵も神通乗を説いたと弁明するが、吉蔵は神通乗そのものには言及しないのであり、ここに珍海による独自の解釈が看取されるのである。

それでは、珍海が何に依拠して神通乗の速疾性を付加しようとしたのであろうか。この当時、同じく一念成仏を説く天台本覚思想も既に醸成されていたと推知されるが(23)、神通乗に関する文言は殆ど見られない。珍海の諸宗兼学的姿勢を勘案すれば、天台本覚思想に触れる機会があったことも十分想察されよう。しかしながら、ここはやはり、密教義からの影響があったと捉えるのが妥当ではなかろうか。なぜなら、密教では余教に対する成仏の秀逸性を神通乗によって表現することが多いからである。例えば、『大日経疏』（『大日経義釈』）巻一では、「又釈言、所謂清浄句者、即是頓覚成仏神通乗也。如三余乗菩薩志二求無上菩提一、種種勤苦不レ惜二身命一、経二無数阿僧祇劫一、或有二成仏一、或不二成仏一者。今此真言門菩薩、若能不レ虧二法則一方便修行、乃至於二此生中一逮二見無尽荘厳加持境界一。非二但現前而已一。若欲下超二昇仏地一即同中大日如来上、亦可レ致也(24)。」の如く、余教に対して密教が頓覚成仏神通乗であると明記され、空海もまた『御請来目録』にて「又夫、顕教則談㆓三大之遠劫㆒、密蔵則期㆓十六之大生㆒。遅速・勝劣、猶如㆓神通・跛驢㆒。[25]」と述べ、神通乗の速疾性こそが密教の特質であることを強調している。

また、珍海は、三番目の問答にて一念成仏と行位の整合性をめぐり吉蔵撰『法華玄論』巻九[26]の文を援引し、一念成仏を枢要としつつ五十二位も認める旨を解説しているが、その一大根拠とされるのが『中観論疏』の「以㆓階級之無階級㆒唯一無生観。……」という文であることは言うまでもない。しかしながら、ここではむしろ『十住心論』の用語（一念・階級不壊）が混交されて併用されているのであり、明らかに空海からの影響が見られるのである。したがって、珍海は、『三論玄疏文義要』巻七[27]で吉蔵撰『維摩経義疏』巻四の「大乗中、唯以㆓一念㆒則確《イ豁》然大悟、具㆓一切智㆒也。[28]」をはじめとする三論関連文献からの文証を駆使して「一念」の意義を解明しようと努めてはいるものの、実は空海の言説も着想の契機となっている蓋然性が高い。

さて、先の問答では、最後に吉蔵撰『法華義疏』巻一〇の「若超悟者、其間無㆑定。[29]」という文に依拠して三論宗にも超悟菩薩が存することに触れ、その大意は『三論玄疏文義要』巻七の内容に譲っている。その当該箇所では速疾成仏が主題として取り上げられ、併せて『法華経』の龍女成仏をめぐる議論も記されているが、やや長文であるため冒頭部のみを以下に引用することにしたい。

速疾成仏事

問。今宗家意、菩薩為㆘定経㆓三大僧祇㆒成仏㆖。為当有㆓速疾頓覚人㆒耶。

答云云。

今云、亦有㆓頓覚之義㆒。此有㆓数意㆒。若約㆓波若道㆒、非㆑長非㆑短非㆑頓非㆑漸。若約㆓方便道㆒、亦長亦短。又約㆓波若道㆒為㆑頓、約㆓方便道㆒為㆑漸。又約㆓方便道中自行㆒為㆑漸、化他亦漸亦頓。又約㆓方便道中㆒、亦有㆓頓悟義㆒。頓悟復有二数意一。謂有二一義一。於二長時中一修二方便行一而頓断二煩悩一頓成二正覚一。或有二一義一。有二一類極利根者一、超悟速成云云。正可レ云下有二超悟一而無中頓悟者上也。……(30)

ここでは先ず、三論宗にも速疾頓覚の義があることを認めつつ、「般若道」「方便道」の分別により「頓覚」が幾つかの意味を包含していることが示されている。更に、「方便道」すなわち修行の道程における「頓悟」にも多義があるが、特に三論宗で極利根者が超悟して速やかに成仏する義が説かれていたとしている点には注意したい。やや不明瞭ではあるものの、珍海が「超悟」の概念を頓覚や頓悟よりも尊重していたことは、同じく『三論玄疏文義要』巻一〇の「今案云、今宗実行、唯許二超劫一不レ許二頓覚一。」(31)という註記からも例証され、速疾成仏とはいえ決して行位の階梯を無視するものではなかった。そして注意すべきは、珍海と同門である重誉をはじめとする東密の学僧も、実は密教を基幹とした即身成仏論で近似した教説を展開しているのであり(32)、珍海の思想背景に密教僧との人的交流が窺われるのである。

このように、珍海の速疾成仏とは、一念における速疾性を神通乗によって裏づけしながらも五十二位を容認するという、不二而二の相即的理解を基調としたものではあるが、詳細に検討すれば、その思考が形成されるうえで空海の見識や密教で尊重された神通乗等の概念が潜在的に大きな作用をもたらしたことが推考されるのである(33)。

ところで、先に『法華経』の龍女成仏について僅かに触れたが、同様に速疾成仏と関連する内容を詳述している箇所があるので、参考までに明示しておくことにしたい。それは、『三論玄疏文義要』巻一〇に次のように説かれている。

伽耶山頂経、四種発心事

法花提婆品疏云、於二刹那頃一発二菩提心一得二成仏一者、迦《ママ》耶山頂経明レ有二四種発心一。一初発心、謂入二初地一。二行発心、二地至七地。三不退発心、謂八地・九地。四一生補処発心、謂第十地。龍女発心成仏、是第四義也。然十信菩薩、亦能八相成道。位不可知也。文新撰疏同之。〔亦〕速疾義可有也。問。龍女発心是第四発心者、不得顕法花速疾力。所以然者、設非経力、菩薩従一生補処速至仏果故耶。

答。夫速疾者、是頓悟義。而宗家意、一切菩薩並是漸悟。四論玄判嘉祥云、必是漸入、無有頓悟云云。而言経力速疾成仏者、凡言速疾乃有多意。一者、方便示現速疾成仏。如疏云速方便龍女刹那成仏。四句如文。二者、正観一念成仏。如中論疏云階級之無階唯一念無生。具如文。三者、対二乗道於仏道迂廻稽留。一乗菩薩無有留難、直至道場故名速疾。四者、九地已還聞見仏性十地眼見。眼見以上乃名発心。発心即成仏。如大智論神通。神通乗、仁王般若〔至〕金剛頂皆名為伏等、拠此〔義〕也。今此経有速疾力者、正対二乗迂廻稽留、一念決定方名疾得。為顕此義、借〔事〕寄相。是故、多意相成一致也。[34]

吉蔵は、龍女成仏について『法華義疏』巻九[35]と『法華統略』巻下末[36]（新撰疏）等で註釈し、どちらも『伽耶山頂経』の四種発心[37]を援用して龍女が一生補処発心、すなわち十地菩薩による成仏であると解釈している。となれば、そこに頓悟義・速疾義があるか否か疑問が呈されるのは当然の趨勢であり、珍海は慧均撰とされる『大乗四論玄義記』[38]に吉蔵が漸入義を説いたという文があることに理解を示しながらも、『法華経』に速疾力があることを是認し、その速疾力によって二乗の迂廻道とは異なる一念成仏が可能である旨を明らかにしている。但し、その発心位をめぐっては、十地説の一方で「然十信菩薩、亦能八相成道。位不可知也。」の如く不定であることも許容するのであり、結論から言えば、珍海は龍女の発心位について、右の問答に付随して「故知、非唯通前三心、亦通三十心及十信也。」と述べるように、『伽耶山頂経』の三心（初発心・行発心・不退発心）だけでなく三十心や十信にまで拡大させていくのである。つまり、五十二位を基底とした速疾成仏とほぼ同意であり、先に考察した超悟義と密接に連携していることは一目瞭然であろうと思われる。

四　おわりに

本章では、珍海が三論や浄土だけでなく、密教と思想的交渉があったことを諸文献より検出するよう努めた。具体的には、珍海が空海の『十住心論』や密教でその秀逸性を譬喩するために用いられる神通乗の思想を依用して三論宗の速疾成仏を理論化しているのではないかという推論を試みてみた。その速疾成仏とは、一念における速疾性を神通乗によって定義しながら、行位の階梯すなわち五十二位を決して無視することはないという、相即的概念に依拠した成仏論であり、行位を速やかに超悟することが成仏の速疾性と理解される。ここで重視すべきなのは、珍海と同門であった重誉が密教を主軸とした即身成仏論で同様の見解を主張している点であり、両者が思想的交流を保持していたことが推知されるのである。

従来、珍海と密教の関係については殆ど論究されてこなかったが、諸文献から拾い上げた僅かな痕跡や同時期の思想状況との比較作業により、珍海の思想背景に密教が介在していた様相が明らかとなった。こうした諸宗兼学の傾向は何も珍海に限ったことではなく、当時の一般的な趨勢であったのであり、様々な交流・研鑽の中で思想の共有化がより進んでいったことが想像される。珍海の速疾成仏もまた、平安期より次第に醸成された成仏論を三論宗が受容した事例と捉えることも可能であろう。

註

（1）本書第十章註(2)参照。

（2）永村眞『中世寺院史料論』（吉川弘文館、二〇〇〇）、同「中世醍醐寺と三論宗」（大隅和雄編『仏法の文化史』所収。吉川弘文館、二〇〇三）、同「中世醍醐寺の教相と論義」（中尾堯編『鎌倉仏教の思想と文化』所収。吉川弘文館、二〇〇二）、同「鎌倉時代の東大寺三論宗――三論聖教「春花略鈔」を通して――」（『史艸』四九、一九九九）等、参照。

（3）珍海の事跡については、本書第十章註(5)で既に論及した。なお、密教との思想的関係については、舎那田智宏「珍海の往生思想と菩提心について――特に『菩提心集』を中心に――」（『大正大学大学院研究論集』二九、二〇〇五）に僅かに論及される程度で、十分な検証はなされていない。

（4）『三論玄疏文義要』は珍海が三論宗の重要教学についての議論を集成したものであり、十三項目に大別され約二〇〇条の問答で構成されている。奥書によれば、天承の頃（一一三一～）から抄筆をはじめ保延二年（一一三六）に完成したとされる。一部に論義形式で問答が記されていることから、実際の論争内容を収載していると推測される。同書をめぐっては、裏書が本文にそのまま挿入されていることが書誌的に問題であり、大正蔵本や仏全本の定本や対校本も中世末から近世書写であるため、当初の原型まで遡及することは難しい。活字本以外では、現在、管見の限り、龍谷大学図書館に三本（江戸・明治期写）、京都大学付属図書館に一本（天保五年〈一八三四〉写）、随心院に一本（一二四函―七・室町期写か）が所蔵されている。随心院本は未見であるが、諸本は現行本とほぼ同様に裏書が本文と併記されている。また、頼超（生没年未詳）記『玄疏問答』巻一（新版日蔵、三論宗章疏二・一六〇頁下）には、『三論玄疏文義要』巻一に収録される裏書から引用した文に「如二文義一。裏書也。」と註記が施されている。このことから、裏書は比較的古い時期より流布していたことが窺われ、珍海の理解をある程度反映したものと捉えても差し支えないように思われる。『三論玄疏文義要』については、龍谷本や京都本との校合により、適宜文字を修正し〔　〕で明示した。なお、随心院本については、柴﨑照和「随心院所蔵の三論宗典籍について――典籍目録と翻刻――」（荒木浩編『小野随心院所蔵の密教文献・図像調査を基盤とする相関的・総合的研究とその探究』所収。二〇〇五）に書誌情報が列記されている。

(5) 重誉や光明山寺の大要については、本書第七章参照。

(6) 大久保良峻「日本天台における法身説法思想」(同『台密教学の研究』第六章所収。法藏館、二〇〇四) 参照。また、『三論玄疏文義要』巻一 (大正七〇・二二九頁下) でも、龍樹が著した論書数について「高野和尚云、龍樹造千部之論。」と記すが、これは『弁顕密二教論』巻上 (定弘全三、九三頁) に準拠している。

(7) 大正七〇・三一四頁中〜三一五頁下。龍谷本と京都本によって一部修正した。傍線は私に付した。以下の引用も同じである。なお、珍海の『三論名教抄』巻八 (大正七〇・七六六頁上〜下) でも、「初心成仏」という項目で同様の内容が議論されている。また、頼超は『玄疏問答』巻三 (新版日蔵、三論宗章疏二・一八八頁上〜一八九頁下) でこの問答を略抄している。そこでは、「初発心」と「成正覚」との連続性をめぐり、問答の最後で「又難云、初発心者初入仏道也。成正覚者至果地也。二義全別、其言大遠。何云初発心時便成正覚耶。答。統《ママ》発心時即至果地、即速度義也。若直言成正覚者、不知長劫修方得成仏耶。従凡地初成耶。故挙初発心顕成覚也。此義劣也。又云、顕階級之無階故云爾也。」と追記し、主題である『華厳経』の一文が速度の義を示したものであると解釈している。

(8) 大正九・四四九頁下。

(9) 大久保良峻「神通乗について」(同『台密教学の研究』第十四章所収) 参照。珍海は行位の階梯を五十二位と捉え、『三論玄疏文義要』巻七 (大正七〇・三二三頁下) で「然地前三《イ四》十心、是初地方便、亦属初地。或廃而不論、或兼通而開為五十一地等也。此中正意、以初地為発菩提心也。」と述べるように、初地以前の位を初地の方便であり初地に繫属すると説明している。

(10) 大正四二・二四頁下。

(11) 『十住心論』巻七、定弘全二・二四一頁〜二四二頁。『秘蔵宝鑰』巻下、定弘全三・一五三頁。

(12) 真全一一・一八三頁上下。

(13) 大正七〇・七七九頁下。

(14) 大正七〇・三七二頁下。

(15) 大正七〇・三一五頁中。

(16) 奥野光賢「吉蔵の声聞成仏思想」（同『仏性思想の展開――吉蔵を中心とした『法華論』受容史――』第一篇、第三章所収。大蔵出版、二〇〇二）参照。奥野氏は、吉蔵が「一乗家」であったことを踏まえつつ、末永愛正氏による吉蔵の一分不成仏説への反証を行っている。

(17) 大正七〇・一九八頁下〜一九九頁上。

(18) 大正四五・一五三頁上。

(19) 大正二五・三四二頁下。

(20) 一念成仏の大要及び一念の多義については、註(9)大久保前掲論文、同「一念成仏について」（『早稲田大学大学院文学研究科紀要』五〇、二〇〇五）、末木文美士「一念」（同『仏教――言葉の思想史――』第三章所収。岩波書店、一九九六）等に詳しい。また、中国華厳における智厳の一念成仏については、木村清孝「成仏道の実践」（同『初期中国華厳思想の研究』第二篇、第七章所収。春秋社、一九七七）、吉津宜英「信満成仏と十玄門」（同『華厳一乗思想の研究』第五章、第四節所収。大東出版社、一九九一）等、参照。

(21) 大正三三・三四三頁中。原文では「文言㆓一念信超十地㆒者、一念無所得波若信、勝㆓有所得百千劫修行十地功徳㆒也。」と記されている。

(22) 大正四二・三八頁下。

(23) 天台本覚思想文献の成立時期については、花野充道「『三十四箇事書』の撰者の考察」（同『天台本覚思想と日蓮教学』第四篇、第一章所収。山喜房佛書林、二〇一〇）、末木文美士「天台本覚思想研究の諸問題」（同『日本仏教思想史論考』所収。大蔵出版、一九九三）等、参照。

(24) 大正三九・五八四頁上。続天全、密教1・一五頁下。

(25) 定弘全一・一八頁〜一九頁。

(26) 大正三四・四四一頁上。

(27) 大正七〇・三一五頁中下。この箇所は裏書に相当する。

(28) 大正三八・九五一頁下。この文は、僧肇撰『注維摩詰経』巻四（大正三八・三六五頁上）の「什曰、二乗法以㆓三十四心㆒成道。大乗中、唯以㆓一念㆒則豁然大悟、具㆓一切智也㆒。」に依拠するものである。

(29) 大正三四・六一一頁中。
(30) 大正七〇・三二二頁中。
(31) 大正七〇・三七二頁下。
(32) 本書第六章、第七章参照。
(33) これ以降、三論宗における成仏論は珍海の説が基本となる。例えば、鎌倉末期以降に奈良・手向山八幡宮の勧学会で三論宗徒が論究した一八〇項目にもわたる論義を集成した『八幡宮勧学講一問答抄』が上下二巻で現存し、その巻上（新版日蔵、三論宗章疏三・六六頁下〜六七頁上）に「三十八 一念成仏」が立項されている。また、伊藤隆寿「三論宗関係典籍目録（稿）」（『駒澤大学仏教学部研究紀要』五四、一九九六）によれば、東大寺図書館に「一念成仏」という書名の短冊類が多数存在していることが確認される。
(34) 大正七〇・三七二頁中下。龍谷本と京都本によって一部修正した。
(35) 大正三四・五九二頁中。
(36) 菅野博史訳注『法華経注釈集成7 法華統略』（下）・五九七頁。続蔵一―四三・七五丁右下。
(37) 大正一四・四八五頁上中。
(38) 『大乗四論玄義記』は続蔵に収録されているが完本ではなく、ここの引用は逸文である。同書については近年、朝鮮撰述説が有力視されている。その詳細については、伊藤隆寿「『大乗四論玄義記』に関する諸問題」（『駒澤大学仏教学部論集』四〇、二〇〇九）、崔鉛植「『大乗四論玄義記』と韓国古代仏教思想の再検討」（『東アジア仏教研究』八、二〇一〇）等、参照。

付論　重誉撰『秘宗深密鈔』について

一　はじめに

重誉（?～一一四三）撰『秘宗深密鈔』三巻は未翻刻であり、管見の限り、智積院と真福寺大須文庫に完本、称名寺（金沢文庫保管）に中下二巻本（上巻欠）が現存している。更に未見ではあるが、『醍醐寺文書記録聖教目録』から醍醐寺に完本があることが確認できる。

『秘宗深密鈔』について最も留意すべきは、仁和寺を本拠とした海恵（一一七二～一二〇七）が編纂した『密宗要決鈔』三十巻にその大半が引用されているという点である(1)。このことは、同書が仁和寺にも流伝していたことを示唆するものであり、また杲宝（一三〇六～一三六二）が主に撰述した『大日経疏演奥鈔』にも引用が見出され、東寺への受容も看取される(2)。重誉が活動拠点とした光明山寺は、付法の師ともされる実範（?～一一四四）を開祖とする中川成身院と併せて、高麗続蔵経をはじめとする聖教の一大集積地として東大寺や仁和寺、石山寺等の多くの学僧が参集し、諸宗交流も盛んであったことから(3)、同書も他の諸寺院へ広汎に書写伝領されていた可能性が十分考えられる。

重誉については、既に第七章にて『秘宗教相鈔』十巻を主たる考察対象に取り上げ、教学の実態解明を試みてみた。そもそも、『秘宗教相鈔』では教学上の問題点をめぐり問答形式で議論を深化させていたが、『秘宗深密鈔』の内容は主に事相に関する諸事項を同じく問答形式で究明するものであり、教相と事相という対比を敢えて用いれば、両書は一対の関係にあると言えよう[4]。

その問答数は三十四項目に及び、「心云」という独特の表現によって重誉自身の見解も開陳されている[5]。従来、『秘宗深密鈔』に対する研究は皆無と言ってよい。そこで、この付論では、智積院本に基づきながら同書の内容を概説した後、上巻所収・第十一問答で言及される「金亀観」を題材に、唐招提寺蔵「金亀舎利塔」成立への思想的連関性について若干の検討を加えることにしたい。

二　内容構成について

『秘宗深密鈔』は、上巻に十一項目、中巻に十四項目、下巻に九項目が収載され、全三十四項目で構成されている。本奥書によれば、重誉は上中二巻を保延四年（一一三八）に光明山寺で記し、三年後の永治元年（一一四一）に下巻を抄して三巻にまとめたようであり、『十住心論鈔』等の他書を撰述した時期とほぼ重複する[6]。

それでは以下、項目名を列記し、『密宗要決鈔』の対応箇所と引用状況を提示することにしたい。引用状況は、全てが引用（中略も含む）されている場合は「全」、抄記されている場合は「抄」で区別しておいた。

◇上巻

一切仏頂八仏頂同異第一　『密宗要決鈔』巻三〇・抄[7]

五大尊出生義第二　『密宗要決鈔』巻三〇・全[8]

降三世勝三世月壓（醫）尊同異第三　『密宗要決鈔』巻二三・全⑨
降伏魔醯首羅之不動降三世二説第四　『密宗要決鈔』巻三〇・全⑩
日月天日月曜同異第五　『密宗要決鈔』巻三〇・全⑪
十二宮神形相第六　『密宗要決鈔』巻三〇・全⑫
別尊曼荼羅不審第七　『密宗要決鈔』巻三〇・全⑬
両界所生蓮花月輪不同第八　『密宗要決鈔』巻一九・抄⑭
両界大日白黄色不同第九　『密宗要決鈔』巻二九・全⑮
壇内壇外道場観三種曼荼羅差別第十　『密宗要決鈔』巻二〇・抄⑯
諸尊道場観中用金亀観第十一　『密宗要決鈔』巻二七・全⑰

◇中巻

諸尊道場観之須弥山及宮殿形料簡第十二　『密宗要決鈔』巻二〇・抄⑱
諸尊道場観用種子三昧耶羯磨身三観之所由第十三　『密宗要決鈔』巻一九・全⑲
諸尊道場観安置本尊様第十四　『密宗要決鈔』巻二二・抄⑳
大壇護摩壇不別立時道場観作法第十五
用道場観之所由第十六　『密宗要決鈔』巻二〇・抄㉑
心月輪形料簡第十七　『密宗要決鈔』巻二八・全㉒
用字輪観之所由第十八
両界字論観料簡第十九　『密宗要決鈔』巻二〇・抄㉓

六月持誦法第二十　『密宗要決鈔』巻二四・抄[24]
行法時散念誦所由第二十一　『密宗要決鈔』巻二〇・抄[25]
護摩諸尊段通用三十七尊第二十二　『密宗要決鈔』巻二九・全[26]
四種護摩所由方円等形類不同所由第二十三　『密宗要決鈔』巻二九・全[27]
護摩壇供具与大壇同第二十四　『密宗要決鈔』巻二九・全[28]
護摩用神供之所由第二十五　『密宗要決鈔』巻二九・全[29]

◇下巻

六度十度真言用之所由第二十六　『密宗要決鈔』巻一六・全[30]
入我我入観第二十七　『密宗要決鈔』巻二〇・全[31]
正念誦観行第二十八　『密宗要決鈔』巻二〇・全[32]
礼仏不審第二十九　『密宗要決鈔』巻二〇・全[33]
備閼伽水料簡第三十　『密宗要決鈔』巻二〇・全[34]
仏界衆生界増減第三十一
三昧耶戒四波羅夷中第一夷料簡第三十二　『密宗要決鈔』巻一六・全[35]
自善悪業他人得果有無第三十三
大日経所説十九執金剛第三十四　『密宗要決鈔』巻四・全[36]

このように、『密宗要決鈔』では全三十四項目の中、三十項目より全文もしくは一部の引用がなされているのであり、編者である海恵が『秘宗深密鈔』の重要性を強く意識していた様相が認められる。重誉が活躍した十二世紀前半を一瞥すれば、院権力との深い紐帯により東密の法脈が野沢十二流に分流し、各門流が世俗的権益と連動しつつその独自性を発揮するために次第や口訣等の聖教を飛躍的に量産させた時期でもある。[37] それは必然的に曼荼羅や灌頂、諸尊法における諸説を咀嚼し、整理する機運の高揚を生み出したのであり、重誉と同じく東南院覚樹（一〇八一～一一三九）の門下であった寛信（一〇八四～一一五三）が撰した『小野類秘鈔』七巻[38]のような類本と共に、同書もまた院政期における仏法興隆の所産の一齣と解釈することも可能であろう。

ところで、右記の項目名から明らかなように、『秘宗深密鈔』の問答はその殆どが密教義についてのものである。したがって、援用される文献も『大日経疏』・『大日経義釈』・『金剛頂瑜伽中略出念誦経』等をはじめ、空海（七七四～八三五）撰として『法華経開題』（殑河女人）・『秘蔵記』・『無尽荘厳蔵次第』・『千手観音行法次第』、安然（八四一～八八九～、一説九一五没）撰『悉曇蔵』、覚樹が高麗国より請来した覚苑（生没年未詳）撰『大日経義釈演密鈔』[39]等、密教の諸経軌で過半が占められているが、それ以外の経論も僅かながら散見される。中でも、三論宗の文献、すなわち吉蔵（五四九～六二三）撰『法華義疏』・『浄名玄論』と共に、覚樹の主導により当時の三論宗で盛んに修学された、浄影寺慧遠（五二三～五九二）の『大乗義章』が六例も引拠されているのは注目すべき点である。

既に覚樹や寛信、珍海（一〇九二、一説一〇九一～一一五二）が密教研鑽だけでなく三論も兼学し『大乗義章』を重視していたことは指摘したが[40]、実は重誉にも『大乗義章』関連の論義資料が存在していた可能性が高い[41]。東大寺東南院や光明山寺、中川成身院を中核とした人的交流の中で、上記の学僧と関係が深い重誉に兼学的要素が見られるのは至極当然であり、『秘宗深密鈔』における『大乗義章』の積極的な活用は、そうした学的志向を反映した傍証と言えるであろう。

三　金亀をめぐる問題

上来、『秘宗深密鈔』の内容構成や特徴について概説してきたが、本節では同書・第十一問答所収の「金亀観」と唐招提寺蔵「金亀舎利塔」成立への思想的影響について考究することにしたい。先ず原文を示せば、次のとおりである。

諸尊道場中用二金亀観一第十一

問。就二諸尊道場観一、且水輪上想二金亀一云云。故金剛頂蓮花念誦儀軌云、(42)次応レ想二大海、八功徳之水一。於レ上想二金亀一。文（諸軌多作二此説一。）披二顕教諸文一見二世界安立一、雖レ説二風水等輪・衆山・大海一、未レ云レ有三金亀成二世界一。今器界観念時、言三亀甲負二須弥一。此説遂為二顕教別一、為当如何。

答。世界安立雖二諸教不同一、今於二金亀一顕密是同也。故大師千手次第云、(43)風輪上[梵字]字。放二白色光一出二乳水一成二水輪一遍三満風輪上一。水輪上[梵字]字。放二金色光一成二一金亀一。是金論也。金亀之背上[梵字]字。変成二妙高山一。文賀野紇哩縛軌上巻云、(44)於二水輪上一、想二鉢囉合二字門一。変成二金亀一。乃至甘露八功徳水○盈三満金輪亀背一、為レ成二大香乳海一。文（軍荼利軌文、同レ之。）大師釈意依二此軌等文一、金亀既金輪故、金亀之甲背置二妙高一。観行旨趣如レ是。所以、非レ違二常途諸教一矣。

問。若爾、何不下置（直イ）云二金輪一而立中亀称上乎。

答。其金形円故、諸教名レ輪。此円輪成二亀形一。所以、今言レ亀。夫金輪成二亀形一、非レ無二其由緒一。謂蓬莱山、霊亀戴（載イ）レ之。豈非レ表二霊山之堅久不壊相一乎。今須弥山、亀甲負レ之。是亦顕二妙高之殊勝堅固義一矣。是故、於二須

弥所座之金輪一亦成二堅久之亀形一也。イ耳[45]

密教観法の要諦である金剛界道場観には、一般的に広観・中観・略観の三種があり、最も詳細な広観では〔器世間観〕〔楼閣観〕〔曼荼羅観〕を順に観想することが求められ、更に〔器世間観〕は〈五輪観〉〈須弥山観〉の二種に大別される。[46]右の問答では、〔器世間観〕で須弥山の基壇に金亀が置かれることについて議論しているが、その前提となる〈五輪観〉をめぐり、実は密教の諸経軌で五輪（空・風・火・水・地）と三輪（風・水・金）を説く用例が混交しているという根本的問題が存在する。というのも、金亀は三輪説の文脈の中でしか説示されないため、五輪説との兼ね合いが常に課題となったのである。なお、三輪説が『阿毘達磨倶舎論』巻一一に見られる器世間観[47]を密教的に発展させた形態であることは贅言を要しないだろう。

そこで今、参考までに、上記のことについて例証すれば、頼瑜（一二二六～一三〇六）が元杲（九一四～九九五）撰『金剛界念誦私記』（道場観）を註釈した『金剛界発恵抄』巻中の当該部分に次のような記述が見出せる。

「世界下方等者」[48]、本軌中無二器界五輪之一。イ文 依二檜尾口決一歟。略出経幷千手軌中、出二風水金三輪一。金亀即金輪故。秘蔵記、又三輪成二器界一也。……広大軌幷青龍・玄法軌説二五輪土一。今案、自宗意、若依若正、皆無レ非二五大所成一。故以二五輪一成二器界一也。故両部経軌或説二五輪一也。然後准二常途世界一建二立作法一、或説二三輪土一也。五輪・三輪雖レ似二相違一、広略開合不レ同故。実不レ違歟[49]。

そもそも、元杲の道場観は広観であり、〔器世界観〕については〈五輪〉→〈八功徳水海〉→〈金亀〉→〈須弥山〉という流れで観想することが説かれている。[50]この次第は、厳密に言えば諸経軌が説く五輪と三輪を折衷させたものと解釈できる。ところが、本軌、すなわち重誉も援用する『金剛頂蓮華部心念誦儀軌』では五輪が見出せないにもかかわらず、なぜ元杲が五輪説に言及するのか疑義が呈される。このことについて、頼瑜は『檜尾口決』、すなわち実慧（七八六？〜八四七）撰とされる『金剛頂瑜伽蓮華部大儀軌』[51]に依拠したのではないかと解説している。但し、頼瑜自身も明確な判断がついていなかった感は否めない。そして次に、『秘蔵記』[52]・『金剛頂瑜伽中略出念誦経』[53]・『金剛頂瑜伽千手千眼観自在菩薩修行儀軌経』[54]等の諸文献で三輪説、『広大儀軌』[55]・『青龍儀軌』[56]・『玄法儀軌』[57]等の儀軌類で五輪説が採られていることを例示しながら、密教では五輪説が正義ではあるが、最終的に両説は広略開合の不同に過ぎず、意味に違いがないと結論づけるのである。

主題である金亀については、先述したように三輪説でのみ論及があり、頼瑜は金輪と同体であると註記しているが、重誉もまた先の問答で三輪を説く諸文献や空海撰とされる『千手観音行法次第』を証憑として金亀＝金輪であることを言明し、〈風輪〉→〈水輪（大海）〉→〈金亀（金輪）〉→〈須弥山〉と次第に観想することは、顕教の器世界観と大差ないと論じている。頼瑜の見解を参酌すれば、重誉の〔器世界観〕が三輪説に依拠していることは明白であろう。

更に、重誉は金亀と金輪の同一性に着目し、霊亀が蓬萊山を背負うのと同様、堅久不壊な金亀の背上に須弥山を負うことが須弥山の殊勝堅固な様態を顕現させると主張する。[58]亀には多様な意味が付与され容易に定義し難いところがあるが、[59]重誉が指摘するように、金亀は金輪と同体であり堅牢であるから須弥山（器世間）の基壇としての役割を担うことができるのであり、ここに「金亀観」を道場観で修する真因があると思われる。

以上の如く、金亀は、密教の諸経軌に諸説があるものの、道場観を組織する一要素として対応する印・真言と共に観想対象となり、特に日本では金亀金輪同体説が次第に定型化され、恐らく重誉が活動した院政期頃に基壇としての金亀の役割が注視されるようになったと推考される。院政期頃の書写とされる高山寺蔵『秘蔵記』末（広本）に収載される二本の「密教観想道場図」も、こうした金亀を含む観想世界を具現化させたものであることは容易に首肯されよう[60]。

なお、この他、同じく金亀を素材にした工芸の優品として、唐招提寺蔵「金亀舎利塔」の存在が挙げられる。この舎利塔には、「招提舎利」と称される、鑑真（六八八～七六三）請来の仏舎利三千粒が納められ、東寺が所蔵する、空海請来の仏舎利八十粒（「東寺舎利」）と併せて、古来厚い信仰を集めてきた。

近年の研究によれば[61]、現行の舎利塔は鎌倉時代前期から中頃（十三世紀前半～中頃）に製作され、亀座や蓮華座等が後に修補されたと看做されている。また、その製作背景に貞慶（一一五五～一二一三）が建仁三年（一二〇三）に始行した、仏舎利を本尊とする釈迦念仏会や仁治元年（一二四〇）の舎利殿建立等、唐招提寺における舎利信仰の興隆があったからではないかという推測もなされている。

さて、ここで最も重要なのは、本塔とは別に亀を台座とする舎利塔が既に院政期に実在していたということである。舎利塔については、本塔が製作されるまでにいくつかの変遷をたどっているようであるが、この院政期（永久四年〈一一一六〉～保延六年〈一一四〇〉頃）に製作された舎利塔は亀を土台とする形状を共有している点で本塔の原型とも言うべきものである。そして、その舎利塔の立案成立に深く関与していたとして名が挙がっている人物こそが、同時期に唐招提寺の復興に尽力し、重誉とも交流があった実範なのである[62]。

実範に深い密教的素養があったことは、『大経要義鈔』・『序文義』等の著作類を披覧すれば一目瞭然である。また、後七日御修法にも度々出仕していたことから、この大法の中核をなす仏舎利八十粒（「東寺舎利」）が大日如来の三昧耶形である金剛宝塔に納められる意味、つまり大日如来＝金剛宝塔＝舎利という相関性[63]についても十分認識していたことは想像に難くない。加えて、金亀金輪同体説が見える、空海撰とされる『千手観音行法次第』を舎利塔造立とほぼ同時期（保安三年〈一一二二〉）に書写し、それを重誉が金亀を論述するうえで活用していることも[64]、院政期の舎利塔造立にあたって実範周辺が何らかの思想的影響を及ぼした可能性を新たに立証している。

上述の如く、「金亀観」は、密教の諸経軌を典拠とした、道場観に関する多角的な研究の蓄積によって醸成されたものであり、その過程で基壇としての金亀の役割を理論づける金亀金輪同体説も徐々に定着していったことを見過ごしてはならない。要するに、教学的な変遷に配意しつつ、包括的な視点から金亀を把捉する必要があるのであり、それを踏まえれば、実範や重誉が活躍した時期には金亀の基壇としての重要性はほぼ共有化されていたと思われる。また、「金亀舎利塔」との関連性が強調される「瑜祇塔」も、金亀を土台に須弥山、その上に大日如来を中心とする曼荼羅世界が重層的に顕現する構造を持つ道場観に準拠していることは明らかであり、舎利塔と宝塔の違いがあるとはいえ、どちらも大日如来の標幟であることに変わりはなく、両塔は共通の思想基盤で造立されたと考えるのが極めて妥当な見解であろう(64)。

四　おわりに

この付論では、重誉撰『秘宗深密鈔』三巻の大要について概観した後、同書に収録される「金亀観」を俎上に載せて、先行研究を参照しつつ唐招提寺蔵「金亀舎利塔」成立との関係性について、従来とは少し異なる観点から考察を試みてみた。

先ず『秘宗深密鈔』の特徴として、密教の諸経軌と共に、当時の三論宗において修学対象となり、重誉も研鑽に励んでいたと思われる『大乗義章』を重用している点に触れた。恐らく重誉は、法縁が深い覚樹や寛信等がその開筵に尽力した「大乗義章三十講」にも参席していた蓋然性が高く、『大乗義章』の内容に通暁していたことはほぼ間違いない。

次に同書で項目化される「金亀観」の内容を精査し、光明山寺を媒介とした重誉と実範の交流を根拠に、唐招提寺蔵「金亀舎利塔」が造立される過程で、実範周辺の金亀に対する見識がその原型成立に大きく寄与していることを改めて論証した。特に、道場観の内容分析により金亀を金輪と同一視する解釈が次第に確立され、当時の学僧に共有化されたことが、金亀を基壇とする「金亀舎利塔」や「瑜祇塔」を生み出す素地になったと推論してみた。

『秘宗深密鈔』は、事相に関する問題点を扱った著作の中でも先駆的な部類に属するものである。内容についても、海恵が『密宗要決鈔』で全幅の信頼を寄せて多引している好例があるように、諸学僧から高評を得ていた様子が認められ、当時の学究水準を知るうえでも貴重な書物と言えるであろう。

註

（1）海恵の事跡や『密宗要決鈔』については、本書第七章註(12)参照。

（2）巻六、大正五九・六三頁上。原文では、「重誉深密鈔云、星辰決判、天文道明也。然云二天子即曜執一。全不レ可二異体義一。但至二尊勝軌説一者、七曜在二日左右一繞レ之者、理実在二五星一。今七曜者、言二総意別一耳云云。」とあり、智積院本（上巻、一六丁右）とほぼ一致する。この他、巻四六（同・四六八頁中）にも同書への言及がある。なお、『東寺観智院金剛蔵聖教目録』によれば、鎌倉初期写の『密宗要決鈔』巻一〇（二〇〇函―二一）が現存していることから、この引用が孫引きである可能性もあることを付言しておきたい。

（3）横内裕人「高麗続蔵経と中世日本――院政期の東アジア世界観――」（同『日本中世の仏教と東アジア』第十章所収。塙書房、二〇〇八）、宇都宮啓吾「光明山における諸宗交流の一側面――景雅の訓点本を手懸りとして――」（頼富本宏博士還暦記念論文集『マンダラの諸相と文化』上巻所収。法藏館、二〇〇五）、同「十二世紀における義天板の書写とその伝持について――訓点資料を手懸かりとした諸宗交流の問題――」（『南都仏教』八一、二〇〇二）等、参照。重誉と実範の関係については、本書第七章註(9)(10)参照。

(4) 栂尾祥雲「高野山教学史一班」（『密教研究』六〇、一九三六）によれば、教相と事相の分立が萌芽したのは覚鑁（一〇九五～一一四三）や重誉等が活躍した院政期とされている。同様のことは、高井観海「真言教学史上より見たる興教大師の位置」（同『真言教理の研究』所収。法藏館、一九八六）にも論及がある。

(5) 本書第七章註(57)参照。

(6) 本書第七章註(2)参照。

(7) 真全一八・二五九頁下～二六〇頁下。

(8) 真全一八・二六一頁上～二六二頁下。

(9) 真全一八・四九頁上～五〇頁下。

(10) 真全一八・二六五頁上～二六六頁下。

(11) 真全一八・二六六頁下～二六八頁下。

(12) 真全一八・二五七頁下。

(13) 「仏眼曼荼羅七星居内院事」真全一八・二五一頁下～二五二頁下。／「多羅菩薩曼荼羅本尊安観音右脇事」同・二五三頁上。／「不動尊曼荼羅本尊在下事」同・二五三頁下～二五四頁上。／「北斗曼荼羅中央安金輪仏頂事」同・二五四頁上下。／「北斗曼荼羅七星座位与本宮不同事」同・二五四頁下～二五五頁上。／「北斗曼荼羅七星二十八宿順遶逆遶異説事」同・二五五頁上～二五六頁上。／「北斗曼荼羅二十八宿住四方異説事」同・二五六頁上～二五七頁上。この箇所では、海恵が利便のために上記の七項目に分割し、引用もそれに適応するよう整理編集を行っている。

(14) 真全一八・二三一頁下～二三二頁上。

(15) 真全一八・二三二頁下～二三三頁下。

(16) 真全一七・四〇六頁下。

(17) 真全一八・一九三頁上下。

(18) 真全一七・四〇八頁下～四〇九頁上。

(19) 真全一七・四〇〇頁上下。
(20) 真全一八・四一頁上下。
(21) 真全一七・四〇七頁下〜四〇八頁上。
(22) 真全一八・二二六頁上下。
(23) 真全一七・四〇九頁上〜四一〇頁上。
(24) 真全一八・一二二頁下〜一二三頁下。
(25) 真全一七・四一一頁下〜四一二頁上。
(26) 真全一八・二四一頁上下。
(27) 真全一八・二三八頁上〜二三九頁上。
(28) 真全一八・二四二頁上下。
(29) 真全一八・二四八頁上〜二四九頁上。
(30) 真全一七・三四八頁下〜三四九頁下。
(31) 真全一七・四一〇頁上下
(32) 真全一七・四一一頁上下。
(33) 真全一七・四一二頁上〜四一三頁上。
(34) 真全一七・四一三頁上下。
(35) 真全一七・三三七頁上下。
(36) 真全一七・一〇七頁上下。
(37) 速水侑「院政期の秘密修法」(同『平安貴族社会と仏教』第一章、第四節所収。吉川弘文館、一七九五)、上川通夫「中世寺院社会の構造と国家」(同『日本中世仏教形成史論』第三部、第一章所収。校倉書房、二〇〇七)、同「院政と真言密教――守覚法親王の史的位置――」(阿部泰郎・山崎誠編『守覚法親王と仁和寺御流の文献学的研究』所収。勉誠社、一九九八)等、参照。
(38) 真全三六所収。『小野類秘鈔』については、川村知行「寛信の類秘抄と類聚抄――覚禅抄の引用をめぐって――」

（『密教図像』三、一九八四）に詳しい。

(39) 同書の伝来等については、本書第七章註(21)参照。

(40) 本書第十章、第十一章、参照。

(41) 本書第七章註(11)参照。

(42) 大正一八・三〇三頁中。

(43) 弘全二・五四五頁。本次第が空海撰であるかは不明であるが、弘全本で対校本として用いられている石山寺本（保延五年〈一一三九〉写・経雅筆）の本奥書に「写本奥記云、以㆓大師御筆本㆒所㆑令㆑写也。保安三年（一一二二）七月二十八日於㆓成身院㆒記㆑之。実範　本端破失。若逢㆓具本㆒当㆓書補㆒耳云云。」（同・五五四頁。『石山寺の研究——校倉聖教・古文書編——』校倉聖教一七函—四七。法藏館、一九八一）とあり、実範書写が確認できる。本次第は、金亀を金輪と同体とする説の有力な根拠の一つであり、重誉も実範本、或いは実範の弟子であった経雅（一一〇三〜一一八九〜）による書写本、すなわち石山寺本を閲覧していたと推測される。実範は後述する唐招提寺蔵「金亀舎利塔」の原型成立に深く関与していたことが既に指摘され、本次第も何らかの示唆を与えた可能性が考慮される。内藤栄「唐招提寺金亀舎利塔の成立」（百瀬明穂先生退職記念献呈論文集『美術史歴参』所収。中央公論美術出版、二〇一三）、同「唐招提寺金亀舎利塔と戒律」（ザ・グレイトブッダ・シンポジウム論集第十二号『中世東大寺の華厳世界——戒律・禅・浄土——』所収。東大寺、二〇一四）等、参照。

(44) 『聖賀野紇哩縛大威怒王立成大神験供養念誦儀軌法品』上巻、大正二〇・一五九頁中。『甘露軍荼利菩薩供養念誦成就儀軌』、大正二一・四四頁中。

(45) 中略は原文と同じく〇で示した。

(46) 小林暢善「真言密教の宇宙観——道場観を中心に——」（岩田慶治・杉浦康平編『アジアの宇宙観』所収。講談社、一九八九）参照。

(47) 大正二九・五七頁上中。

(48) 『国訳密教』事相部二・五三頁。

(49) 大正七九・一二〇頁下〜一二一頁上。「　」は私に付した。

(50) 元杲の師である石山寺淳祐（八九〇～九五三）撰『金剛界次第法（四巻次第）』巻二（真全二四・四一八頁上～四二四頁上）も広観の道場観に基づいているが、〔器世界観〕の次第は〈五輪〉→〈七金山〉→〈八功徳水海〉→〈金亀〉→〈蓮華台〉→〈須弥山〉という流れであり、元杲次第と大要はほぼ同じである。また、同箇所には金亀が金輪と同体であるという記述も見える。

(51) 道場観は、同書巻上（新版日蔵、真言宗事相章疏二・七六頁上下）に記されている。『檜尾口決』では、〈空輪〉→〈風輪〉→〈水輪〉→〈金亀＝金輪〉→〈八功徳大海〉→〈火輪〉→〈蓮華〉→〈須弥山〉と次第し、五輪の順序がやや変則的である。また、明記してはいないものの、金亀と金輪を同一視する記載がある。

(52) 定弘全五・一二八頁～一二九頁。

(53) 巻一、大正一八・二二七頁上。六巻本――続天全、密教2・六七頁上。

(54) 巻上、大正二〇・七五頁上。

(55) 『大毘盧遮那経広大儀軌』巻上、大正一八・九二頁下～九三頁上。

(56) 『大毘盧遮那成仏神変加持経蓮華胎蔵菩提幢標幟普通真言蔵広大成就瑜伽』巻上、大正一八・一四六頁下。

(57) 『大毘盧遮那成仏神変加持経蓮華胎蔵悲生曼荼羅広大成就儀軌供養方便会』巻一、大正一八・一一〇頁下。

(58) 長宴（一〇一六～一〇八一）撰『四十帖決』巻三（大正七五・八四七頁上中）にも、「金剛界道場観。於二金輪亀上一、観二須弥一。……又金亀者金輪也。即地輪是也。而其形如二亀形一也。謂レ非二生亀一。……又説、只是堅牢之義也。即地輪金輪之義也。私、金輪形似レ亀歟。世間法爾因果、強不レ可レ尋云云。金界金亀是金輪也。大地属二金輪一也。別不レ云レ之。台海地輪即金輪是也。大地別不レ云レ之。器界建立時、金輪是最上輪也。専不レ云三地輪建二立之一。」とあり、重誉の見解と同様、金亀が堅牢であるから金輪・地輪と同体であることが解説されている。

(59) 守田公夫「唐招提寺蔵「レース」と「金亀舎利塔」に関する研究」（『奈良国立文化財研究所学報』一四、一九六二）参照。

(60) 大正図像一・一二頁～一三頁。『秘蔵記』には略本と広本があり、原型である略本の末尾に「密教観想道場図」と「両部曼荼羅尊位」を付加したものが広本である。甲田宥吽「『秘蔵記』解題」（定弘全五所収）によれば、略本は九〇〇年頃には成立していたようであり、広本の発生にはこの大正図像の定本である高山寺本が深く関与している可能性が指摘されている。このことから、「密教観想道場図」を含む広本の増補部分は、略本『秘蔵記』と弁別して扱う必要がある。なお、金亀については既に略本に記載はあるが、金亀金輪同体説は広本の増補部分にしか見出せない。

(61) 註(43)内藤論文参照。内藤氏は、この舎利塔の製作時期を平安時代後期まで遡るとした従来の見方を改めている。本塔の成立問題については、基本的に内藤説を基準とする。この他、先行研究として、註(46)小林論文、註(59)守田論文、鈴木友也「舎利容器」(『奈良六大寺大観』第十二巻「唐招提寺一」解説所収。岩波書店、一九六九)、河田貞「金堂宝塔(金亀舎利塔)及び舎利容器など」(『仏舎利の荘厳』解説所収。同朋舎、一九八三)、金子典正「唐招提寺蔵「金亀舎利塔」について――亀が背負う形状の由来――」(吉村怜博士古稀記念会編『東洋美術史論叢』所収。雄山閣出版、一九九九)、同「唐招提寺所蔵金亀舎利塔と実範」(『日本宗教文化研究』四―一、二〇〇〇)、松本郁代「真言密教界における「金亀」――藤井永観文庫所蔵『瑜祇塔図』をとおして――」(同『中世王権と即位灌頂』第二部、補論二所収。森話社、二〇〇五)、赤田光男「唐招提寺の仏舎利信仰と釈迦念仏会」(『帝塚山大学人文学部紀要』二九、二〇一一)等がある。なお、実範の研究については、本書第七章註(10)を参照されたい。

(62) 註(43)内藤論文、註(61)金子論文等、参照。

(63) 内藤栄「後七日御修法にみる空海の舎利観について」(同『舎利荘厳美術の研究』第一部、第一章所収。青史出版、二〇一〇)参照。

(64) 註(43)参照。

(65) このことについては、註(46)小林論文に既に言及されている。なお、実運(一一〇五~一一六〇)撰『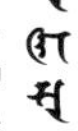秘決』は、「瑜祇塔」の理論的典拠として取り上げられる文献の一つであり、巻上(真全五・一二頁上)に「凡付二此経一大師御筆法性不二塔婆有レ之。……塔下有二金亀一。是表二世界建立一。是依正不二意也。」という記述と「瑜祇塔図」が見られる。実運は、実範や重誉とも接点があった寛信の弟子であり、後に醍醐寺に移るが、一時は寛信後の勧修寺流の嫡流と目された人物である。ここからも、実範周縁で道場観を具象化する際に、金亀の役割が注目された実態を垣間見ることができる。寛信と実運の関係については、松本郁代「鳥羽勝光明院宝蔵の『御遺告』と宝珠――院政期小野流の真言密教――」(註(61)松本前掲書第二部、第八章所収)に詳しい。

終章

本章では、第一章から第十二章、付論の各章で明らかになった内容を要約し、最後にその思想的意義や今後の方向性について総括を行いたい。

第一部には、大日如来の尊格をめぐる論争に関する論考を収録した。

第一章では、済暹の教主義が安然の教説に依拠していることを究明した。教主論とは、『大日経』巻一の「薄伽梵住如来加持……」という記述における「薄伽梵」が、『大日経疏』(『大日経義釈』)の註釈や空海の解釈等との整合性から一様に定義できない複雑さを有するところに論争の源流がある。この問題をめぐり、済暹は「薄伽梵」ではなく「住如来加持」の句に比重を置いて、『大日経疏』(『大日経義釈』)の註釈を参酌しながら、能加持身と所加持身の二身を建立し、能加持身を教主と捉え、それを自性法身、或いは自性自受用身と定置した。こうした理解の背景を探尋すれば、済暹が理智一体の法身を念頭に置いていたことが推知される。ここで重要なのは、能加持身と所加持身の二身説が実は安然の説からの援用であるという点である。但し、安然は、「薄伽梵」＝能加持身、「住如来加持」＝所加持身と峻別するのに対して、済暹は「住如来加持」の句にまとめて能加持身と所加持身の二身を立論している。要するに、済暹と安然の解釈には乖離が存在し、この齟齬が後に道範より論難されることになった。

第二章では、院政期以降、日本密教で重用された遼・覚苑撰『大日経義釈演密鈔』十巻を取り上げ、特に教主論を会釈するうえで言及される機会が多い五種法身説について論述した。従来、五種法身説は、澄観撰『大方広仏華厳経随疏演義鈔』に引用される僧叡の説が覚苑の同書に引証されたことにより、日本密教における教主論争の中で注視されるようになったと認識されてきた。ところが、こうした諍論とは無関係に、同書が流伝した院政期よりも遥か以前、安然が澄観と同じく僧叡の説を継承した吉蔵撰『法華玄論』に見られる五種法身説に着眼し、三論宗の仏身論を批判する題材としていたのである。要約すれば、僧叡―澄観―覚苑という系譜とは別に、僧叡―吉蔵―安然という流れで五種法身説が既に受容されていたことを新たに指摘した。このように、後に一般化された教学が実は安然に遡及できる場合があり、五種法身説もまた同様の事例として位置づけられる。

第二部には、五相成身観に関する論考を収録した。

第三章では、五相成身観と五智をめぐる問題を中核に据え、済暹が安然を参酌して理論を構築していた様態を明らかにすると共に、済暹以降の展開にも視野を広げ、安然や済暹の説が起点となっていることを論証した。この両者の対応関係にいち早く着目したのは安然であり、その根拠となった文献が『尊勝仏頂修瑜伽法軌儀』巻上・五智品であった。安然は、①通達菩提心＝法界体性智、②修菩提心以下＝順に大円鏡智・平等性智・妙観察智・成所作智という相配を示したが、この説をそのまま継承して、五相成身観を全て仏果位に規定するように試みたのが済暹である。

済暹以降、両者の関係は中因と東因の両説で説明される場合が多い。それは、曼荼羅の五仏との連関から論じられ、中因説が①通達菩提心＝法界体性智（中）、②修菩提心以下＝順に大円鏡智（東）・平等性智（南）・妙観察智（西）・成所作智（北）、東因説が①通達菩提心＝大円鏡智（東）、②修菩提心以下＝順に平等性智（南）・妙観察智（西）・成所作智（北）・法界体性智（中）という配釈となっている。この両説の中で、中因説が従本垂迹に当たり、安然の相配と同工である。一方、東因説は従因至果であり、①通達菩提心（大円鏡智）から⑤仏身円満（法界体性智）へ段階的に上昇していくことを含意している。とはいえ、両説とも仏果位に五相成身観を措定していることに変わりはなく、安然や済暹の各説の発展形態であることが認知される。

第四章では、般若訳経典の五相成身観をめぐり、安然が経典間で真言数が不均一であることに着目したことにより、東台両密で多様に議論されるに至った経緯を探究した。先ず、『諸仏境界摂真実経』・『大乗本生心地観経』・『守護国界主陀羅尼経』の三書に見られる五相成身観が、各々真言数が相違するという問題を生起させる要因となっていることを確認した。すなわち、安然によれば「諸仏境界摂真実経＝五相（十相）」「大生本生心地観経＝三相」「守護国界主陀羅尼経＝一相」と類別され、この数の不統一性を如何に会通させるかが大きな課題となり、その矛盾の整理に尽力したのが、安然や覚超であった。

ところが、この問題が成仏論と結合したことで、意味内容に変化が生じる。すなわち、東密で三相や一相のみでも成仏できるか否かという議論が惹起し、覚鑁のような肯定派もいれば、頼瑜のようにそれを徹底的に否定する意見も主唱された。ここに、安然の問題提起が新たな思想的展開を遂げたことが確認できる。

第五章では、安然が五相成身観を咀嚼するうえで重視した『尊勝仏頂修瑜伽法軌儀』と『諸仏境界摂真実経』の二書が、『五部心観』と深い関係性を有していると立論し、その成立時期を推測した。最も重視すべきは、『五部心観』の金剛界五仏に併記される諸真言であり、それが二書に見られる、やや特殊な五相成身観の真言と共通性が見出されることから、その相関性が窺知される。就中、『尊勝仏頂修瑜伽法軌儀』とは、五相成身観は勿論のこと、七頭鳥獣座という共通項があることも看過できない。そこで、二書の成立が中唐期であることを斟酌しつつ、現存する『五部心観』の成立も八〇〇年前後と想定した。要するに、ここでは、『五部心観』の撰者を善無畏に帰すことが果たして可能かどうか、安然を通じて問題提起したと言える。

第三部には、行位説を中心に成仏論の形成に関する論考を収録した。

第六章では、済暹の行位説が理論化されるうえで、円仁や安然の説が基礎的役割を担っている事象を検証した。済暹は、五十二位を基調とした行位説を五相成身観に相関させるという、やや独特な解釈を提示しているが、その根拠となるのが円仁や安然の説である。すなわち、円仁説によれば、①通達菩提心＝十信、②修菩提心＝三賢、③成金剛心＝十地、④証金剛身＝等覚、⑤仏身円満＝妙覚となり、安然説によれば、①通達菩提心＝十信、②修菩提心＝三賢・十地、③成金剛心＝等覚、④証金剛身・⑤仏身円満＝妙覚と配釈され、円仁説の妥当性を主張している。但し、このような特殊な意見は、東密内でもほぼ無視されていることを付記しておく。

なお、済暹は行位の階梯を速やかに経歴することを密教義として強調するが、実はこの思考も安然の説を踏襲したものに過ぎない。更に、済暹によれば、初地以降も行位を段階的に踏むことが重視され、後の東密で定型化される初地即極説とは極めて対照的な理解を持っていたことが判明した。つまり、初地即極説も様々な諍論が蓄積され、次第に醸成された教義であったことが推量される。

第七章では、重誉が行位説と三機（漸入者・超昇者・頓入者）をどのように対比させたのかを主に考察した。先ず漸入者については、三劫と十地の対応が起点となるのであり、覚苑撰『大日経義釈演密鈔』に準拠しながら、第一劫＝地前（十地以前）、第二劫・第三劫＝地上（十地以上）と位置づける。更に、重誉は、「第一劫（地前）＝声聞・

縁覚・証寂然界菩薩＝顕教」、「第二劫（初地以上）＝他縁大乗心・覚心不生心＝顕教」、「第三劫（八地以上）＝秘密荘厳心〔一道無為心・極無自性心〕＝密教」と細かく分類する。但し、これは教門に準じた区分であり、実行によれば、初地以上は全て密教の修行と何ら変わらないことが主張される。つまり、漸入者であっても、第一劫を経歴すれば、密教の証位に入ることが可能となる。となれば、第二劫・第三劫には教えは存在しても修行者はいないという結論に至る。実は、これこそが天台学の重要概念である「有教無人」に該当し、その概念が安然を経由して導入されたことを解明した。

次に、頓入者・超昇者をめぐっては、初地以上における速疾性に両者間で差異があると推測され、たとえ一生成仏が可能な頓入者でさえも、行位の階梯を速やかに踏むことが要求される。

なお、重誉は、五十二位の行位説に依拠し、済暹と同様、初地即極説に準拠しない。また、仏果（妙覚）については、等覚を第十地に包摂することによって妙覚を第十一地に措定している。この解釈が、新義教学の第十一地仏果説と同義であることに注意したい。

第四部にには、温泉寺蔵『菩提心論開見抄』二巻を考証し、東密における禅の受容を追究した論考を収録した。なお、資料編に同書の翻刻を掲載したので参照されたい。

第八章では、『菩提心論開見抄』の実範撰述説が妥当であるか検討を加えた。先ず、引拠される文献を精査した結果、実範没後以降に成立した、臨済宗揚岐派・大慧宗杲の著語等をまとめた『正法眼蔵』三巻の活用を根拠に、実範撰述説を否定した。更に、済暹が撰述した『金剛頂発菩提心論私抄』四巻（巻一・巻四のみ存）や禅典籍を積極的に依用するという、やや特徴的志向が見出されることから、同書が高野山における修禅の拠点と目される金剛三昧院周辺で十三世紀頃に成立した可能性を示唆した。

第九章では、『菩提心論開見抄』と同系統の内容を含む『真禅融心義』二巻との分析を通して、東密における密禅一致の様相を考究した。『真禅融心義』をめぐっては、栄西撰の真偽が議論されてきたが、伝空海撰『御遺告二十五箇条』が援用されている証拠を新たに提示し、東密系の学僧による撰述であることを確定した。そのうえで、この両書が共有する四重釈（①有相有相、②有相無相、③無相有相、④無相無相）をはじめとする基本概念を丹念に比較検証した結果、そこに密禅一致の思考が通底していることを論証したのである。そこで、改めて両書の成立期を十三世紀中頃以降と位置づけ、金剛三昧院を活動拠点とした、道範―真空―頼瑜等の流れを汲む東密系の勢力、もしくはその周縁で成立した可能性があると結論づけた。

第五部には、身延文庫蔵「大乗義章抄」をはじめとする論義古写本の解読を通して判明した、東密と三論教学との兼学化に関する論考を収録した。

第十章では、先ず『大乗義章』関連の論義古写本の現存状況を示し、主な研究対象である身延文庫蔵「大乗義章抄」十三帖、東大寺図書館蔵及び正倉院聖語蔵『義章問答』四巻（巻二・三・四・五存、巻二のみ東大寺図書館蔵）、真福寺大須文庫蔵『義章要』二帖（巻五・巻六合冊のみ存）の三書を比較分析した。その結果、『大乗義章』の修学が密教と三論の兼学化を基底に、三論宗の本所であった東大寺東南院だけでなく醍醐寺や仁和寺、勧修寺等の密教寺院にも流伝していった事実を突き止めた。

第十一章では、『大乗義章』が三論宗で修学されるようになった淵源を密教の素養も併有した願暁に求め、その背景に当時盛んであった三論と法相間の仏性・比量をめぐる論争と興福寺維摩会をはじめとする諸法会実施による教学振興という二点が大きく作用したことを先ず指摘した。そして、三講を頂点とする僧侶の昇進体系が整備された院政期に至ると、東大寺東南院主であった覚樹主導の下、その門弟である寛信や珍海の尽力により、寺僧の育成や教学の拡充のために『大乗義章』が積極的に学習されたことを実証した。

第十二章では、珍海が密教僧という一面を持っていたことを勘考し、その思想内容を究明した。珍海には密教に関する専著は存在しないが、三論関連書には空海の言説が散見され、三論教学との整合性を保ちつつ活用している。特に珍海の速疾成仏については、一念における速疾性を神通乗によって裏づけながら五十二位という階位も容認するという、不二而二の相即的理解を骨子としているが、実はこれが空海の見識や密教で重視された神通乗、更には第七章で検討した重誉の即身成仏論等に着想を得て構築された蓋然性が高いことを立証した。この当時、各学派に思想の共有化が進みつつあり、東密内で醸成された成仏論が珍海により三論教学の中で再解釈されて受容されたことが推考できる。

最後の付論では、重誉が撰述した『秘宗深密鈔』三巻について概説した。同書は、主に事相上の問題点を三十四項目にわたって列挙したものであり、教学上の諸問題を扱った『秘宗教相鈔』十巻と一対の関係にあると思われる。今回、改めて調査した結果、仁和寺を本拠とした海恵が編纂した『密宗要決鈔』三十巻に同書から三十項目も引用されていることが確認された。更に、同書の特徴として、『大乗義章』を尊重する傾向が見出され、第五部で言及した覚樹―寛信―珍海との人的交流が予想される。

また、『秘宗深密鈔』で立項されている「金亀観」についても考証を行い、重誉と交流が深かった実範が唐招提寺蔵「金亀舎利塔」の成立に関与していたことを改めて実証した。この議論は、これまで美術史で探究が進められてきたが、本論考により実範関与説はほぼ間違いないことが明らかになったと思われる。

なお、『秘宗深密鈔』の翻刻は資料編に収載されているので、参照されたい。

上記の如く、各章で扱った考察にはやや煩雑な内容も含まれるため、少しでも理解の資助となるよう大まかな結論を要約した。

各章の結論は、一見多岐にわたるが、いわば中世社会のあらゆる分野に広く深く浸透した密教を、東台両密間の高度な学問的思索から更にそれを越境して禅や南都教学との思想的共有化にまで範囲を拡充し、主に仏教学の視点から検証を加えた成果であり、そこには密教の汎用性という概念が一貫して伏在している。

そこで、本書の思想的意義を総括すれば、東密教学が多元的に台密、特に安然の説から大きな影響を享受していたことを従来より闡明化するだけでなく、密教の包容性が禅や南都教学も摂取し、教学の併用が促進されたことを新出資料を用いて詳細に実証した点にあると結論づけることができる。また、安然の言説が教学上の難題を解決する鍵を包有している場合があることも付言しておきたい。

それでは最後に、方法論を含めた今後の方向性について些か抱負を述べたい。

近年、日本密教に関連する諸研究は複眼的な視座に基づく成果が陸続と提示され、一層学際的な姿勢が求められる傾向にあると言える。聖教調査により、歴史学や文学研究との垣根が取り払われ[1]、仏教学では等閑視されていた「聖教」を史資料として積極的に活用することで、寺院社会における「聖教」の社会的・歴史的役割が様々な観点から検証されている[2]。加えて、やはり仏教学では教相（教義）と比較して十分な検討がなされてこなかった事相に着目し、寺院における宗教活動の原理と内実に迫った論考や[3]、即位法（即位灌頂）の機能と実態について、「王権」との関わりを踏まえつつ幅広い視点から論述した研究が次々と上梓され[4]、直近では平安・鎌倉期における請雨経法と舎利・宝珠信仰との関連性に光が当てられる等[5]、中世密教と世俗世界の関係を考究するうえで注目すべき成果が見出せる。また、美術史学の分野では真言宗を中心とした舎利荘厳美術の実態が究明され[6]、建築史学から密教空間の文化的・社会的役割への関心が高まり(7)、或いは儀礼が持つ力学的作用を学際的な観点から考察した論考(8)でも、当然のことながら密教修法が取り上げられている。更に、中世神道における神仏の有り様にも密教が深く関与していることは言を俟たないであろう(9)。このように、多方面から時には諸領域を横断するような研究は、日本密教でこれまで閑却されてきた側面に新たな光を当てる大きな契機となっていると言っても過言ではない。

他方、仏教学的見地に依拠する教学研究は、必ずしも十全ではない状況にあるように思われる。それは、往々にして課題に対する明確な方法論を構築しないことに起因し、やや視野狭窄に陥っている感が否めない。例えば、日本密教の綱格を形成した空海でさえ、膨大な研究が蓄積されているが、その本質に踏み込んだ実証的内容を有するものは決して多いとは言えない(10)。そうした中、教学研究全般においても、既知の文献は勿論のこと、寺院に所蔵されている資料も博捜しつつ、新たな着眼点を模索することが常に要求されるのであり、そのためには他分野との連関も視野に入れた複合的な研究が今後より重視されるであろう。

諸書でもしばしば言及される顕密体制論では(11)、諸宗教を統合する主軸に密教を置いたが、その是非は暫く措くとしても、中世の寺院や社会へ豊饒な密教の世界観が広汎に影響を及ぼし、様々な役割を担っていたことは紛れもない事実である(12)。したがって、その実態に少しでも迫ろうとするのであれば、やはり多角的観点からの追究を常に意識することが不可欠であると考える。

無論、筆者の絶対的な力量不足もあり、関連分野の研究を全て網羅し理解することは到底不可能ではあるが、本書では可能な限り隣接する成果を参酌し、自らの学究に反映させるように努めたつもりである。本書は、多面性を内包する中世東密の教学的特徴を僅かに抽出してみたにすぎない。今後、本書では殆ど触れなかった事相や図像と教学との相関性も含め、更に多様な角度から、日本密教の思想構造を解明していくことが自らの課題であると考えている。

註

（1）代表的な業績として、仁和寺紺表紙小双紙研究会編『守覚法親王の儀礼世界――仁和寺蔵紺表紙小双紙の研究――』本文篇1・2／基幹法会解題等篇（勉誠社、一九九五）、阿部泰郎・山崎誠編『守覚法親王と仁和寺御流の文献学的研究』資料篇・論文篇（勉誠社、一九九八）、阿部泰郎・山崎誠・福島金治編『守覚法親王と仁和寺御流の文献学的研究』資料編・金沢文庫御流聖教（勉誠出版、二〇〇〇）等が挙げられる。この他、国文学研究資料館編『真福寺善本叢刊』〈第一期〉〈第二期〉で公開された聖教類には、興味深い重要書も含まれる。

（2）永村眞『中世寺院史料論』（吉川弘文館、二〇〇〇）、上川通夫『日本中世仏教史料論』（吉川弘文館、二〇〇八）、同『日本中世仏教形成史論』（校倉書房、二〇〇七）、同『日本中世仏教と東アジア世界』（塙書房、二〇一二）。

（3）西弥生『中世密教寺院と修法』（勉誠出版、二〇〇八）、藤井雅子『中世醍醐寺と真言密教』（勉誠出版、二〇〇八）。

（4）松本郁代『中世王権と即位灌頂――聖教のなかの歴史叙述――』（森話社、二〇〇五）。

（5）スティーブン・トレンソン『祈雨・宝珠・龍――中世真言密教の深層――』（京都大学学術出版会、二〇一六）。

（6）内藤栄『舎利荘厳美術の研究』（青史出版、二〇一〇）。美術史の分野では、西大寺流を受けた律僧である弘真（一二七八～一三五七）を研究対象とした、内田啓一『文観房弘真と美術』（法藏館、二〇〇六）や、津田徹英『平安密教彫刻論』（中央公論美術出版、二〇一六）等も重要な成果である。

（7）藤井恵介『密教建築空間論』（中央公論美術出版、一九九八）、冨島義幸『密教空間史論』（法藏館、二〇〇七）。

（8）ルチア・ドルチェ・松本郁代編『儀礼の力――中世宗教の実践世界――』（法藏館、二〇一〇）。

（9）伊藤聡『中世天照大神信仰の研究』（法藏館、二〇一一）。

（10）空海については、Ryuichi Abe : *The Weaving of Mantra, Kukai and the Construction of Esoteric Buddhist Discourse*, 1999, Columbia University Press, 高木訷元『空海思想の書誌的研究』（『高木訷元著作集』四所収。法

藏館、一九九〇)、同『空海――生涯とその周辺――』(吉川弘文館、一九九七)、高木訷元・岡村圭真編『密教の聖者――空海――』(『日本の名僧』四所収。吉川弘文館、二〇〇三)、苫米地誠一『平安期真言密教の研究』第一部・初期真言密教教学の形成(ノンブル、二〇〇八)、藤井淳『空海の思想的展開の研究』(トランスビュー、二〇〇八)、武内孝善『弘法大師空海の研究』(吉川弘文館、二〇〇六)、同『空海伝の研究――後半生の軌跡と思想――』(吉川弘文館、二〇一五)等の研究が、近年の代表的な成果であると言える。また、関連する研究書として、高橋尚夫・木村秀明・野口圭也・大塚伸夫編『初期密教――思想・信仰・文化――』(春秋社、二〇一三)、高橋尚夫・野口圭也・大塚伸夫編『空海とインド中期密教』(春秋社、二〇一六)も示唆に富む内容を含んでいる。

(11) 黒田俊雄『日本中世の社会と宗教』(岩波書店、一九九〇)。

(12) 註(7)冨島前掲書では、密教が中世の信仰・社会において果たした役割を明らかにすることが顕密体制論に残された課題の一つであり、同書はこの課題に対する建築史学からのアプローチであると述べている。

資料編

温泉寺蔵『菩提心論開見抄』二巻・翻刻

◇凡例

一、本資料は、温泉寺蔵『菩提心論開見抄』二巻について、国文学研究資料館所蔵のマイクロフィルム（マイクロ資料番号・オ―八―一三三―二）からの複製版に基づいて翻刻したものである。

二、上巻の一部は、称名寺蔵・神奈川県立金沢文庫保管本（国宝、一一四函―二三・二四丁左まで現存）を参照したが、判読が困難であるため対校本には用いなかった。また、本資料を多引する『菩提心論見聞』四巻（大正七〇所収）については、対応箇所を確認し欠落部分を補記するために使用した。

三、本翻刻は原則として新漢字を使用した。

四、底本には返り点や送りがなが付されているが、句読点のみ私に記した。

五、底本丁数は、〔　〕内に各紙（〔一丁右〕〔一丁左〕等）を記した。

六、底本の傍註・頭註は〈　〉で記し、本文脱落を傍註・頭註で補記した箇所は（　）で示して区別した。また、『菩提心論見聞』との対比による補記や私に補った箇所は、【　】を使用した。

七、底本の割註は、原則として底本に準じた。

八、異体字や略字、俗字等は基本的に現行の正字に改めた。
导↓礙、畧↓略、覌↓観、峯↓峰など

九、以下の文字は本来別字であるが、慣用に合わせて置き換えた。
尺↓釈、廿↓二十、卅↓三十など

十、以下の仏教省文草体は、本来の形に還元した。
芉↓菩薩、芥↓菩提、𣵀↓涅槃、冗冗↓煩悩、九丸↓究竟

十一、判読不能の文字は、□で示した。

十二、書誌的概要は、次のとおりである。
〔書写年代〕寛永十一年（一六三四）
〔書写者〕恵灯

〔外題〕無
〔内題〕菩提心論開見抄巻上
〔奥書〕此鈔此道範阿闍梨所撰歟。委細分文段、甚深解義趣。誠為□□。小僧幸遇此鈔散疑雲矣。
寛永十一年（一六三四）正月十八日校合畢。恵灯
〔蔵書印〕但州湯元温泉寺
袋綴装、表紙（青）、楮紙、一冊二巻、全五十三丁（遊紙　前一丁、後一丁）、縦二七・三糎、横二〇・二糎、一頁十行、一行約二十字、返り点、送りがな

※翻刻にあたっては、温泉寺（兵庫県豊岡市城崎町）・小川祐泉様に格別なるご高配を賜った。また、書誌的概要については、国文学研究資料館の調査資料を閲覧させていただいた。ここに衷心より感謝申し上げる。

菩提心論開見抄巻上

今釈此論分二。一明題号、二明正文。初中有三。一明題目、二明撰号、三明訳号。論金剛至持義者、是第一也。問。今論表二題何意耶。答。依両部大経造此論故也。即就此二題目、各具通別二名。所謂金剛頂瑜伽中与瑜伽惣持教門之二句、是通号、即所依之本経也。発阿耨多羅三藐三菩提心論与説菩提心観行修持義之二句、是別号、即能依之末論也。初題目約金剛部明勝義心故、云金剛頂発菩提心也。後題目約胎蔵部明行願心故、云惣持教門説菩提心也。今是勝義自証 〔一丁右〕
行願化他二心同時具足無有前後。是即名為三摩地心。其三摩地拘等義故、通両部也。初題金剛者、疏云、金剛喩実相智。過一切語言心道、適無所依、不示諸法、無初中後、不尽不壊、離諸過罪、不可変易、不可破壊故、名金剛。如世間金剛宝有三事最勝。一者不可破壊故、二者宝中之上故、三者戦具中勝故。已上 謂不可壊者、表無相法身堅固無破壊也。宝中之上者、示自証菩提具無尽徳也。戦具中勝者、顕無念大空無煩悩敵也。此等之法阿字三義 非仏所作、且非人天等之所作、法然道理無始無終無生無滅故、云金剛。頂者、今 〔一丁左〕
此真言教理人、法於諸教中最尊無上故、名云頂。瑜伽者、此云相応。即三密相応義。中者、内義。発者、起也。阿耨多羅三藐三菩提者、玄賛云、阿云無、耨多羅云上、三云正、藐云等。又三云正、菩提云覚、即是無上正等菩提正覚。此有四覚。一無上覚、是惣也。即顕菩提清浄法界。二正覚、簡外道邪覚故。三等覚、簡二乗但了生空偏覚故。四又正覚、簡菩薩。菩薩因覚未満果位非正覚故。下一覚字貫通上四。已上 今此覚者、如実覚智〈知イ〉。無始以来自身即仏故、名正覚。其実不由他悟不従他得、心自証心、心自知心。問。即心是仏、何故衆生無始以来輪 〔二丁右〕

廻生死不得成仏。答。疏陳此云、以不如実知故。若如実自知、即是初発心時便成正覚。譬如長者家窮子、若自識欠〈父〉時、豈復是客作賤人耶。已上 今此一事、真実不虚。行者留心、深可信知。心者、大師云、干栗多名処中、非情心也。質多名慮知、有情等心也。唯以心在中、質多亦得干栗多名也。已上 謂自宗意、六大和合成諸法故、理実雖無情非情別、且約常途分此二心。菩提心義云、発菩提心名質多、是修徳菩提心。此則以第六識質多菩提心、於第九識干栗多浄心処、求本有質多菩提心云云。問。此宗深意、於自証正覚可立能所有発求義耶。〔二丁左〕

答。且約初心言之、理実超能所識離発求言。菩提本性不可得故。如大師云。是心如幻求不得、如是正知名得菩提。不発求不求之想、不生得不得之執、自性清浄得法爾故、自心月輪法然自爾云云。問。今菩提心者、菩提即心歟、為当別体耶。答。真言教意、菩提即心更非別体。万法皆是自心異名故。心月輪秘釈云、心満思量、目之為意。心兼了別、立之言識。心持決断、智即斯名。心有覚知、仏是其称。心含軌則、改号云法。心得摂持、讓語曰理。乃至無尽。恐繁不具云云。論者、起信論疏云、所言論者、建立決了可軌文言、判説甚深法相道理、名之為〔三丁右〕論。已上 今若准之、於密教中決了要義、判説理事、勧誘真言行人令発菩提心故。次題瑜伽如前。惣持者、大師云、所謂陀羅尼者、梵語也。唐翻云惣持。惣者惣、摂持者任持。言、於一字中惣摂無量教文、於一法中任持一切法、於一義中摂持一切義、於一声中摂蔵無量功徳故、名無尽蔵。已上 無尽蔵者、即胎蔵義也。教者、化用義。以三密教化九界迷。門者、入出義。出三界客舎入一心本居。説者、開演義。開彼金口演此玉章。菩提心者、如前已釈。観者、無観之観。行者、無行之行。修者、無修之修。持者、無持之持。義者、義理即亙上矣。論龍樹〔三丁左〕菩薩造者、第二撰号。龍樹者、龍宮成道故。又祈樹神得故為名童龍。魔者、龍也。後力刃者、樹也。改龍猛者、即入龍宮発猛利心、九十日内論諸方等経作数部論故。案楞伽云、我乗内証智妄、覚非境界、如来滅度後、誰持為我説。如来滅度後、未来当有人。大恵汝諦聴、有人持我法。於南大国中有大徳比丘、名龍樹菩薩。能破有無見、為人説我乗大乗無上法、証得歓喜地、往生安楽国。已上 凡此大士者、願満塵方慈周沙界、因示居於歓喜、果実号妙雲、神異頗多。具如別伝。菩薩幷造義釈如常。論釈（大）興至詔訳、第三明訳号。不空三蔵　（四丁右）
滅後有勅。即於所訳経論儀軌、皆同含〈令〉著三蔵号故。或戴存日諱号。如云大広智不空。或加阿闍梨字。或戴滅後諡号。如云大弁正広智三蔵。或加不空字。准其位品、存日時〈特歟〉進、是正二品。滅後開府儀同三司、是正一品。具出別伝。可検正文。第二明正文者、此論、龍猛菩薩所造千部論中肝心、一字多含為其要。故無序分流通、唯有正宗分。就此正宗、大分有三。論大阿闍梨至行相者、第一惣標三種菩提心行相。（論其行相至闕而不書、第二略釈三種菩提心行相）。論一者至末頌者、第三広釈三種菩提心行相。大文第一惣標三種菩提心行相者、此中有六。一明師承、二明機根、三明法　（四丁左）
説、四明譬説、五明合説、六明惣結。論大阿闍梨云者、是第一也。大者、起大慈悲立大乗教、能破一切衆生大邪見大我等無量煩悩、令発大心進大道故。阿闍梨者、此云教授軌範。又云明解師也。法進云、阿闍梨者、名為正行。一切行業、皆由此成云云。問。今大阿闍梨、是指誰人耶。答。第二祖師金剛薩埵也。故大師云、初従大日尊下至青龍阿闍梨有七葉大阿闍梨耶。〈其〉玄法号曰摩訶毘盧遮那究竟大阿闍梨耶、金剛薩埵大阿闍梨耶、龍猛菩薩大阿闍梨耶、龍智菩薩、金剛智三蔵、大広智三蔵、青龍寺恵果阿闍梨。如是大阿闍梨　（五丁右）
等、転転面授。已上 彼海雲釈妙吉祥、真頂判金剛智、非正相承。学者宜知。問。今何故論初置金剛薩埵詞耶。答。

真言相承之道、師資付属之義也。問。若爾、至何文是薩埵詞耶。答。有人云、従論初至須知菩提心之行相云云。論若有至惑者者、第二明機根。若有上根上智之人者、挙上根之智人択中下之劣機。問。以上上智為真言機故。大師云、上上智観即身成仏之径路云云。〈今〉全何云上根上智哉。就中、天台以涅槃四智配四教。上智是別教。豈可同彼耶。答。合三根開四智、随時不同。於義無違。即如菩提心義云。問。涅槃経云、下智観故得〔五丁左〕声聞菩提、中智観故得縁覚菩提、上智観故得菩薩菩提、上上智観故得仏菩提。取意文 天台以此為四教証文。下中智観二乗。既非上根上智。何入真言門。上智観菩薩。既菩提心論上根上智、応是天台別教菩薩。上上智観円教菩薩。応勝真言菩薩。答。涅槃経四乗根性、約四教中以明四種。望今真言、前三為下、円人為中、真言為上故不違也。已上略抄 問。唯上根真言機、中下輩非機哉。答。今且挙上根、中下皆甚機。如大妙金剛経云。為上中下三根衆生説真言云云。凡真言機、略有二趣。一以最尊最上之教且被上根。如今論文。【二】以無解無行之人為所被機。〔六丁右〕即濁世衆生煩悩病重故、顕宗教薬不能治之、唯秘密醍醐則除之。是故、能治正当来世、弘三密教済五濁機。具如六波羅密経五蔵分別也。良以、応仏利益、時有分限。八万以上百歳以後皆不出現。於滅度教法、有正像末。法身人法、三世常恒。是故、応仏教力尽時、法仏化用独顕現也。往生秘観云、無論正像末之異、修之時是即正法。悉地不簡時、信修是時云云。不楽外道二乗法者、今付此文、人師異解。且依続菩提心抄云、問。不楽外道等者、既是真言行人。応且不楽顕宗四乗。〈何〉仏只云爾耶。答。此有多義。或云且挙外小、意兼〔六丁左〕余大。或云、外道者、小乗。疏有是説。二乗者、菩薩乗仏乗也云云。有大度量勇鋭無惑者、略挙三種徳簡真言機也。度量者、智恵徳、度謂推度、量謂籌量。（唯）識法相等意、共是智恵用也。勇鋭者、精進徳。玄賛云、勇者進、鋭者利、善精進。已上 疏云、若無勤勇之心、則雖有宿徳之業、無由発起。乃至今世利楽尚不可得。何況菩提道耶云云。無惑者、無疑。徳謂自浄信心。為菩提心故。有疑惑者、非真言機。疏云、以此深心浄信離疑惑故、漸得法験現前。若不如是者、則同無手之人。雖至大宝蔵中、空無所得。已上略抄 論宜修至仏身者、第三明法説。宜修至余果者、〔七丁右〕発三種之大心超二乗之小境。厭四乗之権果者、発三種求五仏之真乗。誓心決定者、誓心謂在心為願、顕口為誓。決定謂一向勇猛無退輪〈転〉義。摩宮振動者、梵名摩羅。此云散善。案因果経云、時第六天魔王宮殿、自然動搖。於是魔王心大懊悩、精神躁擾、声味不御、与自念言、沙門瞿曇、今在樹下捨於五欲、端坐思惟、不久当成正覚之道。其道若成、広度一切越我境云云。聞〈問〉。近世真言行人、多堕魔界如何。答。実尤可在。倩廻愚案、偏是依戒行衰微歟。即大師誡云、発心遠渉、非足不能。趣向仏道、非戒寧到。必須顕密戒堅固受持清浄莫〔七丁左〕犯。所謂顕戒者、三帰五戒及声聞菩薩等戒。四衆各有本戒。密戒者、所謂三昧耶戒、亦名仏戒。且名発菩提心戒。亦名無為戒等。如此諸戒不具足、恵眼暗奥〈冥歟〉。知此意、如護眼命。寧喪身命、此戒莫犯。若故犯者、非仏弟子。即名魔党。仏弟子即是我弟子、我弟子即是仏弟子。魔党則非吾弟子、吾弟子則非魔弟子。非我及仏弟子者、所謂栴陀羅悪人、仏法国家大賊。大賊則現世無自他之利、後生即入無間之獄。已上両処文略抄之。嗚呼、高祖之遺誡至懇。末資之護持、豈疎。十方諸仏皆悉証知者、夫四王捧盈〈孟歟〉擬奉献、於成覚之朝、大梵待〔八丁右〕時期勧請、於法輪之暁、十地菩薩為伴侶囲遶前後、三世諸仏含智水欲授職位号〈乎歟〉。故今云皆悉証知。常在人天受勝快楽者、明出初発心之益未及三菩提之行。故疏云、由具戒故、常得生於人天中。此謂未得法身地者、世世生処常在人中天上、得離障見仏聞法。此則大利也。已上 言具戒者、菩薩性戒。以此等文、古徳多歎発心以後、如説修行以前功

徳。所生之処憶持不忘者、浄名経云、物持為囲苑。能持善念令不失、且持悪令不生云云。若願至仏身者、明挙心数
類心王也。疏云、若就随自意語明深密義、随入一門皆具一切法界　〔八丁左〕
門、乃至諸世天等悉是毘盧遮那。何有浅深之別。若行者能於無差別中解差別義、差別中解無差別義、当知、是人通
達二諦義、且識真言相也云云。問。大日之外有四仏菩薩天等。何唯云諸菩薩身耶。答。是挙中間菩薩、顕前後仏天
等。論如人至其志者、第四名譬説。名官喩金界、財宝喩胎界。理玉体智光故。此中有三。論如人至官行者、一約名聞明喩。論若貪至物行者、
二約利養明喩。論凡人至其志者、三約凡情結喩。論所以至提行者、第五明合論。（論）既発至行相者、第六明惣結。
如文可解。大文第二略釈三種菩提心行相者、此中有三。一標菩提行相数、二引古　〔九丁右〕
証勧行者、三別歎三摩地門。論其行至分別者、是第一也。余文可知。論諸仏至暫忘者、第二引古証勧行者。昔在因地者、
問。今指何位云因地耶。答。未発心時凡夫地位。今此教意、発心已後、更無因位。初発心時即得無上菩提故也。疑
云、今言菩提者、是発心以来因。爾何云発心已後無因位哉。
答。密教深意、不似常途。仏菩薩之名言、倶是究竟人也。謂仏者、金界果人、菩薩者、胎界因人。是故、因無不満
過、果無〈有歟〉輪円義。乃至成仏者、（有）人云、昼夜四時云乃至歟云云。論唯真言至不書者、第三別歎三摩地門。即身
成　〔九丁左〕
仏者、青龍即身成仏頌云、六大無礙常瑜伽、四種曼荼各不離、三密加持速疾顕、重重帝網名即身云云。六大無礙常
瑜伽者、体即身也。謂六大者、前五大色、第六心也。一切衆生無始輪廻五蘊色心二法当体、即是阿尾羅吽欠。最極
秘密法界体与諸仏六大常恒渉入平等平等故、云常瑜伽。瑜伽者、相応渉入之義也。如疏云。一切衆生色胎心金実相不二、従本際

以来、常是毘盧遮那平等不二智金身胎云云。四種曼荼各不離者、相即身也。一切衆生無始本有顕形表等色内外依正具、皆是大三法羯四種曼荼羅相。衆生与諸仏彼此不相 〔一〇丁右〕

離、如空光無礙故、云各不離。不離者、即義也。三密加持速疾顕者、用即身也。衆生流転身口意即法仏平等三密故也。如此六大四曼三密之体相用、仏与衆生平等平等互相渉入如用〈因〉陀羅網故、云重重帝網名即身。若有頓悟人、纔従此密教、信知無始流転色心当体即是法身如来体相用時、此一念即仏位、更無昇進階次。是云発心即到、云如実知自心。即身成仏大綱如此。具如下巻。闕而不書者、菩提心義云、円教仏果未三平等。三摩地三平等行、於諸教中闕而不書。今真言果名平等云云。 〔一〇丁左〕

問。法花八歳龍女、仁王五千女人、処胎摩梵釈女、花厳都率天子、皆以現身成仏。何云闕而不書。答。彼等説文、唯理秘密、全非事理倶密成仏。故蘇悉地疏云、有二種教。一顕示教、謂阿含深密等諸三乗教也。二秘教、謂花厳維摩般若法花涅槃等諸一乗教。秘密教且有二種。一理秘密、謂彼花厳等一乗、唯説世俗勝義円融無二、不説三密行相故。二事理倶密教、謂大日金剛頂蘇悉地経等、能説世俗勝義円融不二、且説三密行相故。取意文。此義甚妙。行者留思。文第三広釈三種菩提心行相者、此中有五。一列菩提心名教〈数〉、 〔一一丁右〕

二明行願菩提心、三明勝義菩提心、四広歎二種菩提、五明三摩地菩提。論一者行願二者勝義三者三摩地者、是第一也。問。上列勝義行願、今云行願勝義。其意如何。答。従空入仮故、勝義為初、従仮入空故、行願為初。二義互具前後無違。論初行至引進者、第二明行願菩提。所行名行、発願為願。此中有三。一惣明利楽、二別明利益、三別明安楽。論初行至己身者、是第一也。利益安楽者、唯識論云、利謂利益、即是後済。楽謂安楽、即是現済云云。観十方含識猶如己

身者、識含色中故、名含識。此明同体大悲。於同体有事理。事同体者、如梵網云。一切男子是〔一一丁左〕
我父、一切女人是我母云々。所謂我骨肉即父母身分。理同体者、如起信云。一切衆生及与己身真如平等。已上 又宗鏡云、不入一心平等違成仏之正宗。不了同体大悲随【堕】愛見之妄想云々。論所言至現前者、第二別明利益。終不至得度者、法花云、有所難問、不以小乗法答。但以大乗而為解説令得一切種智。已上 文句釈云、若見無大機而説小、得方便益。若不見無大而説小、妨其大縁。等是不見但説大無咎云々。皆含如来蔵性者、一心含蔵如来万徳。楞伽云、寂滅者、名為一心。一心者、名如来蔵云々。実雖此心凡聖等有、但果顕易〔一二丁右〕
信、因隠難明故、浅識之流、性〔軽〕因重果。顕〔願〕諸道者、深信自心。真如智恵者、即如如理如如智也。真〔如〕言謂所証境、智恵謂能証心。能所一体心一境静。如大師云。理者、阿字本不生理也。此理所有本覚智。智不離理、理不離智、如珠与〔光〕立。如是不二理智本来具足。今始而覚之故（云）無始覚。即此名能証智。阿字理智本来法然。此所証理智即名本覚智。雖其名二而其体一。雖其体一還有二名。得名由顕然而已云々。妄想者、妄謂虚仮無実、想謂取像為体。顚倒者、顚謂心識狂乱、倒謂背覚含塵。一切智者、万徳皆備無闕滅〔減〕義。自然智者、〔一二丁左〕
非従他得、従自彼〔得〕故。無礙智者、心不住空有而照空有故。探玄記云、一切智者、是始覚智。無師智者、是本覚智。無礙智者、始本不二智。已上 今無師智者、即自然智也。論所言云至引進者、第三別明安楽。不敢軽慢者、如法花云。我深敬汝等不敢軽慢。所以者何。汝等皆行菩薩道、当得作仏。已上 実発軽慢心隔仏性故。已随衆生願等者、如理趣分云。一切有情種種希願、随其無罪皆能満足云々。問。真言行人、不捨此身一生成仏。今何云身命不惜〔借〕乎。答。人師異解、且存一義。行願意、未雖不惜身命、依即成仏教力、不值捨身難縁也。有人〔一三丁右〕

云、随衆生願者、布施行。既親近已者、同事行。信任、愛語行。亦可教導者、利行也云云。若衆生引進者、所化衆生中、若有愚鈍者、不可強以大乗法度。若強度之、恐還生謗。且随機根。若説人天及三乗等、善巧方便漸引進之。方者法也。便者用也。論二勝至無窮者、第三明勝義菩提心。止息万法、観顕勝義。此中有二。一略〈釈〉名勝義菩提心無性観。二真〈広〉釈勝義菩提心無性観。論二勝義者観一切法無自性者、是第一也。謂深以般若妙恵、観九種住心無性。論云何無自性□至無窮者、第二広釈勝義菩提心無法性観。此中有二段。一明相説、二明旨陳。論謂凡至観　〔一三丁左〕已者、是第一也。此中有六種住心。一異生羝羊心、二愚童持斎心、三嬰童無畏心、四唯蘊無我心、五抜業因種心、六他縁大乗心也。論謂凡至棄捨者、約第一住心明無性観。此中有二。論謂凡至五欲者、初明異生羝羊相。凡夫者、正云異生。由無明故、随乗〈業〉受報、色心像類各〈各〉云差別故、云異生。三毒者、撲楊大師云、（貪者）謂耽著為性。嗔者、損害為性。癡於諸理事迷闇為性云云。五欲者、色声香味触。問。欲者、唯識論云、於所縁境希望為性云云。是以、可名能縁心。何今名所縁境耶。答。如止観云。五塵、非欲而其中有味、能生行人貪欲之心。　〔一四丁右〕故言五欲云云。論真言至棄捨者、明無自性観行。厭患者、名聞也。棄捨者、利養也。又（論）諸至焔也者、約第三住心明無性観。此中有三。論又諸至究竟者、初明嬰童無畏相。外道者、無部〈其〉（類）、若九十五種、其所計六十二見。疏云、邪見心行、理外云〈之〉道故、亦名外道也。或助以薬物得仙宮住処〈寿〉者、如大師云。白金黄金、乾坤至精、神丹練丹、薬中霊物。服餌有方、合造有術、一家得成、合門凌空、一銖纔服、白日昇漢乃至与天地以長存、将日月而久楽云云。問。今不説第二住心。何将又有摂在之文哉。答。謂於仙宮住処〈寿〉之人、有人仙天仙之二人。是　〔一四丁左〕故、人仙為第二心、天仙為第三心。合此之二類云仙宮住処〈寿〉。倒〈例〉如第四住心文合引第五住心也。此則摂義行合意矣。

論真言至焔也者、後明無自性観行。力若尽者、人天善業力尽也。未離三界煩悩尚存者、未得無漏断道已来、蔵識之中執持三界煩悩種子。宿殃未殄者、宿生業種未殄滅也。悪念旋起者、善業力尽故、果報将滅時、依先世業種起三種愛等。当彼至出離者、値五衰退没沈三途苦海。大師云、上射非想、還墜〈堕〉地獄。譬如箭射虚空、力尽即下。故不可楽云云。幻者、世有幻法。依草木等幻作人畜、宛似往来動作之〔一五丁右〕相。須臾法謝還成草木。夢者、一夕夢中都無実事、当夢似実、覚已知無。陽焔者、以熱空塵三因縁故、於広野中忽爾生焔。渇鹿野馬見之為水、近則都無。論又二至可楽者、約第四第五住心明無性観。此中有二。論又二至究竟者、初明唯蘊抜業相。声聞者、従他聞声得解了故。四諦者、一者苦諦 苦遍〈逼〉悩為義。即是有漏果也。苦果審実故名諦也。 二集諦 集招集為義。即是有漏因。招集果審実故名諦也。 三滅諦 滅滅無為義。即是無漏果。滅理審実故名諦也。 四道諦 道能通為義。即是無漏因。能通乃至涅槃審実故名諦也。 縁覚者、梵名辟支仏。此翻云縁覚。覚十二縁起故名縁覚。

十二因縁者、一無明 謂過去一切煩悩名無明。又於縁不了名〔一五丁左〕無明。 二行 謂身口意善悪等業悉皆名行。以無明故、発生於行。無（明）与行二種、即是過去因也。 三識 以有過去行業、発起現在識神。初受生時入胎一念、名之為識。 四名色 以有受生縁故、我起名色。言名色者、五蘊。第二念去心色、即与父母赤白精無〈血〉和合乃至百日諸胞未開。但是肉（団）未成眼耳鼻舌相。但有色心故、名名色。 五六入 由名色故、発生六入。言六入者、是六根。通生識故、名為六入。謂在胎内百日已外（也）。肉団之内起業生風、即吹肉団開敷変作諸根相故、名為六入。 六触 由六入故、発生根塵識等三事、和合触対名為触。此謂出胎已去両歳。未能分別余塵。但能覚飢渇熱寒犯火触毒則啼哭、名之為触。 七受 由触境故、発生於受。領納分別諸塵。五六歳已来名為受。此五酬過去二因故、名現在五果也。 八愛 由受領故、発生愛。於縁起染、名為愛也。此謂七歳已去十五已来、愛花貪果、心欲追求、名為愛也。 九取 由染愛故、発生於取。於縁染入有所執故、名之為取。此謂十五歳已去、愛心転強随其所貪追求取之、名為取也。 十有 由取着故、発生於有。此謂随其所取、財色殺盗〔一六丁右〕邪淫取得入手即称本心。憶念成業能有当果、是名為有。如花結果。能生後果後〈復歟〉名為因。此三因能感未来両報也。 十一生 由現在発起故、令有未来受生。於法始起名為生。 十二老死 由有生、起老死。生是老死之縁故、云生縁老死。此二即是後生之果。果復為因。因果相生、猶如大対〈樹〉。 智四至生執者、四大五蘊、此仮令法故、遂明磨滅理。依了知此理、発厭離心、破人我執。清涼大師云、知五蘊和合、仮名為人。一一諦観、但見五蘊、求合〈人〉我相、終不可得。何名為五蘊、色受想行識是。云何観之、身則色蘊。所謂地水火風是。其地如何。堅則地、潤則水、煖則謂火、動則風。観之則四蘊。所謂受想行識是。蘊相如何。領納為受、取像為想、造作為行、了別為識云云。勤修本〔一六丁左〕

法者、法花云、然其所止故在本処。文 玄賛釈云、尚在二乗生空之理、不悕大果名止本処。是本所求所学処故。已上言本処者、(即)本法也。尅証其果者、是五果也。所謂声聞即立四果。一預流果梵云須陀洹果。謂預聖者流故、以為名也。二一来果梵言斯陀含。謂於欲界人天更一往来生。今略一往来言、只云一来。三不還果梵云阿那含。謂従欲界没生色界、更不還生下界故、以為名也。四阿羅漢果此云無学。亦云応供。此即具足応供養故也。縁覚唯立一果。具如十住心論。趣本涅槃已為究竟者、趣無余涅槃為究竟果也。謂身智倶灰滅無微苦余依故、名云無余涅槃矣。涅槃、此云常寂。論真言至可楽者、後明無自性観行。雖破人執猶有法執〔一七丁右〕

者、謂於諸蘊雖断人我、猶依不了諸法如幻仮有義故、滞法執也。但浄意識不知其他者、二乗唯除第六意識相応之惑、不知其余七八九十。久久成果位者、声聞経三生鈍根六十劫利根之修行至果位、縁覚経四生鈍根百劫利根之修行至果位也。以灰身滅智趣其涅槃者、滅有偏〈漏〉依身及以無偏〈漏〉智、入無余涅槃。如太虚空湛然常寂者、明以【譬】解入無余涅槃常寂滅相。有定性者難可発生者、瑜伽等意五性各別。定性二乗無廻心義。今此難意、五性差別皆依客性仮立也。言客性者、習所成性。非法相所立本性住種姓。此宗宗《ママ》本性本覚仏性。一切〔一七丁左〕

衆生皆悉具足同一性故、無五性別。仮立五性、若於宿生、謗三乗教、速発心故名無性有情。若於宿生、三乗随一結縁熏習、是名決定性二乗・決定性菩薩。若於宿生、三乗教遍結縁熏習、随縁可学其法故名不定性也。如是雖有五性差別、同是客性上仮立故、本覚仏性内熏力為因、諸仏菩薩加持力為縁、皆遂発心修行証得無上仏果。然今定性二乗、以小執除雖得廻心、必待劫限故、云難可発生。如楞伽云。阿羅漢、入無余涅槃経無量劫、耽酒酔逸而臥。後従彼起、方発大心云云。要待劫限等満方乃発生者、涅槃所証五果廻心。　〔一八丁右〕
所謂八須陀六斯陀四阿那二万阿羅十千辟支劫也。此等四人、倶至第四果方入無余故、従本云八六四二万。第四果約不逕【還カ】生人也。論若不至向大者、此不定性人故、聚〈蒙〉諸仏驚覚時、不待劫限速疾廻心。従化城起者、起無余化城発大菩提心。以為超三界者、此明廻心向大本因。謂二乗無学有余涅槃位、雖離三界惑、未出進〈分〉仮〈段〉故、依身猶還属三界城。入無余涅槃時、永離三界依身故、云以為超三界。今超無余化城趣無上宝所時、作究竟滅度想故、為廻心本因。論謂宿至大心者、依宿信仏熏習力故、今聚〈蒙〉諸仏菩薩驚覚、従化城起、始発大　〔一八丁左〕
心。乃従至成仏者、廻心向大修因感果。声聞縁覚智恵狭劣者、大賢引般若云、二乗善根、猶如蛍火。唯照自身。大乗善根、猶如日光。導一切故云云。論又有至観已者、約第六住心明無性観。此中有二。論又有至次第者、初明他縁大乗相。大乗者、大師云、簡声独羊鹿故大名。運自他本円性故曰乗云云。菩薩者、具云菩提薩埵。圭峰大師云、菩提、此云覚、所求仏果也。薩埵、此云有情、即所化衆生云云。於諸法門無不遍修者、経三賢十地之位、遍修六度万行之功。三阿僧祇劫者、梵（云）阿僧祇。此翻無央数。此即有量云無量也。始従資糧、終至法　〔一九丁右〕
雲、経三大劫。其初資糧加行二位、是初尽大劫。従通達位至七地終、是第二劫。従第八地尽第十地、是第三劫。時畢三祇行備四位、方登究竟菩提果矣。六度者、一施捨財宝等名為財施。三蔵等教施於有情名為法施。令他離怖名無畏施。二戒能離不善防護受持名律儀戒。即沙門等七衆所学戒等、是一切仏法為体。是摂善法戒。以此戒善資物名饒益有情戒。三忍謂対怨能受名耐怨害忍。貧病寒熱種種苦至、忍而修道不退屈名安受苦忍。於甚深法、能諦思惟観義理名諦察法忍。四進謂修諸行発起勇悍於行不退。如入陣者被鎧甲故。即無有怯退名被甲精進。修諸善品進趣名為摂善精進。能利楽含識名利楽精進。五定能安住現法楽為安住静慮。発六神通名為引発静慮。成利有情事名為弁静慮。六恵生空無分別恵、法空無分別恵、倶空無分別恵。如次即是別縁我法及倶縁彼根本智也。簡異後得、言無分別。　〔一九丁左〕

致有次第者、経五位之階級、証三転之妙果。論今真言行人如前観已者、後明無自性観行。即是指上来之観也。論後〈復〉発至境界者、此明勝義具行願也。無余衆生界一切衆生者、無余衆生界是所居世界、一切衆生即能居有情也。論復修至境界者、此明勝義具三摩地。従凡入仏位者、大師云、浅略門者、教力劣故、頓不不《ママ》能引初心凡夫。深秘門者、法力勝故、此生令得昇仏位云云。亦超十地菩薩境界者、私記云、修行真言門浄菩提心之直往菩薩者、能超他縁大乗等歓喜等十地菩薩行也云云。問。今勝義段、何説行願三摩地耶。答。三〔二〇丁右〕種菩提心、如伊字三点。真言行者一念心中、同時具足無有前後。如問（答）抄云。問。於三摩地一念心中、可具二種菩提心耶。答。彼此具足互無闕減。所謂三摩地者、住心月輪超諸教故、勝義自備。勝義智恵観浄月輪、顕実心故大（悲）臻発。然不可云修行願勝義入三摩地。故安然和尚菩提心義云、外修万行内観諸法中開心仏、是金剛頂之無〈玄歟〉意也。已上抄文 如云三摩地、行願亦爾也。是（故）、勝義段居中間合二種、即此為顕前後各具義也。論又源〈深〉知一切法無自性者、惣（標）也。論云何無自性者、惣問也。論前以相説今以旨陳者、惣答也。夫前約人〔二〇丁左〕之行相而説之故、云相説。今約法之奥旨而陳之故、云旨陳。良以、相説十住心顕竪差別、旨陳十住心示横平等。是以、法相是相宗故、相説段終第六住心、三論是空宗故、旨陳段始第七住心。為表横平等義、第九住心為始也。第 影略互顕即示二段十心。文義甚深、学者深知。二段十心、其証見大師戒序矣。論夫迷至無窮者、第二明旨陳。夫迷至倶利者、第九相無自性所引文。但如大至勿随、略之不引。別有深意也。此中有三。一明染浄二法無性、二明引経証名勝義、三明因果二位行相。論夫迷至無故者、是第一也。此中有二。一明染法無自性、二明浄法（無）自性。論夫至自性者、是第一也。此中亦〔二一丁右〕有二。論夫迷至六趣者、初明流転生死虚妄縁起。如宗鏡云。一翳〈在〉有眼、千花乱空、一妄在心、恒沙生滅。已上 嗟呼、従無始以来、依一念妄執、久迷実除〈際歟〉之一理、空著虚仮之万境。従惑起惑跉跰四生、従乗〈業〉起乗〈業〉輪廻六趣。猶如車輪、猶如環五〈玉〉。圭峰大師云、但怪空裏有花、不覚眼中有翳。外嫌身心苦悩、不知内畜迷情云云。此言誠哉、歎有余矣。

論若覚至自性者、後明流転生死還滅無性。円覚云、此無明者、非実有体。文 同疏釈云、言無体者、但（是）仮名内外求之、了不可得。推其本際、元妙明。了斯無体、諸行者生〈不〉、不生故無滅。生滅滅已 〔二一丁左〕寂滅為楽。是故、十二支法皆有所因。唯此無明横従空起。今悟無明滅則行滅。行滅則有滅乃至老死滅也云云。誠夫妄念本無此〈比〉之翳花。心性本浄類之大虚。生死涅槃昨夢、本来成仏今覚。論復次至無故者、第二明浄法無自性。此中有二。論復次至迷津者、初明浄法生起由来。諸仏自証本帰無念、言語尽竟心行亦求〈寂〉。若但住此無相本分、則諸衆生不蒙現益。是故、以不生之生現普門諸身、以離言之言説随類説法。論遇栰至性故者、後明以譬浄法無（性）。疏云、縁謝即滅、機興即生。即事而真、無有終尽云云。論如大至提心者、第 〔二二丁右〕二明引経証為勝義。[諸法無相文、是（第）八如実道所当文。宝鑰不引之。与経証同故。既第九証除之。知是第八証也。] 此中有二。（一）引経証、二名勝義。論如大至空相者、是第一也。疏釈云、譬如虚空之相亦無相故、万像皆悉依空、空無所依。如此万法皆依浄心、浄心適無所依。（即）此諸法亦復如菩提相。所謂浄虚空相。已上 言即此諸法者、指上所明善悪諸法。論作是至提心者、第二名勝義。如文解了。

論当知至無窮者、第三明因果二位行相。[当知至空寂者、第七覚心不生所引文。] 此中有二。一約因位明無性観行。二約果位明無妄妙用。論当知至勿随者、是第一也。一切法空者、謂三論宗約真勝義、有為 〔二二丁左〕無為無所得空為勝義空。又立理内理外二門。【理】空内故万行皆空、理外故万法皆有。今約理内故云法空。已悟法本無生者、明於勝義門中悟真本不生義。謂一切有為諸法、従真如一理生故、即以真如名法本也。心体自如不見身心者、如禅要云。不見身之与心、万法不可得也。猶如虚空、亦莫作空解。以無念（等）〈此ノ身体不可得ノ文字、本文無〉身体不可得故、説如虚空、非為空相云云。住於至之智者、謂寂滅平等者、顕所証理。究竟真智者、顕能証智。理（智）冥合即名為住。理智一体、如前已釈。妄心若起知而（勿）随者、清規云、一切善悪都莫思量。念起即覚。覚之即失云云。問。所言〔二三丁右〕妄心、従何処起。若従心性生、此妄云何断。心性不可除。是非妄法故。答。月氏震旦之祖師、日域上古之賢哲、作此疑互諍是非。此則為深義玄玄而難解、浅智矇矇而易迷。任愚案試述一義。夫一切衆生無始以来、（迷）不生故起妄而執。心能生妄。如翳眼見空花、不知従翳起、執空能生花。雖然、不変空成花、不変花成空。是故、不変心成妄、不変妄成心。若悟不生、妄念本無。即如翳差都不見花。由来未曾悟故、説妄無始。非有妄体、誰尋自性。若有本性、是真非妄。豈可永息。無体無因、忽然念起名為妄念。故首楞厳云、既称為妄。云〔二三丁左〕何有因。若有所因、云何名妄云云。一念不生前後際断。以妄念勿疑無念理。若其生疑、念念無窮。念息即真、念起即妄。但一覚心不生了後、仮令雖起一念妄心、如紅爐上降一点雪。如此覚知、是名真実発心。後永不失。如円覚説。譬云一成真金体、不後重為鉱。已上又禅林云、彼寄花五浄、風日不萎。附水雲河、世旱無渇。花水尚爾。何況真（心）云云。論妄若至無窮者、第二約果位明無妄妙用。起信云、所云空者、従本以来、一切染法不相応故。謂離一切法差別云〈之〉相、以無虚妄心念故、名為空。所言不空者、已顕法体空無妄故。即是真心〔二四丁右〕常恒不変、浄法満足則名不空。已上略抄如上因果、方便仮説。無相心源、豈有其名。故疏云、仏大方便力、以無相身作種種名相、加持令説〈諸〉衆生以因果法証得非因果法云云。論所以至究竟者、第四広歎二種菩提。此中有二。一挙二利徳、略歎二種菩提功能、二引諸経文、広歎二種菩提功能。論所以至俱利者、是第一也。能転法輪者、大乗法門章云、

前仏得【如】真実悟、授後仏。衆生不尽、輪無息時故、云輪輪〈転〉也。問。何故名法輪耶。答。可軌名法也云云。凡此論意、
勝義行願同時、是名三摩地。自利利他都無前後。論如花至究竟者、第二引諸経文、〔二四丁左〕
広歎二種菩提功能。此能（ママ）此中有二。一惣合歎二種菩提功能、二単複歎二種菩提功能。論如花至山王者、是第一也。
悲先者、明行願菩提心。利他、悲為勝故。恵為主者、明勝義菩提心。自利、恵為勝故。方便者、即善巧義。是利他
資助。又進趣義、是自利勝進。二利相応即此大士用心故、云共相応也。信解者、疏云、始従真正発心乃至成仏、於
是中間通名信解地云云。清浄心者、即是自性清浄心也。圭峰大師云、迷真起妄、妄見衆生。妄体元空、全是本覚心
地。妄不能染故、云清浄云云。如来者、大師云、如去者、謂自凡位修行成正覚也。乗如而往故、〔二五丁右〕
曰如去。如来謂成仏已後悲願力故、垂化也。乗如而来故、曰如来云云。無量力（無）礙智現前者、私記云、無量者、
四無量心也。力者、十力也。無礙智者、四無量〈礙〉也。現前者、修徳也云云。所言四無量心者、与楽為慈、抜苦為悲、
不害為寿〈喜〉。捨、亙三事思惟。要略云、其心無量、功徳亦無量云云。所言十力者、一処非処智力 謂知一切諸法因縁果報。知人可度不可度。
二業異熟智力 謂善分別。知此類業感是異熟。 三静恵解脱等持等至智力 謂知諸証〈禅〉解脱三昧、及知依此所得諸果。 四根上下智力 謂知信等五根上中下也。 五種勝解脱智力 謂知
種（種）欲楽、令捨不浄増浄土。 六種種界智力 謂如実知有情類種種性欲、及知諸法種種差別。 七遍趣行智力 謂知〔二五丁左〕
生死因果、及知一切至道。 八宿住随念智力 謂知自他過去宿住事也。 九死生智力 謂知諸衆生死、此生彼也。 十漏尽智力 謂知自解脱無量。亦知他衆生漏尽。 四無量〈礙〉智者、一法無礙智、謂於諸法如実
了知。二義無礙智、謂成就中道第一義。 三詞無礙智 謂以善言種種分別。 四弁無礙智 謂随機説不作二相。 自悟至勝心者、初発心時便成正覚。所有恵心、不由他
悟。得如来（為）一（切）身、湛然応一切。仏子至行処者、大菩提心、是妙宝心。始知自心、即超凡位証入心仏。
諸仏本行皆自心故、云所行処。生在如来家者、法薗林章云、初地已往、生如来家。謂浄法界名如来家。於中証会名

為生故云云。種族至上智者、如彼長者家窮子也。初知心仏。豈与仏異。本来平等一性覚体。纔生至初地者、此宗意、初地者、即本初心地故。纔覚知自心至不生心地。心楽　〔二六丁右〕
至山王者、住生死涅槃中修自利利他行、順違境不動。猶如妙高山。論又准至究竟者、第二単複歎二種菩提功能。論又准至悲是者、初単歎行願菩提功能。従初地至為主者、菩提心義云、借別教十地明行願功能也云云。仏心者大慈悲是者、善導和尚釈云、慈悲為体。為以此平等大悲普摂一切也云云。問。単説勝義文、不引之如何。答。大日経諸法無相文、正是単証。故云名勝義菩提心。而上引之、兼為証染浄二法　〔二六丁左〕
無性也。論又涅至究竟者、後複歎二種菩提功能。南無至仏心者、此明大悲行。南無謂此云度我。又云帰命。純陀謂此云解妙義。問。純陀名大悲行、其意如何。答。案涅槃云、是拘尸那城工巧之子。与其同類十五人倶、為令世間得善果故、捨身威儀、従座而起、偏袒右肩、右膝著地、合掌向仏、悲感流涙、頂礼仏足、而白仏言、唯是願世尊及比丘僧、哀受我等最後供養。為度無量諸衆生故云云。是故、純陀名大悲行。同如来大悲故、云心同仏心也。憐愍世間大医王者、此歎行願徳。謂仏如医王、法如良薬故。身及智恵倶寂静者、此歎勝　〔二七丁右〕
義徳。謂仏身智、如如法性為本体故、寂浄無相。無我法中有真我者、於諸法中雖無実義、四徳中我徳名無我大我。常一自在離諸縛故。是故敬礼無上尊者、能礼所礼色心不二、感応因縁共是法界。発心至初発心者、初心即極、是頓教之常談、初後不二、又円宗妙義也。問。疏云、若人自未得度而得度人、則不応爾。若人自度又能度人、斯有是処云云。先度他、其意云何。答。経、説菩薩初誓願。疏、釈衆生実得益。初発至無上者、初発一念超二乗之小心、後成正覚作三界之大師。如大至究竟者、菩提為因謂明勝義、大悲為根謂明行　〔二七丁左〕

願、方便為究竟謂互二種。此文甚深、学者留思。

〔二八丁右〕

菩提心論開見抄巻上

菩提心論開見抄巻下

論第三至末頌者、第五明三摩地菩提。第十秘密荘厳所引文。此中有二。一明所求菩提心体、二惣歎菩提心功能。論第三至生義者、是第一也。此中有二。一惣合約普賢心明菩提心義、二別開約十六尊明菩提心義。論第三至分明者、是第一也。此中有五。一明所観菩提心、二明諸仏善巧説、三明修行者観相、四明大日菩提心、五明四仏菩提心。論第三至縛故者、是第一也。三摩地者、新訳語。唐翻等持。菩提心義云、三昧耶者、唐云等持。義釈云平等、亦云本誓、亦云驚覚、亦云除垢障。三昧者、略具云三

〔二九丁右〕

摩地。已上略抄今約句義字義、明三昧耶大綱。先句義者、或云等持、或云平等。即是勝義行願均等、自証化他同時義也。次字義者、今此三字即三種菩提心。初𑖭字者、是則諦義、亦平等義。謂行願心、諦観一切衆生起平等大悲故。次𑖦字者、離吾我義、即空人法二我進無念自証故。三𑖧字者、即是乗義。運載為乗。三摩地心平等、運載自他身心、同帰不生心地故也。如是観已者、如大師云。九種住心無自性、転深転妙皆是因云云。云何能証無上菩提者、惣問也。当知至提心者、物答也。言法爾者、一切衆生心性妙理、遠離因縁法然具

〔二九丁左〕

足。言応住者、応謂相応、住謂常住。普賢大菩提心者、普是遍一切義。賢是最妙善義。是即性徳菩提心也。問。今性徳普賢大菩提心与三十七尊初普賢金剛薩埵、同異云何。答。若約性徳、三十七尊皆名普賢故是同也。若約修徳、第一薩埵独名普賢

故異也。一切衆生本有薩埵（者）、薩埵、此云大有情也。疏釈菩提薩埵云、無上菩提出過一切億度戯論種種過失。是一向能〈純〉善白浄微妙、不可譬類之義。即是衆生本性不思義心也云云。為貪瞋癡煩悩也〈之〉縛故者、明性徳菩提為三毒所覆。今此宗意、三毒本性即是仏蓮金三部也。所謂貪対順境以愛著故、是有性。有性者、即〔三〇丁右〕大悲性故、与蓮花部理同体也。瞋対違境欲〈廃歟〉癡捨故、是空性。空性者、大智性故、与金剛部智同体也。癡対諸境無著捨故、闇鈍性。鈍性者、即中道性故、与仏部不二同体也。問。三毒本性即菩提者、何故起貪愛之衆生不成仏而堕悪趣耶。答。如一本即身義云。不悟煩悩即菩提之人、但起迷無悟故堕悪趣。悟煩悩即菩提之人、但思菩提、不起迷故即身成仏云云。譬如秋夜白霧籠月。若於霧下望之、霧即隔月。若於霧上見之、霧即月光。【今】合説意、煩悩即菩提之至極也。理趣経観自在円壇等、可標之。顕家、於地下望月払霧見光故、断惑成仏。密〔三〇丁左〕家、住月宮見霧、霧即是光故、不断成仏。今不払霧住月宮者、或依自心実相熏習力、或依善友知識教化力、不疑即身自仏之決定諦信也。他宗、以信為初門、自宗、以信頓証。白浄信心即菩提故。凡煩悩即菩提実義、但除其執不除其法。故大師云、迷悟在己、無執而到。有疾菩薩、迷方狂子、不可不誤云云。論諸仏至瑜伽者、第二明諸仏善巧説。如大師云。悲哉、衆生去仏道甚近。（然）被無明客塵之覆弊、不解宅中之宝蔵、輪転三界沈溺四生。是故、以種種身相種種方便、説種種法、利衆生云云。論令修至月輪者、第三明修行者観相。観日月輪〔三一丁右〕者、日喩性徳円満身、月喩修徳瑜伽行。当体日月。深義更問。論由作至分別者、第四明大日菩提心。此中有二。一明法、二明譬。論由作至清浄者、是第一也。照見本心者、本分心地無能所別。心自照心、心自見心。彼仏心宗、此名自智自照、亦（名）見性成仏。其言懸会。学者察之。不知而疑、定招殃歟。湛然清浄者、本性湛然本離動念、心源清浄都無妄染。

論猶如至分別者、第二明譬。吾心如秋月無念照法界。故疏云、以如実知薀阿頼耶本不生故、無所執受亦（無）含蔵。爾時、一切心意識妄想戯論皆悉清浄、法界円照如秋月在空故云云。論亦名至　〔三一丁左〕分別〈明歟〉者、第五明四仏菩提心。此中有二。一明法、二明譬。論亦名至摩地者、是第一也。私記云、亦名無覚了者、明阿閦仏秘号。亦名浄法界者、明不空成就仏秘号。亦名実相般若波羅密〔ママ〕海者、明無量寿仏秘号。能含種種無量珍宝三摩地者、明宝生仏秘号云云。問。何故今四仏不列次第耶。答。阿閦是発心因、不空是修徳果故、列因果相対次第。弥陀是智恵主、宝生是福徳伴故、列福智相対次第。謂福徳者、智恵資助。論猶如至分別〈明歟〉者、第二明譬。今此月輪有四種義。故以合四仏菩提心。一、月輪光明普雖照曜、生盲之類不得見了。自証菩提亦　〔三二丁右〕復如是。凡夫二乗生盲、不能如実了知。二、月輪清浄内外明徹、従本以来離諸塵垢。浄法界心亦復如是。本来清浄離諸惑染。三、月輪光明照四天下、恒除夜闇転入四方。実相智光亦復如是。照四生故、除無明闇送涅槃岸。四、月輪陰【清】涼普潤世界、生長万物養育群生。菩提宝珠亦復如是。出生無量福徳、長養一切衆生。論何者至生智者、第二別開約十六尊明菩提心義者、此中有二。一約問答明菩提心惣相、二細開演明菩提心別相。論何者至相類者、是第一也。是中有四。一明初重問、二明初重答、三明二重問、四明二重答。論何　〔三二丁左〕者至之心者、是第一也。意云、一切衆生皆含普賢大菩提心。其相如何。論我見自心形如月輪者、第二明初重答。意云、観（見）一切衆生本有浄心、即与一切諸仏本心同体、法界為量。団円皎白如世満月。論何故以月輪為喩者、第三明二重問。意云、答【若】以円明義喩浄菩提心、亦可取円鏡。何必限月輪。論為満至相類者、第四明二重答。意云、鏡等円明雖似浄心、不如月輪十六尊相類瑜伽中十六尊。論凡月至生智者、第二細開演明菩提心別相。此中有二。【二】

約従本垂迹明菩提心義、二（約）従因向果明菩提心義。論凡月至六義者、是第一也。此 〔三三丁右〕
中有四。一明法譬合説、二明従本垂迹、三明取十六尊、四明十六例証。論凡月至薩者、第一明法譬合説。意云、以
初薩埵至金剛拳、十六大菩薩、即喩晦日至十五日、月十六分満。論於三至薩也者、第二明従本垂迹。此中有二。一
（明）従本五仏五智、二明垂迹十六尊義。論於三至為本者、是第一也。阿閦者、此云不動。心性不動菩提堅固。大
円鏡智者、自他三密無有辺際、是名為大。本来具足不欠曰円。実智高懸如万像影現鏡。金剛智者、此智能浄無始無
明微細煩悩。今従所破名金剛智。宝生者、福智荘厳身故名宝生仏。平等性智 〔三三丁左〕
者、性浄智水不簡情非情。彼此同如常住不変也。灌頂智者、灌謂諸仏大悲義、頂謂自行円満義。阿弥陀者、此云無
量寿。疏云、西方観無量寿仏、此是如来方便智。以衆生界無尽故、諸仏大悲方便亦無終尽故、名無量寿仏云云。妙
観察智者、五眼高臨邪正不謬。蓮花智者、智性清浄猶如蓮花。転法輪智者、此智、浄妙仏国為諸菩薩能転無上法輪。
不空成就者、釈迦牟尼異名、万徳不空義也。成所作智者、二利応作故曰所作。妙業必成之称也。羯磨智者、此云作
業。事業威儀。毘盧遮那者、疏云、梵音毘盧遮那者、是日之別名。即 〔三四丁右〕
除闇遍明之義也云云。法界智者、三密差別数過刹塵、名之法界。諸法所依故曰体也。法然不壊故名為性。決断分明
得以為智。論已上至摂也者、第二明垂迹十六尊義。此中有四。一明四仏為本、四波為迹、二明大日為本、四仏為迹、
三明四仏為本、十六為迹、四明結成十六大菩薩者。論已上至之母者、是第一也。金者、是阿閦垂迹即菩提堅固義。
宝者、宝生垂迹即福徳荘厳義。法者、弥陀垂迹即心法不染義。業者、不空垂迹即事業成弁義。三世至之母者、此四
菩薩即大日尊妙定功能名為四波。是即女形。定徳喩女、恵徳喩男。定 〔三四丁左〕

助成智故云養育。問。秘蔵記中四波羅密〔ママ〕見生四仏。相違如何。答。即彼記云、抛宗心、有四仏互出生四波羅密〔ママ〕之義文。爾則、今論存一義也。論於是至仏也者、第二明大日為本、四仏為迹。於是印者、是表果位一印義也。謂於一印有二種義。一、因一印即九会中最初会也。金薩 二、果一印即九会中第九会也。大日 此義可勘秘蔵記図。今此印即指果一印。夫万法仏帰一智義。詣〔論〕四方至薩也者、第三明四仏為本、十六為迹。謂四仏四母冥合之時、本有薩埵開発浄菩提心、修得五智金剛最初生仏家故、名為金剛薩埵。如輪王太子。次得 〔三五丁右〕

五智珍宝了、即継妙覚法王位故、生金剛王。如輪王即位。次法王妙智必与妙理可相応故、生金剛愛。如輪王宝女。次定恵和（合）令適悦故、生金剛喜。如輪王娯楽。次大覚法王必具大福聚、并納髻中明珠故、生金剛宝。如輪王珠宝。次法王必受職灌頂故、為受諸仏智光灌頂、生金剛光。如輪王灌頂。如珠宝照夜。次灌頂法王、建立正法幢旗、安立衆生故、生金剛幢。如輪王幢上、安珠雨珍財。次建正幢安立衆生故、各各衆生含咲兼法王咲悦故、生金剛咲。如輪王雨宝。随各各衆生心願、与之故各咲悦。次法王覚知妙法故、観察一切衆生心器、可授妙法故、生金剛法。如輪王十善道。次甚〔深〕源妙法、必 〔三五丁左〕

有殊勝利益。以極利智可観察故、生金剛利。如十善利益広大。次具速疾利益故、即穢土而成道場。即因成果転法輪故、生金剛因。如輪王転輪宝。次転法輪如用言語故、生金剛語。如輪王十善法令宣下。次転法輪、必具大精進浄仏国土成就衆生故、生金剛業。如輪王出世敷金為地、七宝所成階道現前。次浄仏国土成就衆生、必護国土守衆生故、生金剛護。如輪王守蔵臣宝。次護国守人、必降伏魔王呑尽穢悪故、生金剛牙。如輪王兵神宝。【守】【次降魔尽悪】了、一切調利〔和〕。以二手拳彼〔縛歟〕解自在、如来事業円満故、生金剛拳。如輪王調象調馬調人。

論四方至薩也、第四明結成 〔三六丁右〕

十六大菩薩者。論於三至摂也、（第）三明取十六尊。此中有二。論於三至供養者、初明除去二十一尊。四摂者、鉤普集索等引鎖堅持鈴解脱。八供養者、喜授記鬘妙厳歌無畏舞神通香無礙花妙色灯普照塗清冷。論但取至摂也者、【後】明簡取十六尊。【問】。仮令除五仏四波等但取十六大菩薩、若十六大生成正覚時、可闕五仏四波等功徳哉。答。合三十七尊為十六大生。今除者、略抄之詞。全非闕減之義也。論又魔至六義者、第四明十六例証。内空至性空者、一内空謂依六根受用境故、観之為空。二外空謂由六境所受用故、観之為空。三内外空扶根非内、識非外器、亦内亦外、観之為空。四大空諸器世間、観之為空。五空空〔三六丁左〕謂能観智、観之為空。六勝義空謂真如理、観之為空。七有為空有為諸法、観之為空。八無為空無為諸法、観之為空。九畢竟空不見有情自他差別、常能利益、観之為空。十無際空広化衆生無有辺際、観之為空。十一散空福智資糧無有断尽、観之為空。十二本性空法本無際為惑所弊、観之為空。十三共相空【実諸相好、観之】為空。十四一切法空由観所執三宝為空。浄諸仏法。十五無性空観人法、其性実非有。十六無自性空空以無性為自性故、名(之)無性自性空也。論一切至生智者、第二約従因至果明菩提心義。此中有二。一明性徳十六尊、二明修徳十六尊。論一切至不現者、第一也。此中亦有二。(一)明法、二明譬。論一切至変易者、是第一也。一分浄性者、本有自性覚了分也。如菩提心〔三七丁右〕義云。本有普賢薩埵之所、外熏習一切衆生、自然必有覚了之義。所謂外道凡夫種種邪推、皆求順理解脱之気分也。喩如月十六分之一云云。衆行皆備者、本有(自)性心備十六尊義。問。已云一分浄性。何備十六尊耶。答。以性徳十六尊望修徳十六尊、其覚了分良微劣故、十六合云一分浄性。亦不変易者、性不改故更無変易。皎然明白者、自性覚体本浄円明。論如月至不観者、第二明譬。若当合宿之際等者、晦夕日月相並之際、為日光奪月光全隠。此則修徳明不現故、云所以不現也。凡合宿際者、両部不二之内証三摩地〔三七丁左〕門之極位也。此位無相離言、永超見聞境界故、寄言之晦〈云〉。深義問明師。論後起至生智者、第二明修徳十六尊。此中有二。一明譬、二明法。論後起至無礙者、是第一也。謂於日月一分相過之後、必有月光少現。以此少分、合後月十五日分明為十六分。問。前月晦夕、是十五黒分之一也。何故云少分明現耶。答。地上刹那一寸之影、必是天上万里相過。日輪五十一由旬。一由旬四十里。月輪五十由旬。五十由旬二千里。然則二千里月万里相去。豈得無其光耶。正合宿時、月光皆隠。若一分過、月光少現。是同夜故。此夜一分之明、〔三八丁右〕或暗或明。故喩本有薩埵、亦喩修徳薩埵。若不爾者、有十六大菩薩最初一性徳、後十五修徳耶。問。天竺之法、是黒月前白月後也。何故云後起月初日日漸加耶。答。此即訳者、廻天竺語随唐国法。例如律中四月十六日即為前安居等也。一義云、白月十五日者、表従因（至）果之金界。即是勝義心也。黒月十五日者、表従本垂迹之胎界。即是行願心也。一月三十日者、表両部不二之惣体。即是三摩地也。是以、天竺顕行願勝義之次第故、黒月為初。唐国顕勝義行願之次第故、白月為初。影略互顕示平等義。訳者廻語、甚含深義歟。〔三八丁左〕

論所以至生智者、第二明法。初以阿字等者、明初金剛薩埵相也。只漸（令）潔白等者、明後十五菩薩相也。証無生智者、本有阿字所観之体、本不生智能観之体、能所一体心一境静。覚本不生理、言説不可得。覚本不生理、塵染不可得。覚本不生理、因業不可得。覚本不生理、等空不可得。能観縁慮之一心、所観字相之一境、能所不二証無念時、即身成仏。証謂無証之証。成謂無成之成。疏云、我覚本不生者、謂覚自心従本以来不生、即是成仏。而実無覚無成也。一切衆生不解如是常寂滅相、了別妄云有生、輪廻六趣、不能自出。今雖聞正法音、〔三九丁右〕還於種種有為事迹中、推求校計冀望成仏。何有得理耶。夫阿字等者、返釈阿字不生義也。大師云、夫於一切諸法、或執空或執有。〈為〉局除空執説有、為除有執説空、為除空有病説非有非空。是称中道。言尚留中道。為除其言、又説中道不可得。是不可得入阿字門見者、不可得亦不可得。於玆絶言、是一切諸法本不生不可（得）義也。已上 一切諸法謂諸字字相、本不生謂諸字字義、不可得謂阿字字義。阿字字相、諸字字義。当知、諸字言不可得者、以入阿字本不生故。皆入阿字本不生者、為明中道義故。本不生即中道義故。是故、云不可得。【或】〔三九丁左〕

云本不生、皆是為明中道義故。為明中道亦不可得。故云不可得亦不可得也。或云本不生不可得也。注准毘至義也者、菩提心義云、注引大日（経）疏者、後人加也。已上 謂後人加者、謂訳者書入也。如瑜祇経中引法将阿闍梨説。有人云、四種阿字配開示悟入事、義釈有之、疏無之。弘法大師、秘之抄出為別巻。法花大日二教為一部之意、可秘之故也云云。一者阿字是菩提心者、謂宝幢仏是菩提心。夫如世軍之中有幢。疏中之標、成所瞻望。進止之節、莫不随之。今如仏法之中万行以菩提心為其標主。二阿字是菩提行者、開敷花仏是万行義。〔四〇丁右〕

若但菩提不具万行、不能成果。三密万行資菩提心、次第開敷芽茎葉花、滋栄可愛。三暗字是証菩提義者、阿弥陀仏是証得義。以万行故、成無上覚。四悪字是般涅槃義者、天鼓音仏入涅槃義。已証菩提了、為一切衆生、種種方便成所作智。猶如天鼓音無思成事業。五悪字具足方便智義者、此是大毘盧遮那仏本地之身花台具体。超八葉絶方所非心境界。唯是無念之自証也。雖然、為念本誓開大悲蔵普引衆生入仏恵故、以自在神力、普現身口意、遍満生死中、即是大方便。開仏知見者、以阿字故、一切衆生本来有仏知見之性。〔四〇丁左〕

是故、如来以諸因縁、浄除眼膜、使得開明。即是最初浄菩提心。示仏知見者、即開発浄菩提心、当広示法界蔵中種種不思義万行、令普見一切善知識遍学一切諸度門。悟仏知見者、既具大悲万行必証悟大菩提。仏入知見者、既成無上覚已、即以加持方便普門垂迹、利益衆生。若有衆生了常住時、如来方便教〈都〉無迹故、名之為入涅槃也。第五悪字者、以無別体、此中不説。学者応知。凡此五点次第、一往化他方便。自証之前更無其重。如疏云。若行者（初）発心時、

能如如言、正観心仏性者、是名為入如来定。〔中台大日〕何煩漸超四処、〔因行悟入〕（四一丁右）
〔四方四仏〕方至究竟乎云々。論即讃至末頌者、第二惣歎菩提心功能。此中有六。一明阿字菩提心観行、二明能観人所証功徳、三明即身成仏瑜伽行、四明所証菩提心功徳〈能〉、五明問答勤修菩薩行、六明真言教不共相。論即讃至静智者、是第一也。八葉【至】光色者、〔素光色者、白色即月輪也〕。問答抄云、問。抑此𑖀字、以何形色在何所耶。答。形体金色、放白色光、広遍十方、斂有一肘。〔一尺六寸〕故義釈云、紇哩乃耶、此云心。状如蓮花䔲而未敷像。有筋脈。約之以八分。男子向上、女人向下。先観此蓮花、令其開敷為八葉白蓮花座。此台上、当観阿字金剛色。金剛色者、（四一丁左）
是黄色也。一義云、月輪之中図書𑖀字、蓮花為座。此則三種菩提心也。所謂月輪居天上、表上求菩提義。即是勝義心。亦是金剛部也。蓮花在地下、示下化衆生義。即是行願心。亦是蓮花部也。𑖀字処中央、顕自証化他同時具足義。即是三摩地心。亦是仏部不二也。今此三種、如次𑖀字空有不生之三義。見〈亦歟〉名阿字菩提。亦名阿字三昧。凡一輪〈論〉之肝心、両部之骨目也。又有甚深義趣。夫十界依正者、是自心所変。諸仏悟之、為大悲曼荼羅、衆生迷之、熾燃受三界苦。〔如疏可畏夜叉之譬〕。縦雖聞如来之誠説、縦雖蒙善友開悟、薄福衆生不能信（四二丁右）
解。然今於𑖀字妙観、有易解秘術。所謂十界依正惣而約之、不出五大五色方円等形。併皆摂在𑖀字五点。〔秘決更問〕。是故、安心静住観見𑖀字形体、漸随功積炳現目前。耶〈則〉以十縁生句遣所現之字体。如幻如夢無自性。当此之時、十界依（正）、皆是自心所変而信知無自性。信知此義趣者、即是本不生心。所以、𑖀字相名云本不生。此本不生心本来宛然而具足之。今始不得故、云不可得。即是字義也。本分心地不受五点之𑖀字、加持門中不捨十界之依正。如正法眼蔵云。実際理地不受一塵、仏事門中不捨一法云々。禅智至静智（四二丁左）

者、禅者左掌、智者右掌。以此二手、結金金《ママ》剛縛印也。印相秘決、深義更問。金剛縛云者、是権〔摧〕破義也。金界生起之〔云〕、次結金剛縛、令解結使縛。自他既断結使。即堪召無漏智云云。寂静智者、𑖀字不生智也。如守護経云。阿字者、一切法寂静体。本不生亦不滅云云。論夫会至一切智者、第二（明）能観人所証功徳。此中有三。一明所観浄識、二明地前所見、三明地上所見。論夫会至浄識者、是第一也。当観円明浄識者、菴摩羅識、此云無垢識。或云浄識也。今此第九識体即八葉白蓮花。此上観円明月輪、其中観阿字也。論若纔至義諦者、第二明地〔四三丁右〕前所見。真勝（義）諦者、如疏云。然此経宗、作種種具支方便、皆随世諦。由此因縁得一切智智印、即是真諦。是故、世諦為因、真諦為果。因如四味皆悉無常。果如醍醐是為常。然以十縁生句観之、世諦実相即是第一義。是故、権実即俱不思義也云云。論若常至切智者、第三明地上所見。此中有二。論若常至初地者、初明初地所見。禅要云、所以名初地者、為以証此法、昔所未得而今始得、生大喜悦。是故、初地名歓喜云云。論若転至切智者、後明九地所見。如文可解。是則常見上作用、化他所見也。凡真言所立地前地上位、有教門実行二〔四三丁左〕義。若付実行、顕密諸位都無分証次第階級。一切行者、於一切教発心修行間、其心住法理時、（即）諸仏驚覚令入本分位。今此直入本分位者、即阿字本初初地也。此故、更無梯撜以位。無尽万徳頓満故。如大師云。三秘密教説時、方至削地位之漸階、開頓妙之頓旨。已上略抄 次教門者、即此自証円満万徳竪示他時、四十二地階次不同。論凡修至身也者、第三明即身成仏瑜伽行。此中有三。一物標三密五指〔相歟〕、二別明三密行相、三別明五相成身。論凡修至義也者、是第一也。如文可知。論所言至心也者、第二別明三密行相。一本即身〔四四丁右〕義云、以手作印契、起如来事業時、自身本有仏部諸尊、以身為門、速疾顕矣。以口誦真言、開声字実相時、自身本有蓮花部諸尊、以語為門、速疾顕正与〈焉〉。以意観満月輪、見真諦菩提時、自身本有金剛部諸尊、以意為門、速疾顕也云云。行者対本尊（以衆生、属行者。）修三密行時、同本尊三業、是勝義、同衆生三業、是行願、倶時無前後、三摩地。自心三業周遍法界、諸仏三業周遍法界、衆生三業周遍法界、心仏衆生三無差別。譬如三灯光明遍一室無差別。（口決更問。）又無相三密即以心伝心。如大師云。密教奥旨不貴得文。唯在以心伝心云云。誠〔四四丁左〕夫不立等流之文字、不仮有相方便、直指不生之心地、即伝無念之本仏。一字頓悟之玄底、八祖相承之奥旨。論次明至身也者、第三別明五相成身。一是通達心者、諸仏告言、汝観自心如満月輪。授心真言。我見自心、猶如満月在軽霧中。自心本浄無有瑕穢。菩提心義云、今於第九浄識真如理処、通達性徳本有仏性大菩提故、名通達本心也云云。二是菩提心者、諸仏告言、汝観浄月輪得証菩提心。授此心真言、能令心月輪円満益明顕。菩提心義云、於性徳菩提心発修徳菩提心、名菩提心云云。三是金剛心者、諸仏告言、汝観心月輪中〔四五丁右〕有八葉蓮花。授此心真言、即観心月輪上有八葉蓮花。問。蓮花所座、何観自身。答。自受用身、非離身外別有土故。如浄土量、身量亦爾。身土無別。何足疑哉。【四】心是金剛身者、諸仏告言、当知、自身為金剛蓮。授心真言、行者身成金剛蓮花。（広蓮花者、心月蓮花無二平等、即成一体、徐徐延蔓周遍法界。斂蓮花者、周遍法界一大蓮花、徐徐綸斂成一肘量。）五是至身也、諸仏告言、観身為仏。授心真言。我見自心、疏〈衆〉相円満著五仏冠、住智拳印処満月輪坐蓮花台。五相配五智有二伝。一、以第一為法界智。是中因義。本有菩提心為中台名初発心。即自証也。（次四四智。）二、以第五為法界智。是東因義。〔四五丁左〕即化他也。論然此至宣説者、第四明所証菩提心功徳。此中有三。一明五相具足円満徳、二明観行成就所現相、三明古仏所説誠証文。論然此至満月者、是第一也。謂成五相是名五智。此五智円満名解大日尊。行者所尊果故、云本尊身。大師云、我本来自性清浄心、於世間出世間最勝最尊故、曰本尊。又已成仏本来自性清浄理、於世界〈間〉出世界〈間〉最勝最勝故、曰本尊。仏与我無二差別、是三平等心也云云。其円至心也者、大日円明無所不至、身遍虚空法界故、云普賢身。心互性相理事故、云普賢心。如金剛頂云。普賢法身遍（四六丁右）一切、能為世間自在主。無始無終無生滅、性相常住等虚空云云。与十至来今者、私記意云、雖似約行者之情前、立三世修行論証果前後、至性海果分証法界体性、更無去来今差別。亦無前後成仏異。唯一味平等遂帰一体故（云云。）夫双円性海、息十方之波浪、重如月殿越三世之雲霧。凡人心如合蓮花者、大師云、凡夫心如合蓮花。聖人心似開蓮花云云。仏心如満月者、如前已解釈。論此観至行願者、第二明観行成就所現相。若浄若穢者、如肇公云。浄土穢土、蓋随衆生之所宜。浄者、禾〈示〉之以宝玉、穢者、禾〈示〉之以瓦礫云云。六道者、地（四六丁左）獄鬼畜修羅人天。三乗者、声聞縁覚菩薩等也。成壊者、成謂成劫即摂住劫。壊謂壊劫即摂空劫。衆生業差別者、若干衆生善悪無記、一切作業苦楽憂善差別等也。菩薩因地行相者、顕密二教一切菩薩発心修行（地前）地上行相等也。三世諸仏者、顕宗所談種因海諸仏、密教所談円満海諸仏。悉於中現者、疏云、性本常浄、猶如明鏡澄然清浄無有穢濁、任運而能普現衆像云云。一心問答無念、十界悉現。如伝心法要云。無心似鏡、与（物無）競。無念似空、無物不容云云。証本至行願者、物結証果菩提也。金剛頂経云、三十七尊皆名普賢云云。論故大（四七丁右）至宣説者、第三明古仏所説誠証文。疏釈云、心為照明、能見如来道者、即是行及果報也。非但我如是説。三世如来所説亦復無異也。乃至此心処無垢清浄、猶如円鏡。常現在前。当知、此即是先仏共所宣説真実之心也。如是心性、常恒安住無住、無有変動、不可破壊。即是諸仏大般涅槃。故名真実也。已上略抄 論円前〈問〉至次第者、第五明問答勸修菩提行。此中有二。一明問答、二明勤修。論円〈問〉前至智智者、是第一也。此中問答即有三重。初重疑難、論文顕然。後二重伏難、此雖無論文、付答文尋之、理必可有故。問前至差別者、第一重（四七丁左）疑問也。意云、上論文説当観乃至発生。今依此文、即発例難。今真言行人、於八分肉団即観浄月輪。豈非法執耶。答二至大心者、是第一重答也。意云、二乗之人、未得体法、難解空観故、懐法執遥隔仏恵。真言観行、即事而真。全異余乗。我法中有真大我。人法法爾、教義離絶。第二重伏難意云、二乗之人有法執故、速不発大心得成仏。【他縁】化他大乗等、已離人法咎。何経三祇得成仏哉。又乗至依止者、第二重答也。意云、修行顕教者、未入三密門。纔雖互勝（四八丁右）（義）行願之二心、猶不至三摩地門之一心。運歩於散善之長途、隔思於三三昧之直道。散善門者、不三平等。第三重伏難意云、顕教之行人、不修三平等、不得即身頓悟自証。何故真言門之行者、受祖師血脈伝両部利〈秘〉法、望三密円壇凝五相妙観、不得速疾成仏、不現難思神変。今真至智智者、第三重答也。意云、上根上智之人、頓悟頓証之類、不起一座直得三昧。雖然、非機隠証于目前、閉談于咽中。自明了不他所知。於中下根機、雖一念頓悟、猶依無始習気被隔如幻事法。首楞厳云、理即頓悟、乗悟併消。事非頓除、因次第尽。已上譬如有人夢中為魔鬼嬈、覚了其体都無、其面影猶残怖畏也。理則頓悟者、如夢（四八丁左）覚。事非頓除者、如面影。【是】見故、遁身於山林致無修之（修）、安心於松門凝無行之行。一切智智者、如疏云。若見本不生際者、是如実知自心。如実知自心、即是一切智智云云。論故欲求妙道修持次第者、第二明勤修。大師云、問。初心凡夫、修何法門、此生証悟。答。此真言門菩薩、従初発心住阿字門、不虧法則三密修行、於此生中同仏位耳云云。論従凡至末頌者、第六明真言密教不共相。此中有八。一明三摩地人、二明自他仏身、三明勤未証修、四明両部経証、五明今人現益、六明但観菩提、七明出現帰本、八結三種菩提。論従凡入仏位者、〔四九丁右〕即此三摩地者、是第一也。若有頓悟人纔入此教門、僧祇長劫超一念之阿字、仏果衆徳具三密之金剛。論能達至流身者、第二明自他仏身。此中有二。(一)明自証一身、二明化他四身。論能達至性智者、是第一也。達六大無碍也〈之〉自性、悟三無差別之法身、名証法界体性智也。論成大至流身者、第二明化他四身。自性法身者、自然本有名自、決定不改目性、軌持軌持則称法、体依聚義号身。受用法身者、自受法楽身故、云自受用身也。亦名報身。今此報者、非因縁酬答之報果。理智相応故曰報、心境相対故曰報。此身向他名〔四九丁左〕他受用。即十地能化現八万四千色相也。変化法身者、変謂神変、化謂化作。地前菩薩二乗凡夫能化現三十二相也。等流法身者、即此凡夫応同之身。或暫時、出現仏身也。等謂平等、流謂流出。即従仏界流出九界。問。四身中両部大経能説教主、是何身耶。答。凡真言教主者、漢土本朝自門他家異解遮分、雖難定之、且存一義。四身共説故。大師云、四種法身共陳斯道。十八瑜伽同示此趣。已上 又二教論引大日経配釈四身之説法矣。或義云、自性受用者、心王理智法身也。以此二身為教主。如二教論聖位経説文。変化等流二身者、心〔五〇丁右〕数眷属也。雖説真言、便請心王教勅説之。如守護経等是也云云。問。法身内証有言説耶。答。此条文一宗大事、輙以難述。若依師承義、不可有言説義。疑云、凡顕密分別者、偏依法身説法有無。若法身無言説、与顕宗何別哉。答。顕宗於法身独談無相無言、是名為自証。密宗於四身共談有相有言、是名為化他。且以四句分別之者、一有相有相 顕密（ママ）化他 二有相無相 顕宗自証 三無相有相 密宗化他 四無相無相 密宗自証。今此第四、以心伝心。問。自証無相有其証耶。答。大日経云、甚深無相法、劣恵所不堪。為応彼等故、兼存有相説。已上 瑜祇経〔五〇丁左〕

云、我本無有言、但為利益説。已上 疏云、自証之境、説者無言、観者無見。已上 大師云、不生而生故現法界宮、無染而染故具五大色、離言而言故説三三昧耶云云。其証甚多。不能具述。請諸学者任文取義。論為行人未証故理宜修之者、第三明勤未証修。疏云、常楽坐禅、楽作成就者、於真言門中、心住一境而不散乱。如観声本尊種子。随於一事、心不外縁、即能得大成就。若心在散乱、設経無量劫中欲求成就、尚不可得。(何)況一生現得法利耶。已上 然則卜居於閑林、早息五欲之乱縁、凝思於禅房、速修三密之観行。圭峰大師云、黄昏 〔五一丁右〕

戌、寂寞身心惣無物、恒沙諸仏入我心【身】、我心【身】常入恒沙仏云云。此言甚妙。常在胸中。論故大至証果者、第四明両部経証。悉地従心生者、疏釈云、当知、真言行者、但以方便自浄其心。若三〈業〉乗清浄、当於是中自得明了、而自覚悟也。譬如有人夢中修行種種六度而浄仏国、覚竟則無成果之相。但是一念無明心中、有因果万行耳也云云。如金至証果者、謂釈迦菩薩経三無数劫、雖難行苦行、非真言功用、不成無上道。於唵字観行、証遮那法身、従凡入仏位、即三摩地力。大師云、心王国土無為之楽、旋踵可期、四種法身恒沙之徳、即身 〔五一丁左〕

自得。夫捨身命於曠劫、修対治於悠途。豈得同日而論歟云云。論凡今至之身者、第五明今人現益。不起于座者、如五字陀羅尼偈云。衆生性浄故、諸仏本誓力、以相応法印現成諸聖身、即於一座中便成最正覚。若随此法者、応作如是信。若起於一心、言我是凡夫、同謗三世仏、法中結重罪。已上 良以、不費心於三祇之遠劫、不運歩於五位之悠途。纔依一尊一契之力、忽聞即身成仏之覚。可信可明。不可不修。往生秘観載大師即身成仏云、嵯峨天皇仰云、真言宗即身成仏、其証何在。謹惶、弟子入五蔵三摩地観、忽然於出家 〔五二丁右〕

頭上、現五仏宝冠、於肉身五体、放五色光明。当爾之時、一人起席、万民作礼。諸宗靡旗、皇后送衣。不起于座三摩地現前之説、唯弥応仰信而已。已上 論故大至法也者、第六明但観菩提。若無支分浅略之作法、唯就真言深秘之菩提。問。言、若無勢力、住法但観【菩提心】。明知、増益儀式可為最上。何如此釈哉。答。如来説法、従浅至深、挙劣現勝、聖教大綱。然則広増益法是浅略門。三（密）観行即深秘門。不思議疏云、浄白純浄法者、於体理中恒有。得恒沙無漏功徳及布施等諸度門也云云。論此菩提至仏事者、第七明出現帰本。若修証出現等者、〔五二丁左〕是随縁之化他也。若帰本即是等者、是法然之自証也。密厳経云、不捨【於】欲界中成仏作仏事。要往密厳土証於無上覚。已上 上二句化他、下二句自証也。大師釈密厳云、密者、金剛三密、厳者、具種種徳。言、以恒沙仏徳塵数三密、荘厳身土。是名曼荼羅云云。論讃菩至覚位者、第八結三種菩提。夫通達三種菩提、修行両部曼荼、不捨一生凡身、頓証万徳仏位。幸哉、此身適値此論。設雖得紫金之妙体、必欲拝黄壌之朽骨。帰命龍樹尊、証明我心願而已。

菩提心論開見抄巻下 〔五三丁右〕

此鈔此道範阿闍梨所撰歟。委細分文段、甚深解義趣。誠為□□。小僧幸遇此鈔散疑雲矣。〔五三丁左〕

寛永十一年正月十八日校合畢。恵灯 〔五四丁右〕

資料編

智積院蔵『秘宗深密鈔』三巻・翻刻

◇凡例

一、本資料は、総本山智積院蔵『秘宗深密鈔』三巻合冊（二七棚―三八箱―三一）を底本、真福寺大須文庫蔵本（七二函―七）、称名寺蔵・神奈川県立金沢文庫保管本（国宝、四六函―一・中巻と下巻のみ存）を対校本として翻刻したものである。なお、真福寺大須文庫蔵本は影印版、称名寺蔵・金沢文庫保管本はマイクロフィルム複製版を使用している。この他、海恵（一一七二～一二〇七）記『密宗要決鈔』三十巻（『真言宗全書』巻一七・巻一八所収）に本資料からの引用が多数見出されるが、中略や編集が加えられている場合があるため、参照だけに止めた。

二、本翻刻は原則として新漢字を使用した。

三、底本には返り点や送りがながが付されているが、句読点のみ私に付した。

四、底本丁数は、［ ］内に各紙［一丁右］［一丁左］等）を記した。

五、底本傍註（黒）は〈 〉、（朱）は《 》で記した。文字脱落を傍註で私に補記したところがある。なお、本資料には引用文と原本の照合や引用文の解説等に関する書写者の傍註が多数見出されるが、煩を避けるため文字の異同や有無に関する傍註のみを示した。

六、底本割註は、原則として底本に準じた。

七、底本頭註は、本資料に引用される経軌の具名や簡単な内容についての記述が殆どであるため、全て省略した。

八、中略は○で示した。

九、異体字や略字、俗字等は基本的に現行の正字に改めた。

十、以下の文字は本来別字であるが、慣用に合わせて置き換えた。
尒→爾、畧→略、导→礙、峯→峰、咒→呪など
尺→釈、廿→二十、卅→三十

十一、判読不能の文字は、□で示した。

十二、校異は文末脚註にまとめた。但し、底本には、傍註（黒）（朱）で校異が記された箇所が複数あり、対校本と重複している事例が多いため、校異を一部省略した。一部の字体については、煩雑になるため「薫」→「熏」、「一貼」「一古」

→「一般」等に統一してある。また、「坐」「座」、「花」「華」等の字は、用例が多いため校異を採っていない。なお、対校本（中巻・下巻）の項目番号表記に錯誤があり、底本の正確な番号表記と齟齬が生じているが、全て底本の表記に従い校異を省略した。真福寺大須文庫蔵本＝(大)、称名寺蔵・金沢文庫保管本＝㊎を略称として用いた。

十三、底本には、引用文献名に見せ消ちのような朱線が多数引かれているが、可視化しなかった。上巻に挿入されている図も省いた。

十四、底本の書誌的概要は、次のとおりである。

〔書写年代〕寛政七年（一七九五）

〔書写者〕玄瑜

〔外題〕秘宗深密鈔 上中下合

〔内題〕秘宗深密鈔巻上 尋三十四条決其中疑慮

〔奥書〕上巻

本記云、保延四年（一一三八）仲秋之比、於光明山記之而已。　沙門重誉

中巻

本記云、保延四年（一一三八）仲秋之比、於光明山記之而已。　沙門重誉

下巻

永治元年（一一四一）仲秋之比、抄此一巻、続上両軸以為三巻。但此巻所決文証、雖闇只思惟義趣也。　沙門重誉

正嘉二年（一二五八）十二月六日於幸心院書写了。同十一日、重誉御自筆以本交合畢。

金剛仏子俊―

安永七年（一七七八）戊戌五月十六日書写之訖。　慈忍

安永七年（一七七八）戊戌七月二十九日以或本一校畢。　慈―

寛政七年（一七九五）乙丙秋八月穀旦於智積勧学寮中自写得対比訖。東房散人杜多玄瑜 南和

〔蔵書印〕隆瑜蔵　智山常盤寮蔵本

袋綴装、表紙（藍鼠）、楮紙、一冊三巻、全七十九丁（遊紙なし）、縦二四・二糎、横一六・九糎、一頁十行、一行約二

十字、返り点、送りがな、白描あり

※翻刻にあたっては、総本山智積院、智山書庫、真福寺宝生院、真福寺大須文庫、神奈川県立金沢文庫の各位に格別なるご高配を賜った。ここに衷心より感謝申し上げる。

秘宗深密鈔巻上（尋三十四条決其中疑慮）

〔一丁右〕

〔一丁左〕

一切仏頂八仏頂同異第一

問。一切仏頂者、是八仏頂惣名、為当別有一仏歟。答云云。疑云、若云[3]一切仏頂即八仏頂惣名者、五仏頂経第四、尊勝儀軌下巻、（善無畏一巻本同之。）[4]幷胎蔵軌（法全）下巻等、皆別説一切仏頂[5]印相真言。（勘可知之。）若是八仏頂惣名者、何八仏頂外説別印明乎。又瑜祇経金剛吉祥大成就品、説曼荼羅云、当於我前一蓮花台《葉本　此抄二十七科下、引作葉》〈イ作葉〉上画一切仏頂輪王。手持八輻(6)金剛宝輪云云。
此文不明鏡乎。又大日経疏第十普通真言蔵品釈云、一切仏頂者、一切仏頂謂十仏刹土微塵数之頂乃至此本尊
〔二丁右〕
形像、一同釈迦具〈イ〉《足》大人之相。唯頂肉髻作菩薩〈イ〉《髻》形為異也。文 此亦〈文イ〉別尊之誠証也。若言別尊者、尊勝軌
下云、一切仏頂中、尊勝仏頂能除一切煩悩業障故、号為尊勝仏頂心。文 既云一切仏頂中尊勝仏《頂字恐脱》。(7)知、一切仏
〈イ〉《頂》之言指八仏頂也。又胎蔵軌法全三巻本下云、一切諸仏頂。謂十方仏刹土微塵数諸仏之頂也。頂是尊勝之義。即得如来頂相円。(8)文 此文意云、以十方一切
諸仏頂上功徳、惣言一切仏頂。是即八仏〈イ〉《頂》也。其所以、八仏頂者、就十方諸仏頂上功徳、大分八種為(9)之〈イ無〉也。
故義釈第七普通真言品釈云、乃至十方諸仏八種仏頂、以妙極於此故、皆悉同帰。故云、一
〔二丁左〕
切諸仏頂也。文 以八仏頂之同帰処、言一切仏頂。故知、今一切仏頂者、即八仏頂也(10)云云。若依(11)此等文、豈云別有一
尊乎。答。一切仏頂之号、随処不定。或以八仏頂惣合名一切仏頂。如尊勝儀軌云一切仏頂中尊勝仏頂等是也。或有
別尊、名一切仏頂。謂所出難経疏文是也。但至胎蔵軌言一切仏頂者塵数諸仏之頂、并又所出之義釈第七文、惣別二
義、倶可得之。料簡可知。是故、処処説文可随宜得其義。或容有於為八仏頂惣名之一切仏頂、説其印明。諸仏有惣之成
徳故(12)。或容有於為別尊之一切仏頂、説十方仏刹塵数諸　〔三丁右〕
仏之頂。広取諸仏頂上徳別為一尊故矣。問。以十方一切仏頂功徳、大分為八仏頂者、為十方合論時方成八仏而一方
一仏之頂上不具備八徳、為当十方刹塵諸仏一一各具八種歟。答。八仏頂、雖是一切諸仏頂上功徳、而彼諸仏頂徳、
正所取証、金輪与釈迦二仏也。故胎蔵儀軌意、釈迦院中出八仏頂。是別顕釈迦仏頂有八徳。又金輪要略軌等、説金

輪曼荼羅、言諸仏頂囲繞、是亦爾也〈イ無〉⑬。金輪仏頂具八徳。所以為此二仏所証者、金輪是一字仏頂、一字即大日也⑭。釈迦亦仏頂輪王。十字仏頂歟。可尋之。二仏即仏頂王故、具足八仏頂〔三丁左〕也。是故、或処主伴具足説十仏頂也〈耳イ〉。

五大尊出生義第二

問。就説五大尊之本身、降三世念誦儀軌云、阿閦普賢大弘誓甚深故、示現忿怒形相。文 此現降三世身也。甘露軍荼利儀軌云、七宝車輅、至阿閦如来妙喜世界大集会中、請本尊甘露軍荼利菩薩。文 以降三〈世〉〈イ〉尊言阿閦之示現。其意可然。倶是東方之尊故、説軍荼利従妙喜世界迎請。有何故乎⑮。答。阿閦如来、是五部中金剛部、五方中東方仏也。是金剛部故。以象王為所坐故。金剛頂経義訣釈阿閦仏云、於吽字輪中、種子〔四丁右〕所変為象座者、其象力用、諸獣力用無能過者。金剛部王共拠其上、表以堅力無奎礙故〈イ〉矣《文》。此即金剛部尊其力堅固、能摧破一切故。以象王力用破一切為座也。若爾、可云一切忿怒尊皆従金剛部王阿閦功徳而出生。教令輪身力、能調伏一切故。降三〈世〉〈イ〉并軍荼〈利〉〈イ〉軌意、顕示此義也⑯。無動最勝立印軌云、安像面於西。真言行菩薩、面東対像坐。文 一巻底哩三昧耶経并使者秘密法、同之⑰。 軍荼利軌云、安本尊像面向西、瑜伽者面向東。文 此等忿怒皆阿閦為本身。共有《在乎》東方妙喜世界故、云尊像面西、行者向東也。又底哩三昧経上巻云〈イ無〉、為補瑟〔四丁左〕徴迦明王真言《亦》名降三《世》〈イ〉《世明王》。文⑱ 以降三〈世〉〈イ〉尊名増益明王。是又顕阿閦之化現故、行者向東方之義。所以、諸忿怒尊悉東方聖衆皆阿閦示現也。疑云、不動尊等五大明王、如次是大日尊等五仏之教令輪身者、常途所許之談也。故底哩三昧耶経上云、不動尊又明尊義、即是大日世尊差⑲別智身。以大願故、於無相中而現作相。文 又大日経疏第五云、不動明王、如来使者。作童子形。乃至〈此尊〉〈イ〉於大日花台久已成仏也。《本無》以三昧耶本誓願故、示現初発大心、諸相不備之形。文 又安鎮国家等法云、我大日如来、安鎮家国法、現威徳自〔五丁右〕在、号不動明王。文 既云不動大日示現。今何開阿閦之化身。又仁王経念誦法云、東方金剛手菩薩乃至此金剛《手》即普賢菩薩也。手持金剛杵者、表起正智。猶如金剛能断我法微細障故、依教令輪、現作威怒降三世金剛、四頂《頭》〈イ〉八臂、摧伏一切魔醯首羅大自在天。文 又云、南方金剛宝菩薩乃至如彼経云虚空蔵菩薩也。乃至依教令輪、現[20]作威怒甘露軍荼利金剛、《示》〈イ〉現八臂摧伏一切阿修羅。文 又云、西方金剛利菩薩乃至文殊師利《菩薩》也。乃至依教令輪、現作威怒六足尊、《金剛》手臂頂《頭》〈イ〉各《六》坐水牛上。文 大日経疏第六云、降閻魔尊是文殊眷属[21]、具大威勢。其身、六面六臂[22]六足。水牛為坐。文 此文云眷属者[23]、是指現作也。〔五丁左〕又云、北方金剛薬叉菩薩乃至摧《伏》一切魔怨菩薩也。文 又云、中央《方》金剛波羅蜜多菩薩乃至如彼経云法輪菩薩也。乃至依教令輪、現作威怒不動明王。《金剛》文 此文心、云五大忿怒五仏変現也。五仏四親近中各上主《首歟》、即承五仏教令変現此身故。豈局東方阿閦成余方無忿怒乎。答。真言〈イ無〉[24]宗満字之門談[25]、全無義勢行闕。何守円珠之一面、不許余方無瑕。是以、文殊師利[26]曼徳迦金剛陀羅尼経云、発大慈心、憶念釈迦牟尼如来両足尊化身、耶曼徳迦真[27]怒王。文 此文、以大威徳尊云釈迦所変也。若〔六丁右〕

爾者、何六足尊定[28]蓮花部所属矣。又金剛寿命陀羅尼経云、毘盧遮那仏受諸如来請已、欲転法輪乃至入忿怒三摩地、従胸臆間現出五峰金剛大《本無》菩提心、流出四面八臂威徳熾盛奇特《赫奕》《難》〈イ〉現《覩》降三世金剛菩薩身。文 此又云降三世尊大日如来示現也。豈此尊唯限東方忿怒乎。余忿怒、准之可知。但於所出難之仁王念誦等文者、且立教令輪身、於五方属五大明王〈於〉〈イ〉五部意也。若言忿怒皆金剛暴悪身者、何不摂金剛部主之一尊乎。

降三世勝三世月壓《醫》尊同異第三　〔六丁左〕

問。大日経第一云、忿怒降三世摧伏大障者、号名月黶尊(29)。文 胎蔵善無畏幷又〈イ無〉法全儀軌中巻、共同之。依此文者、可言降三世与月黶尊是一体異名歟。普賢金剛薩埵念誦法云、応住勝三世忿怒金剛三摩地立印。四面八臂〔也〕《本無》〔イ無〕。威徳赫、奕光明熾盛如劫焼爛《焔》。左脚踏魔醯首羅、右踏烏魔(30)。即《以》二手金剛拳、二小指反相鉤、竪二頭指 乃至 密語云、唵《引一》遜婆《去声》你遜婆(31)《去声》吽《短声二》仡哩《合二》恨拏《合二》仡哩恨拏《合二》吽《三》仡哩《合二》恨拏《合二》婆《波》耶吽《四》阿娜《耶》斛《引五》婆誐鑁《六》嚩日囉《合二》吽泮吒《半音七》。文 金剛王儀軌、同之。所説是降三世尊之形像印明也。依此文者、可云降三世与勝三世即名異同〈イ体同〉体歟。答。観自　〔七丁右〕

在菩薩授記経、説曼荼羅云、復画降三世明王菩薩。作忿怒形、及画月黶忿怒菩薩。文 此文明示現降三世与月黶尊別体義。是則極深密門等所説、常途降三世与月黶尊各別菩薩故也。又胎蔵諸軌中、金剛手院置月黶尊。亦名降三世。持明院安降三世尊。知、月黶尊外有降三世。然依此意、降三世之号通二類尊。謂金剛手院持明院(32)二尊是也。已上月黶尊(33)降三世差別。

次弁勝三世降三世同異(34)〈者〉〈イ〉、胎蔵法全軌中巻、釈持明院諸尊云、風方忿怒尊、所謂勝三世〇般若右辺置焰曼威怒王。〇次左《右》降三世。文 同作二巻軌下、同之。此文分明勝三世与　〔七丁左〕

降三世別説之。又依現行図曼荼、勘持明院諸尊(35)、西北方安一面二臂忿怒。是則勝三世尊(36)也。般若左辺置四面八臂尊像。是謂降三世尊也。今此曼荼図像(37)、即叶儀軌説文。雖其名(38)通見彼形像、可弁二尊之殊。謂雖有降三世之名、若一面二臂像、定是可勝三世〈尊〉。〈又〉〈イ〉雖(39)有勝三世之号、若四面八臂像、定是可降三世尊。於降三世〈尊〉〈イ〉立勝三世之名者、即普賢軌説是也。千手軌、指此尊名三世勝菩薩。金剛王軌意、於此尊云勝三世(40)。亦名三世勝也〈イ無〉。謂結界之時、名勝三世、解界之時、云三世勝是也。此尊、摧伏三世之怨敵能勝三世之無明故。亦有勝三世之号耳。已上 勝三世降(降イ)(勝イ)三世同異。諸文雖似乱、其意〈有〉(イ)所以矣。故依上諸文、理実勝三世〈之称〉(41)名通二尊。謂常途降三世〈幷〉(イ)常途勝三世是也。又於降三世之 〔八丁右〕
号通二類。謂月黶尊幷常途降三世是也。其名雖(42)通、其体各別。但於月黶之号、局(在乎)有一尊。常途降三世尊、無月黶之称故矣。疑云、若言持明院中勝三世降三世是別体也者、(イ無)何法全軌中巻云、勝三世金剛真言云、(43)如来住法幢高峰《観》三昧、降伏三界難調衆生(44)及三毒煩悩、於三界天中天化無量眷属為大天王。勝彼諸天百千万億。更有何衆生而能勝。右上〈三〉(イ)股杵。次箭。次鉤(釼イ)当胸(心イ)。三昧耶(印)左下索。次弓。次釿。(45)曩莫三曼多縛日囉《二合》赦訶訶尾娑麼《三合》曳薩縛怛他蘖多《一切如来》尾灑野《境界也》三婆吠。生、従仏境界生。《仏境界》者、諸法実(仏)相。従実相而生、号為降三世《也》。怛頼《二合種子》路枳也《二合》三世 〔八丁左〕
尾惹野 降勝 吽惹《入行召驚覚》娑婆賀。(縛二合)文 又同作二巻軌下云、勝三世金剛真言曰、金剛界降三世也。忿怒(46)帰命等文 真言同上。所出真言、是胎蔵界降三世尊明也。今指此真言之主、既(47)云金剛界降三世。然金界降三世者、即降三世極深密門等所説尊也。若爾、何言勝三世之外有別降三世尊乎。答。所出難両軌文、更非指勝三世即云降三世尊。是顕○(《恐脱降字》)三世(48)亦有勝三世之号(49)也。如其義前重成之。即彼三巻軌所釈本尊形像幷真言句義、唯顕常途降三世尊。何以此八臂尊之真言為証、而成降三世即勝三世耶。所以、二巻軌指此真言、即云(50)金剛界降三世 〔九丁右〕
明。三巻軌釈此明之主、亦言八臂尊像也。然謂所持器杖、即与(51)金剛界等所用常途之尊像同也。何指此像、即云一面二臂常途勝三世尊矣。此即両軌相成而顕降三〈世尊〉(イ)之義也(耳イ)。疑云、若言以軌所説真言即為降三世呪者、何故先徳多作胎蔵私記、皆以彼真言用勝三世耶。(52)且勘石山次第云、降三《世》(イ)金剛界根本印真言也。儀軌不載。依師伝置而已。○勝三世《外五股印》忿怒(53)帰《命》訶訶訶尾(54)娑摩《二合》曳薩縛怛他蘖多尾灑耶(《野》)(イ)三婆吠怛嚩(55)《二合》路枳也《二合》尾惹野吽惹娑縛賀云云。爾、

此等心、何会可云降三〈世〉〈イ〉尊真言耶。答。先徳意、依相承口伝、以降三世真言用勝三世明也。〔九丁左〕

但可尋之。

降伏摩醯首羅之不動降三世二説第四

問。底哩三昧耶経上巻云、如瑜伽会中、仏初成正覚大集会中一切曼荼羅所摂三界之衆、有魔醯首羅者、即是三千世界之主。住三千界之中心慢故、不肯従所召命而作是念。我是三界《之》〈イ〉主〔也〕《本無》〈イ無〉。更有誰尊而召我耶。《復》作是念。彼持明者、畏一切穢悪。我今化作一切穢汚之物、四面囲繞而住其中。彼所《施》明術、何所能為。時無動明王、承仏教命召彼天。見〔彼〕《其》〈イ〉作如此《事》即化受軍《触》金剛 即是不浄金剛〔名之〕《本無》〈イ無〉。令彼取之。爾時、不浄金剛、須臾悉〔一〇丁右〕噉所有諸穢令尽無余。便執彼来至於仏処《所》。《彼》復言(56)、爾等是夜叉之類。而我是諸天之主。何能受爾所召命耶。尋即逃帰。如是七遍(57)。爾時、無動明王白仏言、世尊、此有情故、犯三世諸仏三昧耶法。当何事治之。仏言(58)、即当断彼命也。時不動明王、即持彼以左足踏其頂半月中、右足踏其妃首半月上。爾時、大自在天尋即命終。即《本無》於爾時、悶絶之中証無量法。而得受《授イ》記生於灰欲世界、作仏号日月勝如来。此皆秘密語也。食一切穢悪汚。《是》噉悪業煩悩等垢穢滓尽《濁》。謂之為法。為《本》命終者、是故《彼》一切心法、永断入無生法性故 乃至 大自〔一〇丁左〕在天三千世界之主。即是衆生自心。所謂無始無明住地(59)、於諸〔悪〕《本無》〈イ無〉惑中而得自在。唯除大菩提心無能伏者、《文字脱乎》——。

此文言即化受軍《触》金剛。然義釈十四巻本第七(60)幷十巻本第五(61)二本(62)、共云即受命触金剛(63)。文 此心、不動尊化作受触金剛。然後命彼故、二文無《不イ》相違。二十巻疏第九云、即化受触金剛云云。所以知(64)、彼二文其心同也矣。

金剛寿命陀羅尼経法云、爾時、毘盧遮那如来、於色界頂第四禅成等正覚、即下須弥山頂、於金剛宝楼閣、尽虚空遍法界一切如来皆悉雲集 乃至 毘

盧遮那仏受諸如来請已、欲転法輪時、即入三摩地、観見魔醯首羅大自在天、剛強難化(65)執持邪見。非(66)我寂静大悲之身
堪任調伏。於是、世尊入忿怒三 〔一一丁右〕
摩地、従胸臆間現出五峰金剛大菩提心、流出四面八臂威徳熾盛奇特難覩降三世金剛菩薩身乃至仏告(67)降三世菩薩、
汝(68)今降伏彼難調伏諸大天等、令悉帰依諸仏法僧発菩提心。尋即降伏一切諸天等、尽帰依仏法僧衆。唯大自在天、恃《特本》
大威徳而生拒敵。降三世菩薩、種種苦治乃至於死。左踏(69)大天、右踏天后。文 今於降伏摩醯首羅之尊、或云不動明
王、或云降三世(70)。爾、何二説不同耶〈乎イ〉。答。安然和尚(71)悉曇蔵第一云、摩醯首羅亦有三種。一四禅主名毘舎遮(72)。此乃金
剛頂経、仏初成道令不動尊降伏三千界主大我 〔一一丁左〕
慢者是也。二初禅主名商羯羅。此乃大日経中、商羯羅天、於一世界有大自在、非於三千界主者是也。三六天王《主》名伊舎
那。此乃寿命経中、仏下須弥令降三世降伏強剛難化天王大后是也云云。此意(73)言、不動尊降色界頂之魔王、降三世伏
欲界頂之天王〈主イ〉也。故降三世極深密門釈降三世尊云、挙右足左旋、摂《躡》彼傲慢者大自在欲王。文 此文言、降三世摂《躡》欲
王、即伏欲界頂魔王也。若爾、二尊差別最有其謂歟。悉曇蔵云商羯羅是初禅王者、大日経疏第五云、旧訳謂之毘紐。此是那羅延天也。
幷置商羯羅天。此是摩醯首羅。於一世界中有大勢力非三千《世》〈イ〉界主也。文 〔一一二丁右〕
安然所引証即此文意也。謂那羅延是
初禅天也。与此天列一所也(74)。商羯
羅定是初禅天(75)。文 又穢積金剛説神通(76)大満陀羅尼法云、爾時、如来臨「《入本》般涅槃。是時、有無量百千《万》衆天龍八部人非人等。常哭《泣》。文○爾時、
設《復》有諸天《大衆》釈提桓因等皆来供養。唯有蠡《螺》髻梵王、将諸天女衆《本無》。○而坐前後天女百千万衆共相娯楽。聞如来入般涅槃。於是、彼梵王何不来
耶。其王必有我慢《之》〈イ〉心而不来至此。我等徒衆《駆》便《使》小呪仙、往彼令取。作是語已、策百千衆《呪》(77)仙到於彼処。乃見種種不浄而為城塹。其仙
見已、各自犯《本無》《呪》有而死。○是時如来愍諸天衆《大》、即以《大》通《遍》(78)知神力、《随》左手化出不浄《壊》金剛。即於衆中従坐而起白大衆、我有大真言《神呪》能取彼梵王。作
是語已、即於大衆〈之〉〈イ〉中現《顕》大神通変。○即《自》騰身至梵王所。以指指之、其《彼》種種穢物変為大池。爾時、金剛《至彼》報言、汝大愚痴
也〈イ無〉。我如来欲入涅槃。汝何不去。即以金剛不壊之力、微以指《之》、指(79)梵王《発心》至如来所。文 今所説螺髻是初禅王。如維摩経浄影疏釈也。
然

初禅王〈之〉（イ）大慢亦〈見〉（イ）此経矣。有義云、摩醯首羅之名有《在乎》第四禅王。若依疏第五亦通初禅。於(80)欲界頂自在天、名(81)伊舎那而非摩醯。故熾盛光　〔一二丁左〕
儀軌云、摩醯首羅天王《真言》。此云大自在《天》乃至復説欲界自在伊舎那《真言曰》、小自在。文 又瑜伽護摩儀軌云、東北方伊舎那。旧云摩醯首羅天。文 此意、欲界頂摩醯首羅者、是古訳之辞也。新訳家不許(82)改《故》、言旧云摩醯「耳。（イ矣字）所以、底哩三昧耶金剛寿命二経所説魔怨、同是第四禅頂天王。（主イ）然於此第四(83)禅魔怨、或現不動形伏之、或現降三世順之。二尊倶有誓、務摧魔伏怨之威故也。〈夫〉（イ）大自在天者、一切衆生之無始無明流転生死之諸惑根源也。若爾者、（イ無）彼天王定可有多類。是故、不動降三世各各調伏〈之〉。二経所(84)説、為此致不同。或又云不　〔一三丁右〕
動云降三世、是一体異相也。或類見一面二臂、是名不動明王。或類見四面八臂、是号降三世尊。形儀雖異、事業是同。以所化〈之〉（イ）機見有異種、即能化之聖徳（至イ）説二尊也。（耳イ）但極深密門降三世摂《躡》欲王者、彼且挙摂《躡》欲界魔王、非遮色界頂。若准此義者、底哩三昧耶経不動伏摩醯首羅者、且説色界頂耶、（イ無）亦非遮欲王矣。

日月天日月曜同異第五

問。日天与日曜、月天与月曜、同異如何。(85)答云云。疑云、若言是同者、尊勝儀軌下説曼荼羅云、南門西面日天子幷后、乗五馬車。乃至七曜各其本色、手執　〔一三丁左〕
本印、在日左右囲繞。門東面月天子幷后、乗五鵝車。手執風幢上伏兔。坐白月輪中。二十八宿《各》執本契。随本方色、状若天《形》（イ）、建《遶》月天子《本無》而坐。文 又蘇悉地経中巻補闕少法品(86)云、於東面一所之処、置日天子及与曜等。復於西面一所之処、置月天子与宿囲遶。文 又慈氏儀軌下巻説曼荼羅云、画日天子。七曜囲繞之。乃至画月天子。七曜囲繞之。文 此等文、説日月天是主、七曜皆伴也。何云伴中日月曜即日月天主。〈故知〉〈イ〉、七曜中日月非日月天子也。
例如火天与火曜、水天与水曜、全別体。此亦如此。(87) (88)大天是梵天所生仙衆也。如大日経護摩品并疏二十、説火曜即星辰類〔一四丁右〕
也。水天是海中龍。如普通真言蔵品疏、釈水曜即遊空(89)之星也。
又北斗護摩儀軌云、七星者、(90)日月五星之精也。囊括七曜照臨八方。《文》以此文、故知、
七曜中日月、是北斗七星之眷属也。若言日天月天即日月曜者、何是七曜(91)眷属矣。日月与星天、大小威光懸降(92)故。如
彼法花薬王品云。又如衆星之中、月天子最為第一〔文イ〕矣。若爾、如何云以月天少〈劣イ〉七曜乎。又摩訶吠室羅末耶野儀軌云、
日月五星二十八宿。〇七星七宿日月天子。〇皆悉証知我。等文 此文日月五星者、即挙七曜、其別列日月天子。豈
非曜与天子別体乎。又不空羂索儀軌下巻、説陀羅尼証明者〔一四丁左〕
云、日天月天星天二十八宿。等文 又倶舎論第十一云、日月衆星、依何而住。依風而住〇日月径(93)量、幾踰繕那。日
五十一。月《唯》〈イ〉五十。星最小者、唯一倶盧舎。其最大者、十六踰繕那。文 此等文意、顕日月天子非星辰摂也。
若不爾(94)者、何日月与星辰簡別論之耶(95)。所以、日月天子非星辰所摂之日月曜義、顕然者歟。又法花経云、復有名月天
子普光(96)天子宝光天子。文 嘉祥義疏第一釈云、月天子、即月天(97)也。普光(98)天子(99)者、謂星天也。宝光天子者、謂日天
《子》也。文 此亦日月与星天別論意也。普光(100)名星天而列〈別イ〉日月。故既言日月天子非星天。〔一五丁右〕
是諸教大同〈之〉〈イ〉辞〈也〉〈イ〉。日月与九執各別義、方可有何疑矣。法花云、〈イ無〉衆星之中、月天子第一者、就夜分之光曜、嘆秀月〔於イ〕捨(101)衆星也。非謂月天即星辰所摂矣。若依之言日
月天非日月曜者、宿曜経上巻説七曜運行(102)十二宮云、第一宮〇太陽(103)之位。日天子居焉〇第二宮〇辰星位〇第三宮(104)〇太
白位焉〇第四宮〇熒惑位焉。乃至 第十《二》〈イ〉宮〇太陰之位。月天子居焉。文 此文、挙日天月天加辰星等五以成七
種数。顕〈曜〉行宮神。又同経下巻云、日曜太陽〇月曜太陰。文 日天日曜同居太陽、月天月曜又在太陰。爰(105)知、

日月天子即是日月曜也。言同居陽陰位故。依之、訪天文宿曜二　〔一五丁左〕
道、倶言日月天子即日月曜矣。内教外典雖別、於星辰体相、尋天文家以可指南。豈彼道判明非此教誠証乎(106)。爾者、左右難定如何。答。誠星辰決判、天文道明也。既云天子即曜執。全不可有異体義。但至所出難之儀軌等文、先尊勝軌説会之者、就曜宿中、日月是主、五星及二十八宿倅〈伴〉也。如天文通別。所以、挙主〈之〉〈イ〉日月而言伴之曜宿囲遶之也。此中七曜在日左右遶之者、理実在《有》五星繞日天也。今七曜者、言惣意別也〈耳〉。蘇悉地経幷慈氏軌文意、同尊勝軌。可悉之也〈イ無〉。

次北斗護摩軌言、北斗者、日月五星之精。何是日月天子非曜執之　〔一六丁右〕
証乎。夫精者、是本義、伴者、即所変也。是即北斗七星之所変言七曜也〈耳イ〉。若爾、以日月天子言北斗変作、於義有何傷矣。豈無能変陰(107)威光、所変現大身之義乎。如神境通現大身。此亦如是。次至吠室羅末那野儀軌文、雖似是天子〈与〉〈イ〉執曜別体、然天文等習不敢許其義。所以、今会彼文以成諸道同一矣。彼文、是行法前方便啓白〈之〉〈イ〉辞也。此中先日月五星者、惣挙七曜、後日月天子者、別挙日月曜也。日月是曜(108)中主故、重啓請其名。更非上下日月有別体。或又上日月者、七曜之外有日星月星。如天文道言。今挙之、合七曜中芬星、以言　〔一六丁左〕
日月五星。下日月天子者、別取曜中上主、合七曜之精、列七星日月天子也(109)。或又訳家謬失(110)歟。次倶舎論文幷法花義疏釈非難。実如所難日月非是星辰。言然、如何可成日月天子非曜所摂乎。夫日月二曜、曜而非星。火等五星、星而亦曜也。常暁和尚請来録云、三光天子像一禎(111)〇三光者、日月五星、名七耀云云。故知、三光中星天子者、火等五星也。日月非星。所以、於火等更立星天《子》《脱乎》号、以示三光別也〈耳〉。雖然、日月尚為曜所摂、於理可招何過難乎。是故、日月非曜之証、全無其謂者歟。　〔一七丁右〕

十二宮神形相次〈イ無〉第六

問。十二宮神形相如何。答。十二宮者、一師子宮、二双女宮、三秤宮、四蝎宮、五弓宮、六麼竭宮、七賢瓶宮、八魚宮、九羊宮、十牛宮、十一男女宮、十二蟹宮也。此十二〈宮〉〈イ〉名号、皆詮其形貌。故第一師子宮即師子形、乃至第〈十〉〈イ〉二蟹宮即蟹〈虫〉〈イ〉形也。疑云、十二宮神、是星辰即天衆所摂也。何以師子蟹等畜生形貌為〈其〉〈イ〉果報乎。答。宿曜経上巻説十二宮云、第一宮○其神如師子故、名師子宮。「〈イ已下皆爾〉○第二宮○其神如女故、名女宮。○第三宮○其神如秤故、名秤宮。第四宮○其神如蝎故、名蝎宮。○ 〔十七丁左〕

第五宮○其神如弓故、名《号》弓宮。○第六宮○其神如麼竭(112)故、名麼竭(113)宮。第七宮○其神如瓶故、名瓶宮。○第八宮○其神如魚故、名魚宮。○第九宮○其神如羊故、名羊宮。○第十宮○其神如牛故、名牛宮。○第十一宮○其神如夫妻故、名夫妻宮。○第十二宮○其神如蟹故、名蟹宮。文 依此文意、十二神(114)形貌、相似畜生乃至非情。是故、且立師子等名。然而言所得果報、是天趣所摂。即星辰部類也。

別尊曼荼羅不審第七

問。〈就〉〈イ〉諸尊(115)曼荼羅、多有類(116)綱。所謂、瑜祇経金剛吉祥大成就品、説仏眼曼荼羅云、於中応画三層八葉蓮花。 〔一八丁右〕

中画我身、当於我前。一蓮花葉上画一切仏頂輪王。○於此次右旋、布七曜使者。次第二《花》院、当頂輪王前、画金剛薩埵。次右旋画八大菩薩。次第三花院、右旋各画八大金剛明王。又於花院外四方面、画八大供養及四摂等使者。文 此曼荼羅、何第一内院置七曜天衆、第二以外安八大菩薩八大明王等、而違聖内天外之常途儀則乎。如此等例非一。皆可入此疑問中。

又北斗秘要記《軌》〈イ〉云、為末世薄福短命(117)天《夭》死衆生故、説是(118)一字頂輪王召北斗七星供養護摩之儀則。○若諸国王於自宮中作曼荼羅。文 依此文心、先徳皆北斗曼荼羅中〔一八丁左〕央安一字頂輪王矣。今以金輪仏頂(119)為北斗七星上主、有何意趣乎。有如此等不審之曼荼羅。同可入此問中。(120) 又妙見神呪法云、画七小月輪。輪中画作北斗七星神形、以為内院之衆。西南第一月輪画貪狼星○次西月輪画巨文〈星〉○次西北(121)月輪画禄存星。次北方月輪画文曲星。○東北月輪画廉負星。○東方月輪画武曲星。次方南(122)月輪画破軍星。文 此意、於北斗存順逶次第也。又相承口伝云、逆逶云云。孔雀経下巻説二十八宿○《云字脱乎》、昴星及畢星《觜星》参及井、鬼宿能吉祥、柳星為第七。此等七宿、住於東門守護東方。星宿能摧怨。張翼亦如是。軫星及〔一九丁右〕角亢、弓星居第七。此等七宿、住於南門守護南門《方》。○房宿大威徳。心尾亦復然。箕星及斗牛、女星為第七。此等七宿、住於西門守護西方。虚星与危星、室星壁星等、奎星及婁星、《胃星》最居後。此等七宿(123)、住於(124)北門守護北方。文大集経日蔵分第八、月蔵分第六、同之也。(125) 此文説二十八宿順逶次第也。妙見菩薩所説陀羅尼経云、二十八宿、皆如上威儀起。其名曰東方七宿、角、亢、弖、房、心〈尾〉〈イ〉、箕○北方七宿、斗、牛、女、虚、危、室、壁○西方七宿、奎、婁、胃、昴、畢、觜、参○南方七宿、井、鬼、柳、星、張、翼、軫。文 文意(126)、二十八宿座位逆次安之矣。依已上説、案北斗曼荼羅、七星及二十八宿〔一九丁左〕位次、順逆不定。何有此差異乎。七星座位是斗形也。内外典如常言之。 然妙見神呪法、何云従西南方順逶東南方乎。(127)其文如上書之。次〈付〉〈イ〉二十八宿所住之方、孔雀経説昴畢觜参井鬼柳七宿住於東方 乃至 虚危室壁奎婁胃七宿住〈於〉〈イ〉北方。其文如上書之。妙見所説陀羅尼経云、東方七宿、角亢弖房心尾箕等。文亦如上書之。 此二説何相違耶。(128) 又大集経月蔵分第十云、東方七宿、一者角宿○〈イ已示同〉、二者亢宿、三者氐(129)宿、四者房宿、五者心宿、六者尾宿、七者箕宿。南方七宿、一者井宿、二者鬼宿、
三者柳宿、四者星宿、五者張宿、六者翼宿、七者軫宿。西方七宿、一者奎宿、　〔二〇丁右〕
二者婁宿、三者胃宿、四者昴宿、五者畢宿、六者觜宿、七者参宿。北方七宿、一者斗宿、二者牛宿、三者女宿、四
者虚宿、五者危宿、六者室宿、七者壁宿。文 此文所説住方、雖同妙見陀羅尼経(130)、然各方之七宿次第有相違歟。順
逆之説異(131)故。爾者、有何故乎。已上北斗曼荼羅不審。 又不動尊最勝立印儀軌説不動曼荼羅云、又法画釈迦牟尼如来像、右辺画
文殊童子之形像、左画金剛手菩薩微咲形。於下画(132)不動大威怒金剛。文 底哩三昧耶経下巻、又不動使者秘密菩薩念誦法、同之。 今示不動曼荼羅、須
置明王於中央。何三尊説正中而本尊安下方耶(133)。如是等所説、同可入 　〔二〇丁左〕
此問。又観自在菩薩授記経第二《三》画像品、説多羅菩薩曼荼羅云、若修行人復欲成就第二画像法者、先於中《台》画無量
寿仏。倚菩提樹。右辺画(134)離垢菩薩。○左辺画四臂観自在菩薩。○観自在(135)菩薩右辺画多羅菩薩。文 広《説》〈イ〉諸尊之(136)位。具如彼。 此
曼荼羅中、何以本尊多羅遥安観音右脇乎。答。且検七星如意輪経、説其曼荼羅云、中央安如意輪王菩薩。一一輻間
安七星像及訶利帝(137)《本無》母《佀本》位。文 又云、以何因縁、不《但》《本》観念如意輪王菩薩。又令礼拝本《本無》星等耶。仏言、昔燃灯仏所、
受此法門。七星精霊従天而下、訶利大神従地而出。願我等輩護此大 　〔二一丁右〕
法。若有人等奉造此法、我〈等〉〈イ〉先至成就《法事》《本》。以此因縁、兼存造法。文 又葉衣観自在経、説行葉衣法之壇中
行二十八大薬叉将位《住》《現本》、○壇上焼香雑花飲食灯燭閼伽。虔(138)誠啓告、○作是加持已、二十八《大》
薬叉将、不敢違越諸仏。如観自在菩薩及金剛手菩薩教勅、昼夜擁護臥安覚安有《獲》《現本》大威徳。文 依此等(139)文、案諸尊法、
若諸天善神中於其尊法門発願作擁護者、以此天神為曼荼羅上主。親助尊徳大与悉地故。今仏眼曼荼羅、七曜列第一、

即可依此意。又北斗曼荼羅中央安金輪者、北斗発願此尊為主故也。余尊曼荼羅(140)中、若有如是　〔二一丁左〕
事、准之可知也〈イ無〉。又菩提場所説一字頂輪王経第一大威徳品、説金輪仏頂威徳云、修仏頂真言者、以此作息災吉祥事。悪星凌《凌》通《逼》
皆得息滅。○「《文字脱乎》金輪仏頂威徳、能滅悪星凌《凌》通《逼》。是故、北斗曼羅中央安金輪仏○、「《頂字脱乎》令修行者速成祈悪星凌《凌》通《逼》之悉地矣。
如行法念誦時用破諸宿曜真言。此曼荼羅中央置滅悪星〈之〉〈イ〉尊也。次至七星及二十八宿之位次有順逆二説者、妙見
神呪法并孔雀経等所説順遶之意、同聖衆之座法。謂曼荼羅聖衆、皆右遶而坐。今天等座位、亦可随彼。是故、説順
遶、以為聖衆眷属〈也〉。但妙見所説陀羅尼経意、許逆次　〔二二丁右〕
之座法者、顕示聖衆天等有差別故也。金剛界〈儀〉〈イ〉軌云、右心左按地遶輪壇四面、各一称真言安立賢劫位。真言曰(141)
吽長二十天吽短文。然先徳皆云、以吽字相〈想イ〉置賢劫十六菩薩位。謂作金剛拳、右遶壇誦吽字十六遍是也。次以吽字指〈想イ〉
二十天位処、改(142)左遶誦吽字二十遍是也云云。是即聖衆順遶、天等逆行也。今二十八宿、説逆遶行列。豈非守天等之
法乎(143)。北斗逆遶亦此意矣〈耳〉。所以、天等説逆行者、逆行是左(144)遶、順行即右遶也。然仏法言右道、外(145)道法言左道。故聖無動尊功徳
云、閉左一目開右一目、掩閉左道、令入𑖀字、以仏眼鑑但〈唯〉〈イ〉一也。文此　〔二二丁左〕
心、明王悲願、閉外法左道、入仏法𑖀字門。示此義故、閉左眼開右眼也。天等左遶亦可准之。天是外部故、説左
遶而表示非内道聖衆矣。順逆二説、其意如是。次至七星座位不同者、凡夫等〈之〉〈イ〉法、其本宮住位(146)与曼荼羅坐次、
是別也。如彼八方天、見其本宮非如曼荼羅。謂帝釈自在是欲界第二第六天衆。然曼荼羅座位即東方及東北也。閻魔
羅刹是下界(147)与南州(148)鬼衆。然曼荼羅坐位即南方及西南也(149)。余天多以如此〈是〉。今北斗七星、亦可准之。其斗形(150)住列、説本
宮〈之〉住〈位イ〉次。妙見神呪法示囲遶尊主之曼荼羅也〈耳〉。次至二十八宿之住　〔二三丁右〕

方、孔雀経等与妙見陀羅尼経相違者、検大集経月蔵分、具存所出尋之二説。故彼経第六云、爾時、世尊問娑婆世界主大梵天王言、此四天下、是誰能作護持養育。時娑婆世界主大梵天王作如是言。乃至天仙七宿○護持養育北鬱単越。彼天仙七宿者、虚危室壁奎婁胃。○天仙七宿○護持養育東弗婆提。彼天仙七宿者、昴畢觜参井鬼柳。○天仙七宿○護持養育南閻浮提。彼天仙七宿者、星張翼軫角亢氐(151)。○天仙七宿○護持養育西瞿陀尼。彼天仙七宿者、房心尾箕斗牛女。文 此説同孔雀経及日蔵分意。此文、顕 〔二三丁左〕

示二十八宿護持四州也。謂於護四州、而四七天仙各別有其功。配方如文。〈イ無〉故知。 故知、孔雀経等、約護持四州、定諸宿住方。例如毘沙門等四〈大〉〈イ〉天王、望(152)領護四州(153)判四方住位。又月蔵分第十一云、爾時、仏告娑婆世界主大梵天王言、過去天仙、云何布置諸宿曜辰、摂護国土養育衆生。娑婆世界主大梵天王而白仏言、過去天仙、分布安置諸曜宿辰(154)、摂護国土。於四方中各有所主。東方七宿。一者角宿、二者亢宿、三者氐宿(155)、四者房宿、五者心宿、六者尾宿、七者箕宿等文 具如上出之。此説大途同妙見陀羅尼経説〈意イ〉。此文顕示付一洲内而護 〔二四丁右〕

一国各別有其功。配方〈文イ〉如是。故知、妙見経約摂護一国、定諸宿住方矣。持四天下護一国土、諸宿之顕〈願イ〉(156)示取方〈示〉〈イ〉(157)。月蔵分上下二文相違在此矣。孔雀経与妙見経、各示此中一義。図絵曼荼羅、誠可随宜。次月蔵分第十与妙見経説(158)、非有違文。夫妙見経所説二十八宿名号次第、既順暦道説。知、以此経可為定量。然従東方迷(159)〈逆〉繞至南方。若爾、東方角亢氐(160)房等者、従南行北矣。北方斗牛女虚等者、従東列西矣。西方従北而転、南方〈西〉〈イ〉(161)為上首也。但月蔵分説東方、次南方、次西、次北者、只是順次挙四方也。雖然、非諸宿名号如説而順次安 〔二四丁左〕

布。謂東方角亢弖房等者、従南行北矣。南方井鬼柳星等(162)者、従西説之。西方従北而示、北方従東挙之歟(163)。若爾、叶暦法次第。又不違妙見経説也〈耳〉。已上北斗曼荼羅畢(164)。次至不動曼荼羅之難、立印軌説非三尊安中央不動置外方。凡彼軌意、釈迦安中央、文殊金剛手説左右、而本尊不動置釈迦前(165)也。於下画者、若造立曼荼羅者、即是正前也。若爾、不動安釈迦前而為本尊。於理有何失耶(166)。或又強雖存本尊置下方外〈壇イ〉院之義、〈亦〉〈イ〉非無其証。観自在菩薩授記経曼荼羅品、説多羅菩薩曼荼羅云、其曼荼羅、一如今日釈迦如来在浄居天宮 〔二五丁右〕与諸菩薩集会之位。○先於中胎画釈迦牟尼仏。坐宝師子座作説法相。右(167)辺応画観自在菩薩。○左辺画金剛蔵菩薩。○次後応画八《大》〈イ〉菩薩。所謂弥勒菩薩、大勢至菩薩、曼殊室利菩薩、地蔵菩薩、虚空庫菩薩、除蓋障菩薩、薩(168)陀波崙菩薩、虚空蔵菩薩。○《於》〈イ〉釈迦如来師子座下画蓮花池。於其池中有《妙》宝(169)蓮花。作赤光色。如紅頗梨放大光明。其蓮花中坐多羅菩薩。左手持青蓮花、右手仰安臍上、如坐禅勢。等文 此経、釈迦如来在大会中説多羅法。示衆会時、観自在菩薩、教指此説法衆会之坐(170)位、即為多羅菩薩法之曼荼羅。所以、 〔二五丁左〕中央安釈迦尊而坐下図本尊像矣。彼不動曼荼羅、准之可知。図説法之儀式、為一会曼荼羅。故其教主置中央、其法尊列伴類也。如是曼荼羅皆可成此意。次観自在授記経第三(171)画像品、説多羅菩薩曼荼羅、弥陀為中尊、多羅置観音右脇者、多羅菩薩〈是〉観世音所現身也。故本師弥陀安中央、脇士観音画右辺、而其変現多羅置観音右脇也。今雖多羅為本尊、而師弟主伴座位定故、如是図也〈耳〉。若示主伴儀之曼荼羅、皆可准之。

或人成仏眼曼荼羅之義云、以四大五蘊為天地幷人身。故初安七曜云云。此言難依用。何局此曼荼羅更顕其義乎。 〔二六丁右〕

両界所坐蓮花月輪不同第八

問。胎蔵界九尊坐開敷赤蓮上、金剛界諸聖住白浄月輪中。何有此差別乎。若強致其不同者、可云胎蔵居白月、金界(172)処赤蓮。所以然者、胎蔵是理曼荼羅、無始法爾〈之〉〈イ〉法体也。然理亦諸法之根源、凝然之円徳。所以、寄白色為衆色之本而顕之。又以月輪無辺闕之義而示之。加之、白是寂静色。息災云白色、此意也。喩理常寂、何白月輪中不安胎蔵界諸尊乎。金剛(173)界即智曼荼羅、離垢清浄妙(174)果。似蓮花出泥濁而清浄開敷。是故、智〔二六丁左〕〈恵〉〈イ〉門阿弥陀、開敷赤蓮為三昧耶〇「。《形字脱乎》今金剛界智曼荼、何不顕此蓮上乎。答。依憑口伝云、理実容如所難。然今反示之者、雖胎蔵有理界〈之〉称而(175)不廃智徳。契智之理故。是以、布智恵門之開蓮、以表理曼即智矣。又雖金剛(176)界立智曼之号而不離理体。証理之智故。是故、置白月輪之理形、以示智界是理「也〈耳イ〉云云。又私成義云、胎蔵理界、蓮花為地者、理雖為惑覆蔵而〈其〉〈イ〉体清浄猶如蓮。雖処泥水、其体清潔。是故、蓮花成地、以示理界矣。金剛(177)界智曼、用月輪者、果徳円満恵光照法界、譬如月輪形円浄光曜普天。智曼作月輪意、在于此也〈耳〉。〔二七丁右〕別尊曼荼羅中、若用月輪、若蓮花為坐、皆《准》〈イ〉上二意、可成之。諸尊曼荼羅(178)中月輪蓮花、皆表理智故也。又胎蔵所坐赤色、金剛〈界イ〉所依白色者、大日経疏第二十云、次行赤。是火義〇。次成菩提白色。即是円明究極之義。又是水義。文 依此釈意、案両界地、胎蔵之赤色示因曼荼羅。謂火能焼穢物、其性清浄如(179)因滅煩悩離垢無染。今赤色表火輪。然用蓮形者、以蓮浄表火浄。是顕示因曼荼羅也。金界〈之〉〈イ〉白色示果曼荼羅。謂果是尽生死黒業、永帰白浄本地。此時円明究極。是故、説果為白(180)。又水輪円無辺闕、如果位円極究竟。今白色表水輪。然用月形者、以月円亦表水円。是顕示果曼荼羅也〈耳イ〉。〔二七丁左〕

両界大日白黄色不同第九

問。金剛胎蔵両部大日、其色可同乎。答。金剛(181)大日白乳色。胎蔵本尊黄〈金〉〈イ〉色。是現行流布図多所示也。疑云、両部同十界塵数之主、倶五智皆具之尊。今白黄殊色者〈有イ〉、何深意乎。答。大日経疏第二十云、菩提黄色。是金剛性。○次成菩提白色。即是円明究極之義。又是水義。文 意云、菩提心是黄色。似金剛堅固性故。証菩提是白色。果徳円極即同水輪故。然疏同巻釈胎蔵曼荼羅云、問(182)前三句、一者、菩提心為種子、二者、大悲為根、三者、方便為後。今就大悲蔵曼荼羅説之、為 〔二八丁右〕以中胎為菩提心、次八葉為大悲、外三院為方便也。答云 乃至 従如来、則従深至浅従内漸外而成三重《壇》。文 此意云、就仏安立曼荼羅時、以大日為菩提心句。為曼荼根本故。以八葉尊為大悲句。従中台流出、尚是内証徳故。外院三重為方便句。正利衆生之方便究竟故。疏又就行者心中観行作曼荼羅時、亦指中胎為菩提心。(183)可見之。既胎蔵中台為菩提心体。是故、彼仏説為黄色也。此即顕示胎蔵因曼荼羅義也(184)。次金剛(185)界仏白色者、疏意言、成菩提是白色。然金剛(186)界即果曼荼羅。豈不指成〈大〉〈イ〉菩提之果仏而言白色如来乎 云〈イ無〉云。

〔二八丁左〕

壇内壇外道場観三種曼荼羅差別第十

問。今《宗》〈イ〉意、就説諸尊曼荼羅像有三。謂壇上図画像、壇(187)辺懸立像、道場観念像也。爾者、三種曼荼羅、可有不同乎。答。案諸教意、非無差異。(188)亦検尊勝儀軌上巻説召請本尊等品。其中説請諸尊儀則云、心想本尊所在之方、建竪楼閣。想其楼閣内(189)有宝蓮花。上観大円明、内有九輪。金剛階道《界》。毎輪中「奉請《二字本無》本「位《本無》尊令坐。図如左。 〔二九丁右〕

※挿図あり（真福寺大須文庫蔵本は欠） 〔二九丁左〕

其大円明内分為九円。八「箇《現本無》宝瓶、十二箇《本無》金剛杵、四箇《本無》宝輪。《従》八宝瓶口中《本無》竪八金剛杵承四金剛輪。〈彼輪四面〈イ〉横柱四金剛〉。毎瓶及金剛皆継綵帯、鬘鬘垂布大円明内。各坐九聖者。中心大毘盧遮那如来。○自余諸尊、下曼荼羅(190)品具明。文 已上文、説道場観曼荼羅也。言本尊所在之方想之故。謂為請本尊、先壇上観其境界也〈耳イ〉。又同巻説(191)画像品。其中説図画作法云、其画物白氎、或好細布絹等物中、如法画之。一依図上如左。　〔三〇丁右〕

◇挿図あり（真福寺大須文庫蔵本は欠）　〔三〇丁左〕

又云、又〔《現本無》於〕大円明内分為九院《円》。八方置宝瓶。於瓶口中挿以名花。上置三股縛折羅。中心円外四隅安四宝輪。皆以縛折羅相拄。宝瓶及縛折(192)羅腰《纒》綵帯垂之。中(193)円〔《二字現本無》明中〕《画》毘盧遮那如来。已〔《下》上具説八仏頂。〕(194)已上説壇辺懸立像。画白氎(195)絹等故。又同軌下巻説灌頂曼荼羅品。其文云、伽藍山林樹下、一依四種曼荼羅法。方円三角半月等形、及以青黄赤白、各依本方而作曼荼羅。○図如左。　〔三一丁右〕

◇挿図あり（真福寺大須文庫蔵本は欠）　〔三一丁左〕

又云、其八肘者、四肘者為中心。大円更分為五円。四隅半月輪。毎円画九尊。其半月輪画六足尊。大円四面画八瓶四輪。十六嚩日羅二合為柱。等皆継綵帛。四肘分両院各二肘。其二肘分為両院。又両院各分三道。第二院外縁画三道。白黄赤表三仏頂之義。亦是戒定恵三学義也。第三院外縁画五道。白黄赤青黒、此表五仏頂五智之義。其両院中〈各〉分三道。(196)従外第一院諸聖衆座位。向内第二道布列諸宝瓶・香炉・灯明・閼伽・飲食・菓盤・諸漿等。処内第三道是弁事侍者、行食来往之道。第二院亦准〔《此》〕〔〈イ〉之〕。其中胎(197)画大円明。大　〔三二丁右〕

円(198)明中又分為九円。毎輪中更分為九円。其円画九聖者等。中心円中画毘盧遮那如来。四面尊勝等四頂輪王。四隅四波羅蜜菩薩。四隅半月中心各画四大頂輪王。各画四供養波羅蜜等。一依瑜伽具有法則。不能一一載名字。其第二院直東、釈迦牟尼如来結跏趺坐作説法相。座下左右天帝釈并善住天子、合掌恭敬両膝着地、瞻仰如来、請問世尊。等

文 已下広列諸菩薩等。恐繁不載。 又云、其外院各安十方護法神王等、各領眷属。等文(199) 広列十天并眷属。繁故不載。 又云、第三院中画五岳・四瀆(200)君王(201)・軍兵衆・地界国内神祇等。如法画之。若起逆 〔三二丁左〕賊者、臨時改変。第四院画賊徒失度之状。半入壇下鎮之。文 已上《説》〈イ〉壇上図画。其文顕然也。問。爾者、儀軌三品所説曼荼羅、有何(202)差別乎。答。召請品所説道場観曼荼羅(203)、以十二箇金剛杵作界分。謂独股杵也。画像品所説壇(204)辺曼荼、以三股嚩折羅成界分。此謂差別也。画像品云、唯〈准〉《例》列内外有異。外相法者、先須画像。等文 内者、道場観曼荼羅(205)、外者、画像也。言此二種有異。故知不同。然内外曼荼羅、且一股三股致差。此外差別、多有口伝。(206) 夫外像之深秘、雖深猶浅。内観深秘、秘中亦秘故、云有異也。已上、明観念壇辺二曼不同。(207)但一股為深、三股為浅之所以、可引(208)口 〔三三丁右〕伝。

次曼荼羅品所説壇上〈図〉〈イ〉者、四方各作両院。両院各分三道。其中第二道布列諸尊供具。第三道為弁事侍者来往道。此謂与上画像異也。又第三院中画国内神祇。第四院中図賊徒失度之状。是〈皆〉〈イ〉臨時図画之像、非本有法界曼荼羅。故与壇辺所懸〈之〉〈イ〉本宮常住曼荼羅、即為差別矣。既今時行儀、随所求而有種別。豈壇上図画尋悉地而不建立乎。所以、与仏界本有境界成此不同「也(209)。〈耳イ〉 已上壇上図与(210)壇辺像不同。 又成壇上図画像与道場観曼荼羅(211)不同者、道場観、雖是心前本有曼荼之中兼観臨時之所行、而壇〈場〉〈上イ〉図像亦非無殊異矣。謂道場 〔三三丁左〕観法、以一股分界、壇上曼荼、以三股界道。是其差別也。又壇上図画像、顕露示人。何不遺最秘。道場観念法、行人独了。豈有所惜乎。所以、二曼相望(212)、致其不同也。已上壇上観念二曼不同。 如是三種曼荼羅差異非一。可検(213)知也〈耳〉。問。壇辺懸尊像、更壇中観道場。有何意趣耶。答。凡四種法身境界、有所住之本宮。謂法界宮等是也。壇辺安尊像即図彼本宮曼荼羅也。本宮非是今時建立壇内。故壇外安之而為勧請之本尊。次道場観曼荼羅者、今行人設壇欲請諸尊時、先壇

中観道場、以為其所住。然今宗意、一塵一滞(214)之中、諸尊境界　〔三四丁右〕
無闕。所以、今観道場時、思惟此中本有法然不変之曼荼境界也。付一塵一滞(215)中本有諸尊境界、而今所観尚有其所伝学。如下用道場観之料簡中記之。然則本宮勧請之
四種法身与壇中本有之四種法身、冥合一体無二也。為顕示此義、建立壇中壇外之二曼也〈耳イ〉。慈氏儀軌下巻画像品説壇辺懸立之曼荼羅、大曼荼羅(216)品説壇上図画之曼荼羅(217)、灌頂曼荼羅品説道場観念之曼荼。検而可知。恐繁不載。一切尊法皆效(218)之。

諸尊道場観中用金亀観第十一

問。就諸尊道場観、且水輪上想金亀云云。故金剛頂蓮花念誦儀軌云、次応想大海、八功徳之水。於上想金亀。文諸軌　〔三四丁左〕
多作此説。然披顕教諸文見世界安立、雖説風水等輪衆山大海、未云有金亀成世界。今器界観念時、言亀甲負須弥。此説遂為(219)顕教別、為当如何。答。世界安立雖諸教不同、今於金亀顕密是同也。故大師千手次第云(220)、風輪上観[梵字]字。放白色光出乳水成水輪遍満風輪上。水輪上[梵字]字。放金色光成一金亀。是金輪也。金亀之背上[梵字]字。変成妙高山王。文賀野紇哩縛軌上巻云、於水輪上、想鉢羅《二合》字門。変成金亀。乃至甘露八功徳水◯盈満金輪亀背、為成大香乳海。文軍荼利軌文同之。大師釈意依此軌等文、金亀既金輪故、金亀之甲(221)背置妙高。観行旨趣如是。所以、非違常途諸　〔三五丁右〕
教矣。問。若爾、何不置〈直イ〉云金輪而立亀称乎。答。其金形円故、諸教名輪。此円輪成亀形。所以、今言亀。夫金輪成亀形、非無其由緒。謂蓬莱山、霊亀〔戴〕《載》〈イ〉之。豈非表霊山之堅久不壊相乎。今須弥山、亀甲負之。是亦顕妙高之殊勝堅固義矣。是故、於須弥所座之金輪亦成堅久之亀形也〈耳〉。

秘宗深密鈔巻上　〔三五丁左〕

本記云

保延四年仲秋之比、於光明山記之而已。

沙門重誉(222)

〔三六丁右〕

秘宗深密鈔巻中

〔一丁右〕

四種護摩所由方円等形類不同所由第二十三

護摩壇供具為大壇同第二十四

護摩用神供之所由第二十五〔一丁左〕

諸尊道場観之須弥山及宮殿形料簡第十二

問。観自在《大悲》(223)成就瑜伽蓮花部念誦法門云、成一須弥盧山。山有八峰、衆宝合成。於此山中復観五室。是室外似有五而内是一相。是室中而想有於八大金剛柱。文 又略出経第二云、於其殿上有五峰楼閣 乃至 於彼殿内有曼荼羅。於中以八大金剛柱、而為荘(224)厳《飾》《現本一本作飾》。文 今此二文、共説道場観念。爾者、須弥有八峰。又宮殿建立五峰八柱之様、如何。

答。須弥有八峰者、宝山印相結現其形。如儀軌(225)等諸説。不空羂索経第十五出世解脱壇像品云、中画補陀洛山。其山(226)《状》象《像》《本無》如須弥山王。山〔二丁右〕有九嶺、状開蓮花。其当心嶺、円大平正。文 此文、雖正釈補陀洛山、兼又顕須弥中央八方有九嶺而山頂平正開蓮花形也。又略出経第一説須弥山云、其山衆宝所成而有八角。文 又大師無尽荘厳蔵云、妙高山王、其形八角 乃至 妙高山王之上、無量広大由旬《也》。其平如掌。文 案已上文意、山有八面、每面各成一峰、而頂上平正也。其形似蓮花八葉相。雖傍面有八峰成八角、而山頂平正(227)無有高下也。或又不空羂索経(228)有九嶺者、九峰向上、尖如鳥嶺。然其中央峰嶺頂、円大平正。其辺八嶺廻立八方、而状如開蓮花。是云九〔二丁左〕嶺矣。但観自在念誦法門言山有八峰者、即指辺八嶺也。又略出幷無尽荘厳蔵其形八角者、顕八峰廻八方成○《八字脱乎》角也(229)。次観五室者、殿上有五棟、列中央及四方。此即表大日等五仏之殿故。(230)故略出経第一云、想鏤吽多羅奚哩《二合》悪《重呼之》等五字、以為大殿。其殿四角正等具足四門。文 又荘厳蔵云、有𑖪𑖽𑖮𑖳𑖽𑖝𑖿𑖨𑖯𑖾𑖮𑖿𑖨𑖱𑖾𑖀𑖾五字。此字変成光明広大七宝紅蓮花五峰宝宮殿。文 既云五仏種子字変成五峰宮殿。知、以五峰(231)擬五仏位、可建立中央四方也。謂雖室外似有五而殿内一相、是一曼荼羅界也。彼観自在念誦法門意、即成此義也。次〔三丁右〕立八柱者、辺立八柱中無幢木也。謂殿上〈イ無〉作五棟、而四方棟之外端各立二柱。左右立之。而両梁之構巧起、更不用中間之柱。是云五峰八柱宮殿矣。或又立八種(232)者、付殿内為言、非辺之八柱也。観自在念誦法門言室中想八大柱、略出経説於中以八《金》〈イ〉剛柱為荘飾(233)。故謂殿内八方立八柱而中建立曼荼羅也。若依此義者、於殿〈辺〉内柱不必局八数也〈耳〉。疑云、就八種〈柱〉之二義中、初義不明。若宮殿唯五峰者、所存実可爾矣。然余処説楼閣有八峰八種(234)、彼殿之八柱、如何可如所存建立乎。又須弥説八峰、楼閣観八柱、而八数無増減、〔三丁左〕有何意趣耶。答。云〈イ無〉若説八峰楼閣者、八柱安立弥得便。謂作八角殿堂、八面各立一棟《柱乎》。是云八峰楼閣。若爾、八角各立一柱、以〈為〉八峰八柱宮殿、有何謗難耶。次至須弥八峰及楼閣八柱皆以八(235)成数者、未〈掲イ〉見其所表之由。但今私成此意云、凡〈今〉〈イ〉宗習、取八数訓観行、以開行者心地。故大日経疏第十二釈観八葉蓮花云、何故須観八葉不多不少耶。此有二義。一者、一切凡夫心処。雖未能自了、然其《上》心自然而有八弁、如合蓮花形。今但観照此心、令其開敷。即是三昧観而且便也。然其理者、若観此八葉之花、即得与理相応。〔四丁右〕此八葉者、即是四方四隅也。四方即是如来四智。◯其余四隅之葉、即是四隅法。文 今此(236)山地観八峰、殿内想八柱。准蓮花八葉、定表自心之八弁如来之智行也。

諸尊道場観用種子三昧耶羯磨身三観之所有第十三

問。先徳(237)作尊法次第、示道場観、皆云本尊有種子三昧耶○〔《形字脱乎》〕羯磨形観之云云。爾者、有〈何〉〈イ〉証文乎。又定字形為初乃至羯磨為後、有何故乎。答。大日経第六本尊三昧品云、諸尊有三種身。所謂字印形像。等文 疏第二十（四丁左）釈云、字有二種。観於字義。○或観種子字皆是也。○印謂所執印、即刀輪・羂索・金剛杵之類也。初心、別縁而観。謂先観画尊等。等文 依〈此〉〈イ〉釈意、印者、是刀輪等三昧耶形也。若爾、諸尊観字等三形、其証分明耶。次種子為初乃至羯磨為後者、疏既云字印形像。豈非示次第乎。然今案字印尊形、其次《第》〈イ〉必可〔念〕《爾》〈イ〉。謂種子者、凡諸仏菩薩所証所住法界法門各有差別。阿閦仏証菩提心門、宝生如来証福徳門(238)。各住其門如是等也。於此各証法(239)門有文字詮之矣。如阿字詮空法《婆字》詮有徳等也。此字本有実相理中凝然常住也。以語言呼（五丁右）此字時、人聞之、於所詮義理、即思惟修習方顕其像。故喚字云種子。若無此種子字、無由衆生聞仏徳発心修行。依此義故、諸尊用種子而観尊時、初思惟種子字義字体也〈字体字義イ〉。種子字義、広如教相抄第三十二門記之。次観三昧耶○〔《形字脱乎》〕者(240)、三昧耶者(241)、《此》〈イ〉云本誓。謂諸仏菩薩誓願不同、随其本誓、於所住門各在《有》形色、表其功徳。是云三昧耶形。如阿閦仏表五智堅固菩提心門不傾動。故心中現五股金剛。宝生如来住福徳門故、宝珠為三摩〔耶〕《昧》〈イ〉形也。所以、種子次思惟本誓願也〈耳〉。後観羯磨身者、本誓満畢、事業方成。是故、三昧《耶》〈イ〉形次、観事業成弁之羯磨身也。（五丁左）

三観次第、其意如此矣。

諸尊道場観安置本尊様第十四

問。就大法而行別尊時、道場観中安置本尊様、如何。答。義釈第十二云、凡作余仏壇、如作弥陀壇即移弥陀入中、其大日仏移就弥陀位。若是二乗諸天等、即不令《合》坐八葉花、当去之。但於方壇中坐其本座。八葉上仏菩薩、各移稍近外各依方《所》〈イ〉也。其大日仏、当与宝幢並在一処。左右無《差》〈イ〉在也。然亦須在中胎院内也《耳》。如以閻魔入中者、其外院本位但表地印而供養之。○《文字脱乎》十巻本同之。二十巻本闕無。此文未詳之。可検悉之。演密鈔第九釈左右無在之文。彼釈心(242)。心云、〔六丁右〕

先付胎蔵八葉諸尊、且取弥陀為本尊時、即彼仏安中台而大日移弥陀之座。葉上余尊、准之可知。次別院尊中、若以二乗及諸天等為本尊時、不改九尊之本位而於中院之内八葉之外〈別イ〉、設別一座可令安之。非是大聖故、不昇中台上也。故演密鈔第九釈二乗所坐云、不令坐於花台者、未有菩提之種故也。文 為二乗設別坐者、今此所坐有二種。一者台葉〈座〉。二者荷葉座也。謂台葉座者、花一分葉、名之為台葉。故花体即葉也。荷葉座者、蓮(243)花所生葉。故花体之外葉(244)也。疏第十五釈二乗之所坐云、当坐於花葉之上 乃至 〈芰〉処荷青蓮葉也。従蓮花所生葉也。文 今此文、当坐於花葉之上等(245)《者》如〈イ〉、即指台葉坐、其心顕然也。次〈芰〉処荷青蓮葉等者、顕荷葉坐。故次下文云、従蓮花所生葉云云。若是花葉者、花体即花葉也。豈〈言〉〈イ〉従蓮花生乎。所以知、顕蓮花(246)所生荷葉〈也〉〈イ〉。胎蔵図〔六丁左〕

曼荼羅、以荷葉座為二乗之所坐即証也而已。天等所坐、可准知之。次、第一重院等聖衆及諸余仏菩薩為本尊而安中胎時、其本所坐之中胎九尊各守本方、可移置八葉(247)別《外乎》。但以中央大日可令(248)在宝幢仏。宝幢仏、是四仏中最初。又東方尊(249)。東方為胎蔵方故也。所以、不可安開敷花・天鼓音〈之〉〈イ〉方。故文言〈左右無在〉〈イ〉。左右之言、意兼顕遮余七方也。然此九尊者、雖移在八葉之外、尚不出中院之内。皆是為大悲胎蔵之体、非所出之善知識尊故。今九尊移蓮外者、為所観本尊成曼荼羅也。若〈唯〉〈イ〉一尊置中央者、大日尊合宝幢坐位、不可(250)合余八尊。(251) 次閻魔入中院時、彼本位表地印者、閻魔本位既成空地故、今作彼天印形、以備別部天座〔七丁右〕也〈耳〉〈イ〉。閻魔是地底天故、彼印云地印。今准閻魔天、以第一重以外聖衆移中台之時、其本坐空地(252)可置印形歟。疏十六云、若随一一本尊中取一為曼荼羅主、即移釈迦在外、余皆可例解乎《耳》〈イ〉。文 此亦付釈迦曼荼羅、行余尊法用心也。余曼荼羅、可例悉之。又大日経供養儀式云、内院中央一院主、随其施主所示《楽》仏等為道場主。及般若乃至菩薩等、随意安置中、随主。文 此等釈意如是。已上就胎蔵界成義。付金剛界行道場観時、准之可知。又相伝中更有二様。如常言之。

大壇護摩壇不別立時道場観作法第十五

問。不別建立大壇、直向護摩壇修供養法時、道場観〔七丁左〕諸尊於火爐何方、安置〈立イ〉之乎。答。大日経疏第八云、若無曼荼羅、但作護摩法者、当遶爐作一重曼荼羅、置諸尊座位。文 疑云、若〈言〉〈イ〉遶爐壇而一重観作諸尊座位者、於中央本尊、定可安置爐内矣。遶其爐、外唯作一重故。若又言置爐内者、何至護摩時、更請召此尊於爐中乎。答。雖遶爐壇而無本尊安爐中央〈之失〉〈イ〉。(253)火爐、是壇辺建立而壇之中央空故。馬頭受法壇云、其壇西門近○《如現本》南○《畔現本》安一火爐。文 寄壇西門南辺、安火爐。是即中央空〈之〉〈イ〉証(254)也。今中央安本尊、其爐外義自顕。但一重曼荼羅者、雖爐外置本尊、何不成其義乎。遶中央〔八丁右〕本尊及爐而安諸尊於一重。是云一重曼荼羅故矣。已上依疏意両義成了。又相承口伝云、就一壇中、其火爐、寄行者〈之〉〈イ〉座方安之。道場観諸尊、寄壇辺懸立曼荼羅之方観之。不繞火爐。然後護摩時、道場観尊請入爐中云云。若依此意、又不招上過難歟。

用道場観之所由第十六

問。行諸尊法時、未請本尊之前、必用道場観。先壇中観其尊像、有何故乎。(255)答。行者建立道場、欲請他方已成仏為本尊時、先観二種曼荼。然後、迎請彼聖衆以為本尊也。夫今宗意、莫一塵一滞(256)中不見諸尊境〔八丁左〕

界故、先於心前壇上観本有曼荼羅。(257)然又用前所観五相成身之心中本有仏、(258)令冥会〈今〉〈イ〉壇上曼荼羅也。凡大乗深秘
之談、不求仏界於心外、我心内見本尊。実是頓証之方便也。彼顕教大乗改凡作聖、尚用一心以為秘要。(259)如六十花厳第十二、観無量
寿経等説〈イ無〉之也云云。況真言了義本有曼荼、豈不心内尋其境乎。是以、建立心前之道場時、尋即安置心内之本尊也。故大師無尽
荘厳蔵説道場観畢云、「如是《二字現本無》《唯》〈イ〉如来界会、悉是心中本有毘盧遮那如来内証境界也。文所以、心前即心内、二尊
冥合〈耳イ〉也。然後、召請他方已成如来、冥会壇上冥会之曼荼、(260)〔九丁右〕
三尊和合以為本尊。良以、知本尊境界自心本有故、仏界即不隔自心。仏界不隔自心故、祈念悉地容易成。知悉地容
易得故、信智於此立。信智成立、(261)三密速相応。用道場観行、其意在此矣。疑云、壇上所観尊、壇中本有境界者、其
義可然。又自心本有如来観置壇上、不明。金剛王儀軌説五相成身中云、復応作是思惟。我今此身成金剛身。真言曰
○自知是五智金剛、則又変成本尊身。文又説現智身及見智身観云、次《即》観浄月輪。中観斛字。変成本尊。○次以四
印四明召入身。前所観者、為之法身。今所観者、為之智身。相〔九丁左〕
合表一体故。次応以此心供養「開《門現本》荘厳世界。壇中観白蓮、妙色金剛茎乃至次於壇中師子座上月輪中、観唵字成本
尊。等文(262)已下広説道場観也。又他化自在天理趣会普賢修行念誦儀軌、以五相成身観仏為自性法身。以見智身観仏言智身意、同此軌也。案此儀軌意、五相成身観者、先観自身本有之法身仏、
信解自身成覚之相。次現智身・見智身観者、観他方已成之智身仏、令冥合自身中法身。法身者、自性身。智身者、自受用身也。然後、更(263)
説壇中所説聖〈観イ〉〈衆〉〈イ〉以為修行本尊。既五相成身之自身仏外、別示壇上所観聖尊。爰知、道場観仏、非観心内仏。又
観自在大悲成就瑜伽蓮花部念誦法門云、於其面〔一〇丁右〕
(264)前観本法像。自為其状、如常相好。○即立作宝車印、(265)迎聖者。前所観者、名為法身相。今所請者、名為恵身。屈彼

恵身、来就法体。由是義故、先観後請。文 此文意、於面前之壇上、観自性法身仏、於受用応身〈恵イ〉聖者、従他方迎之
令冥会壇中法身也。〈凡〉〈イ〉依已上二軌意、今按[266]身内壇上之所観、先観五相成身、顕自身本有之法仏。次用見智身印、
令已成智身来[267]入自身内。金剛王軌成此心。又次壇上観本尊、顕自身本有之外〈別乎〉前有壇中本有之法身。然亦用車輅印明、請他方
已成〈之〉〈イ〉智身令冥合壇上尊。観自在念誦法成此義也〈イ無〉。此則自身与壇上各別幷観　〔一〇丁左〕
法身・智身也。是故、二処各可思惟此身迎請智身。何云壇上即自身。若言壇上所観即身内仏界者、見智身時、既令
他方智身合会自身中畢。何壇上思惟時、又更説[268]他方界請入此智身〈之〉〈イ〉尊乎。以此理故知、壇上所観非身内之仏。
爾者如何。答。今[269]以自身本有之如来、為壇上所観〈之〉〈イ〉本尊者、真言[270]円極行者、既知自身即仏。何捨自身之仏界、
更求本尊於心外[271]云云。又一[272]微塵中具備無辺仏界。覚塵中仏界故、亦壇上観之。然而壇上自心二尊、遂不成別体。若
爾、何言壇上尊非心内仏矣。故所出難、金剛王軌〈文〉中、応以此心供養　〔一一丁右〕
開荘厳世界者、即[273]五相成身之聖尊、安念誦道場之世界也。謂以此心本尊可供養故、方応開荘厳世界。荘厳世界者、
即道場観念世界也、既云為供自心如来観開道場観[274]。今此所供自心之仏、豈非道場所安之尊耶[275]。心仏即壇上尊。此文
示現。又無尽荘厳蔵文即成此心乎〈意イ〉。如先重〈前イ〉出之。況金剛界軌説五相中云、時彼諸如来便勅行者言、観身為本尊。文 諸説五〈観イ〉相成身
文、皆同此身〈心イ〉也〈イ無〉。此文明鏡。何不自身仏為本尊。然壇中所観仏者、即秘密瑜伽本尊也。若言此壇中所見尊非自身仏者、指彼
自身仏、可言何時本尊乎。既心仏言本尊。又壇　〔一一丁左〕
仏〈為イ〉目本尊。爰知、壇中所観即見自身之仏也。彼五相成身観時[276]、自身成本尊畢。若此充[277]修行〈之〉〈イ〉本尊故[278]、令[279]移冥会
壇上曼荼[280]。但五相成身之法身観次、用現智身・見智身之〈イ無〉観者[281]、自性法身之徳、無不具自受用之智身故也。然法身本

有之体、身内従本有之。是故、身(282)中観之。智恵依行始顕義、如従外入。所以、従身前月輪召之。受用身雖本有之、又法身〈イ無〉智身相対、示有始無始差別門乎《耳歟》云云。故金剛界軌説現智智身云(283)、身前想月輪、於中観本尊。文 次説見智身云、見(284)彼智薩埵、応観於自心、鉤召引入縛。文 為表智恵始成、雖云身前引入、簡(285)異乗宝車輅之仏故、〔一二丁右〕不説従他方界土召請。金剛王軌説、即顕此心也。次道場観念時、先壇中観自身本有法身。此中雖有見智身、摂入法身、不論之。然後、請他方已成之智身而令冥合為修行本尊。他方雖有法身、且隠不示之。今自界他方相対、分別法身・智身。全不同自身中之徳弁法智二身矣。観自在念誦法、即示此念(286)也。疑云、若道場観時、観作壇中并自心本有之仏者、即以此尊為修行本尊、可足。何更迎(287)請他方如来乎。答《若》又〈イ〉言他方尚如来〈之〉〈イ〉本土、是故迎彼本宮已成之聖、為此修行念誦之尊者、今唯招他方。道場主即備。何労用壇中本有之観行乎。問〈イ亦〉如〈イ無〉何(288)。答。請他方如来、充勤行〔一二丁左〕〈本〉〈イ〉尊者、誠以已成円覚〈之〉〈イ〉尊本宮化導之教(289)故也。但壇上観本《有》〈イ〉之仏界者、其意豈非先成乎。謂心内見本尊、是頓証方便也。夫以、十方仏界同体一味也〈イ無〉。寧他方本宮如来与心内本有別体〈乎〉〈イ〉。是故、他方冥合自心、以成一体之本尊。壇上観自心本有故、亦〈イ無〉則観壇中本有。即為三尊一体也〈耳イ〉云云。仏界不隔自心故、修行悉地速疾成。若迎請之本尊遂自心之外存、行人悉地速疾何成。自他各別凡聖異故。今以観自心本仏、即冥会〈他方如来。自他冥会〉〈イ〉故、成現(290)証方便也。

心月輪形料簡第十七

問、諸経儀軌等中、多教月輪観。爾者、為其形諸方円〔一三丁右〕満、為当平而円歟。答。文殊五字陀羅尼頌云、不空 謂観所念明、本尊口流出、随光入我(291)口、右旋布心月。如以水精珠布於明鏡上。文 又金剛王軌(292)云、身処浄月輪、如敷明鏡坐。文 此等文意〈イ無〉、心如鏡者、即顕平而円也。鏡是面平而円〈物〉〈イ〉故。又法華観智儀軌云、如秋満月炳現於身仰於心中。文（無量寿儀軌同之。）若諸方円満者、豈云仰心中乎。今依仰之言故知、平而向上也。疑云、凡今宗心、為顕義之満足、取譬喩於輪円。若平而円者、非是真満足。何以心月輪観可為真宗至極。若夫言心相平者、大背円珠之妙法。彼五相成身之〔一三丁左〕月〈輪〉、豈得通達心之称〈名〉〈イ〉乎。是故、心月輪者、定可円珠形輪。爾者如何。答。百千万億之責、不如聖教一文。既儀軌言説分明。誰改月輪於珠形矣。但雖平而円、何不表満足之徳。又以雖円而平、能為万徳所依。其面平掌、物能納持一切故。若爾、月輪之円、其弥甚深者歟。

用字輪観之所由第十八

問。就諸尊法、用字輪観心、如何。答。尊勝破地獄法云、阿《尾本》微羅吽佉《欠》。（是中品悉地真言也。）是名入悉地。能生枝葉遍満四方、光明晃曜入仏法界、名入悉地。〇阿鑁嚂唅〔一四丁右〕欠。（是上品悉地真言也。）是名秘密悉地。亦名成就悉地。亦名蘇悉地。蘇悉地者、遍法界也。成就仏果証大菩提。法界秘密光明遍満。唯仏〔界〕《現本無》〈イ無〉与仏能入此門〔矣〕《文》〈イ〉。此心云、且付胎蔵法。阿微羅吽佉者、(293)是正念誦所用之真言。阿鑁藍覧吽《唅》欠者、字輪観所用之種子也。（此中吽(294)者、以賀字為字体。故或云賀《唅》、或云吽(295)《唅》。而同為風大種子也〈耳イ〉。）然行法時、念誦本尊真言者、為証入其尊之法界也。故名入悉地。亦云中品悉地。（対果位、言中。）次用字輪観者、既証入法界已更自受法楽也。故名成就悉地。〈亦云上品悉地〉〈イ〉。所以、指此真言云唯仏与仏能入此門。凡諸尊法中、念誦真言次入字輪観、即此意而已。〔一四丁左〕

雖有以一真言用念誦并字輪観之尊法、然念誦時、祈証入其法界。字輪観時、已証此真言自受法楽也云云。能能可口伝聞(296)。

両界字輪観料簡第十九《此本脱此条目。以異本私挿之[297]》

問。説両界字輪観、先徳多用𑖀𑖪𑖨𑖮𑖏五字。有何所以。又其字義如何。答。今用阿等五字者、此字是五大之種子。五大即卒都婆。卒都婆即大日功徳。故以此五字為字輪体。即於此五字、諸家両界次第釈字義、云阿字本不生也。縛字言説不可得也。羅字塵垢不可得也。訶字因業不可得也。佉字等虚空不可得也。即是地水火風空法界五大也。身中本具此五

〔十五丁右〕

大故、自身即法界云云。大日経第二〈三イ〉云、我覚本不生、出過言語《語言》道、諸過得解脱、遠離於因縁、知空等虚空矣《文》〈イ〉。又三摩地法云、入法界体性三昧、修習五字旋陀羅尼。諸法本不生、自性離言説、清浄無垢染、因業等虚空、旋復諦思惟字字、悟真実。初後雖差別、所《証》〈詮イ〉皆帰一矣《文》〈イ〉。忿迅倶摩羅軌同之。諸家私記意、以此等文為本説也〈耳イ〉。疑云、入金剛胎蔵之大日三摩地、住[298]字輪観行之自受法楽時、必可思惟解脱生死妄相安住真性法界。其生死妄相者、煩悩業報是也。然尋所説字義、纔雖見惑塵因業二門之空義、未説為流転正体苦果之不

〔一五丁左〕

可得。又第二言説不可得、顕示何義門乎。又空是[299]得法取而不可遣。何至第五字義、云空不可得乎。又等虚空也《之》〈イ〉等字、有何故耶。答。先難字義之中、不観苦果者[300]、此言不爾。第一阿字本不生者、且空之一辺為字義、遣生死苦果也。謂有為諸法、以果為体。故倶舎論第二十二頌疏云、苦集一物也〈イ無〉。因果分二、即苦諦体為因、義辺亦為[301]集諦。文今本不生観、即思惟此果体不可得也。若非遣有為法体之生、対何物云不生乎。其煩悩業因、第三第四字義中空之。爰知、第一不生坐[302]観、寔《定》顕果体之不可得也。次第二縛字言説不可

〔一六丁右〕

得者、尋従有為果体更集起生死之源、而思惟此自性不可得也。集起生死源者、謂言説是也。大乗義章八識義、依摂

大乗論釈熏習義云、一言説熏。論亦名為名字熏矣。名有二種。一音声〈者イ〉名。曰言分別。二心語名。[303]曰覚観分別。以諸凡夫随逐一切陰界入等諸法名字分別取著、熏於本識、成陰界等諸法種子。文 言説詮名字。依名字起分別取著。取著即煩悩也。依分別取著、造業因。業因引果報。果報起言説、亦詮諸法名字。如是輪環、生死無尽。是故、以言説為集起生死之源。所以、第二観之。次第三塵垢不可得者、塵垢即煩悩也。煩（一六丁左）悩是染汚、染汚即不浄也〈イ無〉。故云塵垢。今依名字之言説、起取著之塵垢。所以、第三観塵垢不可得。次第四因業不可得者、依煩悩発業。是故、第四観之。第五等虚空不可得者、等謂等同。虚空即虚空無為[304]也。此即顕示諸法空相等同虚空無為也。法花安楽行品云、観一切法皆無所有、猶如虚空無有堅固〈イ〉矣。《文》今云等〈同〉虚空即此意也。但今所以観等同虚空之[305]相亦不可得者、上四字義中、観煩悩業苦之[306]相了。若爾者、行者定可住[307]空相。若住空相、豈得中道正観乎。故観空亦不可得、方為証入真実無相理之方便也〈耳イ〉。問。五字輪観（十七丁右）意、以此空想為究竟、為当如何。答。上所成、是第一重之輪観也。次又観五字之字義、思惟中道一実境界。謂先重為遣煩悩業苦〈之〉〈イ〉相、観阿字本不生縛字言説不可得等。是即取空相以為五字之字義。義《是歟或衍乎》[308]即更作一転開明趣入中道法界也。大日経疏第七釈阿字不生義云、不生者、即是一実境《界。一実境界[309]》、即《是》〈イ〉中道。文 又云、一一字門皆言不可得者、為明中道義故。等文 故知、云不生云不可得、皆以中道為証。已上第二重観。此中道理中亦更観五字、即為法界卒都婆種子、次第転増、終成法界曼荼羅、為《自》〈イ〉受法楽之境界。五字輪観、其意如（一七丁左）是歟。

六月持誦法第二十

問。就胎蔵界行法、儀軌用六月成就法。爾者、其行作法如何。答。六月成就法源、出大日経第五持明禁戒品。疏第十七釈之云、説六月持誦法。然皆是秘密意〈二字本無〉也。究竟与前不異也。其第一月、当観金剛。是方曼荼羅黄色《也》〈イ〉。観其自身而坐此中、即以自身而作阿字。其阿字〈本無〉正方黄色。当令内身充満無欠。挙体皆是此字也。当結五股金剛印。不《須》〈本〉〈イ〉持数珠。其印相(310)作虚心合掌。而双屈二火〈本無〉〈イ無〉〈水本〉、以右加左而相鉤掌中〈本無〉〈イ無〉、当〈本無〉二空相並出、二風〈双本〉即又鉤屈向中指背〈二字本無〉〈イ無〉。即是金剛手印也。当於一月

〔一八丁右〕

中、但服乳不食余物。但観所持真言従臍而出従鼻而入。如調喘息無異。爾時、但観以此真言而為喘息也。其色亦黄。若観真言、即以一一句為一息。若観種子《字》〈本〉、但無間作息也。雖云一月、然一十一百乃至一落叉月等(311)、要以見為限。復次一者、即是一相一味之義也。見此名満一月。文 心云、第一月所行者、手結内五股印契、口誦帰命阿真言、意観地輪及字。謂先身下観地輪而自身坐其中了。次観真言字為入出息、従臍鼻出入令遍満身内。或唯観阿一字。此時、唯服乳不求余食。若有人為施者、亦可用之。下第三月行云、不求一

〔一八丁左〕

切食。○若有施来者、得随意食之。文 第三月既如是。況観行未熟之初月乎。疏又云、次第二月住於水輪。其輪円而白色。自想身在中。如上方便、手作蓮花印。二地二空聚為台、余三指開敷、令火風稍合相並。即前観音印也。観其身作縛字。色白。亦以白真言為出入息。○是月結蓮花印。於二月中、但服水而已。余皆不食。所謂服水者、但以此真言水入息白乳之字為食也。行者若相応時、自得法味、持不復有他食想。但法喜味而充満身也《耳》〈イ〉。厳備、謂於中坐也。爾時、但観此字不観本尊像也。文 心云、第二月、手結蓮花印。此印〈其イ〉相二

〔一九丁右〕

地二空之四指四(312)処合立、為花台。左右火風各合立、左右水指離立、以為花四葉也。故疏十三釈此(313)云、観音印初作開割合掌。以空指地指聚而相応《捻》、余六指散之。其火風指皆並相著、水指独立之(314)〈本無〉則〈即是也本〉相成。文云云。

口誦帰命縛真言、意観水輪及字。

謂捨前地輪、更観水輪形、令自身住其中。（水輪、其形如円珠也(315)。）然次、観真言字（若縛一字）為〈入〉〈イ〉出息（従臍出従鼻入、如初月言之。）令遍満身中以為法喜食也。用余食、准前可知之。疏又云、第三月在火輪中。謂三角赤曼荼羅。住勝上火輪也。観在其中以其囉字為身也。作恵刀印。謂三補吒合掌、屈二風捻二空也。其出入息赤色。三月義如前。（謂三月三十日三千日等。以見為限也。）此三月中不求一切食。（謂不得乞食等。）若有施来者、得随意食〔一九丁左〕之。無人施与則不食。但以囉字為食「也(316)《耳》〈イ〉。以此方便、焼一切罪障令無有余也「《文》「矣〈イ〉。心云、第三月、手結大恵刀印。（虚心合掌之刀印也。）口誦帰命羅真言、意観火輪及字。謂捨前水想、改観火輪、令自身住火中。然次、観真言字（若羅字）為入出息（従臍出、従鼻入。）令充満身中以得法喜也。疏又云、第四月在風輪中。是側目也。其中色黒。用訶字為身。出入息等如上説。此《一》四月中、但飲風而住。不食一切食《也》。此飲風亦是以訶字出入息為食。非如外道飲気而生也。当作転法輪印。此即是反手相叉。前所作者也。文 心云、第四月、手結転法輪印。（印相如常。）口誦帰命〔二〇丁右〕訶真言、意観半月及字。謂捨前火相、観半月輪（竪半月也。）令身住其中。然次、観真言字（若訶一字）為入出息（出入処如常。）令満身中以浄眼垢矣。用食如前前。説第五月文云、「《現本無》得不得食、尽不食。文 至第五月、始有此説。爾者、第四月時、何一切不食乎。疏又云、第五月従金輪至水同等諸仏、処金剛水輪中。謂作方黄曼荼羅。内有円白曼荼羅、身坐其中。臍以下黄中、以上白也(317)。（(318)中不作印。）用阿嚩二字。（余如上。）此五月中、「《本無》得不得食、尽不食。謂断一切食。但以二真言作出入息為食也。自五月以来、修無著離我之行、同於一相寂滅「《文》「矣〈イ〉。心云、第五月、身住法〔二〇丁左〕界定印。（不作地水(319)印。故(320)文不作印也。）口誦帰命阿・帰命縛之二真言、意観地水二輪及字。謂地輪上想水輪（内有円白者、地輪中央之上置水輪故云内也。）令自身住二輪。（臍以下在地輪、臍已上居水中也。）然次、観真言（若阿縛二字）為入出息（出入処如前。）令満身内。（臍以上縛字、已下阿字(321)也。）疏又云、第六月、処風火輪除一切障。亦是風輪中有火輪。准上事知、下是風、以上是火。用訶羅為食。得与不得、亦一切不食也。文[322] 心云、第六月、身住法界定印。口誦帰命訶・帰命羅之[323]真言、意観風火二輪及字。謂風下、火上也。信相如文。余准上可知之。六月持誦之行作法如此。疏第二十云、出入息念誦者、《本無》如上所明服〔二一丁右〕風等是也。○於三念誦中、其作意及出入息、此最上。《相》《応》最為第一也。文 依此文故知、今六月持誦〈念〉法者、是説最上念誦也。疑云、若如所説者、可有五輪観。何唯説前四輪、不示第五空輪乎。答。今此六月持誦法者、顕観門転勝有六重階差也。非具用五輪示観行。今第一月地輪観者、付四輪中、地輪観行、其相易成。所以然者、地輪者、是四方正等形也。是故、先一方懸思而成正直想了、准知余三方、自顕其方相。故地輪方形成就尤易得。所以、最前用之矣《此》。次第二月水輪者、〈是〉〈イ〉円形也。然此円形、一念縁四方即成其形。別取一〔二一丁左〕方円相難得故。所以、対地輪観、為水輪難成。一念縁一方与一念見四方、難易懸隔故。是以、地輪之次用水輪[324]観。次第三月火輪者、是三角也。凡有想[325]之観念、以東西南北四方為依止。然[326]此四方取三角形。方与形乖違、観想難転。謂所依之方有四面。能成之輪有三面。順方而失方。誠観心難成。不如水輪之依四方而改角作円形。所以、水輪[327]次以火輪観為難成。第四月風輪者、是半月形也。今此半月、於観心尤〈為〉〈イ〉難成。三方円形、一方正直。其相更〈既イ〉不符順。豈観行易得乎。故火輪〈之〉〈イ〉次用之。第五月、是地水二輪合観也。前四月観〔二二丁右〕念者、四輪各別取之。所以、為易成。今二輪合成。寧非難得乎。此即観門転勝純熟自在故、用此合観也。第六月、是風火二輪合[328]観也。第五第六雖同二輪合成、而風火難成之輪形。所以、為第六所観也。〈耳イ〉六月持誦、其意如此[329]。但此中不用空輪観者、有深所由。疏十二云、空無定形而現種種也。文 演密鈔第八釈云、疏空無[330]「《定》形形[331]者、此中所出四角者即○地輪円環者即○水輪三角者即○火輪半月者即○風輪更有第五○虚空輪為無決定之形而現種種。種種者[332]、四輪不一、曰種種也。文 此心者、四形、随時取其一形為空輪。〔一二二丁左〕非謂四輪合成而作空形。故云空無定形。若爾者〈イ無〉、空輪既不出前四輪形。何為転勝観門而第五用之乎。但余処観五輪者、且於空輪作円形、思惟五輪形之意也。疑云、今此持誦者〈言イ〉、兼顕観行増進故。用二輪合観者、何不説三輪合見《観乎》・四輪惣像〈縁イ〉之二重観門乎。答。理実又可有二二《輪乎》合観、三三《輪乎》合観、四輪惣像〈縁イ〉之重重。然[333]「合〈令イ〉説此六重者、疏十七云、若秘釈者、六月謂浄六根故也。文 今付一門、且言六重也〈耳イ〉。

行法時用散念誦所由第二十一

問。就諸尊行法、高野門流、本尊真言正念誦外、更用〔一二三丁右〕散念誦。此者有何故乎[334]。答。蘇悉地経下巻供養品云、持誦了時、応誦部尊主真言。或誦部母真言。誦此真言、当得衛護。文 此文意、本尊真言念誦之後、更用部主等明也。又金輪要略念誦法云、出道場、或旋繞経行、転読大乗経典、作諸善根[335]、以助成就。文 又聖観音軌云、出道場、当《常本》転大乗花厳般若等教、及印仏印塔経行、旋繞卒都婆、令速成就。文 儀軌等中多〈作〈イ〉〉此説[336]。是即行者為令速成所修法験、起定出場之後、更修散善、以助之。今入定念誦之後、重用散念誦、即又是意也[337]。為成所行悉地、祈念所余真言、以為散念誦也〈耳イ〉。〔一二三丁左〕

問。持念所余真言之中、通用仏眼・大日・金輪三種明意、如何。答。誦持大日真言者、是諸尊主故也。可悉之。用仏眼明者、一字頂輪王儀軌説仏眼真言功能云、瑜伽者、縦有違犯闕法等、矜愍不見過。亦不凌逼他持諸密語者、若不《作》此法、彼法不成就。文 但非瑜祇経所説常途所用仏眼真言。又先徳金剛界私記釈仏眼真言功能云、念誦遍数、奉献此尊、掌持成就数功、不虚棄尅護悉地云云。可勘本文。故用此真言也〈耳イ〉。一字頂輪王経第三密印品有文。可勘之。又誦一字金輪呪者、一字頂輪王経〈法イ〉大威徳品云、
有此真言転輪王仏頂。若有人誦持処、五《百》《和本》由旬内一切明、〔二四丁右〕
世間出世間不流通、不成就。○若纔憶念此真言、一切世間出世間真言悉皆成就。○《文字脱乎》五《百》由旬内示霊験者、奇特仏頂経第三菩薩蔵品云、時[338]四大天王幷眷属白仏言
○我幷眷属軍営《従》〈イ〉経五《現本無》〈イ無〉百由旬作加護。等文 於修輪王仏頂之行者、四大天王誓願云、五〈イ無〉百由旬内加護行者者[339]。所以、且限五由旬作説矣。又一字頂輪王軌説金輪功能云、修行諸尊者、五百由旬内、尊
皆不降赴、亦不賜悉地。以輪王威徳断壊諸法故。所以、一切時、先作是加持。文 是故、持誦《二字恐衍》而誦而已。五百由旬内余尊不降赴
等者、五仏頂経第一説法儀式云、普現大乗一字転輪王○与一切大衆会、於妙菩提樹下、以仏神力圍繞五百瑜繕那会座而坐、不相障礙。文 一字頂輪王経第一《序》品同之。依此等意者、准衆会儀式、作如是説也[340]。疑云、蘇悉地経下巻云、次以真
言及手印 〔二四丁左〕
重結大界真言曰、唵《商》昇《二合》羯隷莽訶三莽焔莎訶。《七遍誦之。此是結大界真言。》其結大界者[341]、其《手》印相○是結大界印。
如是作已、仮令《使》側近輪《王》仏頂及余相違《諸》〈イ〉真言者、不能為壊。亦不損減本尊威力。諸有破明《二字現本無》真言皆不得便。
文 十一面軌中巻幷甘露軍荼利軌等同之。此印明功力、能遮制金輪等〈王イ〉蔽覆余法之威、令其法成就悉地。然此印明、諸尊法中所同用也。若
爾、散念誦中、設雖不誦金輪真言、既已前行儀中用大三摩耶印明。豈断壊〈其法〉〈イ〉威徳乎。又若如金輪功能者、亦
馬頭真言可持誦之。馬頭儀軌下巻云、由此大威怒王威勢故。五百由旬内不得諸尊悉地。即修行者、蒙大 〔二五丁右〕
威怒王加持、得威徳自在。文 何如金輪仏頂、不誦馬頭明乎。答。設有大三摩耶、雖抑金輪等威、何又不信金輪仏
頂壊余法之徳。是以、散念誦時、誦金輪仏○《頂字脱乎》名〈明イ〉、祈五百由旬内[342]、不失本尊威勢、而弥助所修法験。於義有何違害乎。
次不用馬頭真言者、既誦金輪真言抑制余法威勢。雖不誦馬頭明、何不成〈就〉〈イ〉法悉地。況金輪与馬頭因果分異。縦

五百由旬内同施法験、有威徳勝劣而懸隔不同。今金輪果位之徳。馬頭因行之威。以理思之、豈同日論乎。依之、諸軌中讃許(343)明之勝能、皆対金輪為言、即此意也〈耳イ〉。〔一五丁左〕

護摩諸尊段通用三十七尊第二十二

問。護摩諸尊段、是本尊之曼荼羅中所列聖衆供之。然何別尊法中、雖別説曼荼羅、不列三十七尊、而至諸尊段(344)、多供之乎。答。弘法大師法華経釈云、若以観自在為首、則大日尊亦名為観自在。以此尊為首、則三十七尊。文 又云、金剛頂経云(345)、観自在尊有六種大曼荼羅。第一大曼荼羅具三十七尊。第二三昧耶曼荼羅具三十七尊。第三法曼荼羅具三十七尊。第四羯摩曼荼羅具三十七尊。第五四印曼荼羅具二十一尊。第六一印曼荼羅具十三。皆是観自在菩薩身也。如此蓮花尊〔一六丁右〕具無量身智。余金剛部・《宝部》〈イ〉・如来部等、亦復如是。文 心云、言大日言諸尊、皆是同体一味功徳。是以、諸尊終帰覚王自体之本。是名大日。遮那恒住普現色身之門。是云別尊。故遮那与諸尊無二無別。遮那《即》別尊也。若爾、諸尊中随取一尊為主時、其曼荼羅中何不具三十七尊乎。是故、〈別〉〈イ〉行尊法時、若未審定曼荼羅諸尊時、且存通行曼荼羅、護摩諸尊段、供三十七尊也〈耳イ〉。但是浅略行儀。未足為深秘矣。所以(346)然者、随為主本尊、亦為伴諸尊各別。然未習学此諸尊、用通行之尊故矣。或流云、理実、以一切諸尊皆等具三十七尊〈イ無〉、為我宗深〔一六丁左〕意。所以、諸尊段中供三十七尊、是甚深非浅略云云。

四種護摩所用方円等形類不同所由第二十三

問。就四種護摩、何故息災者、爐等皆用円形乃至鉤召半月等形耶。答。尊勝軌下巻祈雨品云、作護摩壇一爐《具四種爐》形、及爐内四方《各〈イ〉》書種子字。其種子字者、《本無》𑖀阿字方形[347]黄色東方、𑖪𑖽嚩字円形[348]北方白色、𑖨𑖽囕字赤色南方三角形。文 此文心、以地水火風四大之種子即為増益[349]四爐之種子。故知、増益[350]法以[351]地大為爐等形。故云方形。息災以水大成爐等。所以、円形也。降伏以火大作爐形。是故、云三〔二七丁右〕角。鉤召以風大成其法。故半月形也。但余処説鉤形。具[352]義顕也。 此中、地大万物生長之所依也。故為増益之形。水大洗除一切不浄垢穢。是即息災義也。火大焼尽諸悪物。似調伏毒心〈類〈イ〉〉。風大吹取物為用。豈非摂召義乎。今所説白赤等色即四大色。故云爾。此中青色半月者、風雖是黒色、然言四色時、黒是青摂故也。四方配之者、如常言之。又瑜伽護摩儀軌説五種護摩中云、長作蓮葉形、敬愛為相応。文 又建立護摩軌云、爐如八葉蓮、内爐六角 開敷具台蘂。文 此等文、共説敬愛護摩爐形也。云蓮葉形〈云八葉形〈イ〉〉、皆是示敬愛之義。蓮花、一切所愛《楽》〈イ〉之花故也。其色[353]紅赤即表蓮色。行〔二七丁左〕者、向西亦顕蓮花部也。大日経疏第十二、以四大形顕息災等不同。又第十五以種子成其差別。可勘之。

護摩壇供具与大壇同第二十四

問。先徳建立護摩壇時、其四面所備供具、与大壇同也。然前後両供行儀、准《唯》大壇供養法中用之。何又護摩壇四面、別弁其供具乎。答。尊勝儀軌下護摩品 云、其所供養香物等、都和五穀粥中。相和、先為国主〇乃至自己身、各為[354]三遍護摩。最後取爐四面供養飯菓盤等、一一加持護摩之。其大壇《火》〇香爐菓盤等。一依大壇法。等文 又同巻祈雨品云、

護摩壇安五瓶〔二八丁右〕

諸飲食等。一依大壇法、不異。若不依如是者、法不成。文 又建立護摩軌云、爐対曼荼羅、外相望、別作。所供、如大壇。文 此等文、言火[355]壇供具専依大壇法。所以、火壇四面与大壇弁供同。非無其証拠。又説末後、取火爐四面

飯等亦備護摩行儀。若爾、四面供具豈致無用乎。但近代行法、略不供之也。(356)

護摩用神供之所由第二十五

問。勤修護摩行時、設施天段供諸天神類。其外更用神供、有何故乎。答。瞿醯経中巻云、最後出外、於諸方所、祭祀部多諸非人類。用粳米飯、以和稲花胡麻〔二八丁左〕及花、煮小豆、娑耶里迦餅《飯本》以塗牛蘇。已上飯食惣和一処。其阿闍梨以歓喜心、於一一方各各三遍下食、以祀羅刹及毘舎闍等及与部多諸食噉血肉者種種之類。或居地者、或居樹者、或居林者及以心所念著者、皆須祭祀。文 又熾盛光仏頂儀軌云、又於一水盆中、著種種甘美飯食果子甜脆等○将施郭外或宅外、瀉置於浄地、施与無名無位鬼神〈食〈イ〉之〉。文 此文説神供歟。縦不然亦以此説可成神供義〈イ無〉云云。 又大日経疏第八云、又出外、施曠野鬼神食。抛図、於東門外施毘那夜迦。南門外施藥嘌何。是魅鬼著人者。西門外施藥羅。是行疾疫者。北門〔二九丁右〕外施荼吉爾。○阿闍梨、当起大悲無限法施之心。於瑜伽中、観作種種受用之具、亦以虚空蔵転明、加持而用散施。此諸鬼神受食、不作曼荼羅障也。文 案已上文意、護摩施天段時、所供之諸天等、是四種法身中、等流身所摂天神也。故列聖衆数、請護摩壇内而供之。又雖実類十二天幷部類眷属、有護持仏法誓願者、倶列外部天衆而来壇中受供。此外曠野山谷神、塚墓樹林鬼、或為法作障難、或伺短求噉食。如是部多類、皆是彼眷属。然今見護摩施天供、大生希望嫉妬心。所以、阿闍梨起大悲愍、更設壇外之神供。此〔二九丁左〕時、鬼神受食歓喜而不作障難。還護助行法。是故、施天段外、重行神供也〈耳〉。疑云、若如所成者、用神供、唯為曠野鬼等也。何今宗意更請十六〈イ無〉天等、重供之乎。答云、瑜伽護摩儀軌意云、行者護摩之後、於道場外八隅、或於道場前別作方界、請十天等〈供〉[357]「イ」云云。是即説神供作法也。今神供者、源為施曠野鬼等也。然十天、是諸鬼[358]之主。所以、祭伴時、兼亦請主矣。彼護摩施天段之時、中央請不動、即主伴相[359]見義也。此亦如是。即今行儀、依此軌意〈耳〉也。

秘宗深密鈔巻中　〔三〇丁右〕

本記云

保延四年仲秋之比、於光明山記之而已。

沙門重誉[360]　〔三〇丁左〕

秘宗深密鈔巻下

六度十度真言用之所由第二十六

入我我入観第二十七

正念誦観行第二十八

礼仏不審第二十九

備閼伽水料簡第三十

仏界衆生界増減第三十一

三昧耶戒四波羅夷中第一夷料簡第三十二

自善悪業他人得果有無第三十三

大日経所説十九執金剛第三十四 〔一丁右〕

〔一丁左〕

六度十度真言用之所由第二十六

問。金剛界供養会誦六波羅蜜真言、胎蔵界虚空蔵院用十波羅蜜明。今就此院〈イ〉《説》、不明。真言功力滅煩悩業障者、其理可然。所起煩悩、所犯罪根、依三密善行、能消其体用故。如明来必闇去。但於六度十度、是布施持戒等事相之行、方便願力等心之差別也。何依誦真言、忽成彼行徳乎。答。大乗義章六波羅蜜義云、有作無作相対分二。檀等諸行方便修成名為有作。無始法性顕成今徳名為無作。是義云何。真我(361)《識本》之心体、是一切功徳法性。本為妄陰名為仏性、不名行徳。 〔二丁右〕

後息妄相〈想イ〉彼心顕了、説為檀等故曰無作。文 真宗六度等、准之可成立。所誦六度十度真言、是法界本有〈之〈イ〉〉語。密恒時、詮無作之六度十度功徳。所以、誦此明時、証顕法界本有之法門也。疑云、行者契浄菩提心時、証法界本有功徳者、道理誠可然。未入証位之人、誦其六度等明時、成檀等行徳不。若夫言成者、就未入証人、尚不免上難。若不成之者、凡今教以即身成仏為最要悉地。然未入証位前不成檀等諸行者、初心行人、如何即身入証位乎。万行不備、証徳難得故。爾者如何。答。証位成之者、安立得十度明之号所 〔二丁左〕

由、以談功徳成就之至極也。理実初心行者、亦成其徳。所以然者、誦真言時、必三密相応。以三密加持故、身成就檀等行。謂檀等真言能詮真性十度法門。而所詮法門不離能詮言字。以能所相依円徳方成故。所以、誦能詮即得所詮也。若爾、雖未証檀等法性、何不成檀等行徳乎。真宗之超余教、誠有此等法相故也。所余功徳真言、皆准之可悉之。(362)

入我我入観第二十七

問。諸尊行儀中用入我我入観、有何故乎。答。入我我入者、是三平等観也。秘蔵記云、諸仏法界身故、吾〔三丁右〕身在諸仏身中。吾法界身故、諸仏在我身中云云。又云、仏与我無二無別、是三平等之心也云云。此即入我我入者、顕示三平等観。疏十七云、自持真言手印(363)、想於本尊。以専念故、能見本尊。本尊者、即是真実之理也。非但見本尊而已。又如実観我之身即同本尊。故名真実也。此有三平等之方便。身即印也。語即真言也。心即本尊也。此三事観其真実究竟皆等我。此三平等与一切如来三平等無異。是故真実也。文 此文意、訓入我我入之三平等観矣。三平等者、身口意三密〈平〈イ〉〉等、又本尊与自身相入平等也。問。此三平等観有〔三丁左〕何最勝利、諸尊行法中有《用》之乎。答。疏一云、毘盧遮那《遍一切身(364)》遍一切身者、即是行者平等智身。是故、住此乗者、以不行而行、以不到而到乃至故名平等。平等法門、則此経之大意也。文 良以、三密平等自他平等、是法界之真実也。今住此真実観故、即一切悉地頓証之。所以、行儀中尤用之也〈耳〉。(護摩用三平等観即此意也。)問。烏蒭渋摩軌云、《毎〔《澆一本》〕先》想己身、本尊与部主、火及鈫薬等、一相無有殊。文 若爾、平等観之法体既不限三種。何云三平等観乎。答。秘蔵記云、三《三〈イ〉》平等、以三密摂一切《諸〈イ〉》法。一切色摂身。身即印契、見色也。一切声摂口。語即真言、聞音也。一〔四丁右〕切理摂心。《心〈イ〉》即本尊、表実相。(心即本尊、表実相故(365)。)是三密平等平等遍一切処云云。誠今宗意、以三密為万行之源。是故、今三平等者、顕万法平等也。

正念誦観行第二十八

問。諸儀軌中説念誦観行、云観想。我心月輪上有秘密真言、皆分明也。亦本尊心月輪上有秘密真言、皆分明也。亦(366)本尊誦時、出自本尊御口、入《自》(367)我頂至心月輪上。又我誦時、出《自》我口入《自》(368)本尊御足至心月輪上。如是相続輪転、字道分明也云云。用此観行意、如何。答。大乗義章八識章熏習門云、於六識中所修［《現本無》《或本有善字》］浄行、〔四丁左〕熏於本識。於本識中(369)、仏性真心名為解性。名為解性也云云(370)解性、受彼浄法所熏《本無》、成浄種子。浄種成已、熏於無明。無明転薄。無明薄故、変形六識《起本》。於六識中起善転勝。如是展転乃至究竟。文 今真宗観行、准之可知。謂本尊者、自心本有之如来即行者真心也。然行人念誦時、其真言熏入我真心成浄種子。真心如来受此浄熏、而念誦還熏行者妄心、令妄転［〈滅イ〉滅顕(371)其真徳。為示此義、訓此観法也。上入我我入既一切仏界相入吾身中。若爾、今念誦亦已成如来。所誦之真言転入自身。其義〈稍イ〉符順。雖然、自真妄相熏(372)、妄滅真顕之義、道理甚得旨。観行誠易成歟。是故、今用此義也〈耳〉云云。〔五丁右〕

礼仏不審第二十九

問。用十三尊曼荼羅行別尊法時、礼仏作法、何尊之次、礼本尊乎。答云、先礼三十七尊、其四摂菩薩次、用本尊礼也。疑云、十三尊者、随何法、其本尊安中央、内外八供養幷四摂菩薩囲繞。是云十三尊曼荼羅。今以此曼荼羅(373)為行法〈之イ〉尊時、礼仏何広用三十七尊乎(374)。又既中央本尊為主、八供四摂為伴。然何至礼仏、為伴八供四摂前礼、為主中央本尊後拝乎。答。本尊曼荼羅、雖不列三十七尊、礼仏之法、先必礼之。是大曼荼羅尊位次第故。〈次イ〉至四摂後礼本尊〈難〉者、八供四摂随〔五丁左〕尊而無量。謂大日如来曼荼羅中、為供養大日尊現八供菩薩、為令物《物歟》印入大日功徳現四摂菩薩。文(375) 就余聖衆、亦一一具八供四摂。其義如大日尊。今〈対イ〉十三尊対(376)曼荼羅行礼仏時、前所礼八供四摂是大日如来曼荼羅、三十七尊中八供四摂也。非今曼荼羅中十二尊〈三イ〉。所以、無伴前主後之失。然於十三尊中八供四摂、略不礼之。三十七尊中既礼其同名故也。或又四摂後礼本尊者、若十六尊後、八供養前、加礼之者、既礼拝不便。豈声明宜乎。擬八転声之中第八呼声而言。所以、至四摂後用本尊礼。非是以礼義前後顕主伴勝劣。何依後礼云非主乎。

〔六丁右〕

備閼伽水料簡第三十

問。諸儀軌中説供養法行儀云、設二器(377)閼伽水、供本尊祈悉地云云。何六種供養中、殊挙閼伽水嘆之乎。答。閼伽水、是為浴聖衆身也。而沐浴聖身、諸供養中最上。是故、殊訓之。浴像経云、為《汝及》〈本〉(378)諸国王・王子・大臣・後宮妃・后・天龍・人鬼、説浴像法。諸供養中最為第一。勝以恒河沙等七宝布施(379)。又云、由作如是浴仏像故、能令汝等人天大衆現受富楽無病延年。於所願求、無不遂意。文 洗浴聖身、〈有〉〈イ〉此勝利故、諸軌中作此説也〈耳イ〉。或

〔六丁左〕

又蘇悉地経下巻供養品云、若塗香焼香花及飲食無可献者、但誦本色真言及此手印以此献之。〇後作閼伽。以真心故、速満其願。離此之外、有四供養。〇一謂合掌、二以閼伽、三用真言及慕捺羅、〈四〈イ〉但運心。文 依此文意、諸軌中多説閼伽〉。不云余者、香花等現供、其類頻難得。弁備有労故、不出(380)之。閼伽水一種、其物甚易得、弁備無労。所以挙之。又次四供養中不用香等供、唯許閼伽、即此意也。又蘇悉地意、必説閼伽之現供。是閼伽有勝利故也。若爾、此文亦可同上義。

仏界衆生界増減第三十一

問。仏界衆生界、可有増減乎。答。大般若経・智度論

〔七丁右〕

等、共説仏界衆生界無増減也。秘密教意、亦同此説。故大日経疏第十一云、無量仏得道成就而法界不増。無量衆生

滅度法界不滅。若衆生勝進亦非加益。文 此文料簡、如疏釈中具記之。疑云、生死中〈無〉〈イ〉始起之衆生、涅槃中仏智不帰磨滅。然衆生発心、出生死入涅槃。如来証理、不捨涅槃還生死。若爾、仏界漸漸増、生界漸漸減。何云無増減乎。答。凡聖二界之無増減源、出大乗経論説。但彼等偏約共相理門、雖成不増不減之義、未委分別叙其意。今私加義云、衆生仏界曾無差別。六道四生、其体法性故。不増不減経云、即此法身、〔七丁左〕過於恒河沙、無辺煩悩所纏、従無始世来随順世間、波浪漂流往来生死名為衆生。文 又大日経疏第十一云、謂種種門種種世出世事、同一法界、不可分析令成別体。文 然而一切智者之鑑諸法、並照真俗二諦。謂凝然不変真理之上、立五道生死俗諦。是真如之縁起作用、而不見生界於如(381)外。今就此二諦、(382)且縦有十仏界十衆生界、其中一衆生、出生死得菩提時、仏界更不増十一。生界亦〈不〉減十数。所以然者、今雖発心修行始成正覚、而入本有之仏界、同已証之法身。未曾見離一味法性別有生界。誰衆生更成新証之〔八丁右〕別仏耶。(383)是故、仏界不増致十一。次衆生界不減者、衆生是法性之縁起、而法性縁起作用法然。設雖衆生成仏、何不変法性可滅自爾作用乎。疏十一云、若破煩悩、亦無所損。文 又大乗義章常言云、証実返望、由来無妄。文 釈心云、仏界〈果イ〉円満後、入体用二門、見所断妄、由来無之。所以然者、付法界自性尋之、不見前来有妄想而後断滅。法性本浄無始無垢。文(384) 又於縁用求之、所論十衆生界、尚存十数不成九界。若一人成仏時、減一衆生者、既減一之妄生。実有妄之断滅。如何云亦無所損。又云由来無妄。今、亦無所損・由来無〔八丁左〕妄之言、即顕生界不減之義。良以、雖断妄成覚、而成覚返見、実無妄之断。実無妄断故、亦無性之滅。是故、生死涅槃宛然不動。生死不動故、生界不減。涅槃不動故、仏界不増。此理甚深也。智者可知之。疑云、若言雖云断妄実無妄之断者、衆生常衆生而無成仏之時、覚者、本覚者〈而無〉始覚之理無之[385]。何一人立迷悟論其断惑入証乎。若人誠息迷取悟者、尚可云生界減。爾者何。答。有妄必帰真之理。所以、許捨凡得聖。若妄想常妄終無帰真之日者、妄想可非妄。其体常存故。今欲難実無妄断之義、反[386]乱妄想浮塵之理。若妄 〔九丁右〕

想誠虚妄者、豈無息妄帰真之談乎。修行成仏者、即顕此門意也。雖然、真妄二法、如次是真如之体用。其凝然不変法体、何体増用減乎。依此門見故、不許[387]衆生界減也〈耳イ〉。故疏十一云、亦即不思議《界》〈イ〉。性同金剛、不可破壊。文 又嘉祥釈二諦常言云、不動真際、建立諸法。不壊仮名、而説実相。文 性同金剛不可破壊、又不壊仮名而説実相者、雖証実相理而不減衆生界也。若入証時減生界者、如何言不可破壊・不壊仮名乎。凡二諦論談之日、諸教意皆如是矣。実無妄断者、約此二諦門也。可悉之。疑云、若言修行成仏且談妄終 〔九丁左〕

帰真門実無妄断生滅者、我等衆生、発心勤修難行苦行、有何益乎。答。雖云無妄断生滅、而見此発心修行人、誠息迷心開覚悟離苦身得楽果。又一証円寂後、永無帰生死。是真実法〈楽〉〈イ〉。何云無其答《益》乎。

三昧耶戒四波羅夷中第一夷料簡第三十二

問。真言三昧耶戒四波羅夷云、第一如来一切正教皆当修行。若於諸乗了不了義、随於一法生棄捨心及起邪行、即名毀犯第一波羅夷。文 秘密大乗戒、何以不修小乗不了義之行為犯戒耶。答。大乗義章一乗義釈諸乗行皆名一乗云、釈[388]云、法門有其二 〔一〇丁右〕

種。一別相門、二共相門。若就別相、乗有無量。今就共相。是故言一。其猶衆生共成一車。此亦如是。文 心云、諸乗行円満即成仏乗果。若小乗之[389]一行不成、無由得仏果万徳。譬如衆木共具造一車。若一木不成、其車体不成。是故(390)、言不行乃至小乗一行即犯重戒也〈耳イ〉。又諸尊曼荼羅中有列〈声聞〉〈イ〉衆并人天類。即顕備諸乗行而仏界満足也。若爾、諸乗行棄捨之乎。

自善悪業他人得果有無第三十三

問。若人作善業廻向他時、他即得善果(391)。若爾、依人之造悪、可(392)他即得此悪業〈果イ〉乎。答。雖依此人善業他得〔一〇丁左〕此善果、而悪業不爾。所以然者、大乗義章八識義云、彼六識中起染起浄。所起染過熏於本識。彼本識中所有闇性、受彼染熏、成染種子。染《本無》種《子》《本》成已、無明転厚。無明厚故、引生六識。於六識中染過転増。如〔是〕此〔イ〕展転積習無窮。於六識中所修浄行、熏於本識。《於》《本》本識中、仏性真心名為解脱〈性〉。解性、受彼浄法所熏《本無》、成《浄種子》《本》。浄種成已、熏於無明。無明転薄。無明薄故、変起六識。於六識中起善転勝。如是展転乃至究竟。文 此中起染者、即造悪。起浄者、即作善也。悪業熏本識中(393)之無明。然無明従迷乱起故。唯(394)是迷人之本識不過《通歟》他之本識。彼〔一一丁右〕此迷心各各別故。所以、熏本識中無明之悪(395)、唯引此人悪果而不及他矣。但至善〈業〉〈イ〉熏本識中真心、真心凝然本有、彼此平等。所以、此人善業熏本識中真心時、真心成善種子即生自他善果。自他真心同一味故。雖然、得〈待〉廻向之縁力、方成其果故、於他尚有成不成不同也〈耳〉。真言秘密金剛□〈宗イ〉乗之意、亦可同之(396)。

大日経所説十九執金剛第三十四

問。大日経第一住心品云、虚空無垢執金剛・虚空遊歩金剛乃至無垢眼執金剛・金剛手秘密主。《文》凡説十九執金剛。就此、若略(397)其名、唯可出金剛手等而三。如〔一一丁左〕菩薩衆中唯列普賢・慈氏等四人。今何故示十九種耶。答。菩薩既不一人限(398)。金剛挙十九、亦有何怪乎。但今十九者、顕密[399]中説破邪怨妄執、多出十九種。所謂不動尊〈最〉勝立印軌、説布字有十九。是従頂至足、一一身分普布之、不過十九数。検可知之。[400]然軌説此布字畢云、作是布置已、自身成聖尊。一切天素羅[401]及十地菩薩、不復能動揺。文 此即成破天魔等之金剛身、有十九功徳也。又瑜伽論第九引経説言、無知有十九種。謂前際無知、後際無知、前後際無知此有〈情〉漏従何所来。又於此没、当往何所。是合連〈迷イ〉前後故、別出之。内無知我見也。外無知我所見也。内外無 〔一二丁右〕

知於他有情、起怨親中之心執。〈イ無〉親云内怨為外、中随宜。業無知見有作者也。異熟無知見有受者也。業異熟無知於因果、又起種種邪覚也。仏無知、法無知、僧無知、苦無知、集無知、滅無知、道無知、因無知計無因。又計自在世性等也。因所生諸行無知迷諸行之善悪及応修習不応修習等也。六触処無知実通達無知増上慢者、於前修[402]法顛倒思惟也。略説十九種無知。已上取文意。凡無知之迷諸法、不出十九種。是故、仏説十九無知。今大日経十九執金剛、即同此等意。夫[403]破魔怨除無知。是執金剛之徳也。然明王既成十九身分。知、有十九魔怨之可摧矣。無知亦出十九。豈能持不論此数乎。執金剛有十九、其理誠可知。理実、 〔一二丁左〕

雖有十仏刹塵数金剛、為顕惣標不過十九、今説此数也〈耳〉。

秘宗深密鈔巻下 〔一三丁右〕

永治元年《人王七十五代崇徳院年号》仲秋之比、抄此一巻、続上両軸以為三巻。但此巻所決文証、雖闇只思惟義趣也〈耳イ〉。

正嘉二年十二月六日於幸心院書写了。同十一日、重誉御自筆以本交合畢。 沙門重誉金剛仏子俊―

安永七年戊戌五月十六日書写之訖。慈忍

安永七年戊戌七月二十九日以或本一校畢。慈―　〔一三丁左〕

寛政七年乙丙秋八月穀且於智積勧学寮中自写得対比訖。東房散人社多玄瑜 南和(404)　〔一四丁右〕

註

(1) 別＝(大)なし
(2) 差＝(大)巻
(3) 云＝(大)言
(4) 幷＝(大)巻幷
(5) 頂＝(大)なし
(6) 輻＝(大)輪
(7) 知＝(大)如
(8) 円＝(大)因
(9) 八種為＝(大)為八種
(10) 也＝(大)耳
(11) 依＝(大)作
(12) 惣之成徳故＝(大)惣成之徳
(13) 爾也＝(大)示
(14) 即＝(大)中
(15) 乎＝(大)耶
(16) 也＝(大)耳故
(17) 之＝(大)也
(18) 文以降三世＝(大)なし
(19) 差＝(大)義
(20) 現＝(大)なし
(21) 属＝(大)なし
(22) 云＝(大)言
(23) 者＝(大)なし
(24) 真＝(大)なし
(25) 門＝(大)円
(26) 利＝(大)利耶
(27) 真＝(大)嗔
(28) 定＝(大)定尊定
(29) 黶＝(大)醫
(30) 魔＝(大)摩
(31) 你遜婆＝(大)なし

(32) 持明院＝(大)なし
(33) 尊＝(大)なし
(34) 異＝(大)異怒者
(35) 云、風方忿怒尊。所謂勝三世○般若右辺置焰曼威怒王。○次左降三世。文（同作二巻軌下同之。）此文分明勝三世与降三世別説之。又依現行図曼荼、勘持明院諸尊＝(大)なし
(36) 則＝(大)なし
(37) 荼＝(大)荼羅
(38) 雖＝(大)縦
(39) 雖＝(大)又経
(40) 此＝(大)なし
(41) 名＝(大)なし
(42) 雖＝(大)経
(43) 云＝(大)曰
(44) 及＝(大)なし
(45) 釿＝(大)鋙
(46) 怒＝(大)なし
(47) 既＝(大)釈
(48) 三世＝(大)降三世
(49) 号＝(大)尊
(50) 云＝(大)言
(51) 与＝(大)両
(52) 三世＝(大)三世明
(53) 怒＝(大)なし
(54) 尾＝(大)なし
(55) 嚩＝(大)なし
(56) 復言＝(大)なし
(57) 遍＝(大)返
(58) 仏＝(大)何
(59) 無＝(大)なし
(60) 巻＝(大)なし
(61) 丼＝(大)なし
(62) 二＝(大)なし
(63) 受命＝(大)命受
(64) 知＝(大)なし
(65) 化＝(大)説
(66) 非＝㊅なし
(67) 告＝(大)言
(68) 今＝(大)入
(69) 踏＝(大)なし
(70) 世＝(大)世尊
(71) 尚＝(大)上
(72) 舎遮＝(大)遮舎
(73) 此意＝(大)衆請
(74) 也＝(大)之

(75) 天＝㊅天也
(76) 神＝㊅耶
(77) 呪＝㊅なし
(78) 神＝㊅邪
(79) 指＝㊅なし
(80) 欲＝㊅なし
(81) 名＝㊅なし
(82) 家＝㊅なし
(83) 第四＝㊅なし
(84) 所＝㊅なし
(85) 如＝㊅なし
(86) 法＝㊅なし
(87) 此＝㊅是
(88) 大＝㊅火
(89) 空＝㊅言
(90) 七星＝㊅北斗七星
(91) 曜＝㊅星
(92) 降＝㊅隔
(93) 径＝㊅経
(94) 不＝㊅なし
(95) 耶＝㊅乎
(96) 光＝㊅香
(97) 月＝㊅なし
(98) 光＝㊅香
(99) 天子＝㊅天子即月天也。普香天子
(100) 光＝㊅香
(101) 捨＝㊅於
(102) 運＝㊅軍
(103) 太＝㊅大
(104) 第三宮＝㊅なし
(105) 爰＝㊅変
(106) 判明＝㊅明判
(107) 陰＝㊅なし
(108) 曜＝㊅曜後日月天子者、別挙日月曜也。日月是曜
(109) 星＝㊅星宿
(110) 失＝㊅者
(111) 禎＝㊅椗
(112) 竭＝㊅なし
(113) 竭＝㊅なし
(114) 神＝㊅宮神
(115) 尊＝㊅なし
(116) 類＝㊅疑
(117) 天＝㊅変
(118) 是＝㊅此
(119) 仏＝㊅なし
(120) 此＝㊅是

(121) 北＝(大)北方
(122) 南＝(大)東南
(123) 七＝(大)なし
(124) 於＝(大)なし
(125) 也＝(大)なし
(126) 文＝(大)此文
(127) 東＝(大)至東
(128) 耶＝(大)乎
(129) 氏＝(大)底
(130) 経＝(大)なし
(131) 異＝(大)異力
(132) 不＝(大)無
(133) 耶＝(大)乎
(134) 右＝(大)左
(135) 在＝(大)なし
(136) 之＝(大)なし
(137) 帝＝(大)なし
(138) 虔＝(大)虎
(139) 等＝(大)なし
(140) 羅＝(大)なし
(141) 曰＝(大)なし
(142) 改＝(大)故
(143) 乎＝(大)畢

(144) 左＝(大)右
(145) 道＝(大)なし
(146) 位＝(大)なし
(147) 界＝(大)方
(148) 州＝(大)洲
(149) 也＝(大)なし
(150) 形＝(大)形之
(151) 氏＝(大)底
(152) 望＝(大)聖
(153) 州＝(大)洲
(154) 曜宿＝(大)宿曜
(155) 氏＝(大)底
(156) 示＝(大)楽
(157) 示＝(大)挙
(158) 経＝(大)位
(159) 従東＝(大)従東従東
(160) 氏＝(大)弓
(161) 上＝(大)初
(162) 等＝(大)なし
(163) 歟＝(大)也
(164) 畢＝(大)也
(165) 前＝(大)之前
(166) 耶＝(大)乎

(167) 右＝(大)在右
(168) 薩＝(大)なし
(169) 宝＝(大)法
(170) 坐＝(大)生
(171) 三＝(大)二
(172) 界＝(大)剛
(173) 剛＝(大)なし
(174) 浄＝(大)浄之
(175) 而＝(大)面
(176) 剛＝(大)なし
(177) 剛＝(大)なし
(178) 羅＝(大)なし
(179) 如＝(大)如行
(180) 説果為白＝(大)説曼荼羅謂果為向
(181) 剛＝(大)界
(182) 問＝(大)同
(183) 胎＝(大)台
(184) 也＝(大)耳
(185) 剛＝(大)なし
(186) 剛＝(大)なし
(187) 壇＝(大)なし
(188) 亦＝(大)只
(189) 内＝(大)想其楼閣想其楼閣内

(190) 羅＝(大)なし
(191) 説＝(大)なし
(192) 折＝(大)なし
(193) 中＝(大)内
(194) 已上＝(大)等文
(195) 絹＝(大)なし
(196) 従＝(大)位
(197) 胎＝(大)台
(198) 大円明＝(大)なし
(199) 等文＝(大)なし
(200) 瀆＝(大)請
(201) 王＝(大)なし
(202) 何＝(大)行
(203) 羅＝(大)なし
(204) 壇＝(大)場
(205) 羅＝(大)なし
(206) 別＝(大)異
(207) 但＝(大)倶
(208) 引＝(大)聞
(209) 也＝(大)乎
(210) 図＝(大)なし
(211) 羅＝(大)なし
(212) 望＝(大)実

(213) 検＝㊅捨
(214) 滞＝㊅滞
(215) 滞＝㊅滞
(216) 羅＝㊅羅大曼荼
(217) 羅＝㊅なし
(218) 効＝㊅放
(219) 為＝㊅為与
(220) 云＝㊅なし
(221) 甲＝㊅用
(222) 識語＝㊅なし
(223) 大悲＝㊅㊎なし
(224) 為＝㊅なし
(225) 如儀軌等諸説＝㊅如儀等常説㊎如儀軌等常説
(226) 其山＝㊅なし
(227) 正＝㊅㊎掌
(228) 有＝㊅㊎山有
(229) 也＝㊅耳
(230) 故＝㊅故也
(231) 五峰＝㊅五峰宮殿
(232) 種＝㊅㊎柱
(233) 餝＝㊎厳餝
(234) 種＝㊅㊎柱
(235) 八＝㊎八数
(236) 此＝㊅㊎なし
(237) 徳＝㊅なし
(238) 徳＝㊅智
(239) 法＝㊅なし
(240) 者＝㊅なし
(241) 三昧耶者＝㊅なし㊎三昧耶
(242) 二十巻本闕無～彼釈心＝㊅十巻本同之。元此文、演鈔二十本闕。元在之文、彼第九釈左右釈心＝㊎十巻本同之。二十巻本闕無。元此文、演密鈔第九釈左右無在之文、彼釈心未詳。可検悉之
(243) 花＝㊅㊎花之
(244) 葉＝㊅葉之外葉
(245) 等如＝㊅等如者㊎等者
(246) 花＝㊅㊎花之
(247) 別＝㊅之別㊎之外
(248) 令＝㊅㊎合
(249) 尊＝㊅㊎尊故
(250) 合＝㊎動
(251) 今九尊移蓮外者～余八尊＝㊅今九尊移蓮外者、為所観本尊成大日尊合宝幢坐位曼荼羅也。若唯一尊置中央者、不可余八尊
(252) 本坐空地＝㊅本座地㊎本座之空地
(253) 之失＝㊅之矣

(254) 証＝㊅位㊎修
(255) 乎＝㊅㊎耶
(256) 滞＝㊅㊎滞
(257) 本有＝㊅本本有
(258) 之＝㊅なし
(259) 一心＝㊅㊎心仏
(260) 会＝㊅合
(261) 立＝㊅㊎立者
(262) 下＝㊅上
(263) 更＝㊅更更
(264) 前＝㊅なし
(265) 迎＝㊅なし
(266) 按＝㊅㊎案
(267) 来＝㊅なし
(268) 説＝㊅㊎従
(269) 今＝㊅爾
(270) 言＝㊅㊎宗
(271) 外＝㊅㊎外乎
(272) 一＝㊅㊎一一
(273) 即＝㊅㊎即顕
(274) 観＝㊅界㊎観界
(275) 耶＝㊅㊎乎
(276) 時＝㊅㊎なし
(277) 充＝㊅配
(278) 故＝㊅㊎なし
(279) 令＝㊎合
(280) 荼＝㊅荼羅
(281) 用現智身見智身之観者＝㊅用観智見智之智身観者
㊎用現智見智之智身観者
(282) 身＝㊅なし
(283) 云＝㊅之
(284) 〔一〇丁左～〕然亦用車輅印明～次説見智身云見＝㊅〔一三丁左〕「非是真満足何以心」の後に挿入されている。
(285) 簡＝㊅なし
(286) 念＝㊅㊎心
(287) 迎＝㊅印
(288) 問如何＝㊅㊎なし
(289) 教＝㊅㊎師
(290) 現＝㊅㊎頓
(291) 我＝㊅㊎自
(292) 軌＝㊅㊎菩薩軌
(293) 是＝㊅なし
(294) 峅＝㊅吽
(295) 峅＝㊅吽
(296) 能々可口伝聞＝㊅㊎なし

(297) 此本脱此条目。以異本私挿之＝(大)(金)なし
(298) 住＝(大)なし
(299) 得＝(大)(金)浄
(300) 者＝(大)(金)なし
(301) 為＝(大)(金)名
(302) 坐＝(大)(金)なし
(303) 曰＝(大)(金)なし
(304) 為＝(大)相
(305) 之＝(大)(金)之空
(306) 苦之＝(大)苦之空(金)報之空
(307) 住＝(大)(金)住著
(308) 義＝(大)(金)今
(309) 界。一実境界＝(大)なし(金)界
(310) 相＝(大)(金)なし
(311) 月＝(大)(金)同
(312) 四＝(大)(金)一
(313) 此＝(大)(金)此印
(314) 之即相成＝(大)(金)なし
(315) 也＝(大)(金)なし
(316) 也＝(大)其
(317) 白＝(大)(金)白中
(318) 中＝(大)(金)なし
(319) 水＝(金)なし
(320) 文＝(大)(金)文言
(321) 臍以上縛字、已下阿字也＝(大)(金)臍已下阿字、已上縛字也
(322) 疏又云、第六月、処風火輪、除一切障。亦是風輪中有火輪。准上事知。下是風、以上是火。用訶羅為食。得与不得、亦一切不食也。文＝(大)なし
(323) 之＝(大)(金)之二
(324) 輪＝(大)なし
(325) 想＝(大)(金)相
(326) 然＝(大)然於此四方為依止然於(金)然於
(327) 輪＝(大)(金)輪之
(328) 合＝(大)なし
(329) 此＝(大)(金)是
(330) 無＝(金)不
(331) 形＝(大)(金)形等
(332) 種種＝(大)現種種
(333) 合＝(大)(金)今
(334) 者＝(大)(金)なし
(335) 根＝(大)(金)業
(336) 説＝(大)観
(337) 又＝(大)(金)亦
(338) 時＝(金)特
(339) 者＝(大)(金)也

(340) 也＝(大)なし(金)歟
(341) 《七遍誦之。此是結大界真言》其結大界者＝(大)(金)なし
(342) 壊余法之徳。是以、散念誦時、誦金輪仏名、祈五百由＝(金)なし
(343) 幷＝(大)(金)余
(344) 段＝(大)而至諸尊段
(345) 経云＝(大)経(金)云
(346) 以＝(大)なし
(347) 方形＝(大)(金)形方
(348) 形＝(大)(金)なし
(349) 増益＝(大)壇図等(金)増益等
(350) 益＝(大)図
(351) 以＝(大)なし
(352) 義＝(大)儀
(353) 色＝(金)花
(354) 国主〇乃至自己身。各為＝(大)なし
(355) 火＝(大)大
(356) 也＝(大)(金)なし
(357) 等〈供〉＝(大)供之(金)等供之
(358) 鬼＝(大)仏神(金)神
(359) 見＝(大)(金)具
(360) 識語＝(大)なし
(361) 我＝(大)誠
(362) 之＝(大)(金)耳
(363) 手印＝(大)印相
(364) 遍一切身＝(大)(金)なし
(365) 心即本尊表実相故＝(大)(金)なし
(366) 亦＝(大)(金)なし
(367) 自＝(大)(金)なし
(368) 自＝(大)(金)なし
(369) 中＝(金)なし
(370) 名為解性也云云＝(大)(金)なし
(371) 顕＝(大)なし
(372) 自＝(金)自之
(373) 羅＝(大)(金)なし
(374) 乎＝(大)(金)耶
(375) 文＝(大)(金)なし
(376) 対＝(大)(金)なし
(377) 器＝(大)品
(378) 汝及＝(大)(金)なし
(379) 施＝(大)(金)施。文
(380) 不＝(大)なし
(381) 如＝(大)如来
(382) 諦＝(大)障
(383) 耶＝(大)(金)乎
(384) 文＝(大)(金)故

(385) 無之＝(大)(金)なし
(386) 反＝(大)(金)返
(387) 許＝(大)なし
(388) 云＝(大)(金)言
(389) 之＝(大)(金)なし
(390) 故＝(大)即故
(391) 果＝(金)業
(392) 可＝(金)なし
(393) 中＝(大)なし
(394) 是＝(大)(金)此
(395) 彼此迷心各各別故。所以、熏本識中無明之悪＝(金)なし
(396) 真言秘密金剛□乗之意、亦可同之。＝(大)(金)真宗意亦可同之。
(397) 略＝(大)(金)略挙
(398) 一人限＝(大)(金)限一人
(399) 密＝(大)(金)密教
(400) 検＝(大)拾
(401) 素羅＝(大)索
(402) 前修＝(大)(金)所修
(403) 夫＝(大)尺
(404) 識語＝(大)(金)なし

あとがき

本書は、二〇一〇年二月に早稲田大学より博士（文学）の学位を受けた論文「東密教学の展開と形成」を基盤として、その後に発表した論文も付加し、訂正・加筆したうえでとりまとめたものである。博士論文を審査していただいた、大久保良峻先生（主査）、岩田孝先生、吉原浩人先生（以上、副査）には、深謝申し上げたい。

日本密教は多角的な観点からの研究が要求されるが、空海以降に醸成された東密教学の諸様相や他思想との関連性について、主に仏教学に依拠して新たに解明された問題を各部に分けて収載した。これらは僅かな研究成果であり、残された課題も多いが、ひとまず現時点での報告としたい。

本書への収録に際しては、既発表論文の誤記や事実誤認等に修正を施し、また各々の論旨を変えない範囲で加筆も行った。それらの初出を示せば、次のとおりである。

◇初出一覧

序　章　新稿

第一部　教主論をめぐる問題

第一章　済暹の教主義――安然説の受容――

「済暹の教主義について――安然説の受容――」（『早稲田大学大学院文学研究科紀要』四八―一、二〇〇三）。

第二章　五種法身説の検討

「澄観所引の五種法身について――日本密教における展開に着目して――」（『印仏研』五二―一、二〇〇三）。

第二部　五相成身観の考察

第三章　五相成身観の日本的展開――安然と済暹を中心に――

「五相成身観の日本的展開――済暹と安然を中心に――」（『東洋の思想と宗教』二五、二〇〇八）。

第四章　般若訳経典における五相成身観――安然説を中心に――

「般若訳経典における五相成身観――安然説を中心に――」（大久保良峻教授還暦記念論集刊行会編『天台・真言　諸宗論攷』所収。山喜房佛書林、二〇一五）。

第五章　『五部心観』の五相成身観

「『五部心観』の五相成身観――日本密教との関連性――」（『印仏研』五四―一、二〇〇六）。

第三部　成仏論の形成

第六章　済暹の密教行位説

「済暹における密教行位説」（『東洋の思想と宗教』二二、二〇〇五）。

第七章　重誉における機根の問題

「重誉の機根論――漸入者を中心に――」（『豊山教学大会紀要』三四、二〇〇六）、「重誉における機根

の問題」（『感性文化研究所紀要』七、二〇一二）を改稿。

第四部　東密と禅

第八章　『菩提心論開見抄』の検討

「『菩提心論開見抄』の検討」（『印仏研』五七―二、二〇〇九）。

第九章　東密における禅――『菩提心論開見抄』を中心に――

「東密における禅――『菩提心論開見抄』を中心に――」（『日本仏教綜合研究』九、二〇一〇）。

第五部　東密と南都教学

第十章　『大乗義章』の修学について――論義関連資料を中心に――

「大乗義章三十講について」（『印仏研』六一―一、二〇一二）、「『大乗義章』の修学について――論義関連資料を中心に――」（国際シンポジウム報告書『東アジア仏教写本研究』所収。国際仏教学大学院大学日本古写経研究所・文科省戦略プロジェクト実行委員会、二〇一五）を改稿。

第十一章　日本における『大乗義章』の受容と展開

「日本における『大乗義章』の受容と展開――附　身延文庫蔵「大乗義章第八抄」所収「二種生死義」翻刻――」（金剛大学仏教文化研究所編『地論宗の研究』所収。国書刊行会、二〇一七）を改稿。

第十二章　中世における密教と諸思想の交流――珍海を中心に――

「中世における密教と諸思想の交流」（『日本仏教学会年報』七九、二〇一三）。

付　論　重誉撰『秘宗深密鈔』について

新稿

あとがき

終　章　新稿
温泉寺蔵『菩提心論開見抄』二巻・翻刻　新稿
智積院蔵『秘宗深密鈔』三巻・翻刻　新稿

本書をまとめるにあたっては、多くの先生方から学恩を蒙った。大正大学に在籍した二年間に加藤精一先生（大正大学名誉教授）や吉田宏晢先生（大正大学名誉教授）等の講義を拝聴したことが契機となって仏教思想に関心を持つようになり、早稲田大学の大学院に籍を移した後は、指導教授として田村晃祐先生（東洋大学名誉教授）にご指導を仰いだ。最澄研究の第一人者である田村先生には、『法華玄義』や『法華文句』等の中国天台文献だけでなく、『守護国界章』や『法華秀句』等の最澄文献を読解する中で、基本となる教学や難解な内容を浅学にも分かるように懇切丁寧に解説していただいたことが思い出される。

田村先生が平成十三年に退職されて以降、大久保良峻先生には現在にいたるまで公私共にご指導を賜っている。筆者が安然を中心とした日本密教思想史研究を志したのも、先生が担当された『教時問答』・『菩提心義抄』等の安然文献を輪読する演習で、日本密教、特に東密教学における安然の重要性を強く認識したことが要因の一つとなっている。その学恩は計り知れない。また、博士論文を審査していただいた岩田孝先生（早稲田大学名誉教授）や吉原浩人先生（早稲田大学教授）、小林正美先生（早稲田大学名誉教授）には講義を通して、学問に対する峻厳かつ真摯な姿勢を学ばせていただいた。

大久保研究室でも、良き仲間に恵まれた。同輩である柳澤正志氏と松本知己氏とは、研究分野は若干異なるとはいえ、修士課程の頃より互いに切磋琢磨し、様々な議論を通して常に大きな刺激を与えあう間柄であった。これまで研究を継続できたのも、両氏との関係なくしては語れない。

さて、筆者は平成二十三年六月より平成二十七年三月まで、国際仏教学大学院大学日本古写経研究所に特任研究員として奉職した。これ以降、研究所所長である落合俊典先生には、寺院調査への帯同や資料の閲覧等で多大なるご配慮を賜っている。本書第五部はこの研究員期間に考究した成果であるが、実は当時の同研究所研究員であった上杉智英先生（京都国立博物館）や王招国〈定源〉先生（上海師範大学）等の諸先学が既に手がけていた、身延文庫蔵「大乗義章抄」の現地調査や基礎研究が出発点となっている。同研究所在籍時には、落合先生をはじめとする諸先生方、研究員の仲間、常にサポートを心がけてくれた大学事務の皆様には大変お世話になった。

また、身延文庫蔵「大乗義章抄」を研究対象として取り扱うことになった関係から、平成二十八年三月には金剛大学仏教文化研究所人文韓国研究センター主催の国際学術大会「地論宗文献と浄影寺慧遠」（会場・ソウル／金剛大学）、平成二十九年十月には名古屋大学とコレージュ・ド・フランスの共催で実施された、「法宝義林」第二回国際シンポジウム「宗教文化遺産としての論義とそのテクスト」（会場・パリ／コレージュ・ド・フランス）等で、研究の一端を発表する僥倖に恵まれた。地論宗や論義に関する各研究に少しずつ踏み込みつつある身ではあったが、それぞれの分野で第一線に活躍されている各国の研究者と邂逅し、様々なご教示を受けたことは貴重な体験であった。このような機会を与えてくださった、池田将則先生（金剛大学）、阿部泰郎先生（名古屋大学）、ジャン＝ノエル・ロベール先生（コレージュ・ド・フランス）には感謝申し上げたい。

本書の作成にあたっては、多くの寺院や研究機関から貴重な資料の閲覧や翻刻等のご許可をいただいた。身延山

久遠寺、身延文庫、大本山東大寺、東大寺図書館、総本山智積院、智山書庫、真福寺宝生院、真福寺大須文庫、総本山教王護国寺、温泉寺（兵庫県豊岡市城崎町）、宮内庁正倉院事務所、神奈川県立金沢文庫、国文学研究資料館等には厚く御礼申し上げる。

本書の校正や索引作成、翻刻の確認では、大久保研究室の後輩である林山まゆり氏、大鹿眞央氏にご協力を仰ぎ、サンスクリット語の照合では飛田康裕氏の手を煩わせた。出版に際しては、法藏館の丸山貴久氏に多くのご助言を賜り、良き方向へ先導していただいた。これら諸氏のご助力がなければ、本書は上梓できなかったであろう。改めて深謝申し上げる次第である。

なお、本書は独立行政法人日本学術振興会平成二十九年度科学研究費補助金（研究成果公開促進費〈学術図書〉・採択課題番号17HP5012）の交付を受けて刊行される。諸手続の際には、国際仏教学大学院大学の梶原利晃氏に様々な便宜を図っていただいた。重ねて御礼申し上げたい。

平成二十九年十一月

田戸　大智

索　　引

・本索引は、論文編の主要語彙を、Ⅰ　人名、Ⅱ　書名、Ⅲ　事項に分類し、50音順に配列したものである。
・名称の略称や別称等は、一項にまとめて（　）内に表記した。
・同名の人物や書籍が複数ある場合は、地名や撰者等を（　）内に示して区別した。
・研究者名・研究書名・論文名は除いた。また、頻出する用語（東密・台密等）は省略した。

Ⅰ　人　　名

あ行——

か行——

さ行――

た行——

な行——

は行——

ま行——

さ行――

た行――

な行――

は行――

ま行――

や行――

ら行――

田戸大智（たど　たいち）

1971年，神奈川県生まれ。1994年，早稲田大学政治経済学部経済学科卒業。1997年，大正大学人間学部仏教学科卒業。2001年，早稲田大学大学院文学研究科東洋哲学専攻修士課程修了。2007年，同博士後期課程単位取得退学。博士（文学）。国際仏教学大学院大学附置日本古写経研究所・特任研究員等を経て，現在，早稲田大学・国際仏教学大学院大学非常勤講師。
主な論文に「重誉における機根の問題」（『感性文化研究所紀要』7，2012），「日本における『大乗義章』の受容と展開――附　身延文庫蔵「大乗義章第八抄」所収「二種生死義」翻刻――」（金剛大学仏教文化研究所編『地論宗の研究』所収。国書刊行会，2017）等がある。

中世東密教学形成論

二〇一八年二月二八日　初版第一刷発行

著　者　田戸大智
発行者　西村明高
発行所　株式会社　法藏館
京都市下京区正面通烏丸東入
郵便番号　六〇〇-八一五三
電話　〇七五-三四三-〇〇三〇（編集）
〇七五-三四三-五六五六（営業）

装幀　高麗隆彦
印刷・製本　中村印刷株式会社

ISBN978-4-8318-6372-0 C3015